Robertson – Stevens

Geschichte der Musik

I

Geschichte der Musik

Herausgegeben
von Alec Robertson und
Denis Stevens

I

Die Hochkulturen des Ostens

Das Altertum

Das Mittelalter

Geschichte der Musik in drei Bänden, Band I
Übersetzt von Erik Maschat
in Zusammenarbeit mit Alfons Ott

Den Abbildungsteil besorgte E. M. Stresow

Die Originalausgabe dieses Buches erschien 1960 unter dem Titel
»The Pelican History of Music« bei Penguin Books Ltd.
Harmondsworth, Middlesex, England

Umschlagmotiv
»Der Pfeiferstuhl«
(Nürnberger Stadtmusikaten auf dem Podium)

Lizenzausgabe 1990 für
Manfred Pawlak Verlagsgesellschaft mbH,
Herrsching

Umschlaggestaltung: Bine Cordes Weyarn
Umschlagmotiv: Archiv für Kunst und Geschichte, Berlin
Printed in Jugoslavia
ISBN 3-88199-710-5

Inhalt

ANHANG

Vorwort der Herausgeber

Der vorliegende Band ist dem Musiker und Musikliebhaber zugedacht, der über die älteste nicht-abendländische und die frühmittelalterliche Musik mehr wissen möchte, als er aus Einführungen in Konzertprogrammen oder auf Schallplattentaschen erfahren kann. Das Werk erhebt nicht den Anspruch, eine tiefgründige musikwissenschaftliche Untersuchung zu sein; die Herausgeber hoffen vielmehr, daß viele Leser, die alte und mittelalterliche Kunst und Literatur lieben, auch an einer kurzgefaßten Darstellung der Musik jener Zeiten Interesse haben werden.

Das letzte Jahrzehnt hat eine wesentliche Erweiterung des Musikrepertoires im Rundfunk, in den Konzertsälen und auf Schallplatten mit sich gebracht. Da ein großer Teil dieser Musik verhältnismäßig unbekannt ist, soll hier einiges von ihrem Entstehen, ihrem Hintergrund, ihrer Technik und ihrer Bedeutung aufgezeigt werden. Die Verfasser haben ausführliche biographische Abhandlungen über einzelne Komponisten sowie eingehendere Analysen des Musikalischen absichtlich vermieden. Diese finden sich in der einschlägigen Fachliteratur, auf die am Schluß des Buches – als Vorschlag für weitere Lektüre – hingewiesen wird.

Unsere Betrachtung ist also hauptsächlich auf das Entstehen der musikalischen Stile vor ihrem besonderen historischen Hintergrund gerichtet, mit dem Blick auf die Kulturen der Völker, in denen sie entstanden, und auf ihr soziales Gefüge. So beobachten wir zum Beispiel das Entstehen der christlichen liturgischen Musik in ihrer westlichen und östlichen Ausprägung. Ohne Erhellung dieses Hintergrundes ist es schwer – wenn nicht unmöglich –, sich vorzustellen, was eigentlich geschieht, wenn heute ein Mönchschor einen

Gregorianischen Choral singt, wenn ein Sänger unserer Tage das Lied eines Troubadours vorträgt oder ein Chor eine frühe Motette oder Messe aufführt. Die Herausgeber und Verfasser hoffen daher, daß diese ebenso neue wie berechtigt erscheinende Darstellungsform der Musikgeschichte für den musikinteressierten Laien wie für den Musiker nützlich sein wird.

ALEC ROBERTSON
DENIS STEVENS

Peter Crossley – Holland

Die außereuropäische, nicht-abendländische Musik

Alt-Mesopotamien

Das Zweistromland, die einst fruchtbare Ebene zwischen Euphrat und Tigris – heute das Gebiet des Irak –, war die Heimstatt der frühesten menschlichen Kultur, von der wir Kenntnis haben. Es ist den semitischen Völkern, die dort – insbesondere im Norden (Akkad) – schon lange ansässig waren sowie auch den von weiter ostwärts her nach Süden (Sumer) gekommenen nicht-semitischen Sumerern zuzuschreiben, daß die alte mesopotamische Kultur schon vor sechstausend Jahren hochentwickelt war. Diese Völker sahen die Welt als Staat und in jeder ihrer Städte erhob sich ein monumentaler Tempelbau mit einem stufenartig gegliederten Turm. In Wort und Musik verehrten sie hier ihre Götter. Diese frühzeitlichen Ackerbauern waren Animisten und ihre Umwelt, die gesamte Natur um sie her, schien ihnen beseelt zu sein. Ihr Donnergott Ramman verwüstete ihre Saaten in Gewittern und Ea, der Beherrscher der Tiefen, überflutete ihre Lande. Aber durch entsprechenden Gebrauch der menschlichen Stimme und musikerzeugender Instrumente konnten diese Gottheiten angebetet und beschwichtigt werden. Der Klang der Rohrpfeife (halhallatu) wurde mit Rammans Atem verglichen und die Stundenglastrommel (balag) mit dem Namenszeichen Eas versehen. Derartige, vielleicht aus noch früheren, vorgeschichtlichen Zeiten überkommene Vorstellungen bildeten die Grundlage ihrer Tempelandachten.

Das Tempelritual der Sumerer

(4. und 3. Jahrtausend v. Chr.)

Im 4. vorchristlichen Jahrtausend wurde bei jedem Gottesdienst ein einziger Hymnus oder Psalm zu Ehren eines oder mehrerer Götter angestimmt. Die Liturgie bestand häufig aus Klagegesängen, und zahlreiche Worte sind überliefert, die auf hochorganisierte und konzentrierte dichterische Formen schließen lassen. Die Formen ihrer Gesänge waren zweifellos in enger Anlehnung an jene aufgebaut. Um das 21. Jahrhundert v. Chr. oder noch früher umfaßten die Techniken des Tempelgesanges diejenige des Responsoriums (abwechselndes Singen von Priester und Chor) sowie der Antiphon (abwechselndes Singen zweier Chorgruppen). Jedes Gedicht hatte seine eigene Gesangsmelodie (sumerisch ›sir‹ genannt) und jedem Gesang wurde bei der Ausführung ein bestimmtes ›ethos‹, eine bestimmte Eigenschaft, zugeschrieben, die ihn geeignet machte, die Verbindung mit einer gewünschten Gottheit herzustellen oder aber eine bestimmte magische Wirkung zu erzielen.

Das häufig für die vokalen oder chorischen Stücke verwendete Wort ›ersemma‹ heißt Hymnus oder Psalm, begleitet von einer Rohrpfeife (sem). Andere Instrumente waren die vertikal geblasene Flöte (tig, tigi), die Trommel (balag), die Kesseltrommel (lilis) und das Tamburin (adapa). Inwieweit Sänger und Instrumentalisten getrennte Personengruppen waren, ist heute schwer festzustellen, doch ist als sicher anzunehmen, daß die Ausführung des Gesangs (kalutu) von Vorsängern (sumerisch gala, akkadisch kalu) besorgt wurde, die – den mittelalterlichen Domschulen in Europa vergleichbar – in Kollegien, die den Tempeln angegliedert waren, zusammenlebten. Im übrigen gab es ›zammeru‹ genannte Instrumentalisten, die wohl auch zu ihren Instrumenten sangen, sowie Musiker, die man ›naru‹ nannte und die abwechselnd als Sänger und Instrumentalisten tätig waren.

Im 3. Jahrtausend v. Chr. – genauer gesagt mit der 1. Dynastie im 28. Jahrhundert – erweitert sich unser Wissen um die Instrumente Mesopotamiens dank den Ausgrabungen in den aus dem 25. Jahrhundert stammenden Königsgräbern von Ur und dank anderen Quellen. Abgesehen von Schlaginstrumenten, finden wir die Lyra (algar) und zweierlei Formen der Harfe: eine mit tiefer, eine mit höher gelegenem Corpus (zagsal, beziehungsweise zaggal). Die erstere Form scheint darauf zurückzugehen, daß der Krieger gelegentlich zusätzliche Sehnen an seinem Bogen anbrachte. Irgendwelche überzeugende Theorien hinsichtlich der Stimmung dieser Instrumente existieren nicht und wir wissen daher nicht, wie all diese Musik geklungen hat. Die bisher unternommenen Versuche, in moderne Notenschrift zu übertragen, was möglicherweise die Aufzeichnung eines sumerischen Hymnus aus einer späteren Zeit sein könnte, haben uns leider nicht viel klüger gemacht.

Weiterentwicklung in Babylon
(19.–13. Jahrhundert v. Chr.)

Nach mehr als zwei Jahrtausenden vorwiegend sumerischer Kultur erreichten um 1830 v. Chr. semitische Völkerschaften aus dem nördlichen Teil des Landes (Akkad) einen kulturellen Hochstand. Die Babylonier kamen an die Herrschaft und ihre drei Dynastien hatten eine Dauer von etwa fünfhundertvierzig Jahren (ca. 1830–1270 v. Chr.). Die Tempelandacht mit einem einzigen Psalm oder Hymnus war bereits durch ein vollständiges liturgisches Ritual ersetzt worden, das eine ganze Anzahl solcher Hymnen oder Psalmen in sich vereinigte (zwischen fünf und siebenundzwanzig) und in instrumentalen Zwischenspielen abwandelte. Viele der hierbei verwendeten Gedichte konnten bis in die Zeit der Sumerer zurückverfolgt werden. Jeder Gesangstyp hatte seine bestimmte Melodie und Anweisungen wie »Ein Lied zur Melodie *Du wirst mich nicht erniedrigen*« scheinen sich in der späteren jüdischen Tradition fortgesetzt zu haben, die ihrerseits in unseren alten Gesangbüchern überliefert ist. Im Laufe dieses Jahrtausends dürften Tempelsängerinnen den zuvor nur Männern vorbehaltenen Tempelchor ergänzt haben, Prozessionen scheinen aufgekommen zu sein, und der gesamte Einsatz religiöser Musik muß in jener Zeit gegenüber früher eine beträchtliche Weiterentwicklung erfahren haben.

Die assyrische Zeit

(13.–7. Jahrhundert v. Chr.)

Neben der Tempelmusik muß es in jenen langen Zeitabschnitten auch eine Musik gegeben haben, die das Leben und Treiben der Menschen widerspiegelte; allein die Tatsache, daß lediglich die im Tempelbereich Tätigen Aufzeichnungen führten, hat zur Folge, daß sich das meiste, was wir wissen, auf die Kultmusik bezieht. Während der Periode der assyrischen Herrscher jedoch (etwa 1270–606 v. Chr.) tritt die weltliche Musik stärker in den Vordergrund. Sie war bei verschiedenen Festlichkeiten wichtig und es wurden Musiker in die königlichen Hofhaltungen aufgenommen. Der höfische Spielmann genoß hohes Ansehen, und die Musiker spielten nicht nur bei Banketten des Hofes und anderen repräsentativen Anlässen, sondern gaben auch öffentliche Darbietungen, die das Volk zahlreich besuchte, und wirkten bei militärischen Kundgebungen mit. Derartige Darbietungen beeinflußten zweifellos die Musik in ihren mehr volkstümlichen Formen.

Überlieferungen aus Chaldäa

(7.–6. Jahrhundert v. Chr.)

Auch in der Chaldäischen Periode (626–538 v. Chr.) nahm das Musikleben seinen Fortgang, und die etwa vierhundert Jahre später im Buch Daniel enthaltene Beschreibung der Musikkapelle des Königs Nebukadnezar (604–562 v. Chr.) bezieht sich auf diese Zeit. Jene berühmte Stelle kann etwa wie folgt interpretiert werden: »Wenn du hörest den Klang des Horns (qarna), der Pfeifen (masroqitha), der Lyra (qatros), der Harfen mit tiefliegendem und mit hochliegendem Corpus (sabbeka, beziehungsweise psantrin) und alle zusammen und noch weitere Instrumente, dann wirst du niederfallen zur Erde und anbeten das Bildnis, das König Nebukadnezar aufgerichtet hat.« Die Erwähnung der zuerst einzeln und dann in der Gruppe spielenden Instrumente läßt auf eine Ausführungsweise schließen, die dem solistischen Einsatz der Instrumente vor ihrem gemeinsamen Spiel besondere Bedeutung beimaß – ähnlich wie im ›taqsim‹ oder Vorspiel in der klassischen arabischen Musik bis heutigentags.

Seit der sumerischen Frühzeit des 4. Jahrtausends waren die Tempel Schwerpunkte der Gelehrsamkeit, wo Priester, Liturgiker, Mathematiker und Astrologen zusammenarbeiteten. In der Chaldäischen Periode – also etwa dreitausend Jahre später – tritt die Tradition der Astrologie schon deutlicher in Erscheinung, und wir wissen, daß die Musiktheorie bereits aufs engste mit der Astrologie und der Mathematik verbunden war. Die Völker, die die Bewegungen der Gestirne beobachteten und an ihre Einwirkung auf die Geschicke des Menschen glaubten, waren der Auffassung, daß innerhalb des Universums eine vollkommene Harmonie herrsche. Da das Universum (oder der Makrokosmos) und der Mensch (der Mikrokosmos) in enger Beziehung miteinander standen, konnte der Mensch eine Musik hervorbringen, deren Prinzipien jene vollkommene kosmische Harmonie widerspiegelten, und konnte sich selbst mit dieser Musik in Einklang bringen. Mathematische Spekulation und Symbolik erfüllten diese Studien und führten zu zahlreichen kosmischen Analogien, die sich durch die harmonischen Unterteilungen einer gespannten Saite demonstrieren ließen. So ergaben die ersten Unterteilungen einer Saitenlänge vier Intervalle, die in folgenden mathematischen Verhältniszahlen ausdrückbar sind: 1 : 1 (Einklang); 1 : 2 (Oktave); 2 : 3 (Quinte); 3 : 4 (Quarte). Sie wurden mit den vier Jahreszeiten Frühling, Sommer, Herbst und Winter in Verbindung gebracht. Auch die Nebenbedeutungen der einzelnen Zahlen waren wichtig, insbesondere diejenigen der Zahlen 4 und 7. Letztere war vermutlich die Anzahl der Töne in der alten chaldäischen Tonleiter.

Obwohl wir diese Dinge lediglich aus den Werken verschiedener klassischer Schriftsteller (wie Philo Judäus, Plutarch) wissen, die stellenweise auf die Chaldäer Bezug nehmen, kann doch mit einiger Wahrscheinlichkeit angenommen werden, daß der Philosoph Pythagoras (6. Jahrhundert) nach einer langen Studienzeit in den mesopotamischen und auch ägyptischen Schulen der Gelehrsamkeit die Wissenschaft der Harmonik und die Grundgesetze der musikalischen Leiter nach Griechenland brachte. Er und seine Nachfolger formulierten dort ihre auf die Harmonie der Sphären, das ›ethos‹ (magische Wirkungen der Modi) und die Wirkung der Zahlen bezüglichen Lehren, die später nach Europa weitergegeben wurden. Somit ist es möglich, daß die Ursprünge unserer musikalischen Skala und so mancher Teilgebiete unserer Musiktheorie in Mesopotamien zu suchen sind, wenn es auch durch die verschiedenen Stationen der Weitergabe zahlreiche Änderungen gegeben hat.

Das letzte halbe Jahrtausend
(6.–1. Jahrhundert v. Chr.)

Mit dem Jahre 538 wurde Babylon Bestandteil des Perserreichs und blieb es bis zum Ende der Seleukiden-Dynastie (312–65 v. Chr.). Während dieses Zeitraums scheinen volkstümlichere und sinnenfreudigere Musikformen beliebt geworden zu sein. In den Palästen wurden Singmädchen gehalten, die den im Leben der Araber beheimateten ›qainat‹ vergleichbar sind. Die ältere musikalische Tradition dürfte in ihrem Ursprungsland weitgehend verlorengegangen sein.

Das musikalische Vermächtnis der frühesten menschlichen Kultur war jedoch sehr reichhaltig, und so werden Teilaspekte daraus fast in jedem der folgenden Kapitel erwähnt werden müssen; denn Teile dieser Erbschaft drangen nach Indien, andere nach Ägypten, wieder andere nach Palästina, Griechenland, in die Länder des Islam ein, und selbst China mag davon – oder auch von einer anderen gemeinsamen kulturellen Quelle – berührt worden sein.

Alt-Ägypten

Wie Mesopotamien hatte auch Ägypten bereits im 4. vorchristlichen Jahrtausend – gleichsam im Morgendämmer der Menschheitsgeschichte also – den Stand einer Hochkultur erreicht, an deren Entfaltung musikalische Faktoren, und zwar sowohl bodenständige als auch fremde, Anteil hatten. Die hamitischen Völker des Niltales waren seit frühester Zeit Ackerbauern, und einige ihrer Instrumente waren ursprünglich Werkzeuge. Ihre Klappern zum Beispiel (zwei Stäbe, die gegeneinander geschlagen werden), die sie noch heute wie im Altertum benutzen, um Schädlinge von ihren Feldern zu verscheuchen, wurden zur Begleitung von Tänzen verwendet, die die Fruchtbarkeit dieser Felder beschwören sollten. Auch der Erleichterung der Arbeit in den Weingärten mochte ihr rhythmisches Schlagen dienen.

Bereits im 4. Jahrtausend scheint Ägypten neuen Einflüssen ausgesetzt gewesen zu sein und stand möglicherweise bis etwa 2700 v. Chr. mit Mesopotamien in Verbindung, da beiden Gebieten zahlreiche Instrumente gemeinsam waren. Aus dem Zusammenfluß dieser beiden Strömungen – der heimischen und der fremden – erwuchs eine neue Kultur, die schon zu Beginn des 3. Jahrtausends weit entwickelt war, als Ägypten endlich unter der ersten seiner vielen Dynastien, dem sogenannten ›Alten Reich‹, geeint wurde.

Das Alte und das Mittlere Reich

(Frühes 3. bis Mitte 2. Jahrtausend v. Chr.)

Die Bewohner des Niltales waren große Tempelbauer. Täglich fanden in den Tempeln feierliche Zeremonien statt, und die Priester flehten singend zu ihren zahlreichen Göttern und priesen sie in Lobgesängen. Die menschliche Stimme wurde als das für die Verbindung zu den Mächten des Unsichtbaren wirkungskräftigste Instrument angesehen, und eine besondere Kenntnis des Gebrauchs der Stimme lag dem rituellen Vortrag der Hierophanten zugrunde. Die Worte zu vielen dieser Zeremonien sind noch erhalten, so zum Beispiel die *Isis- und Nephthys-Gesänge*, deren Ritual sich über fünf Tage erstreckte. Da jedoch der eigentliche Gesang nur mündlich überliefert wurde, ist keinerlei aufgezeichnete Musik erhalten. Die in diesen Zeremonien verwendeten Dichtungen allerdings lassen vermuten, daß die Musik die Form abwechselnder Zwiegesänge zwischen zwei Priesterinnen und dem Einzelgesang der die Göttin Isis verkörpernden Priesterin mit einem in der Mitte der Zeremonie von einem männlichen Vorsänger angestimmten Hymnus auf den Gott Osiris gehabt haben muß.

Der Gesang wurde häufig auf Instrumenten begleitet. Zahllose bildliche Darstellungen sind erhalten, die bezeugen, wie wichtig die Rolle der Musikinstrumente bei religiösen Kulthandlungen war. Häufig ist die Darstellung einer Priesterin, die eine besaitete Rassel hält, einen U-förmigen, hölzernen Rahmen, der in eine als Griff dienende Spitze ausläuft und auf dessen Querstäben runde Metallplättchen angebracht sind. Der lateinische Name, unter welchem uns dieses Instrument bekannt ist, ›sistrum‹, kommt vom Griechischen ›seistron‹ (geschüttelter Gegenstand), und wenn es geschüttelt wird, geben die Plättchen einen klingelnden Ton mit silbrigen Oberklängen. Die Ägypter nannten es ›sehem‹ – ›Macht‹, das heißt hier göttliche Macht, deren Symbol es war. Manchmal begleitete man den Gesang mit Klappern, manchmal mit großen Tamburinen (ser).

Das angesehenste Instrument im alten Ägypten war die Harfe (ben, vergleiche mesopotamisch ban). Die Harfe mit dem tiefliegenden Corpus, die aus dem 26. Jahrhundert v. Chr., der Zeit der berühmten Pyramiden von Gizeh, stammt, ist sogar noch älter als das mesopotamische Instrument aus den Königsgräbern von Ur (25. Jahrhundert v. Chr.) – das heißt, sie ist der Form ihres Ahnen, dem Jagdbogen, noch näher.

Das Blasinstrumentarium umfaßte eine Vertikalflöte (seba'), deren typische Form noch in der koptischen ›sebe‹ fortleben mag, und eine Doppelklarinette (ma', met). Letztere, ein Instrument aus Rohr, bestand aus zwei parallel geführten Blattpfeifen. Sie wurden unisono geblasen, und wenn der Bläser durch die Nase atmete, erfuhr der Ton keine Unterbrechung (vergleiche den heutigen arabischen ›zamr‹).

Die ägyptischen Pharaonen waren Priesterkönige, deren Hofmusik natürlicherweise mit der Tempeltradition verbunden war. Die Hofmusiker erfreuten sich schon in der Frühzeit bevorzugter Stellungen, und männliche Musiker sangen, spielten auf Instrumenten und tanzten. Harfe, Flöte und Blattpfeife kommen wie in der Kultmusik vor, obgleich sie in der weltlichen Musik meist in größeren Gruppen als Begleitinstrumente zum Gesang verwendet wurden. Derartige Ensembles spielten wohl mehr oder weniger unisono mit der Singstimme, wobei jedoch beide die Melodie jeweils in eigener Weise behandelten, und wenn, wie anzunehmen ist, die Harfe gelegentlich Intervalle von Oktaven, Quinten oder Quarten dazu spielte, geschah das sicherlich nicht, um irgendeine ›Harmonie‹ in unserem heutigen Sinne zu erzeugen, sondern lediglich, um ein Mittel zur Ausschmückung zu haben, das mit den gelegentlich in der späteren arabischen Musik vorkommenden Intervallen vergleichbar ist.

Darstellungen musikalischer Szenen erwecken den Eindruck, daß es sich sowohl im religiösen wie im weltlichen Bereich um eine Musik und um Tänze von einer gewissen Feierlichkeit gehandelt haben muß. Einer Art ›Statik‹ begegnet man auch in der frühen ägyptischen Tempelarchitektur, die eine friedvolle, geruhsame Seßhaftigkeit der Menschen im Niltale widerzuspiegeln scheint. Dieses Gebiet mit seiner über lange Perioden konstanten Witterung steht in deutlichem Gegensatz zu der mesopotamischen Ebene zwischen Euphrat und Tigris, wo das wechselhafte Wetter einen völlig anderen Hintergrund für das kulturelle Leben lieferte.

Gegen Ende dieser Epoche und im Gefolge der aus Zentralasien den ganzen Nahen Osten überflutenden Bevölkerungseinbrüche drangen die Nomadenstämme der Hyksos in Ägypten ein und brachten eine neue Musik und neue Musikinstrumente – darunter Trommeln und Castagnetten – mit. Und bereits um 1890 v. Chr. sind Musikkapellen semitischer Nomaden (möglicherweise Hebräer) mit der von ihnen nach Ägypten eingeführten Lyra abgebildet. Die Folge der Nomadeninvasion allerdings war die praktische Vernichtung der Kultur des ›Mittleren Reiches‹ (ca. 1989–ca. 1570 v. Chr.).

Orientalische Einflüsse und das Neue Reich
(16.–11. Jahrhundert v. Chr.)

Nicht lange danach geschah es, daß sich die kriegerischen Pharaonenheere ostwärts wandten, wodurch es zu unmittelbaren Kontakten zwischen Ägypten und Mesopotamien kam. Ohne selbst die mesopotamische Kultur zu beeinflussen, empfing die ägyptische Musik ihrerseits von dort Impulse. Tänzerinnen wurden von unterworfenen Monarchen aus Syrien und anderen semitischen Ländern nach Ägypten geschickt, wurden dort Haremsmädchen und gaben so für eine Zeitlang der orientalischen Musik weltlicher Richtung ein völlig neues Gepräge. Ein großer menschlicher Gefühlsbereich fand in den Liedern, die sie sangen, Ausdruck, und obgleich uns leider nichts von dieser Musik überliefert ist, kann doch aus guten Gründen angenommen werden, daß sie sinnlicher gewesen sein muß, als die in Ägypten bis dahin bekannte Musik es war.

Später wurden in den Tempeln auch weibliche Musiker aufgenommen, die im religiösen Zeremoniell des ›Neuen Reiches‹ eine Rolle zu spielen begannen (ca. 1570–ca. 1090 v. Chr.). Vielleicht durch den Einfluß der orientalischen

Mode scheint der Tanz lebhafter und schneller geworden zu sein als zur Zeit des Alten und Mittleren Reiches. Am deutlichsten aber tritt dieser orientalische Einfluß in den zahlreichen asiatischen Instrumenten in Erscheinung, die jahrhundertelang in Ägypten Eingang fanden.

Wichtig war unter ihnen die Doppeloboe mit zwei, im Winkel aneinandergesetzten Rohren. Auf dem rechten Rohr wurde die Melodie gespielt und das linke begleitete mit einem gehaltenen tieferen Ton. Die Einführung eines derartigen Bordun als Grundton der jeweils benutzten Leiter scheint auf das Vorhandensein eines modalen Systems hinzuweisen. Obgleich die alten ägyptischen Instrumente – die Flöte und die Doppelklarinette – nicht gänzlich von der Bildfläche verschwanden, wurden sie doch von dem neuen Instrument weitgehend verdrängt. Die gerade Trompete (sneb) kam bei militärischen Anlässen und bei Umzügen zur Verwendung; die beiden vor einiger Zeit im Grabmal des Tutanchamon (ca. 1400 v. Chr.) gefundenen Trompeten – eine kupferne und eine silberne – haben einen brillanten und sehr klaren Ton.

Winkelig gebaute Harfen mit hochgelegenem Corpus kamen etwa um jene Zeit in Ägypten auf, und um 1250 v. Chr. war die ägyptische Harfe zu einem prachtvollen Instrument ausgebildet. Sie hatte eine Höhe von 1,80 m oder mehr und zehn oder zwölf in den reich geschnitzten Rahmen gespannte Saiten. Die Herkunft der Langhalslaute oder ›pandora‹ ist nicht so sicher, doch hat sich dieses Instrument – allerdings in einer völlig entstellten Form – in Nordwestafrika weiter erhalten (vergleiche das sudanesische ›gunbri‹) und hat dort immerhin noch zwei oder drei Saiten.

Ähnliche Instrumente kamen während des Neuen Reiches auch weiterhin nach Ägypten, und während der folgenden Periode, als die Nubier bereits im Aufstieg begriffen waren (1090–664 v. Chr.), wurden die meisten bereits als bodenständige ägyptische Instrumente angesehen.

Verlust des Nationalcharakters und Vermächtnis an Griechenland

Etwa um diese Zeit begannen die verschiedenen Länder des Nahen Ostens, einiges von ihrem besonderen Nationalcharakter zu verlieren, und das ganze Gebiet nahm einen mehr kosmopolitischen Charakter an. Diese Phase umfaßt über tausend Jahre: von der Epoche der Saïten (ab 664 v. Chr) bis zu der Zeit, da Ägypten erst von den Griechen (ab 332 v. Chr.) und dann von den Römern (ab 30 v. Chr.) besetzt wurde.

Unter der Griechenherrschaft wurde die Zimbel nach Ägypten eingeführt; im übrigen aber scheint eine Beeinflussung auf musikalischem Gebiet in umgekehrter Richtung stattgefunden zu haben. Obgleich eigentliche Schriften über eine ägyptische Musiktheorie nicht erhalten sind, kann doch aus Äußerungen der griechischen Schriftsteller geschlossen werden, daß zahlreiche ägyptische Elemente in die Pythagoreische Musiktheorie Griechenlands Eingang gefunden haben müssen; denn Pythagoras (6. Jahrhundert v. Chr.), dessen babylonischer Studienzeit wir bereits im vorigen Kapitel gedachten, soll sich ähnlichen Studien in ägyptischen Tempeln gewidmet haben. Der bedeutende Mathematiker und ›griechische‹ Musiktheoretiker Claudius Ptolemäus (um 150 n. Chr.) war ein Ägypter. Allerdings fällt seine Lebenszeit mit dem Ende einer ausgesprochen ägyptischen Kultur zusammen, da es bereits weitgehende Gemeinsamkeiten zwischen Ägypten, Syrien und Griechenland gab. Zumindest ist sicher, daß die Ägypter und auch die Mesopotamier die Intervalle der Oktave, Quinte und Quarte kannten, was aber nicht besagt, daß sie den Begriff der Harmonie in unserem Sinn gekannt hätten. Ihre Harfen dürften in einer Fünftonskala (nach dem System: große Terz plus Halbton), ihre Lyren in einem anderen Typ einer Fünftonskala (nach dem System: kleine Terz plus Ganzton) gestimmt gewesen sein. Die Symbolik der Zahl 7 sowie die Bezugnahme auf sie auf bildlichen Darstellungen und in anderen Zusammenhängen mit musikalischen Darbietungen lassen vermuten, daß die Ägypter auch eine Siebentonleiter kannten.

Obgleich man das Verdienst der Erfindung der Wasserorgel (hydraulis) üblicherweise Griechenland zuschreibt, war doch der tatsächliche Erfinder der Ägypter Ktesibios von Alexandria (tätig ca. 246–221 v. Chr.).

Die meisten Elemente der altägyptischen Kultur drangen über Kreta nach Griechenland, doch wir wissen, daß auch manches durch die Koptische Kirche weitergegeben wurde (wie zum Beispiel die kleinen Glocken aus den ägyptischen Tempeln, die in der koptischen Messe Verwendung fanden). Andere Elemente wurden von der arabischen und islamischen Kultur neuerer Zeit assimiliert. Im übrigen bleiben bestimmte Instrumententypen in verschiedenen Teilen Nordafrikas bestehen, wie wir bereits gesehen haben. Darüber hinaus mag es in der Volksmusik und im Volkstanz des Niltales selbst – besonders in Verbindung mit Festen – noch immer im Gebrauch befindliche Bindeglieder zu den alten Formen geben.

(1) Leierspiel bei den Sumerern.
Um 2400 v.Chr.

(2) Ägyptische Riesenleier aus ptolomäischer Zeit (2.Jh. v.Chr.). Der Tierkopf am oberen Jocharm und die mit Knebeln zu stimmenden Saiten erinnern an die vorderasiatische Herkunft des großen Instruments.

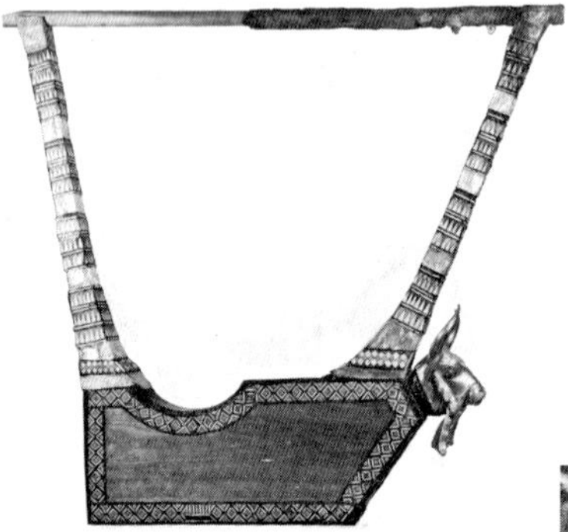

(3) Reich verzierte Leier mit goldenem Rinderkopf als Frontzier. Ur, um 2650 v. Chr.

(4) Ein sumerischer Musikant spielt ein Instrument dieser Art. 1. H. 3. Jt.

(5, 6, 8) Drei altorientalische Harfenformen. Aus Eschnunna (Babylonien) Anf. d. 2. Jt. v. Chr.

5 Assyrische Winkelharfe.

6 Horizontale Bogenharfe.

(7) Musikkapelle König Assurbanipals.
(Tympanon, Lyra, Harfe und Zimbeln). 7. Jh. v. Chr.

8 Horizontale Winkelharfe.

(9) Ägyptische Flachbogenharfe. Der gespannte Bogen, Ausgangsform der Harfen, ist noch deutlich erkennbar. Der lange Hals, in dessen oberem Ende die Saitenpflöcke stecken, erweitert sich unten zum Resonanzkörper. Um 2500 v.Chr.

(10) Der Musikzug des Königs Te'umman von Elam huldigt König Assurbanipal mit assyrischen Winkelharfen, der horizontalen Winkelharfe, Doppelklarinette und Trommel. 7. Jh. v. Chr.

(11) *Ägyptische Musikszene. Vier – zum Teil singende – Musikanten verständigen sich durch Handzeichen (Cheironomie) mit einem Flötisten, einem Doppelklarinettenspieler (zwei parallel zusammengebundene Rohre) und dem Harfenisten über Tonhöhe und Melodieführung. Um 2500 v. Chr.*

(12) Ägyptische Musikantinnen. Kellenförmige Bogenharfe, Langhalslaute mit mandelförmigem Resonator, die nur von Frauen gebrauchte Vierkanttrommel und Handklatscherinnen. Um 1500 v. Chr.

(13) Musizierende Mädchen spielen die Langhalslaute, die Tänzerinnenlaute, die Doppeloboe (zwei im spitzen Winkel gehaltene Rohre) und die Vierkanttrommel. Zwischen ihnen die Handklatscherin.

Indien

In der vor-arischen Zeit
(4.–1. Jahrtausend v. Chr.)

Es gibt ein gangbares Einfallstor nach Indien im Nordwesten des Landes. Heraus führt nur der Weg übers Meer. Die Bevölkerungswellen, die diesen Nebenkontinent im Verlauf von etwa sechstausend Jahren überflutet haben – und zwar zumeist auf dem bezeichneten Weg –, versuchten allesamt, die jeweiligen Vorbewohner südwärts abzudrängen. So begann schon in frühester Zeit jene Verschiedenheit in der rassischen und der musikalischen Tradition zwischen Nord und Süd, die bis auf den heutigen Tag so deutlich erkennbar ist. Überdies haben Anzahl und Mannigfaltigkeit der zugewanderten Rassen, deren jede ihre eigene Musik mit sich geführt hat, Indien zu einem Sammelbecken musikalischer Überlieferungen gemacht, in dem die uralte klassische Musiktradition des Landes manch ein erfrischendes Bad genommen hat. Aber mögen die ethnischen Einflüsse, die das Entstehen dieser künstlerischen Tradition befruchtet haben, noch so zahlreich und mannigfaltig sein, und mögen die Wandlungen, die sie im Laufe ihrer Geschichte durchgemacht hat, noch so beträchtlich gewesen sein –, zu ihrem eigentlich indischen Charakter hat sie unter einem weit stärkeren Einfluß als dem der Rasse gefunden.

Auf der Suche nach den Anfängen müssen wir uns den ältesten Völkern zuwenden, so etwa den Negritos, asiatischen Pygmäen – möglicherweise den ersten Bewohnern Indiens in der Mittleren Steinzeit (4. Jahrtsd. v. Chr.) –, die zwar ausgestorben sind, jedoch über weite Gebiete des südlichen und östlichen Indiens Spuren hinterlassen haben. Eine systematische Untersuchung der Stammesmusiken könnte die Grundlage für die musikalische ›Schichtung‹ des Landes in seiner Frühzeit liefern. Obgleich es in Indien nicht weniger als vierzehn Hauptsprachen und eine große Anzahl von Volksstämmen gibt, ist doch die Musik bisher nur bei wenigen Stämmen ernsthaft studiert worden.

In ähnlich ferner Vergangenheit – im 3. vorchristlichen Jahrtausend – wurde Indien von Völkern heimgesucht, die wohl mit den Ureinwohnern Australiens verwandt waren. Die Wedda von Ceylon – ein primitives Jägervolk, das zu diesem Typus gehört – beschränkten ihre Melodien, wie es scheint, auf nur zwei Töne.

Die alten Dravidenvölker jedoch hatten eine höhere Kultur, und ihr Fruchtbarkeitskult umschloß viel Musik und Tanz. Wie ihr Baustil und Teilelemente ihrer Philosophie, so gingen auch ihre Gottheiten mit der zu ihnen gehörigen Kultmusik in die spätere Überlieferung ein. Reste ihrer Musiktradition leben zweifellos in der Volksmusik ihrer Nachfahren fort. Es sind dies die dunkelhäutigen Stämme, die Tamil und andere dravidische Sprachen sprechen und südlich des Flußes Godavari ansässig sind. Die sich beharrlich erhaltende Tradition, nach der jeder Ton der indischen Skala einen Tierlaut darstellen soll, geht ohne Zweifel auf die Naturreligion dieser Völker zurück.

Seit der Jungsteinzeit fanden verschiedene Völker mediterranen Ursprungs den Weg nach Indien. Ein urägyptisches Volk, das eine Megalithkultur eingeführt haben soll, dürfte wohl auch eine Anzahl Musikinstrumente mitgeführt haben, darunter die Schlangenbeschwörerpfeife (im Süden ›magudhi‹, im Norden ›pungi‹) oder doch deren Prototyp sowie verschiedene Arten von Trommeln.

Während der Bronzezeit (ca. 2500 v. Chr.–ca. 1500 v. Chr.) blühte im Norden ein den Sumerern verwandter Stamm und ließ die Industal-Kultur entstehen. Ausgrabungen in Harappa (Punjab) und Mohenjo Daro (Sind) erweisen die künstlerischen Fähigkeiten und die fortschrittliche Kultur dieses Volkes. Unter diesen Überresten befinden sich Figuren von Tänzern und einer trommelnden Frau sowie ein Bildzeichen von einer Bogenharfe frühen mesopotamischen Typs.

Das Zeitalter der Vedischen Gesänge

(ca. 1500–ca. 250 v. Chr.)

Zwischen etwa 1500 v. Chr. (oder allerfrühestens 2000 v. Chr.) und 1000 v. Chr. erreichten die indo-arisch sprechenden Völker, die vor ihrer Ausbreitung bereits im 3. oder gar 4. vorchristlichen Jahrtausend das westliche Asien bewohnt hatten, Indien. Und wie der Iran und der Großteil Europas ist Indien – ausgenommen im Süden – bis zum heutigen Tage vorwiegend arisch. Die frühesten religiösen Erkenntnisse der Arier – bis zu jenem Zeitpunkt stets nur mündlich überliefert – wurden zwischen 1500 und 500 v. Chr. (oder etwas früher) zum ersten Male von ›rishis‹ (Weisen) niedergeschrieben, und die hieraus entstandenen vier Bücher, die *Veden* (Veda = wörtlich Erkenntnis, Wissen), enthalten Gebete, Hymnen und den Gottheiten geltende rituelle Formeln.

Bei den Opferzeremonien, für die diese Hymnen bestimmt waren und deren Zweck die Aufrechterhaltung der Weltordnung war, wurde auf korrekte Intonation besonderer Wert gelegt. Die Hymnen der *Rigveda* (Veda der Hymnen), des ältesten der vier Bücher (ca. 1500–ca. 1200 v. Chr.), wurden auf drei, in der Tonhöhe klar unterschiedene Akzente gesungen: ›udatta‹ (›gehobener‹ oder oberer Ton), ›anudatta‹ (›nicht gehobener‹ oder tiefer Ton) und ›svarita‹ (›stimmhabender‹ oder mittlerer Ton). Die Töne folgten den Worten in engster Anlehnung sowohl in der Tonhöhe wie im Rhythmus – immer ein Ton auf eine Silbe. Diese Art des Gesanges ist in vielen Teilen Indiens immer noch zu hören und hat sich, wie es scheint, im Verlauf von mehr als dreitausend Jahren kaum verändert.

Eine weniger karge, melodisch reichere, dem Einfluß der dravidischen Gesänge zu verdankende Form des Gesanges findet sich in der *Samaveda* (Veda der Gesänge), deren Worte – hauptsächlich Adaptationen aus dem neunten Buch der *Rigveda* – mit musikalischer Notation versehen sind. Hier ist im Gegensatz zur *Rigveda* die Musik wichtiger als der Text – eine Bevorzugung, die sich bis in die heutige Vokalmusik erhalten hat. Der ›Saman-Gesang‹ wird in Verbindung mit größeren Opfern und der Darreichung von Opfergaben von drei Priestern unisono angestimmt. Er beruhte anfänglich auf einer fünf-, später auf einer siebentönigen Leiter. In der Praxis werden meist nur weniger Töne verwendet und häufig bewegen sich die melodischen Floskeln innerhalb eines Tetrachords (des Umfangs einer Quart). Diese Skala ist wesentlich eine vokale, da sie ursprünglich als absteigende Leiter gedacht war. Man findet sie noch heute in den Gesängen, die in manchen Tälern des Himalaja gesungen werden. Auch ein chromatisches Element findet sich darin, das weder in der griechischen noch in der klassischen Musik der Hindu eine Parallele hat, während sich Gemeinsamkeiten mit dem hebräischen Sephardim-Gesang der Propheten feststellen lassen.

Heute gibt es sechzehn verschiedene Zeitmaßeinheiten, doch beim alten ›Saman-Gesang‹ gibt es nur drei davon: ›hrasva‹ (kurz) und ›dirgha‹ (lang) – entsprechend kurzen und langen Silben – sowie ›vrddhi‹ (verlängert). Letztere, die das Ende der Phrase absichtlich verlängert, hat (ähnlich vielen anderen Eigenheiten) ihr Gegenstück im christlichen Choralgesang. Auch in der Vokaltechnik drängen sich Vergleiche auf. Das im Vedengesang noch im 17. Jahrhundert anzutreffende orientalische tremolierende Singen zum Beispiel findet man in der Bezeichnung ›tremula voce‹ wieder, mit der im Mittelalter gewisse Choralneumen (quilisma, pressus) auszuführen waren.

Der Hinduismus (Sanatana Dharma, Das ewige Gesetz), der immer die Hauptreligion Indiens war, verkörpert die Überlieferungen der *Veden*. Inwieweit jedoch die jetzt von rechtgläubigen Hindu verwendeten Gesänge frühe Formen getreulich wiedergeben, ist schwer zu sagen. Alte Abhandlungen sind wenig aufschlußreich und die Meinungen der Schulen, die sich erhalten haben, gehen auseinander. Überdies wird die Ausführungsanleitung zu einem Gesang, dem übernatürliche Kräfte zugeschrieben werden, geheimgehalten, obgleich gerade dieser Umstand zweifellos zur Unversehrtheit der Tradition beigetragen hat.

In alten Zeiten war die Vokalmusik über alles wichtig. Zugleich hat aber das Sanskritwort für Musik, ›Samgita‹, eine weitere Bedeutung – nämlich die ›Kunst und Wissenschaft vom Singen mit Musik und Tanz‹. Bereits in den *Veden* und anderen alten Quellen werden Instrumente erwähnt, obgleich sie in den vedischen Zeremonien selbst nur sehr sparsam eingesetzt wurden. Auch das tänzerische Element war vermutlich auf hieratische Handbewegungen beschränkt, die teils symbolisch, teils aber sicherlich auch als Hilfe für das musikalische Gedächtnis gemeint waren. Diese Bewegungen bildeten aber jedenfalls die Grundlage für jene späteren, geradezu klassischen indischen Tanzformen des Südens ›Bharata Natyam‹. Die Entwicklung der instrumentalen und tänzerischen Elemente war zweifellos anregenden Einflüssen durch die urtümlichen Künste zu danken: Shiva zum Beispiel – ursprünglich ein nicht zum Kreis der arischen Gottheiten gehörender Gott – wurde später zum Nataraja, dem Gebieter des Tanzes der Hindu.

Seit eh und je war die Musik der Hindu den religiösen Riten, höfischen Zeremonien und auch privaten Anlässen eng verbunden. Bei allen diesen Darbietungen liegt das religiöse Element nahe, und das Repertoire der heutigen Straßensänger bezieht sich vorwiegend auf Gottheiten. Geistliche und weltliche Musik waren jedoch sorgfältig abgegrenzt: ›Marga‹ (wörtlich: das Gesuchte, Begehrte) war ›von Göttern komponierte Musik‹, die – nach der Regel gesungen – zur Befreiung führen und den Inkarnationszyklus des Menschen durchbrechen konnte; ›Desi‹ (wörtlich: regional, irdisch) war Musik zur Unterhaltung.

Die später in jener Epoche vollendeten großen Epen, die *Ramayana* (ca. 6.–2. Jahrhundert v. Chr.) und die *Mahabharata* (400 v. Chr.–400 n. Chr.) – die auch die berühmte

Bhagavad-gita enthält – handeln vielfach von Musik und zeigen sie schon in einem recht fortgeschrittenen Entwicklungsstadium. Szenen aus diesen Epen bilden die Grundsubstanz der musikalischen Tanzdramen, deren Tradition heute besonders in den ›Kathakali‹ von Kerala im Süden fortlebt.

Die älteste, der Hindu-Musik im besonderen gewidmete Schrift umfaßt die Kapitel 28 bis 33 der *Natyashastra*. Sie wird heute um 200 v. Chr. datiert und kodifiziert die damals schon festgefügten Praktiken. Die Hindu, deren gegenwärtige Kunstformen jener Zeit so viel verdanken, halten den überlieferungsgemäß angenommenen Verfasser dieser Abhandlung, den Weisen Bharata, für den Begründer der klassischen Hindu-Musik.

Buddhistische und hellenische Einflüsse
(ca. 250 v. Chr.–ca. 600 n. Chr.)

Die Blütezeit der klassischen Tradition verlief jedoch nicht kontinuierlich und die vedische Überlieferung blieb eine Zeitlang das ausschließliche Reservat der Priester. Inzwischen trafen zwei Faktoren zusammen, die auf die Musik in Indien – und insbesondere im Norden – einwirkten: die griechische oder skythische Kultur im Gefolge des Kriegszuges Alexanders von Mazedonien im Jahre 327 v. Chr. und das plötzliche Aufkommen des bereits zweihundert Jahre zuvor begründeten Buddhismus, nachdem der Hindu-Herrscher Asoka im Jahre 262 v. Chr. diesen Glauben angenommen hatte. Eine Bogenharfe, die mit der bereits erwähnten aus der Industal-Kultur Ähnlichkeit hat, erscheint auf Tempelreliefs aus der Zeit des 180 v. Chr. erbauten, in Zentral-Indien gelegenen Stupa von Bharut, und obgleich sich heute in Indien keine Spur von ihr findet, muß sie damals vielfach verwendet worden sein, da sie noch bis etwa 800 n. Chr. auf Tempelreliefs anzutreffen ist. Aber die neue Kultur hat sich hauptsächlich im 1. Jahrhundert christlicher Zeitrechnung entwickelt. Das am meisten in Erscheinung tretende Blasinstrument Alt-

Indiens, die Querflöte (Skr. vanici) erscheint auf Reliefs aus jener Zeit (beispielsweise in Sanchi, Zentral-Indien). Eine gräko-buddhistische Skulptur in Gandhara (in der Gegend des heutigen Kandahar, Kaschmir) zeigt ein reichhaltiges Instrumentarium – Streicher, Bläser und Schlagwerk –, das damals schon in Verwendung gewesen sein muß. Hand-Trommeln waren damals bereits ebenso beliebt wie heute. Von den tatsächlich mit der neuen Kultur eingebrachten Instrumenten hat sich nur die Laute behauptet. Sie hat gerade auf indischem Boden bedeutende neue Formen entwickelt. Die Gandhara-Kultur hatte Berufsmusiker eingeführt, die ›Gandharvas‹ genannt wurden, und diese ›himmlischen‹ Wesen verhalfen den religiösen Kunstformen zu einer etwas allgemeineren Beachtung. Sie sollen sich einer auf einem nicht-diatonischen Prinzip aufgebauten Skala bedient haben, die ›Gandhara grama‹ (das heißt ›Gandhara‹-Leiter) genannt wurde. Es erschiene allerdings kaum angebracht anzunehmen, sie hätten die griechische Doppeltetrachord-Theorie frühen Exponenten der indischen Einteilung der Töne übermittelt.

Worin der spezifisch buddhistische Einfluß bestanden haben mag, ist schwer festzustellen, da diese Epoche in musikalischer Hinsicht am wenigsten erforscht ist, obgleich bekannt ist, daß inbrünstige Hymnen, die von einem gewissen Ashtagosa komponiert wurden, ein Mittel zur Verbreitung des buddhistischen Glaubens waren. Es ist auch sicher, daß der Buddhismus, als er sich über die Grenzen Indiens hinaus ausbreitete, zahlreiche indische Besonderheiten tief in die musikalischen Stilrichtungen des Fernen Ostens hineintrug und in Indien selbst zweifellos als mächtige, ordnende Kraft wirkte.

Das klassische System des Raga und das Mittelalter

Nach einer Periode allmählicher religiöser Erneuerung wurde Indien zu Anfang des 7. Jahrhunderts wieder hinduistisch. Die Skulpturen hinduistischer Tempel aus diesem Jahrhundert zeigen neue Musikinstrumente – darunter den Gong (kamsya) von Aihole, die Handglocke (ghanta) von Aurangabad, einen zweisaitigen Prototyp der wichtigen ›vina‹, der Zither, von Mavalipuram. Herrliche Reliefs, die außerhalb Indiens, in Borobudur auf Java, gefunden wurden, wo ausgewanderte Hindu um 800 n. Chr. einen riesigen buddhistischen Tempel erbaut haben, lassen – zusammen mit anderen Funden – erkennen, daß Indien damals von der altertümlichen Bogenharfe zugunsten von Zithern, Lauten und Fideln abgekommen war.

Die verschiedenen Instrumente wurden nicht zu Orchestern zusammengeschlossen. Die Orchestermusik hat an indischen Höfen und Tempeln nie einen Platz gefunden, wie das im Fernen Osten der Fall war. Ganz im Gegenteil war und ist die Basis der indischen Musik stets der Gesang, selbst wenn – wie das heute häufig der Fall ist – die Instrumente ohne Singstimmen musizieren. Diese begrenzten Möglichkeiten gestatten dem einzelnen größere Freiheit innerhalb vorgeschriebener Grenzen und kamen Musikanten, die im Dienste zahlreicher Gönner weite Reisewege zu überwinden hatten, sehr zugute.

Die Grundlagen des klassischen Systems waren bereits zur Zeit des erwähnten Werks des Bharata (2. Jahrhundert v. Chr.) entstanden. Um jedoch Einblick zu bekommen, wie sich das System im Mittelalter und darüber hinaus – besonders innerhalb des Zeitraums vom 8. bis zum 17. Jahrhundert – entwickelt hat, muß man die *Brihad desi* von Matamga (8. Jahrhundert), die *Naradiya Shiksa* von Narada (10. Jahrhundert) und die *Samgita-Ratnakara* (Die Schatzkammer der Musik) von Sarngadeva (frühes 13. Jahrhundert) betrachten. Diese theoretischen Abhandlungen gründen sich auf die jeweils um ihre Entstehungszeit üblichen musikalischen Praktiken, und die Daten von Narada und Matamga mögen auch noch einige Jahrhunderte früher liegen als angegeben.

Die Theorie

Die indische Musiktheorie betrachtet den Oktavraum ›saptaka‹ – wörtlich ›Gruppe der Sieben‹, das heißt der sieben Intervalle – als Repräsentanten des gesamten Zyklus der Klänge. Der Oktavraum wurde ursprünglich in zwei getrennte Tetrachorde (angas = Glieder) oder Quart-Intervalle (vergleiche die Pythagoreische Musiktheorie der Griechen) geteilt. Die in dieser Fundamentalteilung verborgenen mathematischen Proportionen stehen in engstem Zusammenhang mit den in der hinduistischen Tempelarchitektur des Mittelalters entdeckten Zahlenverhältnissen. Wie in der abendländischen Skala werden innerhalb der Oktave sieben Haupttöne (svara) oder Tonschritte festgehalten, und die Tonbezeichnungen werden in einem alten indischen Solmisationssystem abgekürzt: *sa, ri, ga, ma, pa, dha, ni.*

Die Oktave wird weiter in zweiundzwanzig ›srutis‹ geteilt, das sind fast gleich große Kleinsttonschritte von weniger als einem Halbton. Die Srutis – vereinfachend auch ›Vierteltöne‹ genannt – werden nicht wie in der chromatischen Leiter nacheinander melodisch angewandt, sondern in verschiedenen Gruppen zu zweit, zu dritt und zu viert, so daß sie verschiedene Teilleitern bilden (Leiter = grama, vergleiche griechisch gamma), deren Tonhöhen durch sie genau fixiert werden. Dieses System hat den Vorteil, daß es eine so weitgehend genaue Intonation ermöglicht, wie das in Systemen mit weniger Intervallen – wie zum Beispiel den zwölf auf gleichschwebende Temperatur gestimmten Halbtönen in der abendländischen Musik – nicht der Fall ist.

In der klassischen Theorie gibt es zwei siebentönige (sampurna, wörtlich: vollständig) Grundskalen mit sechs- und fünftönigen Nebenformen (shadava, beziehungsweise audava). Als Folge von Tonschritten in Srutis notiert, werden diese Skalen heute wie folgt gedeutet: ›Sa grama‹, 4 3 2 4 4 3 2 (vergleiche die abendländische Durtonleiter 4 3 2 4 3 4 2) und ›Ma grama‹, 4 3 4 2 4 3 2. Wie in der abendländischen

Musik kann jede Leiter sieben Modalformen bilden, die sich nach dem jeweiligen Ausgangston der Leiter richten. So wurden aus den beiden Leitern auf ›Sa‹ und ›Ma‹ vierzehn theoretische ›murcchanas‹ (Nebenleitern) gebildet. Die indische Theorie schöpft um der Klarheit willen stets alle theoretischen Möglichkeiten bis aufs letzte aus, doch ist die Praxis immer wesentlich einfacher. Tatsächlich werden nur sieben der vierzehn möglichen Murcchanas als geeignete Grundlagen für achtzehn kompliziertere – ›jatis‹ (spezies oder genera) genannte – Strukturen anerkannt. Jedes Jati – und es gibt sieben Haupt- und elf gemischte Jatis – ist bereits mehr als eine Leiter. Es hat seine eigene innere Tonordnung mit Hervorhebung bestimmter Töne und anderen genau klassifizierten Besonderheiten. Es handelt sich in Wahrheit um eine Art melodischer Keimzelle, die etwa ein Gegenstück zu den altgriechischen Modi (tropoi) bildet.

Raga

Durch weitere Verfeinerungen wurden aus den Jatis die ›ragas‹. Der Raga (wörtlich: Farbe, Gefühl), die eigentliche Grundlage des klassischen Systems, ist ein Melodietyp mit zahlreichen charakteristischen Eigenschaften. So müssen zum Beispiel beide Tetrachorde – also beide ›Glieder‹ der Oktavleiter – benutzt werden und jeder einzelne Raga wird unter anderem nach seiner jeweiligen Leiter, deren absteigende Form von der aufsteigenden verschieden sein kann, bestimmt, ferner durch die Betonung einer bestimmten Note (vadi) sowie der Quart oder Quint im Gegensatz zur Tonika, durch die Häufigkeit bestimmter Töne und Intervalle, durch ein charakteristisches melodisches Schema, durch den Tonumfang (tessitura), innerhalb dessen sich die Melodie vorwiegend bewegt, und durch die verschiedenen Arten von Bewegung zwischen den Tönen. Diese Bewegungsarten schließen auch die wichtigen ›gamakas‹ oder ›Verzierungen‹ ein. Diese Gamakas, die Glissandi, Echowirkungen und Triller sowie eine Fülle anderer Feinheiten enthalten, sind die Seele der indischen Melodik und verleihen ihr einen subtileren, flexibleren Charakter, als er der etwas steifen Melodik des Fernen Ostens im Altertum zu eigen war. Der Gebrauch der Gamakas im Gesang erfordert bemerkenswerte gesangstechnische Fähigkeiten, deren näheres Studium für westliche Musiker lohnend sein könnte.

Jeder Raga ist somit weit mehr als eine lediglich technische Einheit. Er ist ein musikalischer und ästhetischer Organismus mit großer Entwicklungsmöglichkeit. Nachdem die indischen Musiker die Eigenschaften und Stimmungen aller Srutis, Töne, Intervalle, Modi und sonstiger Elemente lange Zeit beobachtet und klassifiziert hatten, genügte ihre Erfahrung für eine planmäßige Anordnung ihrer Jatis und Ragas im Hinblick auf die Erzeugung bestimmter Emotionen und Stimmungen bei den Zuhörern. Tatsächlich hat jeder Raga sein eigenes, unverwechselbares ›ethos‹ (seinen Charakter), und die Ragamusik ist – vom ästhetischen Standpunkt aus betrachtet – eine Musik, die verschiedene Schattierungen des Denkens und Fühlens ausdrückt.

Obwohl der Raga selbst zum ersten Male im 8. Jahrhundert von Matamga erwähnt wird, ist doch die Vorstellung, daß Musik fähig ist, bestimmte Gemütsverfassungen zu erzeugen, weitaus älter. Matamga beschreibt einige Ragas, die zu seiner Zeit schon nicht mehr gebräuchlich waren. Die alten Jatis beruhen auf einer ähnlichen Vorstellung, und neun Gemütsstimmungen wurden bereits von den Ariern des Altertums als grundlegend anerkannt (vgl. die *Ramayana*, ca. 600–200 v. Chr.). Diese frühen Siedler übernahmen zwangsläufig viele der jahreszeitlichen, im Ackerbau gebräuchlichen Riten von den früheren Bewohnern, und es war nur natürlich, daß die in jeder ihrer sechs Jahreszeiten gesungenen Lieder geeignet waren, die jeweils vorherrschende Stimmung auszudrücken, so etwa Freude über den Frühling oder gesellige Ausgelassenheit im Herbst. Tatsächlich gab es zunächst sechs Grund-Ragas. Ohne Zweifel wurden viele der vor-arischen Ritualmelodien zusammen mit den betreffenden Festen übernommen und von den Ariern variiert. Wenn auch die einzelnen Etappen dieses Prozesses unbekannt sind, müssen doch viele Ragas aus dem Melodienschatz der einzelnen Stämme abgeleitet sein. Allein der Titel von Matamgas *Brihad desi* (desi = regional) läßt darauf schließen, und auch die Namen einzelner Ragas sind hinlängliche Beweise: so zum Beispiel *Malvi* – nach den kriegerischen Malawa, die gegen Alexander den Großen kämpften, oder *Dravida*, ein im dravidischen Süden immer noch geläufiger Raga.

Es war offensichtlich die Absicht Matamgas und anderer Theoretiker, all diese melodischen Idiome – und auch die aus dem religiösen Gesang – zu sammeln und in einem allgemeinen, sowohl technischen als auch ästhetischen Rahmenwerk zu vereinigen. Der ästhetische Aspekt war das Ausschlaggebende des Systems, und wir können seine Entwicklung auf dieser Linie verfolgen. So war zum Beispiel jeder Stunde ein passender Raga zugedacht, der zur Hebung der jeweils entsprechenden Stimmung gesungen wurde – so etwa zur morgenlichen Stunde der Anbetung oder zur abendlichen Fröhlichkeit. Zwar sind sich Überlieferung und Abhandlungen über die Ragas nicht durchweg einig, doch tritt in allen Fällen ein gemeinsamer Faktor immer wieder in Erscheinung: das Moll-Element (Häufigkeit erniedrigter Noten) beherrscht die Ragas der ruhigeren Stunden (von Mitternacht bis zur mittäglichen Hitze), und das Dur-Element überwiegt in den zwischen sechs Uhr und Mitternacht gesungenen. Mit Recht sind somit die Ragas als Zelebrierungen verschiedener Momente im Ritual des Lebens bezeichnet worden, und in diesem Sinne vermögen wir auch die umfangreiche Mythologie zu begreifen, die den sich aus dem rechten Gebrauch der Ragas ergebenden Nutzen sowie das Unglück beschreibt, die denen widerfahren, die sie zur unrechten Zeit singen. So hat sich denn durch die Jahrhunderte ein ganzes System von Entsprechungen herausgebildet, das die Musik nicht nur zu Stimmungen, Tages- und Jahreszeiten, sondern zu Himmelszonen, Tierkreiszeichen, Planeten,

Wochentagen, Elementen, Farben, Vogelstimmen, menschlichen Eigenschaften, den beiden Geschlechtern, zu Temperamenten und den einzelnen Lebensaltern des Menschen in Beziehung setzte.

Die Zahl der Ragas, die jeweils verwendet wurden, hat zu verschiedenen Zeiten und in den einzelnen Landesteilen vielfach gewechselt. Bei den Tamilen soll es ehemals elftausendneunhunderteinundneunzig Ragas gegeben haben! Normalerweise jedoch nimmt man an, daß etwa einhundertzweiunddreißig letztlich auf eine kleine Anzahl von Raga-Klassen zurückzuführen sind, von denen wiederum annähernd die Hälfte tatsächlich allgemein im Gebrauch ist.

Tala

Es gibt keine Melodie ohne Rhythmus. So gehört auch zu jedem Raga (= Melodietyp) ein ›tala‹ (das Zeitmaß). Ein und derselbe Tala kann mehreren verschiedenen Ragas zugeordnet werden, weil die Talas weniger zahlreich sind. Etwa einhundertundacht waren bekannt, doch nur eine kleine Anzahl ist im Gebrauch – im Süden zum Beispiel sieben Haupttalas mit je fünf Formen. Jeder Tala hat eine bestimmte Anzahl von Schlägen (matras), die in charakteristischen Gruppierungen angeordnet sind. Die Schnelligkeit, das Tempo dieser Schläge wird durch ihre Dauer (laya) bestimmt und kann langsam (vilambita), mäßig (madhya) oder schnell (druta) sein, wobei jedes Tempo gewöhnlich doppelt so schnell wie das vorherige ist. Wenn periodische Akzente hinzukommen (wie dies bei einer zyklischen körperlichen Bewegung der Fall ist), dann entsteht – je nach den Abständen dieser Akzente und der Gesamtzahl der Schläge, die bis zur Wiederholung des ganzen Schemas erfolgen – das musikalische Zeitmaß. Die Ordnung der Schläge in Vielfachen – das heißt in Längen und Kürzen (wie bei Wortsilben) – ergibt ein Metrum oder einen Tala. Der Tala kann verhältnismäßig einfach sein (wie etwa eine viertaktige Phrase in normalem Zeitmaß), wird aber im allgemeinen dem Ohr des Abendländers recht kompliziert erscheinen. Während Schlaggruppierungen nach Takt und Metrum in der abendländischen klassischen Musik Zweier- oder Dreierpotenzen oder durch Multiplikation entstehende Kombinationen sind, haben sie in Indien die Tendenz, Kombinationen von 2 und 3 durch Addition zu sein. So lautet der südindische ›tala triputa tisra‹ 3 + 2 + 2. Der mathematische Rahmen für die Schlagfolge – Schnelligkeit (Tempo), Zeitmaß (Takt) und Metrum – bildet die Anatomie des musikalischen Flusses, obgleich das letztgenannte Element bereits eine klare Bedeutung in all das hineinlegt, was sonst lediglich eine Vorwärtsbewegung in der Zeit wäre. Und selbst der Tala ist nur Ausgangs- und Endpunkt. Wenn Schläge geteilt, Akzente überraschend gesetzt werden, wenn Synkopen auftreten und Phrasen über die erwartungsgemäßen Grenzen hinausgehen – dann erst erfahren wir das Erlebnis des Rhythmus, den lebendigen Fluß der Musik. Trotz der ihm innewohnenden leibgeborenen und wortgeborenen Elemente – Zeitmaß und Metrum – bedarf der Rhythmus zu seiner Vollständigkeit des emotionalen Elements, und dieses findet seinen Ausdruck in eben jenen gerade beschriebenen asymmetrischen Erscheinungen.

Talas mit längeren Perioden bieten dem Wechselspiel zwischen Singstimme und Trommel oder zwischen Solo-Instrument und Trommel größere Entfaltungsmöglichkeiten, und die Spannung zwischen den beiden kann beträchtlich wachsen, ehe sie sich wiederum zusammenfinden, wie das auf den ersten Schlag der folgenden vollständigen Periode der Fall sein soll. Die Perioden erstrecken sich häufig über sechzehn Schläge und können noch wesentlich länger sein (zum Beispiel die ›boradoshkhushi‹ mit sechsundfünfzig Schlägen). Viele Talas haben ihren Ursprung in den vedischen Texten und in der Vokalmusik, manche aber auch – wie die Ragas – in der mehr volkstümlichen Musik verschiedener Landstriche und Zeiträume.

Die sich wiederholende Periode des Tala liegt der formalen Struktur der Ausführung im weiteren Sinn zugrunde. Jedes

Lied zerfällt in drei Hauptabschnitte. Der erste ist die ›alapa‹, ein Vorspiel in freiem, aber stets langsamem Zeitmaß ohne Trommelbegleitung und ohne Textworte. Dieses Vorspiel führt in die Stimmung ein und stellt die wesentlichen melodischen Elemente des Raga in wohlabgewogener Form vor. Den nächsten Abschnitt bildet eine Strophe, die das Thema und den Gefühlsgehalt des Liedes ankündigt. Schließlich folgt der eigentliche Hauptteil, wobei die Trommel einsetzt und den Tala bildet; dieser Teil ist in mäßigem – zuweilen auch schnellem – Zeitmaß gehalten und bringt die Stimmung in kontinuierlichem Aufbau zur Entfaltung, immer unter Befolgung der Regeln des Vers- und Strophenbaus. Die Proportionen zwischen dem nicht in Takte eingeteilten Vorspiel und dem Hauptabschnitt sind unterschiedlich: im Süden kann die Alapa kurz sein, im Norden dagegen sogar länger als der folgende Abschnitt.

Kharaja (Bordun)

Diese beiden Elemente – Raga und Tala – die das Erklingen zeitlich und räumlich ordnen, werden durch ein drittes vervollständigt: durch die ›kharaja‹, einen Bordun- oder ›Pedal‹-Ton, der das tonale Zentrum festhält und dadurch während des ganzen Stückes gleichsam als Wegweiser dient. Bei Liedern ist er so gewählt, daß die Lage für den Sänger günstig ist. Man nimmt an, daß der Bordun aus der Volksmusik kommt, wo man ihn bei der einsaitigen ›ekata‹ und der ›tuntina‹ (vergleiche auch den Dudelsack) findet; aber das viersaitige Bordun-Instrument der klassischen Musik, wie es in der ›tambura‹ – einer langhalsigen Laute ohne Bünde – Gestalt gefunden hat, entstand einige Zeit nach dem 9. Jahrhundert. Die Stimmung der Saiten (von links nach rechts) ist Quinte, Oktave, nochmals Quinte und Grundton, oder – für manche Ragas – Quarte, Oktave, nochmals Oktave und Grundton.

Diese Saiten werden in ununterbrochener Aufeinanderfolge und in einer vom Zeitmaß unabhängigen Geschwindigkeit zum Klingen gebracht, so daß die nachklingenden Saiten den Eindruck eines ununterbrochenen Tönens vermitteln. Durch Teilung des (geometrischen) Intervalls der Oktave beim Intervall der (arithmetischen) Quinte oder (harmonischen) Quarte bilden die vier Saiten ein harmonisches Bezugssystem für die Raga- und Tala-Kunst. Sie liefern eine reichhaltige Grundierung von Teiltönen, die sich mit verschiedenen Tönen der Ragas vermischen, in deren eigener Struktur bereits eine subtile Harmonik enthalten ist. Dieser Umstand sowie eine zu hochgradiger Feinheit entwickelte Melodik und Rhythmik lassen eine weitergehende Ausgestaltung der Harmonik nicht nur unnötig erscheinen, sie würde vielmehr die subtile melodisch-harmonische Ausgewogenheit des Systems nur trüben oder gar zerstören. Im übrigen ist ›Modulation‹ im Sinne der abendländischen Musik mit jedem modalen System unvereinbar, da letzteres nicht auf konstantem Wechsel, sondern auf der Wirkung einer unverrückbaren Tonika aufgebaut ist. Die Wirkung einer solchen Musik ist vollkommen, diese ist – in ihrer höchsten Vollendung – ein Triumph idealer Mischung von Melodie und Rhythmus.

Raga-Musik

Die drei Elemente – Tonika, Raga und Tala – werden in der Ausführung unterschiedlich aufgeteilt. In einem Lied und bei zahlreichen Typen instrumentaler Stücke ist der Raga der Singstimme oder dem Solo-Instrument übertragen, der Tala den Trommeln und den Händen, die nach einem gebräuchlichen System gegeneinandergeklatscht werden, und schließlich der Bordun der Tambura. Alle drei können auch kombiniert werden wie in der Vina, bei der sowohl Melodie-Streichinstrumente als auch Baß-Streichinstrumente verwendet werden.

Auf diese drei Elemente also muß die Aufmerksamkeit des Ausführenden gerichtet sein. Indem er den geeigneten Raga (samt dem dazugehörigen Tala) auswählt, ordnet er ihm zugleich sein individuelles schöpferisches Vermögen unter, muß aber dennoch unmittelbarer schöpferisch sein als der abendländische Musikant, der lediglich die Gedanken des Komponisten vermittelt. Die Darbietung wird von seiner eigenen Stimmung und den Reaktionen der Zuhörer, mit denen er in jedem Augenblick in engstem Kontakt ist, direkt beeinflußt. Somit ist die Beziehung Komponist–Ausführender–Zuhörer hier eine völlig andere als im Westen. Und ist er gar ein Meister seiner Kunst, dann wird sich seine ›Realisierung‹ eines Raga zu einer Komposition kristallisieren, wird den Schülern als Vorbild dienen und von ihnen erlernt werden. Schließlich wird – da der Musikantenberuf innerhalb der Familien weitervererbt zu werden pflegt – diese Musik von den Mitgliedern seiner eigenen Familie schon vom Kindesalter an gehört.

Der traditionelle indische Musiker, der in einer mindestens sechs Jahre währenden Ausbildungszeit mindestens fünfzig Ragas erlernt haben muß, hat einen Vorrat prägnanter musikalischer Formeln im Kopf, die in wohlerprobter Weise die unterschiedlichsten Stimmungen ausdrücken und zum Extemporieren bei jeder erdenklichen Gelegenheit geeignet sind. Und wann immer Musiker zusammenkommen, sei es auch zum ersten Male, können sie sich sogleich ohne besondere Probe verständigen. In dieser Hinsicht haben die indischen Musiker mit den keltischen Barden des Abendlandes viel gemeinsam, deren Tradition sich im keltischen Britannien bis in die jüngere Vergangenheit gehalten hat.

Anfang und Schluß eines Stückes sind in keiner Weise formal festgelegt. Es mag zwanzig Minuten oder häufiger, – wie zum Beispiel bei der vollen Entfaltung eines einzigen Raga – eineinhalb Stunden dauern, wobei es die Spieler mit allen Feinheiten, deren sie fähig sind, ausstatten. Es wäre verfehlt, wollte man von einer solchen Darbietung scharfe äußerliche Kontraste oder vehementen Ausdruck erwarten, oder wollte man gar den Versuch machen, sie – aus dem Zusammenhang gerissen – mit abendländischen musikalischen Maßstäben zu werten.

Man kann die indische Musik nur im Licht des philosophischen Denkens der Inder verstehen. Dieses zutiefst kontemplative Denken hat – im Zusammenwirken mit dem künstlerischen und dem rein praktischen Naturell der Inder – bei der Ausgestaltung und Beibehaltung des klassischen musikalischen Systems eine entscheidende Rolle gespielt. Die Tonika, die schon vor Beginn des eigentlichen Stückes einsetzt, durchgehalten wird und nach Beendigung des Stückes nachklingt, ist kein Element für sich, sondern der stets gegenwärtige Wegweiser; in der Sprache der Musik ist sie Ausdruck des zeitlosen, ewig unabänderlichen Hintergrundes aller Dinge – Ursprung, Erhalterin und Ziel. Die Typenmelodik der Ragas sorgt innerhalb des tonalen Raums für Abwechslung. Der untere Tetrachord gehört der Welt der Sinne, der obere jener der geistigen Bewußtheit. Ähnlich liefern die Talas Mannigfaltigkeit im klingenden Zeitmaß. Und diese Mannigfaltigkeit im tonlichen Raum und in der tonlichen Zeit ist stets auf die eine Einheit der Tonika, des Grundtons, gerichtet, und zwar nicht wie in der abendländischen Musik von innen nach außen, sondern von außen nach innen. Wechselwirkung und Wechselspiel zwischen dem Faktorenpaar und dem dritten Faktor, den ersteres gleichsam umkreist, ergibt eine praktisch unerschöpfliche Anzahl von Möglichkeiten des musikalischen Ausdrucks, ohne daß das Gefühl für die Gesetzmäßigkeit je verlorenginge. So kommt es, daß die Ragas gleich den geheiligten Formeln, den ›mantras‹, als Aspekte des und zugleich Wege zum ›Shabdabrahman‹ – das ist das Absolute (Brahman) in Tönen (Shabda) begriffen – angesehen werden.

Überlieferungen aus Nord und Süd: Moslem-Einflüsse
(ca. 1000–ca. 1700)

Das klassische Raga-System ist über ganz Indien verbreitet. Im Verlauf der geschichtlichen Entwicklung hat es jedoch von alters her regionale, besonders zwischen Nord und Süd merkliche Unterschiede gegeben. Sie sind zum Teil auf rassische Bewegungen und Kulturen zurückzuführen, – man denke an die bereits erwähnten Industal- und Gandhara-Kulturen. Aber noch andere Faktoren sind zu berücksichtigen. In der Folge des Kriegszuges des Darius im Jahre 518 v. Chr. wurde Indien ein Teil des Perserreichs und blieb es zweihundert Jahre lang; die Parsen flüchteten 717 n. Chr. nach Indien; und die Araber besetzten 725 n. Chr. Gujurat. Somit war das nördliche Indien vor der Eroberung durch die Moslem im 11. und 12. Jahrhundert von persisch-arabischen Einflüssen nicht unberührt geblieben.

Zunächst standen die Moslem der Musik ablehnend gegenüber, weil der Islam ihren Gebrauch weitgehend verdammte. Die Sufis aber förderten sie, und von der Zeit des Altamash (1210–1236) angefangen, begannen die Herrscher der Moslem sogar als Gönner der Musik zu wirken. Später – seit Beginn des 16. Jahrhunderts – wurde sie an den Höfen der indischen Mogulen eifrig gepflegt und unter dem Kaiser Akbar (1556–1605) sogar zu einer Hochblüte gebracht. Der Name seines Hofmusikers Tansen ist noch heute in Nordindien ein geläufiger Begriff.

Der Beitrag des Islam zur indischen Musik muß erst noch ausreichend erforscht werden, doch ist schon heute eines vollkommen klar: der Einfluß der Moslem machte die Spaltung der indischen Musik in zwei, heute offenkundig gewordene Traditionslinien vollständig, und zwar die nördliche oder hindustanische, und die südliche oder karnatische. Erstere ist aus der Absorbierung neuer und reichhaltiger, über Persien aus dem Mittleren Osten eingedrungener Einflüsse durch eine alt-arische Kultur entstanden. Letztere ist der Form nach arisch, dem Inhalt nach jedoch weitgehend dravidisch. Die traditionelle Hindu-Musik, kraftvoll, sublim und zuchtvoll, wurde im Norden durch eine Moslem-Tradition eleganter, dekorativer, hingebungsvoller Musik mit nicht geringer Beigabe von Romantik befruchtet. Da die Hindu-Tradition auf solider Grundlage ruhte, war sie ohne Gefährdung empfänglich für die besten Elemente dieses Einflusses und fähig, eine wunderbar lebendige Kunst daraus entstehen zu lassen. In der Tat offenbart sich eine Mischung von Kraft und Eleganz in allen Künsten Nordindiens aus der Zeit der Mogulen. Die Kultur der Mogulenhöfe brachte eine mehr weltliche Atmosphäre mit sich, wie zum Beispiel der *Kathak*-Tanz des Nordens im Vergleich zu dem religiöseren *Bharata Natyam* des Südens zeigt. Die karnatische Musik blieb auch vorwiegend verstandesmäßig betont und metrisch karg, während die hindustanische intimere und subtilere Eigenschaften der Melodik entwickelte, indem sie zahlreiche persische und arabische Weisen und Ragas (zum Beispiel *Huseini*, *Hejaz*, *Kafi*, *Bahar*) übernahm und umformte. Auf den Moslem-Einfluß sind auch die verschiedenen Namen, die ein und denselben Ragas gegeben wurden, sowie die längeren und flexibleren Zeiteinheiten und erst recht die entschiedene Bevorzugung einzelner Instrumente zurückzuführen.

Das südliche Indien bevorzugt die Zither Vina, die ihre gegenwärtige Form bereits um 1400 erreicht hatte – das nördliche Indien die ›sitar‹. Letzteres Instrument zeigt die Verschmelzung beider Kulturen: in der Form erinnert es an die persische ›'ud‹ (eine Laute), im Prinzip an die indische Vina. Während der Süden in der europäischen Form der Violine ein später eingeführtes Instrument begünstigt, zieht der Norden die ›sarod‹ vor, die zwar vermutlich einheimischen Ursprungs ist – sie ähnelt im Typus der Vina –, ihre heutige Form aber durch Moslem-Einfluß erhalten hat (vergleiche persisch sarud). Der Name des Instruments, das die Tonika oder den Grundton in der Raga-Musik spielt, die Tambura oder bündelose Laute, erinnert an das persische Wort ›tanbur‹. Unter den Blasinstrumenten gelangte die ›shahnai‹ genannte, im Tempel und bei allen wichtigen Anlässen – wie Hochzeiten, Zeremonien, Umzügen, Festlichkeiten – benützte Oboe von Persien aus in den Norden, und auch ihr Name ist persischen Ursprungs. Die vergleichbare Oboe des Südens heißt völlig anders, nämlich ›nagasuaram‹. Was die Trommeln anbelangt, wird die ›mridamga‹ im Süden mehr benutzt als im Norden, wogegen der Norden die ›tabla‹ bevorzugt, die ihren Namen vermutlich vom arabischen ›tabl‹ herleitet und gleichsam die Neuprägung des bereits vorgefundenen Instruments durch die Moslem darstellt.

Die Neuzeit
(seit 1700)

Als das Reich der Mogulen bald nach 1700 seinem Niedergang entgegenging, begann die klassische indische Musik bereits Zeichen einer Wandlung zu zeigen. Da die Musik hauptsächlich in adligen Kreisen und weniger im Volk gepflegt wurde, hatte sie an allgemeiner Wertschätzung eingebüßt. Vokal- und Instrumentalmusik bedurften mehr und mehr verschiedener Ausführenden.

Inzwischen war das britische Interesse an Indien gewachsen, und das Land begann seit 1600 in eine neue Entwicklungsphase einzutreten. Während der britischen Periode (1757–1947) verschwand der althergebrachte Feudalismus allmählich, und die Musik verlor ihre wichtigsten Gönner. Ihr gesellschaftliches Ansehen wie ihr künstlerischer Anspruch gingen allmählich mehr und mehr verloren. Und so begann jener langsame Verfall, der schon zu Anfang des 20. Jahrhunderts weit verbreitet war.

Die indische Musik empfing gegen Ende des 18. Jahrhunderts zumindest einen vorteilhaften Beitrag von Europa: die Violine, die sich für die Feinheiten der indischen Intonation gut eignet. Durch eine von der abendländischen abweichende Stimmung und entsprechende Anpassung an die eigenen Techniken hat sie die indische Kultur erfolgreich assimiliert, nachdem das Instrument ohne Verlust seiner Eigenart zahlreiche neue Möglichkeiten allmählich seinerseits assimilieren konnte. Im Süden ist die Klarinette mit Erfolg übernommen worden. Im 19. Jahrhundert unternahmen verblendete Missionare, Bewunderer Indiens aus dem Abendland und andere einen für die indische Musik verhängnisvollen Schritt. Sie führten das nach abendländischer gleichschwebender Temperatur gestimmte – und nicht immer gut gestimmte – Harmonium in Indien ein. Es wird heute allzu häufig als Ersatz für die Tambura verwendet, was zu einer Verfälschung der tonlichen Empfindsamkeit der Inder geführt hat. Und noch dazu versuchten diese Enthusiasten, die in Wahrheit für beide musikalischen Systeme nur wenig Verständnis hatten, dem bereits voll entwickelten indischen modalen System die abendländische Harmonik aufzupfropfen. Die Ergebnisse sind nur allzu offenkundig. In letzter Zeit ist die Film- und Unterhaltungsmusik in Mode gekommen, und das Radio hat zu ihrer Verbreitung beigetragen. Die qualifiziertere europäische Musik gelangt durch die Schallplatte nach Indien; aber im Grunde – das muß man leider zugeben – findet die europäische Musik im Herzen der Inder nur wenig Widerhall. Konzertante Darbietungen sind im Bereich der klassischen indischen Musik kaum bekannt, obwohl hier – hauptsächlich unter der Einwirkung des Rundfunks – in letzter Zeit einige Fortschritte zu verzeichnen sind – allerdings erst einige hundert Jahre nach dem Aufkommen der öffentlichen Konzerttätigkeit in Europa.

In der Überzeugung, daß das moderne Leben neuer Entwicklungen bedarf, halten manche indische Musiker immerhin nach neuen Formen Ausschau. Schulen des Denkens reichen von Erztraditionalisten bis zu denen, die nach Modernität um jeden Preis suchen – ganz zu schweigen von denjenigen, die ihre Götter durch die Verehrung der Massen ersetzt haben und sich an die Hoffnung klammern, man könnte eine neue

Volkskunst erschaffen. Die wohl aussichtsreichsten Versuche sind die einzelner Dichter-Komponisten, die sich – wie Rabindranath Tagore aus Bengalen (gest. 1941) – von der klassischen Raga-Tradition zutiefst erfüllt, der Volksmusik zugewandt haben und dort neue Eingebungen suchen, womit sie einen in der Musikgeschichte schon vielfach verzeichneten Prozeß wiederholen. In neuerer Zeit haben sich auch einige bedeutende Musiker an für sie neue Wege des Ausdrucks auf der Linie der Polyphonie herangetastet.

In der Neuzeit wurden einige Versuche unternommen, Musik durch Notation festzuhalten. Für den Vedischen Gesang war die Notation eine selbstverständliche Bequemlichkeit, und es gibt eine Reihe örtlich verschiedener Systeme. Aus der alten Solmisation sind mehrere rudimentäre Systeme hervorgegangen, die als Gedächtnisstütze benutzt werden. Eine Weiterentwicklung der Notation könnte der Raga-Musik, die jedesmal neu und anders extemporiert wird, nur wenig nützen, ja vielleicht sogar das schöpferische Element in ihr und jenen beachtlichen Sinn für die rechte Balance zwischen Gesetzmäßigkeit und Freizügigkeit zerstören, der das System durch die Jahrhunderte so lebendig und beweglich erhalten hat. Das klassische System der indischen Musik ist unter allen großen Musiktraditionen des Ostens in künstlerischer Hinsicht vielleicht das bedeutendste, das noch in unserer Gegenwart fortlebt.

Der Einfluß der indischen Musik in Ost und West

Die Tatsache, daß es ein melodisch-rhythmisches System (Raga-Tala) in Indien bereits tausend Jahre früher gegeben hat als ein vergleichbares in den mohammedanischen Ländern (Maqam-Iqa), hat bis heute keine befriedigende Erklärung gefunden. Man könnte auf frühe indische Einflüsse auf Persien schließen, doch obwohl, wie wir gesehen haben, vielfache Kontakte stattgefunden haben, ist das Beweismaterial unzulänglich.

Einflüsse der indischen Musik finden sich vorwiegend im Fernen Osten. In der Frühzeit des Buddhismus – also in den ersten Jahrhunderten christlicher Zeitrechung – gelangten Instrumente und musikalische Einflüsse nach China, Korea, Japan und Tibet und mit dem Aufkommen des Hinduismus (etwa im 8. Jahrhundert) nach Südostasien und Indonesien.

Gar manches Musikstück ist durch die Zigeuner nach Europa gedrungen. Dieser arische Volksstamm ist indischer Herkunft, und obgleich die Zigeuner sich in den Ländern, die sie im Mittelalter – zwischen dem 6. und 15. Jahrhundert – durchwandert haben, anpassen wollten, brachten sie sowohl nach Arabien als auch nach Europa bestimmte Ragas – die ›Indiana‹ der spanischen Zigeuner entspricht der hinduistischen ›Bhairavi‹ – ferner zahlreiche melodische Ornamente, die rein indischen Charakter beibehalten haben, sowie ein als ›svara-mandala‹ bekanntes Instrument, das in der Gestalt des Zigeuner-Cymbalon als Vorfahr unserer Tasteninstrumente interessant ist.

Zu Anfang unseres Jahrhunderts wurden einige Musikwerke europäischer Herkunft durch hinduistische Schriften und Dramen inspiriert. So zum Beispiel Gustav Holsts (1874 bis 1934) *Hymns from the Rigveda* und seine Oper *Savitri*. In Albert Roussels Ballettoper *Padmâvatî* fanden gewisse Besonderheiten der indischen Musik Aufnahme. Überhaupt ist die indische Musik dem abendländischen Geschmack vielleicht näher als irgendeine andere Musik des Ostens. In letzter Zeit haben indische Musiker Europa und Amerika besucht, und gute Schallplatten mit klassischer indischer Musik sind nun auch im Westen zu haben. Sie gehören – zusammen mit Aufnahmen anderer Musik des Ostens – zu den bedeutenderen Materialien, für die sich die zeitgenössische Musik gegenwärtig aufgeschlossen zeigt.

China

Die vorgeschichtliche Zeit

(3. und 2. Jahrtausend v. Chr.)

Im 3. Jahrtausend v. Chr. war das Leben in China noch weitgehend das eines halb-nomadischen, unter jungsteinzeitlichen Bedingungen lebenden Volks von Jägern. Im Verlauf jenes Jahrtausends entwickelte sich – insbesondere in den Flußtälern des Jangtse-kiang und Hoang-ho mit ihrem fruchtbaren Lößboden – allmählich der Ackerbau. An diese Zeitspanne erinnern Mythen von allerlei Halbgöttern und legendären Herrschern, von denen jeder auch sein musikalisches System gehabt haben soll. Allerdings sind von diesen Systemen nur noch die Namen erhalten. Die Entstehung einer Hochkultur dürfte um die Jahrtausendwende angesetzt werden. Die an den östlichen Ausläufern des Steppengürtels, der den Fernen Osten mit dem Nahen Osten verbindet, entstandene Megalithkultur der Chinesen könnte möglicherweise durch fremde Einflüsse verursacht worden sein: Mesopotamien wurde damals von den Sumerern beherrscht, und Ägypten hatte noch sein ›Altes Reich‹. Wie auch immer dem sei, jedenfalls scheint diese Kultur weitgehend von mongoliden Völkern gespeist worden zu sein.

Nach einer ersten, ›Hsia‹ genannten Dynastie (bis ca. 1500 v. Chr.)[1] ging die chinesische Kultur in eine lange Dynastie über: die sogenannte Shang-Dynastie (ca. 1500–1122 v. Chr.), aus der die ersten greifbaren musikalischen Überreste erhalten sind. Ausgrabungen haben zwei Arten von Musikinstrumenten ans Licht gefördert: den klingenden Stein ›ch'ing‹ und die Kugelflöte ›hsüan‹ (eine Art Okarina), die

[1] Obgleich die Chinesen einen stark ausgeprägten Sinn für alles Geschichtliche besitzen, sind Daten vor etwa 1122 v. Chr. wissenschaftlich unkontrollierbar. Die hier angegebenen frühzeitlichen Daten entsprechen daher den üblichen Annahmen.

ihrem Typ nach jungsteinzeitlichen Ursprungs sein dürften. Zwei weitere Instrumente, die Trommel (ku) und Schelle (chung), werden in einer Quelle aus dem 12. Jahrhundert v. Chr. erwähnt und sind bronzezeitlichen Ursprungs. Die Ode, in der sie erwähnt sind, stammt aus dem *Shih Ching*, dem *Buch der Gesänge*, einer gegen Ende der Shang-Dynastie begonnenen Sammlung, die Material aus mehr als tausend Jahren – von etwa 1600 bis 600 v. Chr. – und fragmentarische Angaben über die Musik in jener Frühzeit enthält.

Während des Ablaufes des ›Ackerbau-Jahres‹ wurden zur Zeit des Wechsels der Jahreszeiten an den Zusammenflüssen der Gewässer große Feste veranstaltet. Bei diesen Gelegenheiten forderten Knaben- und Mädchen-Chöre einander durch Wechselgesänge von Distichen heraus, die durch Gesten akzentuiert wurden. Jedes halbe Distichon bestand in der Regel aus acht Wörtern, das heißt acht Silben – eine in der chinesischen Dichtung wohlbekannte Form. Der Wettstreit der Geschlechter und das abwechselnde Singen – Antiphonie! – sollen die beiden gegensätzlichen Prinzipien des Universums – das Yang und das Yin – symbolisiert haben, und die darauffolgenden Sexualriten brachten die Übereinstimmung der Menschen mit der Natur und untereinander durch die Vereinigung dieser beiden Prinzipien in der Welt. Die musikalische Form war mit derartigen Symbolgehalten aufs engste verknüpft; denn anläßlich eines dieser Feste spielten zwei musizierende Gruppen zuerst nacheinander und dann beide gleichzeitig. Wie wir später sehen werden, mögen gewisse musikalische Bräuche, die sich in Annam erhalten haben, auf jene Zeiten zurückreichen.

Während manche Oden bei den jahreszeitlichen Festen gesungen wurden, waren andere für den Vortrag am Hofe bestimmt. Das alte *Shu Ching*, das *Buch der Geschichte*, besagt, daß einer der Sagenkaiser des 3. vorchristlichen Jahrtausends »sich Oden der höfischen Musik und ländliche Balladen vornahm, um zu sehen, ob sie mit den fünf Tönen übereinstimmten«. Hier können wir vielleicht das ›Volks‹-Lied in der Weiterentwicklung zu höheren Formen erkennen – seine neuen Ausprägungen entstehen fast niemals im bäuerlichen Lebenskreis –, und der Nachklang von einigen dieser alten, höheren Formen lebt im chinesischen Volkslied bis zum heutigen Tage fort.

Die Erwähnung von ›fünf Tönen‹ bezieht sich auf die Fünftonskala, die seit eh und je die Grundlage der chinesischen Melodik gebildet hat. Nach einer Lesart wurde diese Skala mit der Megalithkultur (während der Jungsteinzeit und der Bronzezeit) weithin über Europa und Asien verbreitet, hielt sich aber – mit dem Aufkommen späterer Kulturen – nur in Randgebieten wie auf den Hebriden, in Lappland und China, das als Subkontinent vom übrigen Asien sogar noch nachdrücklicher abgesondert war als Indien. Das Vorkommen der Fünftonskala in den beiden amerikanischen Kontinenten ist – gleich dem zahlreicher Musikinstrumente – unmittelbar auf die von Asien ausgegangene Kolonisation durch mongolide Völker zurückzuführen, zu denen sowohl die Eskimo als auch die amerikanischen Indianer gehören.

In dieser Epoche des Werdens wurden feste Fundamente gelegt. Obgleich die chinesische Musik – nicht anders als die chinesische Kultur im allgemeinen – im Laufe ihrer Geschichte zahlreiche fremde Einflüsse aufgenommen hat, erhielt sie sich doch stets ihre unverwechselbare Eigenart und entfaltete sich nach deren Eigengesetzlichkeit. Dabei bot eine beständige Ehrerbietung der Chinesen für alles Vergangene die Gewähr für eine gewisse Kontinuität der Tradition.

Das Altertum

(11.–3. Jahrhundert v. Chr.)

Mit der Chou-Dynastie (1122–256 v. Chr.) gelangen wir endlich in eine geschichtliche Periode, in der die meisten Einrichtungen, Sitten und Gebräuche der Chinesen zu jenen Grundformen gefunden haben, die bis in die Neuzeit erhalten geblieben sind. Der Musik begegnen wir in drei wichtigen Bereichen: den bereits in ferner Vergangenheit eingeführten ländlichen Festen, in denen sich Dichtung, Musik und Tanz verbanden; im Zeremoniell des Kaiserhofes; und im religiösen Ritus.

Unter den damals gebräuchlichen Musikinstrumenten sind drei von besonderer Wichtigkeit: das Steinspiel (pien-ching), eine Reihe von vierzehn bis vierundzwanzig gekrümmten oder (später) L-förmigen Steinplatten, die in einem Rahmengestell aufgehängt waren; das Glockenspiel (pien-chung), eine ähnlich angeordnete Reihe von Glocken, und schließlich die seit etwa 1100 v.Chr. verwendete Mundorgel aus Rohr (shêng). Sie besteht aus mehreren – heute etwa siebzehn – Bambuspfeifen, die aus einem als Windkammer dienenden, von einem seitlichen Mundstück mit Luft versorgten Kürbis herausragen. Keinerlei andere Kulturen haben in den entsprechenden Zeiträumen derartige Instrumente verwendet. Der Mundorgel aus Rohr ist die Panpfeife (p'ai hsiao) verwandt. Die ersten, in religiöser und sonstiger Zeremonialmusik wichtigen chinesischen Streichinstrumente sind unter anderem die gewöhnlich fünf- und siebensaitige ›ch'in‹-Zither sowie die ursprünglich sechsundzwanzig –, heute dreizehnsaitige ›sê‹-Zither. Die noch aus älterer Zeit stammenden klingenden Steinplatten sowie Glocken und verschiedene Trommelarten kommen hinzu. Ein neuerdings zusammengestellter Katalog chinesischer Instrumente beschreibt deren über zweihundert, die in der Mehrzahl auf die bereits während der Chou-Dynastie bekannten Typen zurückgehen. Der kaiserliche Hof machte sich im Laufe der Zeit viele dieser Instrumente dienstbar und schloß sie zu zweckmäßigen Gruppen in Orchestern zusammen. Der Adel unterhielt kleinere Kapellen.

Während der letzten vierhundert Jahre dieser Epoche erreichte die chinesische Kultur ihren Höhepunkt und die großen Philosophen Lao-tse (604–517 v.Chr.) und Konfuzius (551–478 v.Chr.) traten auf. Lao-tse, eine halblegendäre Gestalt, war der Begründer des Taoismus (Tao = Der Weg) – einer mystischen, zur Esoterik neigenden Philosophie. Was den der Musik in ihrem Ritual zukommenden Platz anbelangt, ist nur wenig Aufschlußreiches festzustellen, obgleich immerhin eine taoistische Vorstellung besagt, daß das innerste Wesen eines Menschen einem musikalischen Ton ähnlich sei. Der im Abendland als Konfuzius bekannte K'ung Fu-tse begründete die Philosophie, die jetzt nach ihm benannt wird. Die Überlieferung bringt ihn mit musikalischen Darbietungen und dem der Musik im täglichen Lebensablauf zugewiesenen Anteil in Verbindung. Er bezeichnete sich selber als »Mittler, nicht Erzeuger« – als einen, »der die Ahnen kennt und liebt«, und er war es, der die ältesten chinesischen Bücher herausbrachte. Es handelt sich – neben den bereits erwähnten, dem *Buch der Gesänge* und dem *Buch der Geschichte* – um das *Buch der Riten*, *Li Chi*, das ein wichtiges Kapitel unter dem Titel *Yüeh Chi – Denkmal der Musik* – enthält, und um das metaphysische *Buch der Wandlungen*, *I Ching*, auf dessen kosmischen Elementen die Anfangsgrundlagen der Musik aufgebaut gewesen sein sollen. Zwischen der Zeit des Konfuzius und dem Ende dieser Epoche wurden die Grundzüge der chinesischen Musiktheorie festgelegt, auf denen die gesamte spätere Entwicklung fußte. Die Hauptquelle ist das *Lü Shih Ch'un Ch'iu* des Lü Pu-wei (239 v.Chr.).

Die Theorie

Der Ausgangspunkt der chinesischen Musiktheorie ist der Grundton (huang Chung, wörtlich: gelbe Glocke). Dieser Begriff konnte sowohl als geheiligtes Prinzip des Ewigen, als Fundament des Staates sowie auch als Ton mit bestimmter Tonhöhe aufgefaßt werden. Lü Pu-wei schreibt die letztgenannte Sinngebung dem mythischen Kaiser Huang Ti (3. Jahrtausend v.Chr.) zu, der den gleichfalls mythischen ›Herrscher der Musik‹ Ling Lun an die westliche Grenze des Reiches entsandte, wo sich dieser in einem Gebirgstal einen Bambusknoten so zurechtschnitt, daß er den Grundton ergab, das heißt die Tonhöhe einer leidenschaftslos sprechenden menschlichen Stimme. Man hielt es für wichtig, für jede Dynastie die rechte Tonhöhe zu finden –, oder aber politische Wirren mußten befürchtet werden. Über die im Laufe der Zeiten benützten Tonhöhen müssen genauere Anhaltspunkte erst noch gesammelt werden, doch wollen wir hier als den üblichen Grundton F annehmen.

Vom Grundton ausgehend leitete man weitere, höhere Töne durch Benutzung verschieden langer Rohre ab, und zwar so, daß die aufeinanderfolgenden Rohre jeweils um ein Drittel kürzer oder ein Drittel länger waren als das vorhergehende, das heißt, die Rohre hatten abwechselnd zwei Drittel und vier Drittel der Länge des vorhergehenden. Die so erzeugten Töne haben daher Schwingungszahlen von jeweils abwechselnd $\frac{3}{2}$mal und $\frac{3}{4}$mal die Frequenz des vorhergegangenen Tones, woraus sich, musikalisch gesprochen, abwechselnde Reihen von aufsteigenden Quinten beziehungsweise absteigenden Quarten ergeben. Daraus geht hervor, daß die Schwingungsfrequenzen im chinesischen System durchweg auf Potenzen der Zahlen zwei und drei basieren. »Die Musik drückt die Harmonie zwischen Himmel und Erde aus«, heißt es im *Denkmal der Musik*, und nach dem *Buch der Riten* ergeben Töne, die zueinander in einem Verhältnis 3 : 2 stehen, infolge der Annahme, daß die Zahl des Himmels 3 und die Zahl der Erde 2 ist: die Harmonie zwischen Himmel und Erde.

Bringt man nun die ersten fünf Töne dieser Reihe – f, c, g, d, a – in die Form einer Skala: f, g, a, c, d, erhält man die chinesische Fünftonskala, die es bereits in den Melodien der Chou-Periode gegeben hat und die von der Theorie lediglich noch definiert und verstandesmäßig erklärt wurde. In chinesischen Texten aus dem 4. und 5. Jahrhundert v. Chr. werden die fünf Töne ›kung‹, ›shang‹, ›chiao‹, ›chih‹ und ›yü‹ genannt. Jeder dieser fünf Töne kann als Ausgangspunkt eines neuen Modus der Leiter dienen, wobei der Modus durch eben diesen Ton als Haupt- und Endton gekennzeichnet ist. Diese Skalenform ist für den melodischen Ausdruck hervorragend geeignet und verleiht ihm höchste Klarheit.

Die dem chinesischen Ritual zugrundeliegende Symbolik erforderte, daß sich der Grundton in der Musik in Übereinstimmung mit den zwölf Monaten und den zwölf Tagesstunden verlagerte. Mit anderen Worten – der Grundton (samt der auf ihm aufbauenden Leiter) mußte für jeden Zeitabschnitt *transponiert* werden. Um dieser Bewegung eine Ordnung zu geben, wurde durch die bereits erwähnte Methode aufsteigender Quinten und absteigender Quarten eine Reihe von zwölf Tönen erzeugt. Jeder dieser zwölf so erzeugten Töne wurde zum Grundton der jeweiligen Leiter.

Um alle Töne zugleich an ihrem musikalischen Firmament zeigen zu können, ordneten die Chinesen die zwölf Töne stufenweise an. Diese Anordnung hat durchaus den Anschein einer chromatischen Leiter wurde aber niemals als solche verwendet, sondern ausschließlich als Hilfsmittel zur Transposition der Fünftonskala.

Die Bestandteile der zwölftönigen Skalenreihen wurden weiter in zwei sechstönige Reihen geteilt, jeweils gemäß ihrer Entstehung aus aufsteigenden Quinten oder absteigenden Quarten. Die beiden sechstönigen Reihen sind dem Anschein nach Ganztonskalen wurden jedoch wiederum nicht als solche benutzt. Als ineinandergreifende Tonreihen hatten sie die Funktion, die Töne gemäß der nach der Ritualharmonik möglichen Zusammenklänge – nach der jeweils gegenüberliegenden Quinte beziehungsweise Quarte – zu klassifizieren.

Das ist in Kürze die ursprüngliche Theorie. Sie ist unvollständig, weil eine auf zwölf Töne beschränkte Reihe keine genaue Intonation für alle zwölf Positionen der Fünftonskala zuläßt. Aus dieser Erkenntnis versuchten einige Musikgelehrte, ein System temperierter Stimmung zu finden; andere wiederum meinten, dies verstoße gegen das Naturgesetz und wollten lieber bei ihrem zwar unvollständigen, aber vollkommenen System bleiben. Wieder andere machten zahlreiche Versuche in der weiteren Unterteilung der Töne durch Erweiterung der auf Quart und Quint bezogenen Tonreihen.

Obgleich die Fünfton-Skala in China stets die Grundlage für die Musik bildete, mag daneben seit der Chou-Periode auch eine Siebenton-Skala existiert haben, da die Bambus-Querflöte (ti) – ein Instrument aus jener Zeit – eine Siebenton-Skala zu produzieren ermöglicht. Eine solche Leiter mit fünf Haupt- und zwei Hilfsstufen war sicherlich spätestens um das 1. Jahrhundert v. Chr. in Gebrauch. Durch Transposition der Siebenton-Skala und ihrer Modi in zwölf Positionen wurde im 6. Jahrhundert ein System von vierundachtzig Modi gebildet, das allmählich in die Ritualmusik Eingang fand.

Theorie und Praxis der Musik stimmten im Lauf der Jahrhunderte zuweilen überein, zuweilen auch nicht; aber mögen die Gelehrten auch vielleicht zu weit gegangen sein, die ursprüngliche Theorie war nicht nur auf unerschütterlichen mathematischen Grundlagen aufgebaut, sondern auch so tief in der chinesischen Philosophie und Metaphysik verwurzelt, daß Überschreitungen vermieden wurden und das System in der chinesischen Tradition stabilisiert und durchgesetzt werden konnte. Es hat im Laufe der Jahrhunderte die Gedankengänge der größten Geister unter den Musikern, Mathematikern, Astronomen und Philosophen beflügelt und stets als lenkende Kraft gewirkt.

Das frühe Mittelalter

(3. Jahrhundert v. Chr. – 7. Jahrhundert n. Chr.)

Auf die Chou-Dynastie folgte die kurze Periode der Ch'in (246–206 v. Chr.), während der jedoch der Kaiser Shih-huang-ti die Vernichtung sämtlicher Bücher, Musikalien und Musikinstrumente befahl. Einiges Material blieb immerhin erhalten, und die Han-Dynastie (206 v. Chr. – 221 n. Chr.) war eine Epoche des Wiederaufbaus.

Seit dieser Zeit und während verschiedener Dynastien (Han, Wei, Chin, Sechs Dynastien, Sui) kam es zu einigen wichtigen Fortschritten in der Musik. Unter dem Kaiser Wu

(141–87 v.Chr.) wurde ein kaiserliches Musikamt (Yüeh-fu) gegründet, dessen Aufgaben in der einheitlichen Festlegung der Tonhöhen, der Überwachung des Musiklebens und dem Bau von Musikarchiven bestanden. Die Chinesen hatten schon lange zuvor den Zusammenhang zwischen Länge und Hohlraum einer Röhre und der musikalischen Tonhöhe erkannt, und so kam es, daß das erwähnte Amt demjenigen für Maße und Gewichte angegliedert wurde. Die Musik blühte auch am kaiserlichen Hofe, und in der Han-Periode waren an dem dort unterhaltenen Orchester achthundert, in vier Gruppen eingeteilte Musiker angestellt.

Im 1. Jahrhundert n.Chr. kamen buddhistische Mönche aus Indien nach China, wo der Buddhismus zwischen 200 und 600 n.Chr. zu vitaler Wirkung gelangen sollte. Diese Mönche brachten auch ihre Gesänge mit ins Land. Wie wir den buddhistischen Ritus heute kennen, wird er von einem Vorsänger und den Novizen gesungen und enthält intonierte Sprüche und Responsorien, die gelegentlich durch einzelne Instrumente unterbrochen werden. Der Gesang konzentriert sich meist auf Töne innerhalb eines begrenzten Tonumfangs und enthält auch charakteristische Triller. Im Verlauf des Gesanges wird das Tempo beschleunigt, es kommt zu Stimmüberlagerungen und die instrumentalen Einwürfe werden häufiger. Die Begleitung besteht ausschließlich aus Schlaginstrumenten (großer Trommel, großer Glocke, Gong, Zimbeln, Triangel, kleiner Glocke und ›Hölzernem Fisch‹). Wie wir im vorigen Kapitel gesehen haben, ist die indische Melodik durch ihre Verzierungen (Gamakas) gekennzeichnet, die von den damaligen Mönchen mittels der chinesischen Zither (ch'in) anstelle der früheren, vorwiegend statischen und zurückhaltend strengen Musik eingeführt wurden. Zithermusik ist bis auf den heutigen Tag in deskriptiv-impressionistischer Manier gespielt worden, daher bedient sich das Spiel der Zither zahlreicher Glissandi, Portamenti, Staccati, offener und gegriffener Saiten, Obertonregister und nicht weniger als sechsundzwanzig verschiedener Arten des Vibrato.

Das Wort ›ch'in‹ heißt wörtlich ›verbieten‹ – das heißt ›die bösen Leidenschaften zügeln, das Gemüt in Schranken halten und die körperlichen Handlungen leiten‹. So wurde die Zither zum sinnbildhaften Instrument der Philosophen in ihren Meditationen; denn sie verkörperte ein ganzes System kosmologischen Wissens, von dem jedes Detail ihrer Abmessungen und Bauart bestimmt war. Überdies war das Erlernen des Zitherspiels eine umfangreiche Disziplin des Musikunterrichts und ohne ausreichende Kenntnis des Rituals gar nicht möglich. Während ihre fünf oder sieben Saiten in der Fünfton-Skala gestimmt sind – das heißt also in Übereinstimmung mit dem Quintenzirkel –, werden die gleichen Saiten nach ganz anderen Grundsätzen gegriffen. Am Rand des Griffbretts sind Stimmbolzen in einer Weise angeordnet, daß jeder der Saiten eine Reihe von Tönen entlockt werden kann, die nicht aus dem Quintenzirkel abgeleitet sind, sondern von einer aufsteigenden und einer absteigenden Obertonreihe. Historisch gesehen, bringen wir die beiden Systeme – das zyklische und das harmonische – mit verschiedenen Kulturen in Verbindung: das zyklische mit der chinesischen, der pythagoreischen und vielleicht der megalithischen im allgemeinen – das harmonische mit der mesopotamischen, indischen und europäischen. Es ist also interessant, beide in einem Instrument vereinigt zu finden. Das könnte auf den indisch-buddhistischen Einfluß zurückzuführen sein. Es ist üblich, manches aus der chinesischen Zithermusik sehr weit in die Vergangenheit zurückzudatieren (zum Beispiel in die Zeit des Konfuzius), obgleich es schwierig ist, derartige Behauptungen zu erhärten, da ja keine Aufzeichnungen aus jener Epoche erhalten sind. Es hat jedoch den Anschein, daß es bereits im 2. vorchristlichen Jahrhundert eine Art Notations-System für die Zither Ch'in gegeben hat.

In dieser Periode wurden die Töne der chinesischen Sprache durch Shen Yüeh (441–513) erstmalig klassifiziert. Das Chinesische ist letztlich auf eine begrenzte Zahl einsilbiger Elemente reduzierbar. Je nach der Beugung, welcher sie jeweils unterworfen werden, kann jedes dieser Elemente unterschiedliche

Bedeutungen haben. Die Hauptneumen – Anweisungen hinsichtlich der Tonhöhe für die Aussprache der einzelnen Silben – sind mittel, steigend, fallend und einsetzend, und eine Verstärkung dieser Akzentuierungen trug zur Entwicklung der Kunst der Melodik im Gesang bei.

Etwa um die gleiche Zeit (485 n. Chr.) wurde der Tanz zum offiziellen Bestandteil der konfuzianischen Zeremonien. In einem uns erhaltenen sechsstrophigen konfuzianischen Hymnus wurde zu drei Strophen getanzt, wobei die Tänzer eine Flöte oder einen Stab in der rechten und eine Fasanenfeder in der linken Hand hielten. In jeder der drei Strophen nahmen sie zweiunddreißig Stellungen ein. Diese Stellungen gingen von der kalligraphischen Form der Dichtung aus, und zwar in der Weise, daß die kalligraphischen Symbole praktisch die Neumen der Worte waren und daher die den Worten innewohnende melodische Gestalt wiederholten. Es ist schwer, sich eine noch weiterentwickelte Integration irgendeiner künstlerischen Aussage vorzustellen, als sie hier vorliegt, wo das Wort, die Musik und der Tanz so eng miteinander verbunden sind. Wie es in dem alten *Buch der Riten* heißt: »Die Dichtung drückt den Gedanken aus; der Gesang verlängert die Töne; der Tanz belebt die Haltung des Körpers.« Worte, Musik und Bewegung vereinigten sich auch im chinesischen Marionettenspiel. Hier hat man es mit Nachahmungen früher Ritualzeremonien zu tun, die jedoch als weltliche Unterhaltung galten und ein Frühstadium in der Entwicklung des chinesischen Musikdramas darstellen.

Seit dem 4. Jahrhundert hatten die Quellen, aus denen die chinesische Musik gespeist wurde, inzwischen durch fremde Einflüsse eine beträchtliche Bereicherung erfahren. Nach der Zerstörung des Königreichs Kucha in Turkestan im Jahre 384 führte China die persische Harfe, die Zimbeln und einige neue Formen der Trommel ein. Der Hof entfaltete eine besondere Vorliebe für fremde Volksmusik und beschäftigte um 581 ›Die Sieben Orchester‹. Kapellen kamen unter anderem aus Kucha, Buchara, Samarkand, Kashgar. Der Hof begann sogar damit, ständige Spielgruppen zu beschäftigen, die in fremdländischen Nationalstilen musizierten, und zwischen der Mitte des 6. und dem Ende des 9. Jahrhunderts war die in höfischen Kreisen bevorzugte Musik gewöhnlich die ›barbarische‹. Bis zu einem gewissen Grad beeinflußte sie die eigenständige chinesische Musik, mehr aber noch die japanische, wie wir im folgenden Kapitel sehen werden.

Das spätere Mittelalter
(7.–13. Jahrhundert n. Chr.)

Mit der T'ang-Dynastie (618–906) brach für China eine friedliche Periode an. Die schönen Künste konnten gedeihen und erreichten – nach einigen Rückschlägen während der Fünf Dynastien (907–960) – in der kulturell großen Zeit der Sung (960–1279) einen Höhepunkt der Verfeinerung. Diese ganze Epoche war in der Tat so etwas wie ein Goldenes Zeitalter für die chinesische Musik.

Die konfuzianischen Ritualmelodien jener Zeit sind nur in späteren Ausgaben erhalten. Im gravitätischen Einherschreiten ihrer gleichmäßigen ganzen Noten, die in der Regel in Achtergruppen auftreten, ähneln sie weitgehend dem mittelalterlichen europäischen ›cantus firmus‹. Die Verarbeitung dieses Materials war naturgemäß unterschiedlich – je nach den Mitteln, die einem bestimmten Heiligtum oder Tempel zu Gebote standen. Diese Mittel waren zuweilen sehr beträchtlich; denn wir lesen – abgesehen von den eingesetzten Singstimmen – zum Beispiel von hundertzwanzig Ch'in-Zithern, hundertzwanzig Sê-Zithern, zweihundert Mundorgeln, Shêng, und zwanzig Oboen nebst Trommeln, Glocken und Glockenspielen.

Auf Grund der zahlreichen Angaben, die der berühmte chinesische Musikgelehrte Prinz Tsai Yü im 16. Jahrhundert gesammelt und rekonstruiert hat, und anderer Quellenwerke kann man sich eine annähernde Vorstellung machen, wie diese Musik geklungen haben mag. Der Chor sang den jeweiligen Hymnus auf eine Melodie, die aus ganzen oder gehaltenen

Noten bestand, wobei immer eine Silbe auf eine Note gesungen wurde. Unisono mit den Singstimmen wurden die Blasinstrumente und Glockenspiele gespielt, während der Shêng möglicherweise jeweils im Ein- und Ausatmen eine halbe Note blies. Zu jeder ganzen Note spielten die beiden Zitherarten Ch'in und Sê sechzehn Sechzehntel zur besseren Abschätzung der Gesamtdauer (tsao-man). Diese starr taktierte Musik steht in scharfem Gegensatz zu der rhythmisch verfeinerten Hindu-Musik. Mundorgel und in geringerem Ausmaß auch die Zithern spielten in zweistimmiger Harmonie, deren Intervalle sich stets auf Quarten, Quinten und Oktaven beschränkten und die daher stilistische Anklänge an das früheste mittelalterliche ›Organum‹ in Europa aufwies. Zwischen und vor den einzelnen Versen eines Hymnus – und zuweilen auch zwischen den einzelnen Verszeilen – traten andere Instrumente hinzu, um einzelne Akzente zu setzen und Klänge zu verstärken, so etwa das Steinspiel, die große Glocke, die große Trommel und das Yü, ein Holzinstrument in Form eines Tigers, das durch Bestreichen des gezähnten Rückenkamms mit einer Bambusbürste zum Tönen gebracht wurde. Wenn alle diese Instrumente gemeinsam erklangen, dazu die Singstimmen, die die langen Noten aushielten, muß die klangliche Qualität der Darbietung eine für uns unbekannte Verfeinerung erreicht haben. Die chinesische Ritualmusik war eine wesentlich auf Klangfarben und Klangqualitäten aufbauende Musik, woraus sich auch erklärt, daß die chinesische Musik sich mit der simpelsten Harmonik begnügt; denn durch eine stärker durchgebildete Harmonik, die im Vergleich zu den ja in so reichem Maße vorhandenen inneren Harmonien – oder Obertonwirkungen – grob wirken würde, bestünde die Gefahr der Beeinträchtigung jener klanglichen Valeurs. Die Gesamtwirkung eines klassischen chinesischen Hymnus, in angemessener Umgebung und unter Mitwirkung aller vorgeschriebenen Instrumente, genau nach den Erfordernissen der Symbolik ausgeführt, muß ein höchst eindrucksvolles Erlebnis gewesen sein. Die erwähnte außerordentliche klangliche Verfeinerung war zweifellos mit größter Klarheit gepaart; denn Klarheit ist eines der wesentlichen Charakteristika der chinesischen Musik überhaupt. Sie war in der Tat klanggewordener Ausdruck der Maxime des Konfuzius: »Die Musik des edelgesinnten Mannes ist mild und fein, verharrt in gleichmütiger Stimmung und wirkt belebend und bewegend. Solch ein Mann trägt nicht Pein oder Traurigkeit im Herzen und heftige, anmaßende Bewegungen sind ihm fremd.«

Obgleich uns Melodien zum *Buch der Gesänge* nur durch Manuskripte aus späteren Zeiten zugänglich sind, ist uns doch wenigstens ein einziges, aus der T'ang-Dynastie stammendes Manuskript erhalten, das in den ›Höhlen der Tausend Buddha‹ aufgefunden wurde. Es ist das älteste chinesische Musikmanuskript, das bisher zutage gefördert worden ist. Es enthält eine Art rituelle Orchestersuite in acht zusammenhängenden Sätzen, die auf einer ›ausgedehnten Melodie‹ (ta-chü) aufgebaut ist – einer Struktur, die dem Rondo nicht unähnlich und seit der T'ang-Zeit mehrfach anzutreffen ist.

Während dieser Zeit hatte das Chinesische Reich eine sehr große Ausdehnung und war daher fremden Einflüssen aller Art weitgehend ausgesetzt. Die höfische Musik wurde durch die ›barbarische‹ Musik weiter bereichert und umfaßte nunmehr Orchester aus Indien, Buchara, Ost-Turkestan, der Mongolei, aus Tibet, Kambodscha, Burma und Annam. Zur Zeit des Kaisers Hsüan-tsung (713–756) gab es sechs stehend und acht sitzend spielende Orchester zum Musizieren in Innenräumen und ein Freiluft-Ensemble von mehr als dreizehnhundert Mann. Eine als der ›Birnengarten‹ bekannte Schauspielergruppe von dreihundert Mann wurde 714 vom Kaiser Hsüan-tsung gegründet, dem auch einige nach wie vor im chinesischen Theater vorkommende Melodien zugeschrieben werden. Eine davon stammt aus dem Musikdrama *Der kleine Schäfer* und ist eine Art dramatisiertes Volkslied (pentatonisch, $\frac{2}{4}$-Takt).

Die Dichter der T'ang-Zeit schrieben zum Singen bestimmte Gedichte und übernahmen die kurze Laute (p'i-p'a), ein Instrument mittelasiatischen Ursprungs, das während der Han-Dynastie nach China gebracht worden war. Sie komponierten programmatische Stücke von einer Art, wie sie in der chinesischen Kammermusik lange Zeit bevorzugt wurde. Derartige Stücke sind heute noch beliebt, und *Die letzte Schlacht von Hsiang Yü* – ein noch immer gängiges Stück – verwendet Glissandi und eigenartige Schlagwerkeffekte, die durch Überkreuzen der Saiten erzielt werden und die einzelnen Phasen der Schlacht schildern helfen sollen. Die zahlreichen spieltechnischen Möglichkeiten der Laute sollen von der Zither Ch'in abgeleitet worden sein, und die kurze Laute ist in der Tat das einzige Instrument, das sich an Beliebtheit mit der Zither messen konnte. Heute begegnet man ihr allgemein weit häufiger. Sie bedient sich der Siebentonskala. Repetierende Akkorde und eine begleitende Baßstimme, die mehr oder minder dem wiederholten Anspielen des Grundtons dient, gehören zu ihren hervorragenden musikalischen Möglichkeiten.

Eine Notation für die kurze Laute ist aus der Sung-Dynastie (960–1279) erhalten: sie ist von dem taoistischen Dichter-Komponisten Chiang Kuei geschrieben, der *Neun Gesänge für (das Volk von) Yüeh* hinterlassen hat. Er verwendet darin sowohl Siebentonskalen als auch – etwas Neues in der chinesischen Musik – Neuntonskalen, in denen einige Kleinsttonschritte vorkommen. Dies ist die früheste Zeit, aus der gedruckte Musik überliefert ist, – darunter auch einige Melodien zu zwölf Gedichten aus dem *Buch der Gesänge*, die der konfuzianische Philosoph Chu Hsi, der sie kopiert hat, einer Quelle aus der T'ang-Zeit zuschreibt.

Während der Sung-Dynastie setzte eine Bewegung für das volkstümliche Theater ein. Das Puppenspiel nachahmend, tauchten in den Straßen singende und tanzende Gruppen von ›Puppen aus Fleisch‹ auf. Die Gesänge des Südens (Nan-ch'ü), wie sie später genannt wurden, holten sich ihre Texte von den Tafelmusiken der Epoche, unterlegten ihnen eigene Melodien nach strengem Fünfton-Muster und benutzten zur Stützung der Singstimme ihrer Musik (chin-yüeh) vorzugsweise die Querflöte (ti). Die Gesänge des Nordens (Pei-ch'ü) entnahmen sowohl Text wie Musik (diese nach der Siebentonskala) der Tafelmusik und waren aufgeschlossen für musikalische Einwirkungen aus dem Norden. Die Singstimme wurde hauptsächlich durch die kurze Laute gestützt. Die Gedichte zu beiden Liedtypen waren in einer besonderen Versform – ›ts'ê‹ – gehalten, deren Zeilen ungleich lang waren und deren Silben in einem bestimmten Schema aufeinander folgten und sich zur Fixierung der Intonation der vier früher erwähnten Neumen bedienten. Die Form sah eine Vielfalt von Typen melodischer Strukturen vor, die ihrerseits als Modelle für neue Dichtungen dienen konnten. Aus diesen Elementen sollte sich alsbald die eigentliche chinesische Oper beziehungsweise das chinesische Musikdrama entwickeln.

Mongolische Einflüsse
(13.–14. Jahrhundert n. Chr.)

Am Anfang des 13. Jahrhunderts wurde China von den Mongolen unter Dschingis Khan angegriffen, doch konnte erst dessen Enkel Kublai Khan eine annähernd vollständige Eroberung erreichen. China mußte für seine Yüan- Dynastie (1260–1368) zahllose Menschenleben opfern; aber in mancherlei Hinsicht wirkte sich die Mongolenherrschaft auch wohltätig aus – so zum Beispiel durch die Förderung der Musik durch die Mongolenkaiser, die auch neue Musikinstrumente und neue Tonleitern einführten.

Das Theater machte schnelle Fortschritte und sein Ensemble wurde unter der Bezeichnung ›Yüan-ch'ü‹ bekannt, was ›Musik der Mongolen-Dynastie‹ bedeutet. Während dieser Zeit entstanden die ersten vollständigen Musikdramen oder ›Opern‹ und fanden in einem Stil des Nordens und des Südens allmählich zu festen Formen, die sich im wesentlichen bis in die heutige Zeit erhalten haben. Anfänglich – bis etwa Ende des 13. Jahrhunderts – war die nördliche Schule (tsa-ch'ü) die angesehenere. Diese theatralischen Darbietungen bestanden

(14) Der hinduistische Gott Vishnu mit dem Muschelhorn, das am spitzen Ende der Muschel angeblasen wird. Prä-Khmer-Zeit (Alt-Kambodscha).

(15) Indische Adoranten und Musikanten (Terrakottahörner [?], Doppelschalmei und Trommeln). Sanchi (Zentralindien) 1. Jh. n. Chr.

(16) Tempelmusik – mit Vina, Laute und Flöte. Borobudur (Java). Um 800 n. Chr.

(17) Indisches Gartenfest mit Tanz und Musik (Laute, Horn, Pauke, Schellentamburin, Flöte). Miniatur um 1580/90.

(18) Der Gott Krishna, die Flöte blasend. Nepal, 18. Jh. (?)

(19) *Musizierendes Himmelswesen (Mundorgel). China, 6. Jh. n. Chr.*

(20) *Chinesische Tänzerin und Musikantinnen. Laute (P'i-p'a), Panflöte, Flöte, Mundorgel, Trommel. 7. Jh. n. Chr.*

(21) Chinesisches ›Orchester‹. T'ang-Zeit. 7. Jh. n. Chr.

(22) Biwa spielender Bodhisattwa Japan, 11. Jh.

(23, 24) Musikantinnen mit Samisen (Langhalslauten) und Kokyo (Fidel). Japan, 18. J

(25) Japanische Koto-Spielerin. Das Instrument ist ein Abkömmling der chinesischen Zither-Art. 18. Jh.

(26) Japanisches Liebespaar, die Querflöte spielend. 18. Jh.

(27) Tibetanischer Tempeltänzer mit Schädeltrommel und Glocke. 19. Jh.

(28) Indonesisches Gamelan-Orchester, mit Gong-, Glocken- und Xylophon-Instrumenten.

häufig aus vier mimisch und pantomimisch gestalteten Szenen, rezitativischer Deklamation und metrischen Gesängen. Die Versform für jeden Gesang wurde durch eine bestimmte Lied-Charakteristik bestimmt (ch'ü-p'ai) und der jeweiligen dramatischen Situation entsprechend ausgewählt.

Da die Versform mit einem bestimmten Skalentyp verquickt war, entstand eine Art von Zusammengehörigkeit, wie wir sie in ähnlicher Weise in den Stimmungen der indischen Ragas gefunden haben; und da die Zahl der Melodien kleiner war als die der Gedichte, bedeutete jede gerade angestimmte Melodie für den Hörer sogleich Aufschluß über die jeweilige dramatische Situation. In den letzten Jahren des 13. Jahrhunderts vermischten sich der Stil des Nordens mit dem des Südens, und es konnte durchaus geschehen, daß ein Werk Akte in beiden Stilen enthielt, während gegen Ende der Yüan-Dynastie die ›südliche Schule‹ die Oberhand gewann. Fünf Werke aus dieser Dynastie sind noch erhalten und werden auch nach wie vor gespielt, besonders von Laienspielern. In diesen Dramen wird ein spezielles Thema (ya-ti, wörtlich ›elegante Flöte‹) etwa in Leitmotivmanier verwendet, wenn es gilt, ein bestimmtes Gefühl – wie Freude oder Zorn und verwandte Empfindungen – auszudrücken.

Die Ming-Dynastie
(1368–1644)

Als die Zeit dafür reif war, gelang es den Chinesen, sich der Mongolenherrschaft zu entledigen und wieder eine eigene Dynastie zu gründen – die Ming-Dynastie (1368–1644). Ein System gleichschwebender Stimmung wurde 1596 vom Prinzen Tsai Yü erfolgreich ausgearbeitet – einem großen Gelehrten, der ein neunzehnbändiges *Handbuch der Musik* über Theorie, Praxis und Geschichte hinterließ. Seine Formel für die gleichschwebende Stimmung kam derjenigen von Werckmeister in Europa um volle hundert Jahre zuvor. Es hat jedoch den Anschein, als habe sie in der weiteren Folge in China wenig Beachtung gefunden.

Es gibt zahlreiche Ausgaben von Zither-Melodien, die auf die Ming-Dynastie zurückgehen. Bereits in ihren Anfängen waren die berühmtesten Melodien für siebensaitige Zither weit verbreitet, wenn auch die meisten von ihnen heute in späteren, aus der Ch'ing-Zeit stammenden Versionen gespielt werden, in denen manche Notenwerte verändert sind. Es sind dies sehr reizvolle Stücke, die jenen bereits erwähnten Sinn für das Bildhaft-Programmatische aufweisen. Es gibt zweierlei Typen. Die Struktur der kleineren Lieder (hsiao-ch'ü) hält sich an jene der ›ch'ü‹-Melodien, die wir unter dem Begriff ›Oper‹ behandelt haben. Hier wird der Text von dem Ausführenden meist während des Spiels gesungen. Die größer angelegtenMelodien (ta-ch'ü) sind reine Instrumentalstücke, die bis zu zwanzig oder dreißig Minuten dauern können. Das melodische Element tritt stärker hervor, und die Struktur zeigt Gemeinsamkeiten mit dem Rondo. Wenn der Spieler einzelne Noten der Melodie länger aushält, entsteht der Eindruck verschiedener tonaler Zentren, so daß das Ohr des Abendländers diese Musik nicht als monoton empfindet. Echte Modulationen von einer Tonart in eine andere sind selten, kommen aber gelegentlich vor, wenn ein besonderer Effekt erzielt werden soll. Das geschieht durch Einbeziehung von Tönen, die außerhalb der jeweiligen Fünftonskala liegen, so daß vorübergehend eine auf anderer Tonhöhe liegende Fünftonskala vorherrscht. Schnelle Skalenläufe in der Fünftonleiter können – ähnlich wie das abendländische ›Arpeggio‹ – einen harmonischen Effekt hervorbringen. Die verschiedenen Klangvaleurs des Instruments werden dauernd ins Spiel gebracht: Glissandi sind charakteristisch und Obertoneffekte werden häufig verwendet – besonders in der Coda sowie in den kurzen Stücken und auf der Klimax, wo sie der Musik den nötigen Aufschwung geben.

In der zweiten Hälfte der Dynastie – etwa um die Mitte des 18. Jahrhunderts – wurde das Drama durch einen neuen, von Wei Liang-fu begründeten Gesangstil bereichert. Seine *K'un-ch'ü* – das heißt die Lieder der Männer von Kunshan –

werden von Berufsmusikern in Nanking und Peking gelegentlich auch heute noch gespielt. Bei der Überarbeitung der Werke der ›südlichen Schule‹ übertraf Wei Liang-fu die früheren Musikdramen, indem er Opern von mehrstündiger Dauer, die zum Teil aus gut dreißig Akten bestanden, einführte. Der Länge der Werke entsprach auch annähernd die Anzahl der gesungenen Rollen. Ihrer sechs waren nichts Ungewöhnliches. Die Aufeinanderfolge der einzelnen Akte war mit der nötigen Rücksichtnahme auf den Wechsel zwischen erzählender Deklamation (Prosa-Rezitation) und Gesang (metrisches Gedicht) abgestimmt. *P'i-p'a Ch'i, Die Geschichte des Lautenspiels*, um 1530 geschrieben oder neu geschrieben und immer noch ein sehr berühmtes, dem Wei Liang-fu zugeschriebenes Theaterstück mit Musik, enthält mehr als hundert Arien mit eingestreuten Dialogen. Der harte Stimmansatz ist charakteristisch, und der Falsettstil, den die männlichen Darsteller weiblicher Rollen seit der Schaffung getrennter männlicher und weiblicher Truppen gegen Ende der Dynastie angenommen haben, wurde ein Formcharakteristikum des klassischen Stils. Männliche und weibliche Darsteller wurden in China bis zum Ende des Kaiserreichs (1911) tatsächlich getrennt gehalten.

Die in der Ming-Dynastie gesungenen Lieder waren nicht immer syllabisch, wie das beim chinesischen Lied von alters her der Fall gewesen war, sondern zuweilen melismatisch und eher volkstümlichen Ursprungs. Der Takt war Zweiviertel oder Vierviertel – jeweils mit stark betontem ersten Taktteil. Das wichtigste Instrument des *K'un-ch'ü*-Stils ist die Bambus-Querflöte (ti), die zwischen den einzelnen Strophen ritornellartig weiterspielt, worauf die Singstimme die Melodie zur nächsten Strophe wieder aufnimmt. Die Flöte kann durch Gitarre (san-hsien) und die kurze Laute (p'i-p'a) unterstützt werden. Zuweilen werden weitere Flöten, eine Mundorgel und oboenartige Rohrblattinstrumente hinzugefügt. Schlaginstrumente spielen immer eine wichtige Rolle, das wichtigste ist die Reifentrommel (pan-ku). Gongs, Zimbeln und Schlagstäbe kommen gleichfalls vor. Aktanfänge und -schlüsse sowie Szenenwechsel werden durch energische Schlagwerkzwischenspiele angezeigt, die meist den Zweck haben, die einzelnen Teile oder auch Strophen gegeneinander abzusetzen.

Die Ch'ing-Dynastie
(1644–1911)

Abgesehen von der Weiterentwicklung des Dramas, war die Ch'ing-Dynastie keine sehr schöpferische Periode. Die Ritual-Musik bei Hofe und im Tempel war bereits im Niedergang begriffen und es hatte den Anschein, als ob China – trotz des einen oder anderen Versuchs verschiedener Kaiser, etwas vom alten Glanz wiedererstehen zu lassen – einen kulturellen Zyklus vollendet hätte und sein Musikleben bis zum Ende des Kaisertums weiter absinken sollte. Sogar das klassische Drama hatte um die Wende zum 19. Jahrhundert einen Tiefstand erreicht. Im Laufe dieses Jahrhunderts aber wurde eine volkstümlichere und kraftvollere Bewegung wirksam. Sie übte einen gewissen Einfluß auf die klassische Tradition des Nordens aus und ließ eine Reihe von Opern entstehen, die *Ching-hsi – Stücke aus der Hauptstadt* (das heißt Peking) – genannt wurden. Es sind dies die heute noch gängigsten aus der vorrepublikanischen Zeit. Die Ts'ê-Versformen wurden durch symmetrische Melodien ersetzt, und zu den Zwei- und Vierviertel-Perioden der klassischen chinesischen Musik traten Musiken im Dreivierteltakt hinzu, die zweifellos volkstümlicher Herkunft waren. Das Begleitinstrument ist eine einsaitige Fidel, meist eine Abart der ›hu-ch'in‹.

Bereits lange vor dieser Zeit hatten Europäer begonnen, China zu bereisen. Gegen Ende der vorhergehenden Dynastie war sogar ein Werk über das Clavichord von Matteo Ricci in China erschienen. Während der Ch'ing-Dynastie sodann besuchten mehrere Europäer den kaiserlichen Hof – unter ihnen Pereira und Pedrini, und letzterer baute auch Musikinstrumente für die Chinesen. Pater Joseph Amiot war der erste Europäer, der ein Werk über die chinesische Musik schrieb (1780). Auch wurde abendländische Musik allmählich in China zu Gehör gebracht, doch dauerte es noch lange, bis sie von den Chinesen geschätzt wurde.

Zur Zeit der Ch'ing-Dynastie scheint die chinesische Musik auf die europäische zumindest einigen Einfluß gehabt zu haben. Im 18. Jahrhundert wurde eine chinesische Mundorgel (shêng) nach St. Petersburg gebracht und ihre freischwebenden Zungen wurden durch einen deutschen Orgelbauer in ganz Europa eingeführt. Zu Anfang des 19. Jahrhunderts ist eine, auf dem Prinzip der freischwebenden Zungen basierende Gruppe europäischer Instrumente – darunter die Mundharmonika und das Akkordeon – allgemein in Gebrauch. Später wurde dieses Prinzip auf die Tasteninstrumente ausgedehnt: das Harmonium wurde geschaffen (1840). Während der Blütezeit der romantischen Musik in Europa war die ›Chinoiserie‹ eine der Auswirkungen exotischer Einflüsse, denen die Komponisten geneigt waren. Wir finden ›chinesisches Lokalkolorit‹ sogar zu Webers Zeiten, der in der Ouvertüre *Turandot* (1809) eine pentatonische Originalmelodie chinesischen Ursprungs benützt, die er aus dem Werk von Pater Amiot übernahm.

Aber das Ausmaß des chinesischen Einflusses auf die westliche Musik war verschwindend im Vergleich zu dem auf die Musik des Ostens. Seine stimulierende und ordnende Wirkung auf den ganzen Fernen Osten kann gar nicht überschätzt werden und die folgenden drei Kapitel bieten häufig Gelegenheit, auf diese Wirkungen hinzuweisen.

Das republikanische China
(seit 1912)

Das Jahr 1911 setzte dem Kaisertum ein Ende, das China durch mehrere tausend Jahre regiert und seine Musik gefördert hatte. Chinas musikalische Tradition hatte schon damals einen Tiefstand erreicht und ist heute in Gefahr, gänzlich zu verschwinden. Es gibt keine höfische Musik mehr, und die konfuzianische Ritualmusik existiert nur noch im Tempel von Chenchu, der Heimat des Konfuzius. Von der taoistischen Musik haben sich kaum Spuren erhalten, obwohl man da und dort nach wie vor auf buddhistische Zeremonien stößt. Ein ernsthaftes Studium des Volksliedes ist kaum in Angriff genommen. Die klassischen Stücke sind noch gelegentlich zu hören, doch vorwiegend von Laienspielern. Das Drama aus dem 19. Jahrhundert ist weitaus gängiger. Das Musizieren auf den Straßen und in Vergnügungslokalen sorgt für leichte, billige Ware. Eine Instrumentalmusik im klassischen Sinne gibt es kaum noch. Spieler der Philosophenzither (ch'in) sind in der Tat sehr rar, andere Formen der Zither werden auch immer seltener und nur die kurze Laute (p'i-p'a) ist noch häufig zu hören.

Und diese jetzt noch lebendige musikalische Tradition neigt dazu, mehr und mehr unter westlichen Einfluß zu geraten. Im kaiserlichen China war die abendländische Musik nach wie vor nur wenig geschätzt; aber viele Repräsentanten der jetzt abtretenden Generation studierten in Europa und kamen nach China zurück, um dort zu lehren. Europäische Lehrer folgten, und Künstler aus dem Westen bereisten die wichtigsten Städte. China unterhält zur Zeit mehrere Symphonie-Orchester abendländischer Prägung. Schließlich akzeptierten die Chinesen die westliche Musik – sehr häufig anstelle ihrer eigenen – und so kam es zum beschleunigten Verfall der traditionellen Formen. Überdies hat sich – wenigstens auf dem Unterhaltungssektor – die westliche mit der chinesichen Musik vermischt und hybride Formen hervorgebracht, wie sie besonders in der Filmmusik anzutreffen sind.

Die Besetzung der Mandschurei durch die Japaner brachte die Anregung zu zahlreichen neuen musikalischen Formen. Es entstanden Lieder für Maurer, Straßenbauarbeiter und für andere Berufe, und patriotische Studenten schufen die ersten chinesischen ›Unisono‹-Lieder. Der Chorgesang war in der weltlichen chinesischen Musik vollkommen unbekannt, erlangte jedoch rasch Beliebtheit und hat in letzter Zeit auch in die Oper Eingang gefunden. Die neuen Opern enthalten Aufgaben für männliche und weibliche Sänger, die ihre Stimmen in verschiedenen Stilformen – nicht selten sogar in der westlichen Gesangsmanier – zur Geltung bringen. Abendländische Instrumente, besonders Streicher, wurden in das Begleitorchester eingefügt, und die abendländische Harmonik wurde – und zwar durchaus nicht ohne Erfolg – der pentatonischen Melodik angepaßt.

Die westliche Musik hat sich also in ihren leichteren Formen mit der chinesischen kombinieren lassen, ist aber bei denen, die sich für ihre bodenständige Kultur verantwortlich fühlen, auf sehr unterschiedliche Reaktionen gestoßen. Sie hat sie dazu angeregt, einiges noch erhaltene klassische Musikgut aufzuzeichnen und alte Manuskripte zu sichten und zu transkribieren. Eine Gruppe der Komponisten ernster Musik sieht die Zukunft der chinesischen Musik im Gebrauch ihrer eigenen Instrumente, eine andere setzt sich für eine zwar nationale Schule der Musik, jedoch den Gebrauch internationaler Instrumente ein. Diejenigen chinesischen Komponisten, die Musik im abendländischen Sinne schreiben, haben – international gesehen – noch nicht oder doch kaum von sich reden gemacht, und jene wiederum, denen es mit ihrer traditionsgebundenen Theorie ernst ist, werden sich vor das Problem gestellt sehen, deren Erfordernisse – eben jene eines zyklischen Systems – mit denen des gänzlich anderen (des harmonischen) Systems des Westens in Einklang zu bringen. Aber die chinesischen Musiker besitzen eine alte Tradition und verfügen über eine äußerst differenzierte musikalische Ausdrucksweise. Sie müßten also – auf lange Sicht – einen bedeutenden Beitrag für die moderne Welt leisten können. Ihre Fähigkeit, Fremdes aufzunehmen, war stets hoch entwickelt. Das beweist ihre Geschichte. Allerdings sind die Einflüsse, denen sie heute ausgesetzt sind, offenbar von ganz anderer Art als alles, was ihnen bisher begegnet ist.

Japan

Die einheimische Tradition

In der Jungsteinzeit war Japan – etwa vom Jahre 2000 v. Chr. angefangen – von einer nicht-mongoliden Rasse, den Ainu, bevölkert, deren Nachkommen im Norden des Inselreiches immer noch fortleben. Später, etwa im 1. Jahrtausend, kam ein Volksstamm hinzu, der sich sehr früh von den Mongoliden Nordasiens abgespalten hatte und die eigentlichen Vorfahren der heutigen Japaner gestellt hat. Die altjapanische Gesellschaftsordnung beruhte auf Stämmen, die Religion auf der Geisterverehrung, und die rituellen Gebräuche trugen viel zu der später als Shintô (Weg der Götter) bezeichneten Religion bei.

Der Shintô-Gesang wird in den nüchternen Tempeln chorisch vorgetragen, bewegt sich in einem begrenzten melodischen Bereich und in seinen Anfängen offenbar im Stil des freien Rezitativs, das erst in späterer Zeit strengere formale Gestalt annahm. Charakteristisch ist ein langsam ausgeführter Triller im Abstand eines Ganztons, eine noch heute im japanischen Rezitativ anzutreffende Besonderheit. Von alters her wird der Shintô-Gesang mit einer Bambusflöte, ›yamato-bue‹ (Japanische Flöte) und einer weichgetönten sechssaitigen Zither, ›yamato-goto‹ (Japanische Zither), begleitet; von Instrumenten also, die die Japaner im Gegensatz zu ihren anderen Flöten und Zithern, die anders gebaut und chinesischen Ursprungs sind, als einheimisch ansehen. Die Entstehung dieser Flöte führen sie auf ihre Sonnengöttin Amaterasu zurück, die – entzückt von den Klängen einer von einem Gott aus sechs Schießbogen gemachten Zither – wieder aus ihrer Höhle hervorkam, um der Welt das Licht zurückzugeben und der Menschheit den Tanz und die Musik zu bringen. Dieser Mythos liegt dem mit Gesang begleiteten

Shintô-Tempeltanz *Kagura* zugrunde. Zumindest seit der Zeit des Kaisers Ichijô (987 n.Chr.) ist dieser Tanz von jenen beiden Instrumenten und einer winzigen Oboe (hichiriki = traurig klingende Oboe) begleitet worden. Spätere Formen der *Kagura* – so zum Beispiel der heutige Tempelweihetanz – haben große Trommeln tibetanischer (ô-kakko, eine umgegürtete Rolltrommel) und chinesischer Herkunft (ô-daiko, eine zylindrische Trommel). Das Shintô-Ritual hat bis heute die frühesten Traditionen der japanischen Musik beibehalten. Sein Stil hat sich die besondere Eigenart bewahrt.

Die einheimische Tradition ist auch in den Liedern zu finden, die unter der volkstümlichen Bezeichnung *Saibara* (Saibagaku) bekannt sind und in historischer Zeit zwar im Kaiserpalast gespielt wurden, jedoch ihren Ursprung in der frühen japanischen Volksmusik haben.

Eine der drei japanischen Fünftonskalen – und vielleicht die am wenigsten verwendete – findet sich insbesondere in der Volksmusik und geht möglicherweise ebenfalls auf alte Zeiten zurück. Diese Leiter teilt ihre beiden voneinander getrennten Quarten je in einen Ganzton und eine kleine Terz, und zwar – in aufsteigender Richtung – folgendermaßen: c, d, f – g, a, c. Sie könnte leicht mit der chinesischen Skala der Ming-Dynastie verwechselt werden, doch erlangte eine derartige Leiter in China erst Bedeutung, nachdem der frühe chinesische Einfluß auf Japan, den wir jetzt behandeln werden, aufgehört hatte.

Fremde Einflüsse

(3.–8. Jahrhundert)

Die Steinzeit war für Japan zu Ende, als in der zweiten Hälfte des 1. christlichen Jahrhunderts erstmalig Metall aus China – zunächst über Korea – ins Land kam. Frühzeitig bewiesen die Japaner die Fähigkeit, zweckmäßige Besonderheiten anderer Kulturen zu übernehmen. Diese Fähigkeit hat auch zur Gestaltung ihrer Musikgeschichte beigetragen.

Man nimmt an, daß bereits 291 n. Chr. – als Folge der Eroberung von Korea durch die Kaiserin Jingo – chinesische Musiker und Instrumente nach Japan gelangten. Zu Anfang des 5. Jahrhunderts machte sich ein gewisser Einfluß einheimischer koreanischer Musik geltend und um die Mitte des 6. Jahrhunderts begann Japan, chinesische Ritualmusik über den koreanischen Hof zu übernehmen. Diese Bewegung nahm mit der Verbreitung der Lehre Buddhas ihren Anfang, die bereits Jahrhunderte früher von Indien aus China erreicht hatte, und die japanischen Buddhisten pflegten seit ihren ersten Anfängen den Tempelgesang. Für den buddhistischen Kultgesang ist das Singen komplizierter Tonfolgen auf einzelne Silben typisch. Seit Ende des 6. Jahrhunderts und mit Unterbrechungen bis etwa zum 12. Jahrhundert begaben sich junge japanische Musiker nach China und Korea auf die Suche nach Musik, und anfangs des 8. Jahrhunderts wurde dem Hofstaat des Kaisers Mommu ein Musikamt (Gagaku Ryô) angegliedert, dem das Studium des von ihnen heimgebrachten Musikguts oblag. Im Jahre 728 läßt sich mandschurischer Einfluß nachweisen und 736 fanden indische Tänze über China den Weg nach Japan. Alte, in Indien längst vergessene Formen werden in Japan immer noch gespielt – darunter die ältesten überhaupt auf der Welt bekannten Beispiele des Musikdramas aus dem Schaffen des Inderkönigs Siladitya. Im Jahre 752 musizierten einige hundert von diesen zugewanderten Fremden anläßlich der Enthüllung eines riesigen Buddha im Todaiji-Tempel von Nara. Viele der von ihnen damals verwendeten Instrumente sind in dem ›Shôsôin‹-Schatzhaus in Nara erhalten. Der Buddhismus war eine streng ordnende, organisierende Kraft, und es ist kaum zu bezweifeln, daß die Bildung von Orchestern in Japan zunächst auf diese Kraft zurückzuführen ist.

›Linke Musik‹ und ›Rechte Musik‹

(9. Jahrhundert)

Zu Beginn des 9. Jahrhunderts gab es in Japan so mannigfaltige fremdländische Musik – indische und chinesische, koreanische und mandschurische – daß die japanischen Musiker anfingen, sie einzuteilen und ihren Bedürfnissen anzupassen. Material indischen und chinesischen Ursprungs nannten sie ›Linke Musik‹, das aus Korea und der Mandschurei ›Rechte Musik‹, wobei links und rechts sich auf die Richtung bezog, aus welcher die Tänzer die Bühne betraten. In beiden Arten wurden drei Schlaginstrumente verwendet. Zwei hatten sie gemeinsam, und zwar eine große Trommel (taiko) und einen Gong (shôko), während das dritte Instrument der ›Linken Musik‹ die chinesische ›kakko‹-Trommel, dasjenige der ›Rechten‹ die koreanische ›san-no-tsuzumi‹-Trommel war. In beiden Musikarten wurden auch zwei Streichinstrumente benutzt: eine Laute (biwa, vergleiche chinesisch: p'i-p'a) und eine Zither (sô-no-koto), deren Aufgabe es war, der Melodie eine ausschmückende Einfassung zu geben. Die Melodie selber wurde von einer dritten Gruppe, den Blasinstrumenten, gespielt, und in ihrer Verwendung unterschieden sich die beiden Arten ganz wesentlich voneinander. Die ›Rechte Musik‹ hatte nur zwei Blasinstrumente im Gebrauch: eine kleine Flöte (koma-bué aus der Mandschurei) und eine kleine Oboe Hichiriki. Sie spielten jeweils verschiedene Melodien gleichzeitig – etwa im Stile des mittelalterlichen europäischen ›Organum‹. Die ›Linke Musik‹ hingegen kannte drei Blasinstrumente. Zwei davon – eine mittelgroße Querflöte (ôteki – aus China) und eine Oboe Hichiriki – spielten unisono, während eine Rohr-Mundorgel (shô, vergleiche chinesisch: shêng) Harmonien in sechstönigen Akkorden hinzufügten. Als ›harmonischer‹ Bordun verwendet, erzeugen diese Akkorde ein weiches Dahingleiten, das zahlreiche Obertöne hörbar macht und der Melodie dadurch den rechten Nachdruck verleiht.

Die Entstehung des höfischen Tanzes
(10.–12. Jahrhundert)

Der Adel war der buddhistischen Musik fremden Ursprungs sehr gewogen. Im Zeitalter des Hofadels wurde die buddhistische Musik zur höfischen Musik schlechthin, und zwar sowohl für den zeremoniellen Gebrauch als auch zur Unterhaltung bei kaiserlichen Banketten und anderen Anlässen. Diese aristokratisch-elegante Kunst war als ›Gagaku‹ (Graziöse Musik) bekannt. Allmählich entstanden verschiedene Abarten, von denen ›Bugaku‹ der klassische Hoftanz strengen Charakters und ›Sōgaku‹ eine Form orchestraler Musik mit oder auch ohne Tanz ist. ›Bugaku‹ wird gelegentlich auch heute noch bei öffentlichen Vorführungen in Japan getanzt.

Wenn Musik in eine fremde Umwelt verpflanzt wird, wie das hier von alters her vielfach geschehen ist, zeigt sie eine Tendenz stillzustehen und ihren ursprünglichen Charakter weitgehend beizubehalten. So gibt es auch keinen Zweifel, daß Japan nach wie vor einige der ältesten östlichen Traditionen aufrechterhält, die in Indien, China und Korea längst der Vergessenheit anheimgefallen sind. Wenn hingegen Musik in ihrer eigenen Umwelt verbleibt, entwickelt sie sich normalerweise weiter. So kam es auch, daß die in Japan damals so beliebte fremdländische Musik den alten einheimischen japanischen Musikformen neue Impulse gab. Die Musik der Shintô-Tempel erfuhr eine Neubelebung durch das bereits beschriebene Tanzlied *Kagura*, und der Affentanz *Sarugaku* war seit dem frühen 11. Jahrhundert als eine Art Parodie mit jenem verbunden.

Es dauerte allerdings nicht lange, bis die höfische Musik des Adels nachzulassen begann, und neue Formen sich Gunst verschafften. Im Laufe der folgenden sechs Jahrhunderte entwickelte sich unter den Bedingungen eines Militärregimes und der kulturellen Führung buddhistischer Priester eine Musik des japanischen Volkes, aus der zahlreiche der noch heute fortlebenden charakteristischen Formen hervorgegangen sind.

Die Entwicklung des Musikdramas
(13.–17. Jahrhundert)

Die Nō-Spiele

Das vom 13. bis zum 15. Jahrhundert reichende Zeitalter der Krieger, der Samurai, brachte eine neuartige kulturelle Umwelt mit sich und etwa um die Mitte des 14. Jahrhunderts entstanden die *Sarugaku no Nō*, dramatische Darbietungen, deren Bezeichnung an ihre Herkunft von dem bereits erwähnten Affentanz (Sarugaku) erinnert. *Nō* (wörtlich ›Talent‹, das heißt hier ›Talentprobe‹) oder *Nōgaku* war von Anfang an eine entweder in den Shintôtempeln oder in Freilufttheatern in Flußbetten dargebotene ernste Form des Musikdramas. Die Nō-Spiele sind in ihrer Grundhaltung buddhistisch, bringen jedoch Szenen aus dem alltäglichen Leben. Sie sind in Wahrheit Mittler zwischen dem religiösen und dem weltlichen Erlebnisbereich, streng und idealisierend in der Darstellungsform, und einige der Darsteller sind stets maskiert. Zu den berühmtesten Texten gehören jene des Dichters Seami aus dem 15. Jahrhundert (zum Beispiel sein *Atsumori*), die etwa um die Zeit der Hochblüte dieser Kunst geschrieben wurden. Die erhaltenen Nō-Texte umfassen etwa dreihundert aus der Zeit vor dem 17. Jahrhundert, und ungefähr zweihundertundfünfzig gehören zum laufenden Repertoire.

Die Musik zu den Nō-Spielen heißt *Yokyoku* oder *Utai*. Sie besteht aus Sologesängen der Sängerschauspieler, Unisono-Chorgesang und der Instrumentalbegleitung einer Querflöte (yokōbué) und dreier Trommeln. Ihr eigenartiger dramatischer Gesangstil (naga-uta) bekundet sich in alternierenden Rezitativen und Arien. Die rhythmische Grundlage wird von den verschiedenen Trommeln beigesteuert: einer kleinen handgeschlagenen Schultertrommel (kotsuzumi), einer großen handgeschlagenen Hüfttrommel (ôtsuzumi) und einer großen, mittels Schlegeln geschlagenen Trommel (taiko). Es wird ein acht- beziehungsweise sechzehnteiliger Takt durchgehalten, innerhalb dessen einzelne Schläge der Text eingefügt werden muß. Da die Versstruktur einem zwölfsilbigen Distichon nahekommt, das in sieben- und fünfsilbige Zeilen ungleich aufgeteilt wird (es ist dies ein Standardmetrum der japanischen Dichtung), bewegt sich die Stimme häufig gegen den Grundrhythmus und synkopiert und variiert ihn dabei auf mannigfaltige Weise. Die Singstimme wird dabei häufig von der Flöte unisono begleitet und sinkt am Schluß einer Arie von der Endnote zu einer konventionellen Schlußfloskel ab.

Die Rezitative werden vorzugsweise auf einem Ton gleichbleibender Tonhöhe gesungen. Die Arien basieren auf Melodiemodellen, die in gewisser Hinsicht den indischen Ragas vergleichbar sind. Die übliche Leiter ist fünftönig mit großer Terz – eine der wichtigen, später noch näher zu beschreibenden Skalen in der japanischen Musik –, und der traditionelle Vokalstil, der noch Spuren altbuddhistischen Ursprungs verrät, variiert die leitergerechten Hauptintervalle in kleinere, durch den Gebrauch von Glissandi, Vibrati und anderen Finessen erzielte Intervalle.

Das Kabuki-Theater

Etwa im 17. Jahrhundert entwickelte sich das Nō-Drama zu einer exklusiven Kunstform des Adels. In den Anfangsjahren des Jahrhunderts jedoch begann die Tänzerin O Kuni, die am Heiligtum von Izumo wirkte, die zur Begleitung von Flöte und Trommel getanzten buddhistischen Tänze populär zu machen. Diese neue volkstümliche Tanzform wurde *Kabuki* genannt, und um das Jahr 1610 – O Kunis Todesjahr – wurde ein ausschließlich von Frauen bespieltes Kabuki-Theater gegründet. Der Flöte und Trommel wurde eine Gitarre (samisen) beigegeben. Dadurch erhielt die Musik einen völlig anderen Charakter, und das mag bewirkt haben, daß späterhin die ›Orchester‹ der Nō-Spiele durch drei Gitarren ergänzt wurden.

Die Entwicklung des Kabuki-Theaters erlitt anfänglich einige Unterbrechungen. Die Darbietungen der dort tätigen Frauen scheinen sich nicht auf das rein künstlerische Gebiet beschränkt zu haben, da ihr Kabuki-Theater im Jahre 1629 aus Sittlichkeitsgründen geschlossen wurde. Um 1630 sprangen junge Männer in die Bresche und nahmen das Kabuki wieder auf. Im Jahre 1652 aber ereilte sie das gleiche Schicksal wie ihre Vorgängerinnen. Dennoch wurde das Kabuki in verschiedenen Formen weitergeführt. Um 1680 begannen die Dichter, eigens für das Kabuki zu schreiben und gegen Ende des 17. Jahrhunderts erreichte dieses volkstümliche Theater seinen Höhepunkt.

Das Aufkommen der Kammermusik
(16.–18. Jahrhundert)

Während des 16. Jahrhunderts traten neue Musikformen in den Vordergrund, die tief in der Vergangenheit verwurzelt waren. Schon 1254 brachte ein japanischer Buddhapriester eine Querflöte aus Bambus (shakuhachi) und die dazugehörige Musik aus China mit und seine Nachfolger zogen mit diesem Instrument im Lande umher, um die Lehre des Buddha zu verkünden. Die in den Bürgerkriegen verfolgten Samurai stellten sich oft in den Schutz dieser wandernden Mönche. Das ›heilige Instrument‹ fand so seit Ende des 16. Jahrhunderts weite Verbreitung. Es hat fünf Grifflöcher und seine Leiter ist mit der noch später zu beschreibenden aufsteigenden Form der ›harten‹ japanischen Skala identisch. Durch besondere, von der Stellung der Lippen abhängige Blastechniken können feine Abstufungen der Tonhöhe und gleitende Klänge erzielt werden.

Die zu jener Zeit in der japanischen Musik wirksam gewordenen hauptsächlichen Einflüsse lagen jedoch auf ganz anderem Gebiet. Der auf eine lange Friedensperiode folgende Niedergang der Kriegerkaste und der zunehmende Einfluß des Bürgertums begünstigten das Aufkommen einer rein weltlichen Kunst. Die Vokal- und die Instrumentalmusik wurden zu beherrschenden Begleiterscheinungen des täglichen Lebens.

Japan hatte sich schon lange vor dem 16. Jahrhundert am Sologesang erfreuen können. Es konnte auf die Gesänge zu chinesischen Dichtungen aus der Zeit des Hofadels zurückgreifen und genoß nach wie vor die Rezitationen buddhistischer Mönche, die lange Romanzen und Kriegsgeschichten aus dem Zeitalter der Samurai zum Klang der Laute (biwa) vortrugen. Aber etwa nach 1560 kam ein neues Instrument nach Japan: die langhalsige, dreisaitige Gitarre (samisen) wurde von den Lutschu-Inseln eingeführt, wohin sie zweihundert Jahre zuvor aus China gelangt war. In Japan wurde diese Laute mit einem großen Plektrum geschlagen (bachi), das aber nicht nur zum Anreißen der in Quarten oder Quinten gestimmten Saiten, sondern auch zur Hervorbringung schlagwerkartiger Effekte (bachi-oto) benutzt wurde, indem der Spieler auf das hautbespannte Corpus schlug. Durch Literatur und Volksmusik angeregt, benutzten die Musiker die Gitarre bald zur Begleitung der Singstimme. Die Folge war, daß die Laute mehr und mehr in den Hintergrund trat. Die Gitarre ist heute vielleicht das populärste Instrument, dem man besonders bei den Straßenmusikanten und als Begleitinstrument der Balladen und Tänze der Geishas begegnet.

Die Koto-Musik und japanische Skalen

Das dritte um diese Zeit Bedeutung gewinnende Instrument war die ›koto‹, eine fast zwei Meter lange Zither mit dreizehn Saiten, die mit an Daumen, Zeige- und Mittelfinger aufgesetzten Elfenbeinplektren gespielt wird. Das Instrument wird auf den Boden gelegt und der Spieler kauert davor auf Knien und Fersen. Dieses vom einheimischen japanischen Yamato-goto grundverschiedene Instrument war schon viel früher in einer als Sô-no-koto bekannten, mit dem höfischen Tanz verknüpften Form aus China eingeführt worden. Nach einigen äußeren Verbesserungen stieg es ganz plötzlich im 17. Jahrhundert dank der Genialität eines blinden Musikers namens Yatsuhashi (1614–1685), dessen Werk *Rokudan no Shirabe* noch existiert, in der allgemeinen Gunst. Das Instrument wurde anfänglich viel von Frauen gespielt, und das zu einer Zeit, da die Mädchen im Abendland auf dem Virginal übten.

Die Koto wurde rasch zum Nationalinstrument Japans. Sie wird als Solo- oder auch als Begleitinstrument zum Gesang gespielt. Die Solostücke haben die Form von Variationen (danmono). Jede Variation (dan) hat zweiundfünfzig Takte (hyōshi) – zuweilen hat die erste vierundfünfzig und die letzte fünfzig. Bis vor kurzem waren Kompositionen für Koto und Singstimme (kumi) häufiger als Solostücke. Bei ersteren ist die Koto eigentlich die Hauptsache. Ihr Part ist durchkomponiert und in den einzelnen Strophen (uta), auf denen die Form aufgebaut ist, begleitet eher die Singstimme die Koto als umgekehrt. Koto und Singstimme erklingen vorwiegend unisono, doch kommt es gelegentlich zu einem Wechselspiel, wenn zum Beispiel die Koto den Rhythmus durchhält, sobald die Singstimme einen Ton länger auszuhalten hat. Auf nahezu jeder Stufe der Leiter wird durch Hinzufügen eines Tones ein zweistimmiger Akkord gebildet (awaseru, wörtlich ›zusammenfügen‹). Das geschieht nicht in der Absicht, eine Harmonie in unserem Sinne zu erzielen, sondern durch Hervorhebung die Klangfülle zu erhöhen.

Die Stimmung der Koto basiert auf einer sich über annähernd zwei Oktaven erstreckenden Fünftonskala. Die Grundform ist aus den Saiten der Koto zu ersehen, und zwar von der fünften Saite (der Tonika) bis zur zehnten (deren Oktave), wenn das Instrument auf Normalstimmung (hirajōshi) gestimmt ist. Das ist die sogenannte ›weiche‹ Skala, die aus zwei getrennten Tetrachorden (Quarten) besteht, deren jedes absteigend in eine große Terz und einen Halbtonschritt untergeteilt ist – ein Teilungsprinzip, das bei den Griechen als enharmonisch bekannt war. Die Töne (in absteigender Richtung) sind folgende: c, as (aufsteigend b), g – f, des, C. Diese wichtigste unter den japanischen Leitern unterscheidet sich wesentlich von der chinesischen Fünftonskala mit ihren Ganztönen und kleinen Terzen.

Bei der ›harten‹ Skala – man begegnet ihr in der japanischen Nationalhymne – sind die Tetrachorde anders untergeteilt: aufsteigend C, es, f, – g, b, c; absteigend c, a, g – f, d, C. Da die Stege, über die die Saiten der Koto geführt werden, beweglich sind, ist das Umstimmen leicht zu bewerkstelligen. Auf einer in ›weichen‹, halbtönigen Fünftonskalen gestimmten Koto werden die ›fehlenden‹ Töne durch wechselnden Druck auf die Saiten ergänzt. Der Spielstil ist streng, schließt aber drei Typen melodischer Verzierungen ein, die Tonhöhenabstufungen von weniger als einem Halbton enthalten. So eignet den beiden die Tetrachorde trennenden Tönen – abgesehen davon, daß sie je nach der aufsteigenden oder absteigenden Richtung der weichen oder der harten Skala ihre Position wechseln – ein beweglicher, elastischer Charakter, der sich den Erfordernissen des musikalischen Ausdrucks anpaßt. Es ist dies für die japanische Musik charakteristisch und kann den Hörer verleiten, Fünftonskalen für Siebentonskalen zu halten. Es kommen allerdings auch echte Siebentonskalen in der japanischen Musik vor: eine in Moll mit es und b, die ›ritsu‹ und eine in Dur mit fis, die ›ryo‹ genannt wird – ein altes Skalenpaar, das frühe mongolische Anklänge verrät.

Moderne Formen und westliche Einflüsse

(Beginnend mit dem 19. Jahrhundert)

Im Jahre 1868 wurde die Soldatenherrschaft, die inzwischen reichlich korrupt geworden war, abgeschafft und das Feudalsystem damit beendet. Die um diese Zeit eintretenden Veränderungen blieben nicht ohne tiefgreifende Wirkungen auf die bestehenden musikalischen Bräuche. Das Nō-Spiel wurde weniger exklusiv und das *Kabuki* weniger volkstümlich. Die Wandermönche waren nun keine bevorzugte Kaste mehr und ihre Bambus-Querflöte Shakuhachi erfuhr eine viel allgemeinere Verbreitung. Man begegnet ihr fortan im Trio mit der Gitarre (samisen) und der Zither (koto). Die buddhistische Ritualmusik und das Volkslied (oiwake) wurden weitergepflegt, wobei dieses seinerseits gegen Ende des Jahrhunderts den klassischen Gesang beeinflußte.

Um dieselbe Zeit arbeitete die Meiji-Restauration vorsätzlich darauf hin, Japan dem Einfluß der modernen Welt zu erschließen. Die Folgen dieser Bestrebungen für das Musikleben waren sehr schwerwiegender Natur. Die japanische Armee organisierte ihre Kapellen nach dem Vorbild der britischen Streitkräfte. In den Schulen wurde abendländische Vokal- und Chormusik gelehrt. Klavier und Orgel wurden eingeführt. In Tokio wurde eine Staatliche Musikakademie für die Unterweisung in der abendländischen Musik gegründet, und seit einiger Zeit haben auch abendländische Ästhetik und Musikgeschichte einen Platz im Studienplan gefunden. Anfänglich waren zahlreiche Amerikaner unter den Lehrern. Es folgten die Europäer, und japanische Musiker studierten im Westen. Tokio und andere Großstädte haben Symphonie-Orchester nach westlichem Muster aufgebaut und inzwischen werden viele – wenn nicht alle – westlichen Musikinstrumente auch in Japan selbst hergestellt.

Viele japanische Komponisten haben sich westliche Stilmittel zu eigen gemacht und manche von ihnen schreiben vielversprechende Werke, die in die Programme europäischer Musikfeste aufgenommen werden. Die Siebentonskala hat naturgemäß größere Bedeutung gewonnen, die gleichschwebende Temperatur ist zwangsläufig übernommen worden und das Zwölftonsystem wird mit so viel Phantasie angewandt, wie man es auf Grund einer näheren Untersuchung seiner Anwendungsweise durch westliche Komponisten kaum vorhersehen konnte. Kojirō Kobune (geb. 1907), Yoritsume Matzudaira (geb. 1907), Makoto Moroi (geb. 1930) und andere japanische Komponisten haben zwar westliche Methoden und Materialien uneingeschränkt übernommen, sind aber dennoch dem Geiste nach und bis zu einem gewissen Grad auch in ihrem Gebrauch der Formen durch und durch Japaner und somit den Wesenselementen ihrer eigenen Kultur treu geblieben. Die japanische Musikkultur scheint auf diese Weise ihre eigene Geschichte noch einmal nachvollziehen zu wollen und eine zumindest genauso beachtliche Befruchtung von außerhalb zu erfahren und ihrerseits nach außen zu bewirken, wie dies schon zwischen dem 7. und dem 9. Jahrhundert der Fall war.

Aber nicht alle japanischen Musiker schauen westwärts. Es gibt zwei bedeutende Schulen für die Unterweisung in einheimischer Traditionsmusik. Und zwischen diesen beiden Gegenpolen – der vollständig ›verwestlichten‹ und der rein japanischen Musik – gibt es noch dritte Möglichkeiten, an deren Verwirklichung gearbeitet wird. Traditionsmusiker sind bestrebt, neue Ausdrucksmittel zu entwickeln und experimentieren mit Orchestern, die zwar nur aus japanischen Instrumenten zusammengesetzt sind, aber abendländische Methoden anwenden. Auch diese Erscheinung hat ihre Parallele in der Wiederbelebung und Erneuerung bodenständiger japanischer Formen unter fremden Einflüssen vor tausend Jahren.

Japan ist das einzige fernöstliche Land, in dem eine derartige Vermählung von Kulturen bewußt und auf bemerkenswert hohem Niveau stattzufinden scheint. Wie fruchtbar diese Verbindung noch werden kann, bleibt abzuwarten.

Tibet

Die einheimische Tradition

Die Tibetaner sind eine mongolide Rasse, die den Mongolen und Burmesen ähnlicher ist als den Chinesen. Weitab von den Handelsstraßen des Altertums in einem Lande lebend, das durchschnittlich 4800 m über dem Meeresspiegel liegt, haben sie eine in der zivilisierten Welt einzigartige Musikkultur entwickelt. Die Überlieferung, nach der die Tibetaner ursprünglich ein Hirtenvolk gewesen sein sollen, wird gestützt durch ihre Vorliebe für das pastoralste aller Instrumente, die Pfeif-Flöte (glinbu).

Ihre alte Religion war eine Form des Schamanismus (der Geisterverehrung), die unter der Bezeichnung *Bon* bekannt ist und im östlichen Tibet immer noch zahlreiche Anhänger – die *Bonpo* – hat. Die Priester dieser Religion, heute nur noch als Zauberer betrachtet, die Dämonen verehren und Fruchtbarkeitsriten zelebrieren, wenden Beschwörungsformeln und -gesänge an, lassen unheimliche Rufe durch eine aus menschlichen Oberschenkelknochen hergestellte Trompete (rkan-dun) ertönen, die sie auf einer stundenglasförmig aus zwei Schädelhälften gebildeten Klapper-Handtrommel (rna-ch'un) begleiten. Das tibetanische Wort ›dun‹ bedeutet sowohl Trompete als auch Bein (Knochen), und da diese Instrumente nirgends sonst in Asien bekannt sind, dürften sie wohl mit Sicherheit einheimischen Ursprungs sein. Die tibetanische Rahmentrommel (lag-na), die sich in verwandten Formen bei den Schamanen Indiens, Sibiriens und Grönlands findet, stammt ohne Zweifel gleichfalls aus einer für Tibet prähistorischen Zeit.

Indische Einflüsse und die lamaistische Liturgie
(7.–13. Jahrhundert)

Die tibetanische Geschichte klärt sich seit der Zeit des Königs Srongtsan Gampo (629–698), der sich mit zwei Prinzessinnen – einer aus China und einer aus Nepal – vermählte. Beide waren Buddhistinnen; der Lamaismus aber, die gegenwärtige Religion in Tibet, erwuchs hauptsächlich aus dem Buddhismus indischer Provenienz, gemischt mit einem Zusatz von liberalisierter Bon-Religion. Die ersten Kontakte kamen über Nepal und möglicherweise das alte Khotan, wo ein Höhlenrelief von der kleinen indischen Zimbel ebensogut eine der heute in Tibet verwendeten Zimbeln (rol-mo) darstellen könnte. Unmittelbar indische Einflüsse brachten zwischen dem 8. und dem 13. Jahrhundert eine andere Stundenglastrommel (damaru) – diesmal eine hölzerne Abart – nach Tibet; ferner die von den Lamapriestern als Symbol der Weisheit in der linken Hand gehaltene Handglocke (dril-bu, indisch: ghanta); die als zeremonielles Signal benutzte Muschel (dun-dkar) und das bei Geisteraustreibungen verwendete Widderhorn (rwa-dun).

Die klösterliche Oboe oder Schalmei (rgya-glin) wird hingegen außerhalb der Klöster ›surna‹ genannt, eine Bezeichnung, die sie mit Persien in Verbindung bringt. Sie ist für eine Siebentonskala eingerichtet. Die dekorative Formgebung der zwischen dreieinhalb und fünf Meter langen Klostertrompete (rag-dun) ähnelt den in arabischen und persischen Manuskripten des 13. Jahrhunderts gefundenen Formen. Iranische Einflüsse sind ohne Zweifel durch muselmanische Elemente in benachbarten Ländern und (vielleicht seit dem 11. Jahrhundert) über Indien nach Tibet eingedrungen.

Die lamaistische Liturgie brachte – in einem geeigneten Stadium ihrer Entwicklung – alle diese Instrumente (die einheimischen, indischen, iranischen und vielleicht auch ostasiatischen) zusammen und ließ – wahrscheinlich in Verbindung mit Elementen aus dem buddhistischen Tempelgesang Indiens – eine Musik entstehen, die sich für die Gottesdienste in den klösterlichen Tempeln eignete. Heute besteht diese Musik aus Gebeten und Schriftstellen, Hymnen und Psalmen, die abwechselnd in schnellem, syllabischem Rezitativ und langsam verhaltenem, metrischem Gesang wiedergegeben werden. Der Gesang ist unisono, die Stimmlage außergewöhnlich tief – eine ganze Oktave tiefer, als man normalerweise erwarten möchte. Zuweilen bildet ein chorischer Bordun (wie bei manchen byzantinischen Gesängen) das Fundament, was sicherlich auf indischen Ursprung hinweist. Der Gesang wird durch orchestrale Begleitung unterstützt, beziehungsweise durch Orchesterzwischenspiele unterbrochen.

Im Gegensatz zur chinesischen Ritualmusik kommen im Orchester keinerlei Streichinstrumente vor, sondern nur Bläser und Schlagwerk. Zwei abwechselnd geblasene, lange Trompeten hielten einen Grundton aus – gleich einem ewigen, feierlich tönenden Orgelpedal. Die Oboen blasen eine ausdrucksvolle Melodie – gleichsam das Panorama der Ereignisse im Ablauf der Zeit. Die Schlaginstrumente leihen dem ganzen klingenden Geschehen seinen gravitätischen Takt. Wenn man sich dazu die jähen Einwürfe der kleineren Trompeten, der Knochentrompeten und Muscheln vorstellt, ist das Ergebnis ein in der Musik einzigartiger Klang. Die Mönche bewegen gestikulierend die Arme, und im Lichte der Butterlampen entsteht so eine mystisch-rituelle Atmosphäre von äußerst suggestiver Wirkung. Der Klang ist alles eher als sinnlich-aufreizend. Im Gegenteil: die sieben oder acht verschiedenen Instrumentenklassen sollen die verschiedenen, von den meditierenden Yogi innerlich vernommenen Töne wiedergeben und daher im Zusammenklang die Andacht fördern. Der tibetanische Name für das ›Tibetanische Totenbuch‹, *Bardo Thodol*, bedeutet wörtlich ›Befreiung durch Lauschen an der Nach-Tod-Ebene‹, und es ist bedauerlich, daß nur so wenige Einzelheiten über die tibetanische Musikwissenschaft (rol-mo rig-pa) bekannt sind.

Das Totenbuch (oder besser ›Die Kunst des Sterbens‹) geht im wesentlichen auf das 8. Jahrhundert zurück; aber niemand vermag genau anzugeben, wann die klassische Tempelmusik als tönender Ausdruck des Lamaismus entstanden ist. Ihre Notation – ein äußerst dekoratives Neumensystem – ist sehr wahrscheinlich zuerst in Sakya (wahrscheinlich aus Indien) etwa im 12. Jahrhundert eingeführt worden.

Mongolische und chinesische Einflüsse (13.–17. Jahrhundert) und die Mysterienspiele

Im Jahre 1270 nahm Kublai Khan, der erste Mongolenkaiser Chinas, den Lamaismus an, um der Einigung seines Reiches zu dienen, und alsbald fand die tibetanische Musiknotation Eingang in die Mongolei und andere Länder. Die von Klosteräbten benutzten großen Zimbeln (sil-snyan, wörtlich ›liebliche Musik‹) kamen aus Ostasien und wurden auch noch in der Neuzeit aus China nach Tibet eingeführt.

Im Laufe der folgenden Jahrhunderte führten Mönche den Brauch ein, alljährlich in den Klosterhöfen Mysterienspiele aufzuführen, die – vermutlich wegen der von Tänzern getragenen Masken – im Volksmund irreführend ›Teufelstänze‹ genannt wurden. Diese eindrucksvollen Schauspiele – etwa neun an der Zahl – sind nicht als Unterhaltung gedacht, sondern sollen – ähnlich wie die mittelalterlichen Mysterienspiele in Europa – der religiösen Unterweisung dienen, indem sie die Ausbreitung des Lamaismus schildern und zeigen, wie dieser Glaube über die ›Dämonen‹ der vorbuddhistischen Bon-Religion triumphiert. Diese Musikdramen dauern gewöhnlich drei Tage und vereinigen zahlreiche Formen der Vokalmusik, des Instrumentalspiels und des Tanzes. Eine wahrscheinlich ungewöhnlich große Zahl von Ausführenden war vor einiger Zeit in Tin-ge zu sehen: zwölf Knochentrompetenbläser, fünf Weihrauchschwinger, vier Bläser langer Trompeten, zahlreiche Schädelträger, einhundert Maskierte mit kleinen Trommeln, einhundert Maskierte mit Zimbeln, einhundert Maskierte mit großen Trommeln, gefolgt von gewöhnlichen Mönchen, die Rufe ausstießen und in die Hände klatschten, sowie Laien mit Flinten und anderen Waffen – eine Prozession von reichlich einundeinhalb Kilometer Länge.

Hierin könnte man eine Parallele zu den großen kaiserlichen Hoforchestern Alt-Chinas sehen; und der chinesische Einfluß, der ohne Zweifel stärker geworden war, nachdem die innerchinesische Entwicklung unter den Mongolen (Yüan-Dynastie, endend, im ausgehenden 14. Jahrhundert) einen dramatischen Höhepunkt erreicht hatte, kann an Hand der Kostüme festgestellt werden, die von ursprünglich indischen Dramenfiguren getragen wurden. Die mutmaßliche Entstehungszeit dieser Dramen dürfte nach den Reformierungsversuchen Tsong-kha-pas (des Begründers der Sekte der ›Gelbmützen‹) liegen, der sich um eine Erneuerung des damals (im frühen 15. Jahrhundert) in Hexerei und Magie abgeglittenen Lamaismus bemühte. *Trchimekudam*, das berühmteste dieser Spiele, das von der noch bevorstehenden Ankunft des Buddha handelt, wird dem sechsten Dalai Lama (spätes 17. Jahrhundert) zugeschrieben, der ein begabter Poet war. Die Stoffe der anderen sind teils indischen, teils tibetanischen Ursprungs.

Der chinesische Einfluß auf Tibet, der sich vorwiegend auf die Politik und die öffentliche Ordnung erstreckte, hat bis in die jüngste Zeit nie zu wirken aufgehört. Auf musikalischem Gebiet ist daher die Verwandtschaft mit China hauptsächlich in der weltlichen Sphäre spürbar. Kleine wandernde Laiengruppen führen in geschützten Gärten und Weidenhainen theatralische Szenen auf, und die Schauspieler sind – wie einst in China – durchweg Männer oder gelegentlich einmal (wie bei der ›Kham‹-Truppe) durchweg Frauen. Ihre Darbietungen umfassen historische Szenen aus dem Leben der Könige (rnam-t'ar = Biographie) und Tanzdramen (achhe lhamo). Obgleich diese volkstümlicher sind als die Mysterienspiele, ist ihr Vorwurf dennoch meist religiöser Art. Dialoge und Gesänge (solistisch oder konzertierend) wechseln miteinander ab und werden meist von Trommeln und Zimbeln begleitet – ähnlich wie im chinesischen Drama. In den ›Zwei-Mann-Gesängen‹ (wie etwa *Der Perlenkönig*) antwortet ein Mann einem anderen in abwechselnden, aber nicht identischen Phrasen, wobei sie sich einer besonders rauhen und doch erregenden Tongebung befleißigen. Zuweilen wird ein Bordun durchgehalten, und wenn, was manchmal der Fall ist, ihre Phrasen einander überschneiden, wechseln eindrucksvolle offene Harmonien mit jäh auftretenden, sehr wirkungsvollen Unisoni – wie in dem Spiel *Der Mondlöwe*. Die Tanzdramen lassen starke chinesische Einflüsse erkennen, ja sogar unverändert Entlehntes wie in dem auf dem chinesischsten aller Schöpfungen basierenden Tanz, dem Drachentanz.

Volkstümliche Formen

Häusliche Anlässe verlangen in Tibet nach Musik, und häufig sind es Trupps von Berufsmusikern, die diesem Bedürfnis nachkommen. Willkommens-, Glückwunsch- und Liebeslieder sind von lebhaftestem Ausdruck erfüllt und verraten die fröhliche Sinnesart dieses liebenswerten Volksstamms. Seine kleinen Musikkapellen, die entweder begleiten oder selbständig musizieren, bestehen aus Trommeln und – in völligem Gegensatz zu den Tempelorchestern – Flöten mit Saiteninstrumenten (Fidel und Laute). Typisch ist das Hervorheben der Melodie auf einem gezupften Saiteninstrument, der Laute, und ihre Auszierung mittels Fidel und Flöte. Das ergibt eine Art wechselndes Unisono (Heterophonie), der man auch in der arabischen Musik und überhaupt vielfach im Osten begegnet. Die tibetanische Laute (pi-wam, pi-bam) ist wie die chinesische P'i-p'a und die japanische Biwa durch ihren Namen mit der arabischen Welt verbunden, während die tibetanische viersaitige Fidel mit ihrem geschnitzten Pferdekopf auf eine Beziehung mit einer in der Mongolei heute noch erzählten Sage hinweist. Und aus der Mongolei ist ja die Fidel – vielleicht zunächst über China – nach Tibet gekommen.

Tanzlieder (glu-gar) beleben die tibetanischen Kalenderfeste, an denen sie hauptsächlich von umherziehenden Trupps dargeboten werden. Die Volksmusik blüht allenthalben. Mäher, Kuli, Holzträger, Drescher und Feldarbeiter haben alle ihre eigenen Lieder, und man findet nicht selten einen Vorsänger, der mit dem Chor alterniert. Kurze melodische Phrasen beschränkten Tonumfangs (mit endlosen Varianten) werden unablässig wiederholt mit jener unabdingbaren zirkulären Gesetzlichkeit, die nicht zu einem abschließenden Ton, sondern unausweichlich zurück zum Anfangston führt, sie helfen den Arbeitern über lange, mühsalbeladene Zeiträume hinweg.

Während in der geistlichen Musik die indische oder iranische Siebentonskala der Oboen bevorzugt wird, ist der chinesische Typ der Fünftonskala in ihren mannigfachen Varianten in der weltlichen und Volksmusik beliebter. Manche alte Weisen lassen sich bis zu ihren chinesischen und mongolischen Ursprüngen zurückverfolgen.

Obgleich man in Tibet neben den einheimischen Signalhörnern (mag-dun, von ›dmag‹ = Heer und ›dun‹ = Trompete) auch einige westlicher Herkunft findet, die wohl eine Hinterlassenschaft britischer Militärkapellen sind, so ist doch die tibetanische Musik bisher weniger von der abendländischen Musik beeinflußt worden als die der meisten anderen östlichen Länder.

In äußerster Abgeschlossenheit vom Lamaismus gelenkt, hat das Tibet vielerlei Elemente aus dem Islam und dem Nahen Osten, aus China und dem Fernen Osten, aus Indien und der eigenen einheimischen Tradition zur Verschmelzung gebracht und dadurch einen Beitrag eigener Prägung zur menschlichen Kultur geleistet.

Südostasien

Vorgeschichtliche Elemente

Südlich von China und östlich und südlich von Indien liegt ein weiterer Subkontinent, Südostasien, wo sich eine eigenartige, ursprüngliche Musik entwickelt hat, die durch die Glockenspiel-Orchester und die Tänze von Java und Bali sehr gut bekannt ist. Dieses riesige Gebiet ist teils Festland – Indochina (Annam, Kambodscha usw.), Siam, Burma und der Malaiische Bund –, teils Inselland – Indonesisch-Ostindien (einschließlich Sumatra, Java und Bali). Rassisch gesehen ist das Gebiet ungemein komplex. Bereits zur Mittleren Steinzeit (etwa 5000 v.Chr.) beheimatete es dreierlei rassische Gruppen: Australide (Ureinwohner), Melanesier (aus Zentralasien) und Negritos (möglicherweise aus Indien). Diese primitiven Arten, deren Spuren die heutige Bevölkerung noch trägt, treten bei den dunkelhäutigen, plattnasigen Völkern abgelegener Gebiete wie dem Temiar-Stamm des malaiischen Dschungels besonders hervor, deren vom Geisterglauben inspirierte Gesänge und Tänze zu den primitivsten des ganzen Umkreises gehören.

Die rassische Oberschicht rührt von zwei hauptsächlichen Einwanderungszügen. Die ersten dieser Völker – unterschiedlich als indonesisch, nesiotisch oder prämalaiisch[1] bezeichnet – kamen ursprünglich von weiter westlich her, hauptsächlich aus Zentralasien, wobei sie unterwegs noch kaukasische und mongolische Elemente aufnahmen, und brachten eine Jungsteinzeit mit sich, eine Bambuskultur und Landwirtschaft. Ihr Typus ist bei den verschiedenen Meau-Stämmen vorherrschend, die über die Hochplateaus von Süd-

[1] Von manchen Fachgelehrten auch ›proto-malaiisch‹ genannt, wodurch eine Verwechslung mit den im folgenden erwähnten südmongolischen Stämmen entstehen kann, auf die sich dieser Ausdruck im allgemeinen bezieht.

china und Annam verstreut leben und deren antiphonale Brautwerbungslieder, in denen Jünglinge und Mädchen einander in abwechselnden Phrasen antworten, Vergleiche herausfordern mit denjenigen aus dem alten chinesischen *Buch der Gesänge* (Chou-Dynastie, 1122–256 v. Chr.), das wir in dem Kapitel über die chinesische Musik erwähnt haben. Auch ihre Steinspiele verbinden sie mit Altchina und ihre Rohr-Mundorgel Khen ist dem chinesischen Shêng verwandt. Dieses Instrument ist häufig bis zu einem Meter und zwanzig Zentimetern lang. Seine sechs Pfeifen werden in Gruppen zu zweien oder dreien gleichzeitig nach Art eines primitiven Organums aus Quarten und Quinten gespielt. Die Lao von Annam spielen Instrumente mit vierzehn Pfeifen melodisch oder auch in rudimentärer Polyphonie mit einem stark ausgeprägten Gefühl für harmonische Wirkungen.

Die Mundorgeln sind nur ein Bestandteil eines ganzen Arsenals von Bambusinstrumenten, die man in vielen Gegenden Südostasiens antrifft. Eine Anzahl dieser Instrumente setzt eine sehr alte Tradition fort und ist mit den landwirtschaftlichen Methoden und den Riten der Volksstämme verbunden, die seit vorgeschichtlicher Zeit auf Reis angewiesen waren, um ihren Hunger zu stillen. So zum Beispiel wird der ›Kippende Bambus‹ (javanisch taluktak) auf den terrassenförmigen Reisfeldern Javas durch rinnendes Wasser zum Tönen gebracht. Ein hohles, sorgfältig bis zum Knoten abgeschnittenes Bambusrohr wird so an einem Drehzapfen angebracht, daß es sich aus dem Bewässerungskanal des darübergelegenen Feldes mit Wasser füllt, bis es vornüberkippt und sodann das darunter liegende Feld begießt. Sobald es leer ist, richtet es sich wieder senkrecht auf, wobei das untere Ende gegen einen Stein schlägt. Dieser Schlag erzeugt in regelmäßigen Abständen einen kurzen, hellen Ton. Der Hauptzweck ist, die Landbesitzer bei etwa eintretenden Unterbrechungen in der Wasserversorgung zu warnen; aber ihr angeborener Schönheitssinn hat auf dieses Tönen so lebhaft angesprochen, daß sie ganze Bambusreihen verschiedener Größe aufgestellt haben, die unterschiedliche Tonhöhen und – infolge der verschiedenen Häufigkeit des Kippens der einzelnen Rohre – eine wechselnde Periodizität der Schläge erzeugen. Das Ergebnis ist ein sehr melodiöses und rhythmisch faszinierendes Tönespiel. Hier haben wir bereits einen Hinweis auf die heutigen südostasiatischen Glockenspiel-Orchester und die Grundtextur der in diesen Gegenden gepflegten Musik: Klänge und Rhythmen werden derart abgewandelt und kombiniert, daß ein äußerst kompliziertes Tongewebe entsteht, in welchem sich die einzelnen Elemente verlieren und ihre Identität aufgeben wie Fäden in einem Tuch. Und wenn der Mensch dem Zauber dieser durch lange Tage auf den Feldern unentwegt gehörten Klänge erliegt und seine eigene Stimme in frei improvisierter Melodie hinzugesellt – und wer immer nur ein wenig für Musik empfänglich ist, wird schwerlich widerstehen können – dann tritt ein ungebundenes, schöpferisches Element hinzu und die Komposition ist vollkommen.

Die Sedang-Stämme (Annam) sind noch weitergegangen und haben – zum Entzücken der Wächter, die ihre Reisfelder vor bösen Geistern schützen sollen – noch raffiniertere, hammergeschlagene hydraulische Carillons (tang-koa) aus zahlreichen, in Rahmen zusammengefaßten Bambusrohren konstruiert, die monatelang unaufhörlich eine bezaubernde Musik ertönen lassen.

Sobald das Wachstum des Reises abgeschlossen ist, wird er gestampft. In Siam und Indochina wird ein großes Holzscheit oder ein Baumstrunk auf den Boden gelegt und durch Aushöhlen mit Löchern versehen, in die der Reis gelegt wird. Die Frauen aus dem Dorf nehmen rundum Aufstellung und stampfen den Reis mit den dazu mitgebrachten Stößeln. Da die Löcher von unterschiedlicher Größe und Form sind und die Frauen naturgemäß nicht gleich schnell und nicht gleich stark aufklopfen, ergibt sich eine reizvolle Symphonie von Tönen und Rhythmen, die ein eingeborener Poet lautmalend wiedergegeben hat: »tintung tutung gulan gondang«. Auch hier haben wir die musikalischen Elemente des ›Gamelan‹-Orchesters und einen Hinweis, warum und auf welche Weise die Musik in der Gesellschaftsstruktur Südostasiens eine so große Bedeutung erlangt hat. Begeistert von derartigen Klängen und Rhythmen und vielleicht auf der Suche nach den allerschönsten, haben die Eingeborenen zweifellos schon sehr frühzeitig ein rudimentäres musikalisches System entdeckt. Anzeichen hierfür findet man bereits in der Stampfblock-Musik, die mit den Fruchtbarkeitsriten zusammenhängt und sogar ausgeführt wird, wenn gar kein Reis zu stampfen ist! In mondhellen Nächten oder auch bei Mond- und Sonnenfinsternissen stehen die Frauen um einen ausgehöhlten Baumstamm herum und schlagen an verschiedenen Stellen auf ihn ein, so daß infolge der unterschiedlichen Dicke des Holzes verschiedene Töne entstehen, die sich zu einem komplizierten, aber beabsichtigten Gewebe verbinden, das auch rhythmisch formal analysierbar ist.

Weitere Bambusinstrumente haben den Ausleseprozeß – zweifellos allerdings unter dem Einfluß späterer Kulturen – vorangetrieben: die Flöte (javanisch suling); die Röhrenzither (javanisch ketung-ketung, balinesisch guntang); das Rasselspiel (javanisch angklung) und Holzspiele oder Xylophone. Das Xylophon findet man in ganz Südostasien in verschiedensten Formen (in Annam tatung, in Kambodscha rang-nāt, in Siam ranat, in Burma pattalar, javanisch und balinesisch gambang) und es ist der nahe Verwandte zahlreicher noch heute in indonesischen Orchestern gespielter Stabspiele und ähnlicher Schlaginstrumente. Seine Herkunft ist wohl bei den musikliebenden indonesischen Bataks zu suchen. Das Xylophon hat viele Wanderungen mitgemacht und sein Vorkommen in Afrika ist unmittelbar auf frühe Einwanderungen aus Südostasien etwa um das 5. Jahrhundert christlicher Zeitrechnung sowie auf die jetzt in Madagaskar lebenden Hova zurückzuführen.

Die Bambuskultur wurde in gewissem Umfang auch noch von Angehörigen einer späteren Rasse weitergepflegt, die unterschiedlich als Süd-Mongolen oder Proto-Malaien bezeichnet werden und einen frühen Nebenzweig der asiatischen Mongolen darstellen. Sie haben ihren Weg, aus Südchina kommend, etwa um das 4. Jahrhundert v. Chr. nach Indochina genommen. Eine der beiden hauptsächlichen Skalensysteme der indonesischen Musik – ›pelog‹ genannt – war diesen Proto-Malaien offensichtlich bekannt. Gleich dem anderen, später noch näher zu beschreibenden System ist dies eine auf dem Bewußtwerden der Oktave basierende Fünftonskala. Sie teilt die Oktave in fünf ungleiche Tonschritte, obgleich sie sieben Tonorte für dreierlei Modi der fünf Stufen verfügbar hat. Die fünf Schritte sind innerhalb gewisser Grenzen variabel, doch tendiert die Leiter zu zwei getrennten Tetrachorden, deren jedes (im Absteigen) aus einer großen Terz und einem Halbton besteht. Ihr wichtigster Modus ist die Form, die sich eines zusammenhängenden Tetrachords bedient. Anfänglich mag der Pelog im gesamten südostasiatischen Gebiet existiert haben; was jedoch die Instrumentalmusik anbelangt, überwiegt er heute nur auf Bali und Java. Infolge fehlender oder verlorener Hinweise auf eine Musiktheorie ist das hinter diesem und anderen südostasiatischen Skalensystemen stehende Prinzip unbekannt, obgleich die Intervalle mit den Gegebenheiten geschlagener Stab-Instrumente in Übereinstimmung zu bringen sind. Sicherlich wirken gerade diese Systeme auf westliche Ohren fremdartiger als irgendein anderes im ganzen Orient. Dennoch sind sie für die Völker Südostasiens (und ihre Anverwandten im nordwestlichen Brasilien, in Peru, Melanesien und Polynesien) nicht weniger natürlich als die auf dem Quintenzirkel basierenden der Völker Chinas, Japans und Griechenlands seit Pythagoras, sowie jene, die auf der harmonischen Teilung einer Saite basieren, den Völkern Alt-Mesopotamiens, aber auch Indiens, der Länder des Islam und Europas.

Diese Proto-Malaien sollen das erste Bronze-Zeitalter über tausend Jahre später nach Südostasien gebracht haben, als es den Gelben Fluß in China erreicht hatte, und ihnen sind ohne Zweifel die ersten auf Java und den Inseln ausgegrabenen

Instrumente zuzuschreiben: die großen bronzenen Gongtrommeln, die ursprünglich aus Indochina und Südchina eingeführt worden waren und als magische ›Regenmacher‹ verwendet wurden.

Das Jahrtausend der Hindu

Der Einfluß Chinas und das Eindringen von Instrumenten aus dem Norden ist mit der Ausbreitung mongolider Stämme nach dem Süden im Verlauf der geschichtlichen Entwicklung ständig weitergegangen. Doch bei Beginn der geschichtlichen Periode sollte sich ein neuer, bedeutender Einfluß bemerkbar machen.

Seit dem 2. und 3. Jahrhundert n. Chr. begannen indische Kaufleute auf der Suche nach Gewürzen, Sandelholz und Gold, das große Gebiet zwischen der chinesischen Grenze und Indien zu erforschen und hatten es um das 4., 5. Jahrhundert weitgehend zu einer indischen Kolonie gemacht. Hindu und Buddhisten folgten, nicht ohne ihre Musik mitzubringen, und seit dem 5. Jahrhundert enstanden kleine und kleinste Hindu-Königreiche, die alle ihr eigenes kulturelles und künstlerisches Leben hatten und ihre Völker zu hochentwickelten Kulturen führten, die in manchen Fällen über tausend Jahre bestanden.

Annam

Die frühen musikalischen Einflüsse sind in manchen Fällen sehr schwer zurückzuverfolgen – insbesondere im Norden. Während zum Beispiel in Annam auf dem Gebiet der Skulpturen Beweisstücke für Hindu-Einflüsse aus dem 6. und 7. Jahrhundert erhalten sind, scheint das Land in musikalischer Hinsicht nähere Beziehungen zu China gehabt zu haben, dem es ja auch vom 1. vorchristlichen Jahrhundert bis etwa zum Jahre 1000 n. Chr. angegliedert war. Es hatte lange Zeit Hoforchester wie China, und die erhaltenen Instrumente sind weitgehend von denen der T'ang-Dynastie (618–906) späterer Zeiten abzuleiten.

Kambodscha

Die Khmer-Kultur Kambodschas (frühes 6. bis 15. Jahrhundert) verdankt ihre Impulse deutlicher der indischen Kultur. Die Künste erlebten eine Blütezeit, als Hinduismus und Buddhismus friedlich nebeneinander existierten, besonders während der ersten dreihundert Jahre (frühes 9. bis 12. Jahrhundert) der Angkor-Periode. Die Tempel dieser Hauptstadt, die ein Abbild des Weltalls sein sollen, geben durch ihre Reliefdarstellungen Kunde von den zahlreichen, auch Winkelharfen umfassenden Instrumenten, die hier beim Kult des Gottkönigs gespielt wurden. Spuren dieser Kultur sind in Festen und kunstvollen Tänzen erhalten. Die Musik von Kambodscha bewahrt hingegen heute nur wenige indische Züge. Sie gelangte unter der Annam-Kultur zu gewisser Entfaltung, ähnelt aber derjenigen von Siam stärker, die sich jedoch – wie wir sehen werden – erst zu einer späteren Zeit entwickelt hat.

Burma

Burma hingegen ist trotz seiner mongoliden Rassenzugehörigkeit von allen Ländern im Südosten des asiatischen Festlands kulturell und geographisch Indien am nächsten. Seine Geschichte als geeinter Volksstamm beginnt in einem späten Stadium der indischen Epoche mit der sogenannten ›Pagān-Periode‹ (11. bis 13. Jahrhundert). Diese alte Hauptstadt, deren nach hunderten zählende Stupa- und Pagodenruinen heute halb verborgen in einem Gewirr von Kakteen, Dornbüschen und Tamariskenbäumen liegen, war einst der Schauplatz eifrigen Bauens, großer religiöser Inbrunst und angestrengter militärischer Aktivität. Daran erinnert der alte Kriegstanz *Kar-Gyin*, ein Solo- und Chorgesang, der auf jene Zeit zurückgehen soll. Dem Buddhismus, der stets Burmas Hauptreligion war, verdankt das Land seinen liturgischen Gesang – eine Art nicht-metrisches Rezitativ, halb gesprochen, halb gesungen, teils in burmanischer Sprache, teils in einer alten

Abart des Sanskrit. Zur Zeit der Pubertät nimmt jeder Burmanenjüngling an einer Noviziat-Zeremonie teil, auf welche eine – heute meist nur noch nominelle – Zeit der Absonderung von seiner normalen Lebenssphäre folgt. Der zeremonielle Gesang wird auf eine Siebentonskala mit sehr hoher vierter Stufe (eine Art lydischer Modus) gesungen. Es ist das ein charakteristisches Merkmal der burmanischen Musik, dem man auch im Zusammenhang mit der konischen Oboe ›hne‹ begegnet, die zusammen mit Trommel, kleinen Zimbeln und den kreisförmig aufgestellten einundzwanzig Gongs den Gesang begleitet. Die kleinen burmanischen Musikkapellen erinnern an Indien, und in der Instrumentalmusik sind Besonderheiten erhalten, die sonst aus dem kulturellen Besitz des Landes längst verschwunden sind. Besonders wichtig ist die bootförmige Harfe (burmanisch saun, siamesisch soum, wörtlich Boot) mit dreizehn Saiten (sieben Saiten bis zum 18. Jahrhundert), die in mehr oder weniger verzierten Oktaven und gelegentlich variierend in Quinten gespielt wird. Historisch ist dieses elegante Instrument mit den Wurzeln der burmanischen Musiktheorie verwachsen. Es ist ein unmittelbarer Nachkomme der ›himmlischen‹ gebogenen Harfe, die in der Gandhara-Periode von Buddhisten aus Bengalen ins Land gebracht worden war. Die bootförmige Harfe war offensichtlich einmal weit in den Süden, bis nach Java, verbreitet, muß jedoch allerdings von dort bald wieder verschwunden sein, wenn wir nach vorhandenen Tempelreliefs aus dem 9. Jahrhundert schließen wollen. Die einzige ihr ähnliche Harfe, die man noch heute antreffen kann, ist in manchen Teilen Afrikas verbreitet und geht vermutlich auf ägyptische Vorstadien zurück. Der aus der Gandhara-Zeit stammende Typ war bereits früher bekannt, wie aus dem Industal-Ideogramm (3. Jahrtausend v. Chr.) hervorgeht, das wir mit der sumerischen Kultur in Verbindung gebracht haben. Wenn wir uns der in alter Zeit so engen Beziehungen zwischen Ägypten und Mesopotamien entsinnen, werden wir in den erhaltenen südostasiatischen und afrikanischen Harfen zweifellos entfernte Bindeglieder zum Musikleben des Nahen Osten in einer viertausend Jahre und mehr zurückliegenden Vergangenheit erkennen.

Java und Bali

Auch in Indonesien war der Einfluß der Hindu anfänglich sehr stark. Er machte sich hier etwas später geltend als auf dem Festland. Unter der Sailendra-Dynastie von Sumatra entstanden die berühmten javanischen Königreiche, und die Reliefs der Hindutempel und -heiligtümer aus dem späten 7. oder frühen 8. Jahrhundert bis zum Jahre 1375 bringen die Musikinstrumente aus dieser Periode ausgezeichnet zur Anschauung. Diese Reliefs und insbesondere jene von Borobudur aus der Zeit um 800 – enthalten nicht nur die meisten einheimischen Instrumente, die in neuerer Zeit die Gamelan-Orchester bildeten, sondern auch zahlreiche indische Instrumente von damals, von denen viele sehr bald wieder gänzlich verschwunden zu sein scheinen. Es ist kaum zu bezweifeln, daß die unter dem Hausrat der herrschenden Klassen gefundenen Instrumente oder Instrumentengruppen anfänglich weitgehend hinduistischen Charakter hatten. Im 10. Jahrhundert gibt es dann Beweise für die Existenz kleiner Ensembles wie Trommel, Muschelhorn und gekrümmte Trompete.

Was die Stimmung anbelangt, ist zu sagen, daß einige Instrumente auch weiterhin bei der bereits beschriebenen einheimischen Pelog-Skala blieben. Andere gingen zu der sogenannten ›slendro‹- (oder salendro-) Skala über, die nach der Sailendra-Dynastie benannt und überall dort anzutreffen ist, wo diese Dynastie und ihre Nachfolger tonangebend waren. Es geht die Sage, daß diese Skala von der Gottheit Batara Éndra auf Geheiß des Hindugottes Shiva erfunden worden sei, und sie ist dann möglicherweise von den um das 8. Jahrhundert von Sumatra kommenden Buddhisten übernommen worden. Es handelt sich um eine Fünftonskala (mit drei verschiedenen Modi), die die Oktave in mehr beinahe gleiche Teile unterteilt als der Pelog, und zwar in Intervalle von jeweils annähernd sechs Fünftel eines Ganztons. Die Intervalle der Slendro-Skala sind für das westliche Ohr sogar noch fremdartiger als die des Pelog. Jedenfalls ist es übertrieben, wollte man sagen, sie tendiere zur gleichschwebenden Temperatur. Ausgrabungen älterer javanischer Instrumente stellen (gleich dem Ohr) eher eine Verbindung zur pentatonischen Dur-Tonleiter (mit Intervallen eines Ganztons und einer kleinen Terz) her, die nicht nur mit China verbunden ist, sondern auch in der indischen Raga-Musik existiert hat. Jedenfalls sind die beiden Skalen alles eher als identisch. Während die Indonesier die Slendro-Skala als männlich, hoheitsvoll und streng empfinden, erscheint ihnen der Pelog weiblich, liebenswürdig und traurig.

Einer der einflußreichsten Faktoren für die Organisation der Musik war das von den Hindu mitgebrachte Sanskrit-Drama. Das bereits im Kapitel Indien erwähnte große Epos *Ramayana* wurde frei bearbeitet und in viele südostasiatische Sprachen übersetzt. Die Darstellung einzelner Szenen daraus wurde in vielen Gegenden des Subkontinents sehr bald beliebt. Nach dem 9. Jahrhundert erschien es in javanischer Sprache und spätestens seit dem 11. Jahrhundert wurden auf Java Schauspiele aufgeführt. Neben den Aufführungen von Tanzdramen gab es noch die sogenannten Schattenspiele (wayang), die angeblich noch aus der vorhinduistischen Zeit stammen und bei denen die Schatten der Puppen auf den Fußboden oder gegen einen Wandschirm geworfen wurden. Diese Darbietungen sind auch heute noch beliebt und geben – ähnlich wie der indische *Kathakali*-Tanz – Spielraum für Tänze und erzählende Gesänge.

Für einen Javaner sind Gesang und Dichtung praktisch nicht zu trennen. Die Dichtungen werden nach ihrem Stimmungsgehalt eingeteilt und jede Stimmung – wie etwa Liebe oder Kampf – hat ihre eigene metrische Form. In javanischen Gesängen sind noch viele altindische Metren lebendig.

Der Tanz hat seinen höchsten Ausdruck auf Bali gefunden. Dort sind Tänze heilige Handlungen, Teile des traditionellen Zeremoniells oder der Schauspiele.

Die Dramen waren nicht immer der religiösen Mythologie entnommen, sondern brachten zuweilen auch Darstellungen romantisierter oder erfundener Lokalgeschichte. Ein *Gambuh* genanntes, in javanischer Mundart des 14. Jahrhunderts gespieltes Tanzdrama ist in einem südbalinesischen Dorf (Batuan) immer noch erhalten, und das dabei verwendete Orchester mag den Orchestern jener Frühzeit ähnlich sein: Flöte (suling), Trommel (kendang), Metalltrommel (kenong) und Gongs (kempul). Die Fidel (rebab) allerdings ist letztlich muselmanischen Ursprungs (über Indien).

Die nach-indische Periode

Siam

Hindu-Königreiche gab es noch im 14. Jahrhundert (Madjapahit auf Java und Angkor in Kambodscha), doch machten sich bereits gegen Ende des 1. Jahrtausends Anzeichen bemerkbar, daß der Einfluß der Hindu im Schwinden begriffen war und neue Impulse aus Norden kamen. Das Volk der Thai, dessen Königreich von Nan Chao während der T'ang-Dynastie in China blühte, sickerte während der Sung-Dynastie allmählich in das heute Thailand oder Siam genannte Land ein. Zwischen der Mitte des 13. und dem 16. Jahrhundert entstanden in Siam zwei Königreiche, die sich zu wichtigen Musikzentren entwickelten. Das siamesische Skalensystem hat gewisse Berührungspunkte mit den beiden bereits behandelten indonesischen Systemen. Die Oktave ist in sieben mehr oder minder gleiche Teile (sieben Achtel eines Ganztones) untergeteilt, die als die sieben Tonorte einer Fünftonskala dienen. Die in diesem Leiterbereich komponierten Melodien sind ihrer Struktur nach der chinesischen Melodik nicht unähnlich, und wenn sie gesungen werden, ist die Ähnlichkeit noch größer, weil die Sänger dazu neigen, von diesen Intervallen in Richtung der chinesischen Fünftonskala abzuweichen. Es gab zweierlei Arten Orchester in Siam, die heute noch in gleicher instrumentaler Zusammensetzung existieren: ein Ensemble für

Innenräume (mahoori) aus weich getönten Instrumenten, wie zum Beispiel Streichern, das bei Hochzeiten und anderen Anlässen eingesetzt wurde, und ein Freiluft-Ensemble (piphat) aus kräftiger klingenden Instrumenten (mit stärkerem Einsatz von Trommeln, aber ohne Saiteninstrumente), das bei großen Festen, buddhistischen Zeremonien und bei militärischen Anlässen Verwendung fand.

Die Thai mögen einiges aus der Khmer-Kultur aus Kambodscha übernommen haben, die sich seit dem 9. Jahrhundert in die siamesischen Ebenen ausbreitete. Im Jahre 1431 jedoch unterwarfen die Siamesen die Khmer, und die Orchester am derzeitigen Hof von Kambodscha sind den siamesischen ähnlicher, allerdings auch kleiner – vielleicht in Anlehnung an eine frühere Form. Von den elf Instrumenten jedes Orchesters sind fünf Stabspiele. Die übrigen sechs sind bei Innenraum-Ensembles von Frauen gespielte Saiteninstrumente, bei Freiluft-Ensembles von Männern gespielte Schlaginstrumente mit einer Flöte und einem Saiteninstrument. Die Saiteninstrumente sind den chinesischen und mongolischen Arten (zwei- und dreisaitigen Fideln) sehr nahe verwandt, und die Trennung der männlichen und weiblichen Spieler erinnert an die Gepflogenheiten am chinesischen Hof der T'ang-Dynastie (618–906).

Die Eroberung Südostasiens durch die Mongolen unter Kublai Khan wirkte sich in Burma stärker aus als in anderen Gebietsteilen und nach dem Fall von Pagān erlebte die Shan-Periode (13. bis 15. Jahrhundert) die Vasallenherrschaft der Tataren über die Burmanen. Diese pflegen eine Art ›Chinesische Weisen‹ zu singen, und auch ihre Fideln sind nach chinesischen und mongolischen Vorbildern geformt. Schließlich sei noch eine Art ›Siamesische Weisen‹ erwähnt, die aus der Zeit nach den kriegerischen Verwicklungen mit Siam seit dem 16. Jahrhundert datieren.

Am stärksten war der chinesische Einfluß auf südostasiatische Gebiete in Annam spürbar, das zur Ming-Zeit (1368 bis 1644) erneut unter direkte chinesische Herrschaft kam.

Auf den Inseln hingegen war der muselmanische Einfluß stärker. Auf Sumatra gab es Ende des 13. Jahrhunderts einen Moslem-Staat und Ende des 15. Jahrhunderts war auch Java vorwiegend moslemisch. Die wichtigste musikalische Hinterlassenschaft ist die Rebab, eine zweisaitige Bolzenfidel. Es ist dies heute das führende Instrument in zahlreichen indonesischen Orchestern und auf dem ganzen Subkontinent sehr häufig anzutreffen. Andere Moslem-Instrumente hatten nur wenig Einfluß auf die Musik, wenn auch einige von ihnen auf primitiverer Ebene assimiliert wurden. Der Islam ist die heute auf den Inseln vorherrschende Religion. Nur Bali ist hinduistisch geblieben. So kam es, daß die javanische Musik ihre hinduistischen Elemente bald veränderte oder ganz verlor, während die balinesische vieles aus der alten Tradition beibehielt. Im 16. Jahrhundert entwickelten Javanesen, die auf der Flucht vor dem Islam Bali erreichten, die erste eigene Musiknotation Südostasiens. Sie ist auf den Vokalen der Bezeichnungen für die fünf Leitertöne aufgebaut (ding, dong, deng, dung, dang) und zeigt die rhythmische Verteilung der Töne durch Benennung der Metren an.

Aber der moslemische Einfluß auf die Musik wirkte nicht sehr in die Tiefe. Die der Hindu-Kultur innewohnende Kraft war längst weitgehend verbraucht, ehe der Islam aufkam; zweifellos ermöglichte es dieser Umstand den eingeborenen malaiischen Elementen, vorzudringen und um so nachhaltiger alles, was von anderer Seite gekommen war, zu assimilieren und zu verarbeiten. Eine Seite dieser Aktivität war die Nachbildung einiger neuerer Metall-Instrumente in Bambus. Es ist sehr schwierig, genau anzugeben, wann die indonesischen Gamelan-Orchester ihre heutige Form angenommen haben, da wir aus der Zeit vor dem 18. und 19. Jahrhundert keine der Musik im besonderen gewidmeten schriftlichen Angaben besitzen. Die Entwicklung scheint sich allmählich ergeben zu haben – möglicherweise seit der Zeit, in der zwischen dem 11.

und 13. Jahrhundert der Bronzeguß rasche Fortschritte zu machen begann. Alle wesentlichen Züge dieser Phase bodenständiger Entfaltung erscheinen in den heutigen Orchestern noch völlig unverändert. Diese Klangkörper sorgen für Musik bei Zeremonien aller Art, bei Festlichkeiten, Tanzveranstaltungen, Schattenspielen und militärischen Anlässen.

Es gibt drei nach musikalischen Gesichtspunkten verschiedene Typen von Orchestern. Da die beiden Skalensysteme nur einen Ton gemeinsam haben, sind für Pelog- und Slendro-Skalen verschiedene Orchester erforderlich. Reiche Adlige der mitteljavanischen Fürstentümer können sich die Haltung zweier solcher Gamelan-Orchester leisten (womöglich auch noch eines dritten, das dazu da ist, ein sogenanntes ›Königliches Arrangement‹ zu spielen, das heißt eine Gamelan-Komposition, in der die beiden Skalen abwechselnd benutzt werden). Kleinstädte können sich nur eines leisten, doch sind diese Kleinstadtorchester trotz ihrer bescheidenen Möglichkeiten im Prinzip nichts anderes als die größten Hoforchester und entweder in Pelog oder in Slendro gestimmt, was sich mehr nach der örtlichen Geschichte und Überlieferung als nach ästhetischen Gesichtspunkten richtet.

Das Gamelan-Orchester und seine Musik

Die klassische Form des Orchesters, das balinesische ›Gamelan-angklung‹ besteht mit Ausnahme der Trommel (kendang) aus gestimmten Stabspielen, und zwar aus einem gekrümmten Xylophon (gambang, das aus Metall, manchmal auch aus Holz ist), verschiedenen Celesta-artigen Instrumenten aus Bronze (gender, saron, demung), Gong-Spielen (bonang), einem Paar Kesselgongs (reyong) und einem Rasselspiel aus Bambus (angklung). Alle diese Instrumente haben feste Tonhöhen. Das größere javanische Orchester, das als ›Gamelang-gong‹ bekannt ist, ergänzt die eben genannten Instrumente noch durch weiteres Schlagzeug, nämlich auf nur einem Ton gestimmte Gongs und ungestimmte Zimbeln sowie eine gänzlich anders geartete Gruppe flexiblerer Melodie-Instrumente: die Flöte (suling) und die Bolzenfidel (rebab). Für das Singen von Gedichten kommen – je nach den Erfordernissen des Anlasses – eine Solostimme oder ein Chor oder beides hinzu.

Eine Gamelan-Komposition (gending) – es gibt von ihnen allein im höfischen Repertoire von Jogya (Java) über fünfhundert – ist stets auf einem breitangelegten Kernthema aufgebaut, das etwas an den mittelalterlichen europäischen ›cantus firmus‹ erinnert und sich in Zeitwerten etwa einer Halben fortbewegt. Dieses Thema bildet den am wenigsten bewegten Teil der Textur und wird von Celesta (saron) und manchmal einem Gongspiel (bonang) ausgeführt. Derartige Melodien basieren auf den verschiedenen Modi der Fünftonskala, wie sie jeweils in einem besonderen tonalen Muster organisiert ist. Auf Bali wird häufig eine strengere Viertonskala verwendet. Jedes Muster (patet) hängt mit einer besonderen Stimmung zusammen und hat somit eine gewisse Ähnlichkeit mit dem indischen Raga. Manchen dieser ›Muster‹ wird eine magische Wirkung zugeschrieben. Ihre Wiedergabe erfordert somit angemessene Vorbereitungen, wie zum Beispiel das Abbrennen von Räucherwerk. Das geschieht beim ›Gending-kidung‹, das in einem der Schattenspiele dem Helden die verlorene Sprache zurückbringt. Manche dieser Weisen erinnern an die ältesten chinesischen Ritualmelodien, und man kann in diesem Zusammenhang überzeugende Vergleiche anstellen. Die Hauptperioden der jeweiligen Kernmelodie werden durch das tiefe Dröhnen des großen Gong (gong ageng) interpunktiert, der immer nach einigen Takten – in regelmäßigen oder auch unregelmäßigen Abständen – als eine Art ›Punkt‹ dient, während die kleineren Nebenperioden durch die kleineren Gongs (kenong, ketuk) akzentuiert werden.

Das zweite Strukturelement einer Gamelankomposition ist das Paraphrasieren der Hauptmelodie durch verschiedene Stabspiele – wie Gambang, Gender, Bonang –, die hierbei höher gestimmt sind als beim Spielen der Originalmelodie. Die Stabspiele können sich dabei entweder sehr eng an das

Hauptthema halten (etwa die gleichen Töne doppelt so schnell wiederholen), sie können mit dem Thema eine Art Fangspiel veranstalten (durch Vorwegnahmen und Verzögerungen) oder aber das Thema durch allerlei Verschnörkelungen verzieren. Die Methode ist durch Tradition mehr oder weniger festgelegt, doch bleibt immer noch genügend Spielraum für schöpferisches Improvisieren in gegebenen Grenzen. Wenn die verschiedenen Varianten einer und derselben Melodie gleichzeitig gespielt werden, entsteht eine Art harmonische Textur, obwohl sich die Harmonien eher zufällig ergeben, als daß sie ein planvoll eingesetztes Element der Musik wären.

Eine weitere Bereicherung erfährt die Textur durch eine Gruppe von Instrumenten, die einen dritten, dem höchsten Tonhöhenbereich zugehörigen Teil des Ensembles bilden. Sie spielen Figurenwerk, die als Füllsel dienen, eine Art Aura um das Hauptthema bilden und dessen kraftvoll ausschreitende Töne umkreisen wie Satelliten ihren Planeten.

Diesen drei Elementen, die in den Orchesterkompositionen von Bali die Norm sind, fügt das javanische Gamelan noch ein weiteres, ungebundeneres und daher schöpferisches Element hinzu. Es ist dies eine tatsächlich mehr oder weniger unabhängige Gegenstimme, die der Flöte und Bolzenfidel (rebab) übertragen ist und gemäß den Erfordernissen der javanischen (und im besonderen der westjavanischen) Ästhetik Zwischentöne und subtile Tonhöhenverschiebungen hervorbringt. In großen Orchestern spielen auch Zithern eine wichtige Rolle.

Die den erwähnten Elementen zugeordneten Instrumente können auch anders eingeteilt werden, als dies in der obigen Beschreibung geschehen ist; denn diese Musik ist außergewöhnlich mannigfaltig, und die Instrumente spielen nicht immer die gleiche Rolle.

Die bisher beschriebene musikalische Struktur bewegt sich gewöhnlich in einem zweitaktigen Rahmen. Rhythmische Abwechslung wird durch differenzierte, auf verschiedenartige Weise hervorgebrachte Nebenakzente auf den Halben- und Viertelschlägen erzielt. In dieser Funktion spielt die Trommel eine wichtige Rolle. Sie zeigt Temporückungen an und hält alle Spieler durch unnachgiebige rhythmische Initiative zusammen. Auf Bali ist das führende Gamelan-Instrument tatsächlich die Trommel, in Siam und Kambodscha ist es das Xylophon und auf Java die Bolzenfidel (rebab), die gewöhnlich das Vorspiel auszuführen hat und die Melodie, auf die die Komposition aufgebaut ist, anstimmt. So wird das eigentliche Gending durch eine Art Vorspiel eingeleitet, wobei sich die Spieler mit fragmentarischen Vorwegnahmen in die Atmosphäre des Stücks hineintasten – ein Vorgehen, das an die indische Raga-Musik erinnert.

Der volle Tonumfang der größten Gamelan umfaßt sechs bis sieben Oktaven vom tiefsten Dröhnen des großen Gong bis zum hellen Klingeln der höchsten Celestatöne. In strengem Gegensatz zum Sologesang und zur Kammermusik Indiens, die aus Saiteninstrumenten und Trommeln besteht, und weit entfernt von der solistischen Zither- oder Lautenmusik der Chinesen, ist die Wirkung eines indonesischen Orchesters mit keiner anderen musikalischen Manifestation vergleichbar. Klangvoll und doch durchsichtig, lebhaft und doch subtil, kann diese Musik tief geheimnisvoll oder festlich prunkhaft wirken. Gleich fließendem Wasser verändert sie sich immerfort und bleibt doch stets dieselbe.

Die Neuzeit

Man kann vermuten, daß die indonesische Gamelan-Musik ihren Höhepunkt um die Wende des 18. zum 19. Jahrhundert erreicht hat. Wie dem auch sei, sicher ist, daß Südostasien schon lange vor dieser Zeit mit europäischer Musik in Berührung kam. Portugiesische Seeleute haben im 16. Jahrhundert volkstümliche Weisen dort hinterlassen, die als ›kronchong‹ – so benannt nach der kleinen, schmalen fünfsaitigen Gitarre portugiesischen Ursprungs – bekannt geblieben sind.

Im 17. Jahrhundert beherrschten holländische Kaufleute den ganzen Malaiischen Archipel, und holländische Lieder und Kinderspiele aus jenem und den folgenden Jahrhunderten sind immer noch im Schwange, obgleich diese Formen einen nur sehr geringen Teil des Musiklebens in diesem Gebiet ausmachen.

Schon um die Mitte des 18. Jahrhunderts tendierte die Musik dazu, sich von den ursprünglichen religiösen Zusammenhängen zu lösen. Eingeborene Herrscher begünstigten diese Strömung, und so kamen neue, volkstümlichere Musikformen zustande, wie zum Beispiel in den höfischen Dramen Balis. In einigen von ihnen kann man tatsächlich bereits westliche Einflüsse entdecken. Höfische Dramen wurden allmählich auch außerhalb des Hofes aufgeführt oder auch in populärerer Form nachgeahmt. Liebe, Politik und volkstümliche Themen bilden den Stoff der heutigen Komischen Oper in Burma.

Gitarre, Mandoline, Ukulele und Violine sind allesamt in den Subkontinent eingeführt worden und werden gelegentlich zusammen mit einheimischen Instrumenten gespielt. Das Klavier wurde in Burma zur Zeit der britischen Verwaltung heimisch.

Es unterliegt keinem Zweifel, daß die Begegnung mit der abendländischen Kultur sich von allem unterscheidet, was Südostasien zuvor erlebt hatte. Kulturelle Einflüsse aus China, Indien und selbst aus den Ländern des Islam waren offensichtlich unschwer zu assimilieren; die abendländische Musik jedoch erscheint von Grund auf unvereinbar mit der ostasiatischen Schwesterkunst. Man muß hinzufügen, daß sie in letzter Zeit vielfach zum Ersatz für die einheimische Musik geworden ist – tatsächlich aber nur in ihren volkstümlichsten Formen. In manchen Ländern ist die bodenständige Tradition ernsthaft in Gefahr, wie zum Beispiel in Siam, wo bei den meisten Komponisten zutiefst der fremde Einfluß zu erkennen ist und nur ganz wenige Komponisten der Tradition verbunden bleiben. Die neuerdings von der Republik Indonesien für ihre Nationalhymne erwählte Melodie trägt nur allzu deutlich den Stempel dieses radikalen Wandels.

Vielleicht durch die Erkenntnis bewogen, daß ihre Musik schließlich verlorengehen könnte und bis zu einem gewissen Grad sogar vom Westen angeregt, haben südostasiatische Musiker eine Zeitlang im Hinblick auf die Schaffung einer Notation experimentiert. Siamesische und burmanische Musiker haben versucht, das westliche Notationssystem ihren Erfordernissen anzupassen. Auf Java sind im Laufe der letzten siebzig Jahre sieben bis acht eigene Systeme entwickelt worden, die alle auf das Ziel gerichtet sind, die Kernthemen der großen Gamelan-Kompositionen festzuhalten. In einigen Systemen sind auch die Stimmen der paraphrasierenden Instrumente hinzugefügt worden, und für die Instrumentalmusik auf Mittel- und Ost-Java wird nunmehr fast ausschließlich das ›Kapatitian‹-System verwendet. Der Einwand, diese Instrumentalstimmen würden, wenn nicht notiert, allzu frei werden, erscheint nicht stichhaltig angesichts eines Stroms kraftvoller Tradition; vielmehr könnte es sein, daß das starre Fixieren derartiger Stimmen die Fähigkeit zu schönem Paraphrasieren zerstören würde. Allerdings ist es durchaus unüblich, daß die Spieler sich bei der Wiedergabe geschriebener Noten bedienen.

Gewiß gibt es immer noch eine Menge Orchestermusik in Indonesien. Eine erst vor wenigen Jahren durchgeführte statistische Erhebung hat ergeben, daß auf Java und Madura rund siebzehntausend Orchester existieren. Auf Bali dürfte die Zahl im Verhältnis ähnlich sein. Jedes Dorf hat sein Orchester und seine Tanzgruppe. Die Musik ist nach wie vor eine ganz und gar der Überlieferung entsprechende Volkskunst – allen zugänglich, allen verständlich, von allen geliebt –, ein Wesenselement in der Gesamtstruktur der Gesellschaft, dem – im Gegensatz zum Abendland – erkennbare individualistische Züge fehlen. Jedoch wird im Laufe der Jahre der Klang des Stampfens und Schlagens – sei es auf Reis, sei es auf Stabspiele – auffallend seltener.

Vermächtnis an Europa

Der musikalische Einfluß Südostasiens auf Europa war zwar nur geringfügig, hat jedoch erfreuliche Ergebnisse gezeitigt. Im 17. und 18. Jahrhundert ersetzten holländische Glockenstifter – möglicherweise auf Grund gewisser Kenntnis der in ihren jüngst errungenen Kolonien gebräuchlichen Metallstäbe – die Glocken ihrer Tasten-Carillons durch Bronzeplatten und schufen so das zu Händels Zeiten (1738) bereits im Orchester verwendete Glockenspiel. Ende des 19. Jahrhunderts (1886) erfand Auguste Mustel – vielleicht angeregt durch die tönenden Bambusstäbe eines javanischen Metall-Gender, den er in Paris gesehen hatte, die Celesta. Das schon 1511 erwähnte Xylophon war bei Russen und Tataren von alters her bekannt, und es wäre unangebracht, wollte man sein Aufkommen in Europa irgendwie mit Südostasien in Verbindung bringen. Die Marimba der afrikanischen Bantu-Neger hingegen kann geradlinig bis zum malaiischen Xylophon zurückverfolgt werden.

Was den Einfluß der südostasiatischen Musik auf abendländische Komponisten anbelangt, so war ein Gamelan auf der Pariser Weltausstellung von 1889 zu hören, und Debussy soll davon tief beeindruckt gewesen sein. Seit einiger Zeit sind in Europa und Amerika Aufnahmen indonesischer und anderer südostasiatischer Musik erhältlich und europäische Komponisten haben Indonesien besucht. Benjamin Britten's Ballett *The Prince of the Pagodas* verwendet vielfach Glockenspiele und ist offensichtlich unter dem Einfluß dieser Musik geschrieben.

Das griechische Altertum

Gestaltende Einflüsse
(Bis zum 9. Jahrhundert v. Chr.)

Die griechisch sprechenden Völker kamen um 1900 v. Chr. aus Europa und entwickelten eine helladische Kultur. Später vollzog sich die Verschmelzung mit der minoischen Kultur Kretas – eines ägyptischen Einflüssen aufgeschlossenen Landes –, und hierauf folgte die mykenische Kultur in Griechenland, die sich etwa seit 1400 v. Chr. frei entfaltete. Der Zeitraum zwischen 1400 und 1100, den man später das ›Heroische Zeitalter‹ nannte, war somit eine Periode der Assimilation, und man kann ihr möglicherweise die Entstehung einer Anzahl von Mythen zuschreiben, die sich auf die Ursprünge der Musik beziehen und sie mit Ägypten in Zusammenhang bringen. Unter diesen Mythen ist auch jene von der ersten Leier, der ›chelys‹, die der Gott Hermes erfunden haben soll. Die kretischen ›hyporchemata‹ – Gesänge, die von Tänzen begleitet wurden – ließen den griechischen ›paian‹ (ursprünglich ein magischer Heiltanz) entstehen, der dem Apollo geweiht war.

Auf ähnliche Weise war die mesopotamische Kultur über Kleinasien nach Thrakien vorgedrungen, und um 900 v. Chr. überquerten Griechen (Ionier, Dorier und Äolier) die Ägäis und siedelten sich auf den der asiatischen Küste vorgelagerten Inseln an. Der Mythos vom Heros Orpheus, dem ›Vater der Gesänge‹, kam aus Thrakien; die Sage von Linos, der den Griechen Verse und Musik geschenkt haben soll, hat eine mesopotamische Parallele. Hingegen waren die halb sagenhaften Erfinder der Flöten und Rohrpfeifen, Hyagnis und Marsyas, sowie die legendären ›Begründer‹, ›Erfinder‹ und ›Organisatoren‹ der griechischen Musik wie Terpander und Olympos allesamt Phrygier aus Kleinasien. Olympos soll in der Tat um 900 v. Chr. die ›nomoi‹ (Mehrzahl von ›nomos‹, wörtlich Gesetz) oder in der Tradition begründete melodische Modelle eingeführt haben, auf denen die Musik der Rohrflöte (aulos) basierte. Obgleich es schwierig ist, in solchen Mythen und Legenden die historischen Elemente zu erkennen, ergeben sich aus deren Summe immerhin genügend Anhaltspunkte für einen umfangreichen Beitrag Ägyptens und Asiens zu den Grundlagen der Musik des griechischen Altertums.

Das epische Zeitalter

(8.–7. Jahrhundert v. Chr.)

Zu Anfang des 8. Jahrhunderts v. Chr. etwa gab es bereits das griechische Alphabet; die epischen Dichtungen, die Homer (um 850 v. Chr.) zugeschrieben werden, entstanden – die *Ilias* gilt als der Beginn der europäischen Literatur – und eine neue nationale Kultur erblühte in Griechenland. Barden, die als privilegierte Spielleute bei adeligen Familien lebten, sangen die epischen Dichtungen über die Heldentaten von Göttern und Helden zum Klang der Leier in einem damals üblichen rezitativischen Stil, so daß Dichtung und Musik, wie sie es in ihrem Wesen waren, auch in der Ausführung als Einheit erschienen. Die Sänger bedienten sich der traditionellen Melodiemodelle, der Nomoi, die wohl kurze, mit entsprechenden Variationen ständig wiederholte Phrasen waren.

Die mit den bloßen Fingern oder mit einem Plektrum gespielte Leier diente zweifellos dazu, der Stimme den nötigen Halt beim Anstimmen zu geben und den Sänger durch Vor- und Zwischenspiele zu inspirieren. Ob das Instrument auch eine Begleitung zur eigentlichen Rezitation lieferte, ist nicht bekannt. Dieses Instrument (kitharis, später kithara) bestand aus drei bis zwölf gleich langen Saiten, die vertikal zwischen einem unten angebrachten Schallkasten und einem oberen Querholz, das von zwei an ihrer Basis in den Schallkasten eingeführten geschwungenen Armen gestützt wurde, ausgespannt waren. Eine weniger verfeinerte Form (die lyra) war bei den Liebhabern des häuslichen Musizierens verbreitet.

Neben der poetischen Deklamation der berufsmäßigen Barden gab es den Volkstanz und eine für die Hirten typische Musik, die sie auf Panflöten (syrinx) bei ihren Herden spielten. Aber wir haben noch unmittelbarere Kunde von der Musik aus dem Zusammenleben der Menschen im allgemeinen, wie sie durch die Chöre (die unterschiedlich aus Männern, Frauen, Jünglingen und Mädchen zusammengesetzt waren) ländlicher und städtischer Wohngemeinschaften dargeboten wurde. Diese Chöre stimmten zum Kult der Götter die Paian-Gesänge, Dithyramben und Prozessionsgesänge an, sie sangen auch Hochzeitshymnen und Totenklagen oder Lobgesänge auf berühmte Männer und siegreiche Wettkämpfer und zu allen geselligen Anlässen. Diese Sänger waren Amateure und wurden von einem Berufsbarden auf seiner Kithara begleitet. Anstelle dieses Instruments oder auch zusätzlich konnte die Rohrflöte, der Aulos, vorkommen. Dieses Instrument stand insbesondere mit der Verehrung des Dionysos (Bacchus) in Verbindung, dessen Kult sich mit dem Weinbau über ganz Griechenland ausbreitete. Eine Oboe, die häufig als Doppeloboe vorkam und aus Asien stammte, kam vielfach vor und hatte einen erregenden Klang, der zu der gedämpften Musik der Leier in starkem Gegensatz stand.

Im alten Griechenland gehörten Dichtung und Tanz zur Musik, und die heftige Bewegung der Füße der Tänzer wurde in den Rhythmen der Musik mit großer Unmittelbarkeit nachempfunden. Zu Homers Zeiten wurden nicht nur Tänze, sondern auch sportliche Übungen mit Musik begleitet.

Musikalische Wettkämpfe sollen in Verbindung mit den schon seit frühester Zeit al gehaltenen Festen und Spielen stattgefunden haben – erstmalig nachweisbar im frühen 6. Jahrhundert, als anläßlich der zu Ehren Apollos abgehaltenen Pythischen Spiele Sakadas aus Argos den Wettkampf mit dem Aulos gewann. Ähnliche musikalische und dichterische Wettkämpfe fanden während der Karneen zu Sparta und während der Panathenäischen Spiele statt.

Das Aufkommen der lyrischen Dichtung
(7.–5. Jahrhundert v. Chr.)

Die Dichter priesen weiter ihre Götter und ehrten ihre Helden; bald begannen sie jedoch auch, von Liebe, Krieg und Politik zu singen und Themen des persönlichen und geselligen Lebens waren Gegenstand ihrer Dichtungen. Ihre lyrischen Gedichte wurden so genannt, weil sie zur Lyra gesungen wurden, und die Musik, zu der sie vorgetragen wurden, entstand gleichzeitig mit den Dichtungen. Die lyrischen ›Dichtermusiker‹ sind uns heute nur noch als Dichter bekannt, weil bedauerlicherweise nicht eine Spur von ihrer Musik erhalten ist. Der lyrische Impuls kam aus dem ionischen Teil Griechenlands und fand seinen frühen Meister in Archilochos von Paros (vermutlich ca. 714–ca. 616 v. Chr.), der Gedichte im Stil geselliger Gespräche vortrug, in die er – möglicherweise vom Volkslied inspiriert – Dreier-Rhythmen in schnellem Tempo einführte.

Die Lyrik hatte ihr erstes Zentrum in der dorischen Kultur Spartas, deren strenges Gemeinschaftsleben den chorischen Formen günstig war. Tyrtäos (vermutlich bis 668 v. Chr.) sang nicht nur Dichtungen in elegischen Metren, sondern komponierte auch patriotische Marschlieder (embateria) für die Spartaner, die Aulosspieler in die Schlacht mitnahmen. Von Alkman (vermutlich um 615 v. Chr.) weiß man, daß er ›parthenia‹ oder chorische Tänze für die Mädchen von Sparta verfaßte. Stesichoros hingegen (632–552 v. Chr.) widmete sich der formal stärker ausgeprägten Dichtung, die sich nach wie vor auf die alte Mythologie beschränkte.

Der äolische Dialekt wurde von den lyrischen Dichtermusikern von Lesbos bevorzugt, einer griechischen, der kleinasiatischen Küste vorgelagerten Insel im Ägäischen Meer. Ihre Kunst hatte persönlicheren Charakter und war gewöhnlich monodisch – das heißt für Sologesang – komponiert. Der Adlige Alkaios (vermutlich um 611 v. Chr.), der erste der äolischen Poeten, war Soldat und sang kriegerische Oden.

Ähnlich wie Sappho (vermutlich um 600 v. Chr.), die in vielerlei Metren dichtete, und Anakreon (ca. 550–ca. 465 v. Chr.) mag er in der Stoffwahl vom örtlichen Volkslied beeinflußt gewesen sein.

Die genaue Verwendungsweise der Lyra bei der Begleitung der Dichtungen während dieser und der folgenden Periode ist sehr schwer festzustellen, obgleich eine später von Plato (427–347 v. Chr.) gegebene Beschreibung vermuten läßt, daß das Instrument die Gesangsmelodie verzierte, eine Praxis, die sehr wahrscheinlich auf diese Zeit zurückgeht. Das gesungene Gedicht war das Wesentliche; aber die von der gleichen Melodie ausgehende Leier konnte sie entweder Ton für Ton mitspielen oder melodisch und rhythmisch umrahmen, je nach dem künstlerischen Geschmack und der technischen Fertigkeit des Spielers.

Neben ihren Lyren hatten die Griechen eine Harfe (magadis) mit trompetenartigem Klang und – mit ihren zwanzig Saiten – groß genug, um in Oktaven gespielt zu werden. Wenn Knaben- und Männerstimmen in Oktaven sangen, wurde das nach diesem Instrument ›magadisieren‹ genannt. Die Magadis und ihre kleineren Formen – ›pektis‹ und ›barbitos‹ – waren geeignet, die subtilen Intervalle der griechischen Musik zum Klingen zu bringen.

Die klassische Musik und das Aufkommen des Dramas *(6.–5. Jahrhundert v. Chr.)*

Gegen Ende des 6. und zu Beginn des 5. Jahrhunderts wurde Athen der bedeutendste Anziehungspunkt für die Dichtermusiker, die einen klassischen Stil entfalteten. Seine wichtigsten Ausprägungen während des 5. Jahrhunderts waren die Dithyrambe und das Drama.

Die Dithyrambe ist wahrscheinlich aus dem Dionysoskult hervorgegangen; denn bei den Spielen des 6. Jahrhunderts wurde die Geburt des Dionysos von einem Rundchor von fünfzig Männern oder Jünglingen zur Begleitung des Aulos getanzt und gesungen.

Die frühesten dramatischen Darbietungen waren gleichen Ursprungs, und im Bereich des Dramas erfuhr nun die Musik ihre bedeutendste Entfaltung. Die Schauspiele – Tragödien und Komödien – waren in der Hauptsache musikdramatische Stücke, deren Schöpfer, die Dichtermusiker, bereits in der Elementarschule in dieser Kunst ausgebildet worden waren. Alle drei Elemente – Dichtung, Musik und Tanz – waren in diesen Stücken vereinigt, die von wandlungsfähigen ›Sänger-Schauspieler-Tänzern‹ in den Amphitheatern dargestellt wurden.

Die Dichtung wurde weniger syllabisch betont als tonlich akzentuiert. Die Wiedergabe erfolgte wechselweise gesprochen, rezitativisch deklamiert oder gesungen. Die Melodie war teilweise durch die Tonhöhenakzente der Worte bedingt, das heißt durch die den Worten selbst innewohnende Melodie, und der musikalische Rhythmus basierte auf den Längen und Kürzen der Silben. Es erscheint in der Tat sehr zweifelhaft, ob zwischen den Metren der Dichtung und dem Rhythmus der Musik überhaupt ein Unterschied war.

Anfänglich bestand die Musik ausschließlich aus Chören. Diese waren entweder unbegleitet oder sie wurden zur Rohrflöte, Aulos, oder gelegentlich auch zu einer einzelnen Leier gesungen, weil größter Wert darauf gelegt wurde, Sinn und Wirkung der Worte nicht durch die Musik zu verdunkeln. Später wurden Monodien, das heißt solistische Gesangstimmen, hinzugefügt – besonders in den Tragödien. Was den Tanz, ›orchesis‹, anbelangt, so wurde er vom Chor an einem besonderen Platz vor der Bühne ausgeführt. Dieser Platz wurde ›orchestra‹ genannt, und als italienische Dichter und Musiker – mit vermeintlichen Überresten des griechischen Dramas vor sich – um das Jahr 1600 die Oper schufen, kam die Bezeichnung ›Orchester‹ zum ersten Male in Europa in allgemeinen Gebrauch.

Besonders wichtig unter den klassischen Dramatikern war Aischylos (525–456 v. Chr.), der Dichter der *Perser*. Er hat als erster einen zweiten Schauspieler in die Tragödie eingeführt und damit den Dialog geschaffen. Das hatte naturgemäß eine Beschränkung der chorischen Partien zur Folge. Der Tragödiendichter Sophokles (496–406 v.Chr.) war ein guter Tänzer und Musiker, während wir bei Euripides (480 bis 406 v.Chr.) einer realistischeren und mehr rationalistischen Kunst begegnen. Über die Musik zu seinem *Orestes* (408 v.Chr.) erfahren wir, daß sie das Steigen und Fallen der Wortakzente nicht mitmachte und daß die Melodie zu den einzelnen Verspaaren – Strophe und Antistrophe – sich gleich blieb. Vielleicht der größte Dichter Athens und sicherlich der größte Komödiendichter war Aristophanes (ca. 444 bis 380 v.Chr.). In seinen Stücken parodiert er die Dichter seiner eigenen und der früheren Zeit. Er schildert eigentlich den Niedergang des klassischen Stils und macht dafür die Modulation, die chromatische Stimmung und eine allgemeine Verweichlichung verantwortlich, wie sie sich im unsteten Spiel des Aulos dokumentierte. Er hat volkstümliche metrische Formen in seine Werke eingeführt, wie man aus den rhythmischen Refrains in manchen seiner Chöre ersehen kann. *Die Frösche*, seine 405 v.Chr. aufgeführte Komödie, die die Griechen gegen das Eindringen der Unkultur aufrief, war zugleich eine prophetische Mahnung vor dem Niedergang der Musik in Griechenland. Nur ein Jahr später folgte der Fall Athens im Peloponnesischen Krieg, worauf die Stadt eine geistige Umwälzung durchmachte, die weittragende Folgen für ihre Kunst nach sich ziehen sollte.

Der Verfall der Musik

(4. Jahrhundert v.Chr.–2. Jahrhundert n.Chr.)

Schon am Ende des 5. Jahrhunderts machten sich Anzeichen der Unstetigkeit unter den Dichtermusikern bemerkbar mit einem allmählich sich entwickelnden Gefühl für verstandesmäßige, effektheischende und mehr theatralische Formen. Die Dichter waren bestrebt, eher der bloßen Unterhaltung und Sensation zu dienen, als ausgewogene Werke zu bringen.

Der Dithyrambendichter Timotheos von Milet zum Beispiel (446–357 v. Chr.) führte die Chromatik und die kleineren (enharmonischen) Ton-Unterteilungen ein, schuf intime Formen des gesanglichen Ausdrucks und machte sich – sicherlich von den größeren und besser ausgeführten Kitharen seiner Zeit angeregt – die reine Instrumentalmusik in stärkerem Maße zunutze. Philoxenos (430–380) folgte ihm rasch nach. Ihre anfänglich verworfenen Neuerungen wurden bald Mode. Sie fanden jedoch nur wenige Nachahmer und bald hatte ihre schöpferische Kraft einen Tiefstand erreicht. Um dieser Entwicklung entgegenzuwirken, legte man größeren Wert auf die Qualität der Wiedergabe, und seit dem 4. Jahrhundert begann sich der Musiker eher als Ausführender denn als Komponist zu fühlen. Der Musiker sah sein eigentliches Metier in der Umarbeitung und Parodierung wohlbekannter Themen. Das Aufkommen des Virtuosentums und der Kult des Publikumsgeschmacks waren die unvermeidlichen Folgen.

Plato (427–347 v. Chr.), ein echtes Kind des Klassizismus, wurde zum großen Kritiker seiner Epoche. Die beiden Hauptdisziplinen der griechischen Schulen, deren Ziel es war, dem Menschen eine großzügig-freiheitliche Erziehung zu geben, waren Gymnastik (gymnopaideia) oder Körperkultur und Musik (musiké) oder Geisteskultur. Diese Disziplin, die Gesang, Poetik, Instrumentalspiel, Tanz und Redekunst umfaßte, war in offenkundigem Abstieg begriffen. Plato erkannte die den verschiedenen griechischen Skalen (harmoniai) innewohnenden Eigenschaften, beziehungsweise ethischen Bedeutungen (ethos) und hielt Rückschau auf die Zeit, als sie noch so geachtet und geschätzt wurden, wie es ihrem wahren Wert entsprach. Mit Aristoteles (384–322) erinnert er an die Tage der erhebenden dorischen Tonart, der eigenwilligen (trotzigen) phrygischen und der verweichlichten lydischen. Plato war der Auffassung, die klassische Musik sei getreuliche Nachahmung der Natur, das heißt Nachahmung der ›noumena‹ oder Prinzipien der Natur, nicht ihrer ›phainomena‹ und müsse daher ein unverwechselbares Ethos gemäß seinem

Modus in sich tragen. Und indem er seine Idealvorstellung von einer wirksamen Musikerziehung der Jugend entwickelt, verweist er auf ägyptische Vorbilder.

Die eigentliche Kultmusik Ägyptens muß um jene Zeit in Griechenland weitgehend bekannt gewesen sein. Der Historiker Herodot (ca. 484–425 v. Chr.) berichtet, daß ägyptische Götter, Zeremonien und Litaneien den Griechen überliefert wurden. Der Isis- und der Serapiskult mit ihren Liturgien, Hymnen, Gesängen, Blasinstrumenten und Sistren verbreiteten sich über Griechenland und später durch das ganze Römische Imperium bis hinein in den Westen Europas. Sistren hat man sogar in Frankreich gefunden.

Zur Zeit des großen Theoretikers Aristoxenos (um 350 v. Chr.) waren die klassischen Stilelemente der griechischen Musik beinahe in Vergessenheit geraten. Dafür traten neue, volkstümliche Stilrichtungen in den Vordergrund. Unter ihnen war die Pantomime schon lange von Bedeutung gewesen. Die Spieler gaben eine Art Varieté-Programm zum besten, das aus Parodien und drolligen Szenen, Ballettnummern, akrobatischen Kunststücken und derben Witzen bestand. Unter diesen Einflüssen beschleunigte sich der Niedergang des Dramas immer mehr und in der zweiten Hälfte des 2. Jahrhunderts v. Chr. waren sogar die populäreren Klassiker wie Timotheos und Philoxenos so gut wie vergessen.

Unglücklicherweise ereignete sich dieser Geschmackswandel in der griechischen Musik um 400 v. Chr. zu einer Zeit, ehe noch die Griechen ein geeignetes Notationssystem gefunden hatten, und als man dann etwa seit dem 4. Jahrhundert etwas krampfhaft zur schriftlichen Aufzeichnung der Musik überging, erachtete man die zu diesem Zeitpunkt noch aktuellen populären Stilrichtungen der Erhaltung kaum mehr für würdig. Überdies stand der Brauch des Improvisierens auf der Grundlage der traditionellen Melodiemodelle, der Nomoi, in jedem Falle im Widerstreit mit der Erhaltung der Musik in irgendwelchen starren, verfestigten Formen. Im Endergebnis sind keine zwanzig Fragmente griechischer Musik auf Stein

(29) Kretische Schnitter schwingen zum Gesang das Bügelsistrum. Um 1500 v. Chr.

(30) Phorminxspiel beim Reigentanz. Dieses älteste griechische Leier-Instrument (früher noch auf Kreta bezeugt) hatte vier Saiten, deren Klang ein großer, unten abgerundeter Schallkörper verstärkte. Spätes 8. Jh. v. Chr.

(31) Die sieben-saitige Leier, Vorform der im 6. Jh. entwickelten Kithara. Spätes 7. Jh. v. Chr.

(32) Doppelaulos,
ein Oboen-Instrument.
Um 480 v.Chr.

(33) Barbiton und Krotala. Dionysos spielt das Barbiton, das trotz des kleinen Schallkörpers längste der Leierinstrumente. Zwei Satyrn umtanzen ihn mit den Krotala, paarweise gebrauchten Klappern. Um 490 v. Chr.

(34) Doppelaulos, Wiegenkithara, Winkelharfe und Lyra. Um 440 v.Chr.

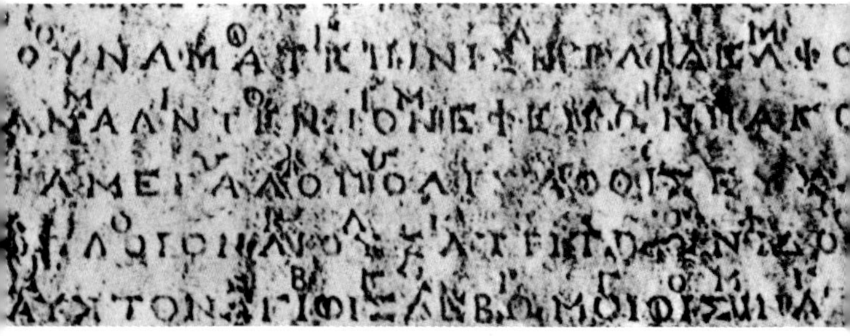

(35) Ausschnitt aus einer Hymne auf Apollon mit Notationsbuchstaben des ionischen Alphabetes über den Zeilen. Bisher ältestes Zeugnis griechischer Musikaufzeichnung. 2. Jh. v.Chr.

(36) Die sieben-saitige Kithara mit mächtigem, nach unten abgeplattetem Klangkörper war Begleitinstrument des epischen und hymnischen Gesanges. Sie galt als das Instrument Apollons. Um 500 v.Chr.

(37) Trompeten aus dem Tempel von Jerusalem werden im Triumphzug in Rom eingebracht. Eine schmetternd trillernde und eine weithin hallende Klangfarbe sind von diesem Instrument überliefert. 81 n.Chr.

(38) Hebräische Hornbläser bei der Einnahme von Jericho, Josua-Rolle. 5.Jh.n.Chr.

oder Papyrus uns erhalten geblieben, und keines davon ist älter als zweihundert Jahre vor Christi Geburt, als die Eroberung Griechenlands durch die Römer begonnen hatte (ca. 200–30 v. Chr.). Die ältesten dieser Stücke scheinen eine immer noch sehr enge Verbindung zwischen Wort und Musik aufzuweisen, obgleich die Dichtermusiker früherer Zeiten von Dichtern und Musikern abgelöst worden waren, die nur wenig Verständnis für die Kunst des andern aufbrachten. Die Aufzeichnung der *Ersten Delphischen Hymne*, eines Paian auf Apollo aus dem späten 2. Jahrhundert v. Chr., wurde auf einem Stein in Delphi gefunden; die Aufzeichnung der *Zweiten Delphischen Hymne* ist das Werk eines gewissen Limenius von Athen (ca. 127 v. Chr.) und die Niederschrift des *Epitaph des Seikilos* (für dessen Frau) schließlich stammt von einem Grabmal in Aidin in der Türkei und mag ebenfalls auf das 2. Jahrhundert v. Chr. oder einen etwas späteren Zeitpunkt zurückgehen. Wie alle erhaltenen Beispiele besteht es nur aus einer einzigen Melodiezeile.

Im allgemeinen hat es jedoch den Anschein, daß Musik zur bloßen Unterhaltung geworden war. Die Folge war, daß der Musiker seine soziale Stellung einbüßte. Der Musikunterricht in der Schule erreichte einen argen Tiefstand, und die Griechen und Römer der Oberschicht empfanden es als entwürdigend, sich allzuviel mit praktischer Musikausübung abzugeben. Diese Kluft zwischen Bürgern und Berufsmusikern führte zu einer Trennung, an der das musikalische Europa noch heute zu leiden hat. Und der im Gefolge dieser Erscheinung auftretende Snobismus ist nach wie vor ein vertrauter Zug unseres Musiklebens. Obgleich der vornehme Bürger nicht musizieren durfte, galt es doch als sehr vornehm, über Musik zu *reden*. Wenn er schon in der Musikausübung nichts zustandebrachte, so konnte er doch immerhin Betrachtungen über Theorien anstellen, und so wurden im Zeichen dieser Mode extravagante Vorstellungen über das musikalische Ethos entwickelt, die zu Platos Zeiten unhaltbar gewesen wären. Daß die Theorie sich auf den Platz der musikalischen

Kunst gedrängt hatte, zeigt sich zum Beispiel bei Varro (116–27 v. Chr.), der den Ausdruck ›musica‹ nicht mehr in der Bedeutung ›Musik‹, sondern ›Wissenschaft von der Harmonik‹ gebraucht, das heißt für die Theorien von den Intervallen und der Stimmung der Musikinstrumente.

Theoretiker und Theorien

Die Überlieferung schreibt die Anfänge der griechischen Musiktheorie in der Hauptsache Pythagoras zu (ca. 585–493 v. Chr.), der ihre Grundsätze wahrscheinlich von ägyptischen Priestern und auch von mesopotamischen Gelehrtenschulen übernommen hat. Er soll dann eine Bruderschaft gegründet haben, um diese Grundsätze als Teile einer Lehre zu verkünden, die zur Hebung der Moral beitragen sollte. Die Pythagoreer betrachteten die musikalische Skala als ein Strukturelement des Kosmos. Überdies wurde das Firmament als eine Art Harmonie – die ›Harmonie der Sphären‹ – dargestellt und der Tonraum wurde mit Hilfe einer einzigen gespannten Saite (monochord) dergestalt unterteilt, daß er diese Harmonie tönend wiedergab. Die Pythagoreer waren unermüdlich in ihren Experimenten und haben eine umfassende Kenntnis aller heute in der abendländischen Musik bekannten und noch vieler anderer Intervalle hinterlassen. Die vollständigsten Angaben sind in einem dem Euklid (ca. 300 v. Chr.) zugeschriebenen Werk enthalten, und auch die Werke Platos, insbesondere der *Timaios*, sind äußerst aufschlußreich.

Ausübende griechische Musiker jedoch waren sich zwar der Rolle des Verstandes bei der näheren Bestimmung des musikalischen Materials durchaus bewußt, maßen jedoch begreiflicherweise ihrem Ohr mehr Bedeutung bei als der Mathematik der spekulativen Theoretiker. Der bedeutende und der Praxis am nächsten stehende Theoretiker, Aristoxenos von Tarent (um 350 v. Chr.), war der Sohn eines Musikers und selbst mit der Musik des 4. Jahrhunderts und der der älteren

Tradition sehr gut vertraut. Seine analytischen Werke auf dem Gebiet der Musiktheorie sind von einzigartigem Wert.

Unter den zahlreichen Schriften über griechische Musiktheorie ist gar manches dunkel und verworren – nicht zuletzt infolge terminologischer Unzulänglichkeiten, ganz abgesehen davon, daß die Autoren selber nicht immer von allem genügend verstanden, worüber sie schrieben. Überdies besaß das griechische Denken an sich ein stark ausgeprägtes Vorurteil zugunsten der Mathematik und erging sich allzu leicht in Spekulationen um ihrer selbst willen. Viele Musiktheorien, die mit Zahlensymbolik und Astronomie, Mystizismus und Metaphysik zusammenhingen, wurden später (besonders seit dem 2. Jahrhundert v. Chr.) in einer Richtung weiterentwikkelt, die sich auf die Musikausübung kaum auswirken konnte – insbesondere nicht im Sinne der Musik, wie man sie zur Zeit der griechischen Klassik gekannt hatte. Damit soll nicht gesagt sein, daß etwa keine interessanten Entdeckungen aus diesen Spekulationen hervorgegangen wären; diese Entdeckungen erstreckten sich aber meist auf ganz andere Gebiete.

Die Werke mancher späteren Autoren sind wegen gewisser Informationen, die sie enthalten, von Bedeutung. Zu ihnen gehören Plutarch (ca. 50–120 n. Chr.), Nikomachos (1. christliches Jahrhundert), Claudius Ptolemäus von Alexandria (um 150 n. Chr.), Plotinus (ca. 205–270 n. Chr.), Porphyrios (3. Jahrhundert n. Chr.) und Iamblichus (gest. 363 n. Chr.). Aber die oben angedeuteten Schwierigkeiten gehören zu den Gründen, die das Studium der griechischen Musiktheorie zu einer der abschreckendsten und unbefriedigendsten aller Disziplinen macht.

Die wesentlichsten Daten seien rasch erwähnt. Die Griechen kannten das Oktavintervall und nannten es ›diapason‹ (wörtlich: ›durch alle‹). Aber die Einheit ihres Tonraums war das Intervall der reinen Quart (Schwingungsverhältnis 4 : 3), die sich als der naturgegebene Tonsprung für die menschliche Stimme erweist. Man nannte das Intervall Tetrachord (tetrachordon, wörtlich: ›vier Saiten‹), und es umfaßte die vier Saiten der Leier. Die beiden Grenztöne wurden als feststehend angenommen (hestotes), während die beiden dazwischenliegenden Töne beweglich (kinoumenoi) waren. Die beweglichen Töne konnten verschiedene Stellungen einnehmen – je nach den drei verschiedenen ›genera‹ sowie auf Grund feiner Verschiebungen innerhalb dieser Genera. Die vier Töne des Tetrachords wurden von oben nach unten gezählt und nicht – wie es in der abendländischen Musik gebräuchlich ist – von unten nach oben.

Vier Töne bedeuten zwangsläufig drei Intervalle. Im *diatonischen* ›genus‹ oder Tongeschlecht, dem gebräuchlichsten unter den dreien, war die Intervallfolge (von oben nach unten): Ganzton, Ganzton, Leimma. ›Leimma‹ heißt wörtlich ›Überrest‹ und bezieht sich hier auf das, was vom Quartintervall übrigbleibt, sobald zwei Ganztöne ›verbraucht‹ sind, und das ist in Wahrheit weniger als ein Halbton in unserem Tonsystem. Im *chromatischen* Tongeschlecht war die Intervallfolge kleine Terz, Halbton, Halbton. Im *enharmonischen* Tongeschlecht, das in der griechischen Vokalmusik verbreitet war, lautete die Folge Ditonus (etwa zwei Ganztöne), Viertelton, Viertelton oder – und das war vielleicht die ursprüngliche Form – Ditonus, Leimma, das hieße nur zwei Intervalle, ganz wie bei den beiden Tetrachorden in der ›weichen‹ japanischen Fünftonskala, die wir im Kapitel Japan erwähnt haben.

Der Ditonus ist eines der wesentlichen Charakteristika, durch die sich die griechische Melodik von der späteren europäischen unterscheidet. Dieses Intervall ist um ein Geringes größer als unsere große Terz und klingt für unsere Ohren etwas schärfer. Die abendländische große Terz, die auf einer ganz anderen Tonteilung basiert, mag zur Zeit des Didymos (um 30 v.Chr.) versuchsweise benutzt worden sein, doch wird im allgemeinen angenommen, daß Ptolemäus (2.Jahrhundert n.Chr.) sie als erster angewendet hat. Die Verwendung von Vierteltönen, die den Griechen spätestens im 4.Jahrhundert v.Chr. bekannt gewesen sein muß, legt die Vermutung nahe, daß das Ohr der Griechen feinfühliger war als unseres. Das wäre weiter nicht verwunderlich bei einem Volk, das gleich zahlreichen anderen östlichen Völkern von heute keine Harmonie, sondern nur Heterophonie kannte und bei der Wahl seiner musikalischen Ausdrucksmittel zu keinem geringen Teil auf differenzierte Möglichkeiten der Melodik angewiesen war. Feinste vokale Schattierungen spielten in der griechischen Melodik eine bedeutende Rolle, und die beweglichen Töne der Tongeschlechter wurden eher als Gravitationszentren denn als feste Punkte behandelt.

Das griechische Tetrachord wurde zum andern nach der Reihenfolge seiner drei Intervalle klassifiziert. So wurden im diatonischen Genus drei Hauptmodi gebildet, die (in absteigender Richtung) folgendermaßen zusammengesetzt sein konnten:

dorisch Leimma unten	phrygisch Leimma Mitte	lydisch Leimma oben
a		
g	g	
f	f	f
e	e	e
	d	d
		c

Zu jedem Hauptmodus gehörten Nebenmodi: die oberhalb des Hauptmodus lagen, hießen ›hyper‹-Modi, die unterhalb lagen ›hypo‹-Modi.

Das war also das Material, aus dem die Griechen ihre Skalen aufbauten. Wenn zwei Tetrachorde zusammengesetzt wurden, sei es getrennt mit einem dazwischenliegenden Verbindungston oder ineinander übergehend mit einem ihre Tonreihe nach unten abschließenden Ergänzungston, war das Ergebnis eine vollständige Oktavleiter (harmonia). Eine Oktavleiter hat nur sieben verschiedene Töne – der achte ist eine Wiederholung des ersten – und wenn man jeden dieser sieben Töne seinerseits als Ausgangston für eine Leiter annimmt, sind in jedem Tongeschlecht sieben verschiedene Modalformen möglich. Nimmt man die weißen Tasten des Klaviers als annäherndes Äquivalent, ergeben sich darauf die sieben ›harmoniai‹ des diatonischen Genus wie folgt:

a h c'd'e'f'g'a'	Hypodorisch (dann aeolisch)
g a h c'd'e'f'g'	Hypophrygisch (dann jonisch)
f g a h c'd'e'f'	Hypolydisch
e f g a h c'd'e'	Dorisch
d e f g a h c'd'	Phrygisch
c d e f g a h c'	Lydisch
h c d e f g a h	Mixolydisch (dann hyperdorisch)

Die Harmoniai wurden nach den verschiedenen Ländern Kleinasiens benannt, wo diese Modi angeblich in Gebrauch gewesen sein sollen; aber die Einteilung hat vielfach gewechselt, die Namen wurden mehrmals geändert und die Assoziationen hin und wieder auf recht vage Zusammenhänge gegründet. Der wichtigste Ton wurde ›mésē‹ genannt – er war der Mittelpunkt des griechischen Skalensystems.

Um alle diatonischen, chromatischen und enharmonischen Töne der drei Genera innerhalb einer einzigen Oktave erfassen zu können, hatten die Griechen eine theoretische Skala von einundzwanzig Tönen, die sämtliche Möglichkeiten einschloß. Und um die sieben Oktavleitern und tetrachordalen Gruppierungen miteinander in Beziehung bringen zu können, hatten sie auch ein theoretisch durchgehendes Zwei-Oktaven-System. Da aber die Lyra nur eine begrenzte Anzahl Saiten hatte, mußte jede einzelne Skala transponiert werden, um in diesen Tonumfang hineinzupassen – den oben angegebenen Tonumfang der dorischen Harmonia. Jede derartige Skala wurde, sobald sie transponiert war, ›tonos‹ (Mehrzahl tonoi) genannt.

Die Tonfolgen in den Oktavleitern werden manchmal als Modi bezeichnet, und für unsere Zwecke ist das auch ausreichend. Aber das griechische Wort für Modus (tropos, Mehrzahl tropoi) bezog sich auf etwas, wovon eine derartige

Leiter nicht mehr als das nackte Knochengerüst war: das Wort bezeichnete einen melodischen Stil, ein musikalisches Idiom, dem ein ganz bestimmtes Ethos innewohnte. Es war wohl dem Melodietyp verwandt, den wir im indischen Raga kennengelernt haben.

Griechenlands wichtigstes musikalisches Vermächtnis an Europa war seine schriftlich niedergelegte Theorie, die auf die mittelalterlichen Kirchentonarten bedeutende Auswirkungen hatte. Sie wurde uns bruchstückweise durch die späten lateinischen Schriftsteller Boethius (ca. 480–524) und Cassiodorus (ca. 490–ca. 583) übermittelt und – wie wir später noch sehen werden – etwas ausführlicher durch die arabischen Schriftsteller im Gefolge der Araberherrschaft in Spanien. Jedoch lange bevor diese Übermittlung einsetzte, gehörte die musikalische Kunst der Griechen der Vergangenheit an.

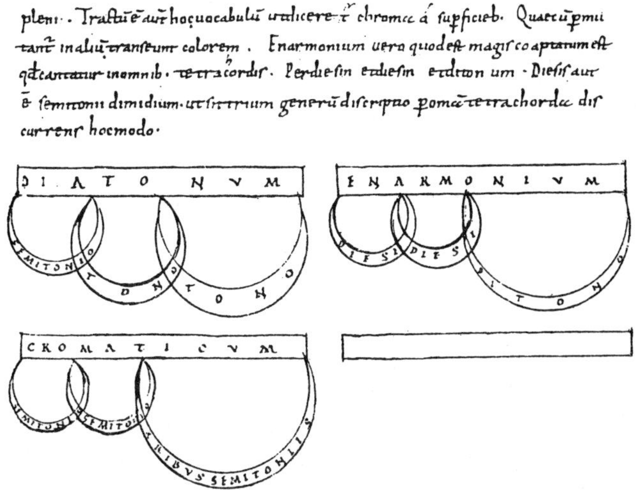

Graphische Darstellung der drei Tongeschlechter (diatonisch, enharmonisch, chromatisch) des griechischen Tonsystems. Aus dem Traktat des Boethius (etwa 480–524) ›De institutione musica‹, das dem Mittelalter als Hauptquelle diente. (Handschrift des 12. Jhs. der Bayerischen Staatsbibliothek, München. Cod. lat. 14523, fol. 64 r)

Die Juden

In der Nomadenzeit

(3. und 2. Jahrtausend v. Chr.)

Während des 3. Jahrtausends v. Chr. waren sowohl Mesopotamien als auch Ägypten Zentren fortgeschrittener Kulturen. Das haben wir in den ersten beiden Kapiteln gesehen. Im Wüstenland zwischen den beiden Ländern lebten verschiedene semitische Stämme als Nomaden und Hirten und sangen von ihrem Kampf um das nackte Leben. Das Gebet um Wasser muß unablässig in ihren Gedanken gewesen sein, wie der *Gesang von der Quelle* aus dem *Buch der Numeri*, dem 4. Buch Mose, beweist; und die Beduinen der Wüste singen noch heute: *Quill', o Wasser, fließ' in Fülle!* – In beiden Gesängen – dem alten wie dem heutigen – ist die Form knapp, der Rhythmus skandierend. Die Musik zu dem biblischen Gesang ist nicht erhalten; aber wenn die Beduinen eine kurze Melodiefloskel – mit Variationen – ständig wiederholen, mögen sie damit einen uralten Brauch verewigen helfen.

In den Anfängen des 2. Jahrtausends v. Chr. sonderten sich als erste von anderen semitischen Gruppen die Juden unter Abraham ab, der etwa um 2000 v. Chr. aus der mesopotamischen Stadt Ur nach Kanaan (Palästina) ausgewandert sein soll. Sein Enkel Jakob führte die Juden mit ihren Herden nach Ägypten, wo sie – in enger Berührung mit den Kulturen des Mittleren und des Neuen Reiches – durch vier Jahrhunderte blieben, bis sie zuletzt in Sklaverei gerieten. Dann – etwa im 15., vielleicht auch im 13. Jahrhundert – wurden sie von Moses befreit und nach Kanaan zurückgeführt. Moses war – so berichtet Philo – von ägyptischen Priestern in den Wissenschaften und in der Musik unterwiesen worden; unzweifelhaft werden also seine Leute Instrumente und zahlreiche Lieder und Gesänge aus Ägyptens Neuem Reich mitgebracht haben. Die Schilderung von *Mirjams Gesang* im

Buch Exodus, dem 2. Buch Mose, läßt vermuten, daß die rhythmischen Körperbewegungen vom Gesang ihrer Frauen ebensowenig zu trennen waren wie in den mit Gesang begleiteten Tänzen der Jüdinnen auf der Insel Djerba (Nordafrika) heute.

Mirjams Gesang wurde auf einer Rahmentrommel (tof) begleitet, die gewöhnlich Tamburin oder Taburett genannt und nach arabischer Überlieferung dem Kupfer- und Erzarbeiter Tubal-Kain zugeschrieben wird. Tubal-Kain gehörte zur Sippe Jubals, der seinerseits – nach altjüdischer Überlieferung und wenn wir uns an die wahrscheinlichste Auslegung der betreffenden Stelle im Buche der Genesis halten – »der Vater all derer war, die mit Leier (kinnor) und Flöte ('ugab) umgehen konnten«. Die kleine Leier mochte von einer größeren ägyptischen oder sumerischen Form herrühren; die Flöte war das Instrument der Hirten und Schäfer. Diese drei – Taburett, Flöte und Leier – waren die geläufigsten Instrumente des jüdischen Volkes in seiner Nomadenzeit. Weitere drei Instrumente waren mit ihrem religiösen Kult verbunden: ein Widderhorn (schofar), das in Zeiten der Gefahr oder der Zerknirschung geblasen wurde; eine laut tönende Signaltrompete (hazozra) und – in Anlehnung an den ägyptischen Götterkult – Glocken oder Schellen (pa'amon), die die Priester zur Erhaltung ihrer schützenden Kräfte auf ihren Gewändern trugen.

Während der im Buch der Richter geschilderten Periode (1200–1050 v. Chr.) begannen die Juden, Palästina zu erobern und es als Hirten oder Bauern zu besiedeln. Die neuen Lebensumstände inspirierten sie zu neuen Arbeitsliedern, Klagegesängen für die Gefallenen und Triumphgesängen. Die religiösen Kulte der Mesopotamier, Ägypter, Phönizier und Kanaaniter existierten in Palästina Seite an Seite, und ihre Ritualmusik wurde von den Juden in den örtlichen Heiligtümern gehört. Auch wurden bis zum 10. Jahrhundert v. Chr. Musikinstrumente in Palästina noch nicht hergestellt, sondern aus dem Libanon oder aus Ophir und anderen auswärtigen Plätzen eingeführt, und als Salomo die Tochter Pharaos heiratete, muß eine große Zahl von Instrumenten aus Ägypten nach Palästina gekommen sein. Aber schon um die Wende des 2. Jahrtausends strömten zahlreiche Beiträge fremder Kulturen in Palästina zusammen, so daß die Juden, sobald die allgemeinen Verhältnisse genügend Sicherheit dafür boten, an den Aufbau einer eigenen Kultur auf dieser reichhaltigen und festen Grundlage herangehen konnten.

Die Könige von Palästina und der Erste (Salomonische) Tempel

(11.–6. Jahrhundert v. Chr.)

Unter König David, dem zweiten König Israels, der von 1011 bis 972 v. Chr. regierte, wurde das Land eine große, in sich geeinte Nation. Die Hauptstadt war Jerusalem. Der königliche Hof hatte von Anfang an – das heißt seit der Regierungszeit des ersten Königs – eine eigene musikalische Tradition. Dieser erste israelische Herrscher war Saul (ca. 1030–1010 v. Chr), von dem im *Buch Samuel* erzählt wird, wie David ihn mit seiner Leier (kinnor) besänftigt. Auch die Vokalmusik blühte, und männliche und weibliche Musiker sangen Gesänge, wie das auch in den anderen Palästen des Orients damals üblich war. Die Königs-Psalmen schilderten das vielseitige Leben am Hofe – nicht nur die Thronbesteigung und ihren alljährlichen Gedenktag, sondern auch die Hochzeit des Königs, seinen Auszug in den Krieg und die Rückkehr aus der Schlacht.

Während der Regierungszeit von Davids Sohn und Nachfolger König Salomo (ca. 970–933 v. Chr.) wurde in Jerusalem um 950 v. Chr. der Tempel erbaut als mächtiger Brennpunkt des jüdischen Glaubens. Der Gottesdienst war ganz und gar auf den Ausdruck jenes Glaubens an ›Einen Gott‹ gerichtet, der den Kern der jüdischen Religion bildet. Der Ritus bestand – nebst den Festen des religiösen Jahres – in regelmäßigen Morgen- und Abendopfern. Die Kultmusik soll von David in eine festgefügte Ordnung gebracht worden sein, der nicht nur ausübender Künstler, sondern auch Komponist und – nach dem *Buch Amos* – Erfinder von Instrumenten gewesen sein muß. Er war es, der die Männer des Stammes Levi verpflichtet hat, sich um die musikalische Umrahmung der Tempelgottesdienste zu kümmern. Die ›Leviten‹ wurden als eine Kaste geheiligter Musikanten angesehen. Frauen waren von der Kultmusik ausgeschlossen.

Die Hauptsache in der Tempelmusik war der Psalmengesang. Die meisten biblischen Psalmen sind nicht so alt, daß sie von David stammen könnten und wurden ihm erst in späterer Zeit zugeschrieben. Hingegen sind im Biblischen Psalter Typen überliefert, die auf den Tempel Salomo zurückgehen: besonders die Lobpreisungen, die Bittpsalmen und die Dankpsalmen. Leider ist die ursprüngliche Musik nicht erhalten; aber die Art der Dichtungen bietet immerhin Anhaltspunkte, welcher Art sie gewesen sein mag. Der Psalm besteht aus einer einzigen Zeile, die durch eine schwache oder starke Zäsur in zwei Hälften geteilt wird. Normalerweise entfallen auf eine Halbzeile drei Akzente, doch ist die Anzahl der Silben unterschiedlich. Dieser auf dem Wortakzent beruhende Charakter der frühen hebräischen Dichtung läßt sie der Prosa nahe verwandt erscheinen. Die musikalische Einheit muß wohl ein auf einem bestimmten Intervall basierendes melodisches Muster gewesen sein, das nach Länge und Entfaltung variabel und somit geeignet war, den Betonungen und wechselnden Silbenzahlen zu folgen. Es ist anzunehmen, daß für die beiden Halbzeilen mehr als ein derartiges Melodiemuster erforderlich war.

Anfänglich wurden die Psalmen wohl von Priestern und Leviten allein gesungen, wobei die Gemeinde lediglich mit »Halleluja« antwortete (wie in den Psalmen 104 bis 106).[1] Einige Prozessionspsalmen zu festlichen Anlässen (zum Bei-

[1] Die Psalmen dieses Kapitels wurden zitiert nach der Bibelausgabe nach der deutschen Übersetzung D. Martin Luthers der Privileg. Württembergischen Bibelanstalt.

spiel Psalm 24) lassen sogar auf antiphonalen Gesang schließen. Pilgerpsalmen (zum Beispiel Psalm 122) waren zweifellos für den gemeinsamen Chorgesang bestimmt.

Das wichtigste mit den Psalmen verbundene und von den Leviten gespielte Instrument war der Kinnor, die kleine Leier aus den Nomadentagen Israels, deren süßer, sanfter Klang in der Hl. Schrift häufig liebevoll erwähnt wird. Die große vertikale Winkelharfe (nevel) hatte zehn Saiten und war vermutlich phönizischen Ursprungs. Auch sie wird oft erwähnt und hatte ohne Zweifel die Aufgabe, den Klang, falls es erforderlich war, zu verstärken. Leier und Harfe wirkten so bei den Gottesdiensten mit. Es war offenbar ihre Bestimmung, die Intervalle der für die einzelnen Psalmen ausgewählten Melodiemuster klar zu intonieren. Das Wort ›Sela‹, das häufig am Ende eines Verses in den Psalmen steht (wie zum Beispiel in Psalm 3, Vers 3, 5, und 9), dürfte wohl eine Anweisung gewesen sein, an der betreffenden Stelle ein instrumentales Zwischenspiel einzuschieben. Im übrigen scheint der Tempelgesang von den Saiteninstrumenten begleitet worden zu sein. Die Pausen wurden mittels kupferner Zimbeln (mziltaim – später zelzlim), die von den Sängern bedient wurden, akzentuiert.

Die schrillen Trompeten (hazozra) wurden von den Priestern paarweise als Signal verwendet, und der durchdringende Ton des Widderhorns (schofar) diente verschiedenartigen rituellen Zwecken. Dieses Instrument war besonders mit Opferungen verbunden und ein jüdischer Mythos führt seinen Ursprung auf die Hörner des Widders zurück, den Abraham im Dickicht fing und anstelle seines Sohnes Isaak opferte.

Eine berühmte Stelle aus dem *2. Buch der Chronik* läßt etwas vom Glanz jener alten Musik und deren Wirkung auf die Zuhörer ahnen. Wir erfahren dort, daß bei der Weihe des Salomonischen Tempels hundertzwanzig Priester auf Trompeten bliesen und zweihundertachtundvierzig Leviten sangen und ihre Instrumente ertönen ließen, »um *eine* Stimme ertönen zu lassen, Jehova zu loben und zu preisen, und als sie die

Stimme erhoben mit Trompeten und mit Zimbeln und mit Musikinstrumenten und mit dem Lobe Jehovas, ... da wurde das Haus Jehovas mit einer Wolke erfüllt ... Und die Priester vermochten wegen der Wolke nicht dazustehen, um den Dienst zu verrichten; denn die Herrlichkeit Jehovas erfüllte das Haus Gottes.«

Die Instrumentalmusik war zu jener Zeit ganz klar bevorzugt und wurde auch von den Propheten angewandt, um die religiöse Verzückung und Ekstase zu fördern. Als der Prophet Elischa dem Spielmann des Königs lauschte, »kam die Hand Gottes über ihn und er prophezeite«.

Neben Gesang und Instrumentalmusik war bei den religiösen Zeremonien vor allem der Tanz wichtig. Im *2. Buch Samuel* heißt es: »Und David tanzte mit aller Kraft vor Jehova«, doch scheint dieser Brauch später abgekommen zu sein.

Nach dem Exil

(6. Jahrhundert v. Chr.–3. Jahrhundert n. Chr.)

Durch fast vierhundert Jahre erfuhr die Pflege der Tempelmusik keinerlei Unterbrechung und die höfische Musik florierte unter einer langen Folge von Königen. Im Jahre 586 v. Chr. jedoch fiel Jerusalem an den assyrischen König Nebukadnezar. Mit einem Schlag hatte der jüdische Staat aufgehört zu bestehen, der Tempel war zerstört und eine große Zahl von Juden nach Babylonien verbannt. Viele von ihnen blieben dort und lebten jahrhundertelang völlig isoliert von anderen Juden. Der Gesang, den sie pflegten, zeigt bemerkenswerte Ähnlichkeiten mit demjenigen anderer in der Isolierung lebender jüdischer Gemeinschaften, die im Laufe jener frühen Jahrhunderte in verschiedene Gegenden des Ostens Eingang gefunden hatten – wie etwa in Persien und im Jemen (Südarabien). Diese Juden scheinen somit einige sehr alte Formen beibehalten zu haben, und ihr Gesang enthält sicherlich Elemente, die auf die Tage des Ersten Tempels zurückgehen.

Der Zweite Tempel

Nach der Periode des Babylonischen Exils (586–538 v.Chr.) kehrten viele Juden während der Zeit der Perserherrschaft (538–332 v.Chr.) nach Palästina zurück und mit ihnen die singenden Mitglieder ihrer Hausgemeinschaften. Das jüdische Gemeinschaftsleben wurde – wenn auch in bescheidenerem Rahmen als vordem – wieder aufgenommen. Es gab natürlich keinen jüdischen Hof und daher auch keine höfische Musik mehr. Das neue Leben fand seinen wichtigsten Brennpunkt im Zweiten Tempel, dessen Gebäude um 514 v.Chr. fertiggestellt war. Der Gottesdienst wurde musikalisch umrahmt und die Familien der Tempelmusiker rühmten sich – wie in den Tagen vor der Verbannung – der unmittelbaren Abstammung von Levi. Die musikalische Überlieferung hatte zweifellos derartige Verbindungen mit der Musik aus der Zeit des Ersten Tempels. In dieser Zeit sind auch die meisten Bibelpsalmen entstanden. Ihr Ausdruck kreist nunmehr um die religiösen Gefühle kleinerer Gruppen und Einzelpersonen – ganz im Gegensatz zu früheren Zeiten. Wir kennen sogar die Bezeichnungen einiger Melodiemuster, auf die sie gesungen wurden. So enthält zum Beispiel der Psalm 8 die Anweisung: »Dem Vorsänger, auf der Gittith«, was vermutlich heißt, »zu singen auf die Melodie 'Weinkelter'« oder vielleicht »zu singen auf die Melodie von der 'Stadt Gath'«. Antiphonaler und responsorialer Gesang wurden nun gebräuchlicher. Die Leviten oder ein Vorsänger sangen den ersten Halbvers und die Gemeinde antwortete mit dem zweiten. Hierin müssen wir einen wichtigen Vorläufer der späteren Techniken christlicher Kirchenmusik erblicken.

Der Zweite Tempel hatte noch gegen Ende seiner Zeit – im 1. Jahrhundert n. Chr. – einen Levitenchor, der die Psalmen und Teile aus dem Pentateuch sang. Die Mindestzahl der Sänger war zwölf. Es waren Männer zwischen dreißig und fünfzig und die Ausbildungszeit betrug fünf Jahre. »Um dem Ton besondere Süßigkeit zu verleihen«, wurde dieser ›Kammerchor‹ gelegentlich noch durch Levitenknaben ergänzt. Das Tempelorchester bestand aus mindestens zwölf Spielern für neun Leiern, zwei Harfen und ein Paar Zimbeln. An zwölf Festtagen wurden noch je zwei ›halilim‹ hinzugefügt. Obgleich ›halil‹ heute die Bezeichnung für eine Flöte ist, war der alte ›halil‹ eine Doppeloboe orientalischer oder ägyptischer Herkunft, die bei den Gottesdiensten des Ersten Tempels noch unbekannt war. Eine kleine Pfeifenorgel (magrepha), die der Panflöte ähnelt, scheint auf legendäre Ursprünge zurückzugehen.

Auch hier ist das genaue Verhältnis zwischen Tempelchor und Tempelorchester – wie zur Zeit des Ersten Tempels – unbekannt. Das Orchester mag den Chor begleitet oder mit ihm alterniert haben, und wir können auch eine dritte Möglichkeit – daß er nämlich beides tat – nicht ausschließen. Im Zweiten Tempel wurden, so wie im Ersten, Trompeten und Widderhörner als Signal-Instrumente verwendet und hatten keinen Anteil an der eigentlichen Musik zum Gottesdienst.

Sekten-Musik

Neben der Musik, die im Tempel zu hören war, dürfte es noch eine eigene Kultmusik besonderer jüdischer Sekten gegeben haben. Die kürzlich gefundenen Schriftrollen vom Toten Meer zum Beispiel enthalten Danksagungs-Psalmen und anderes liturgische Material einer solchen Sekte. Man nimmt jetzt an, daß es sich um die ›Essener‹ handelt, die es im 1. Jahrhundert n. Chr. gab. Die Handschriften enthalten bestimmte Zeichen, die das Aussehen einer Neumenschrift haben. Falls es durch Vergleich mit bestimmten anderen frühen Notationssystemen gelingen sollte, diese Zeichen zu enträtseln, könnte man in ihnen die älteste bisher überlieferte jüdische Notenschrift erforschen, obwohl es sehr wohl sein kann, daß diese nicht die erste war.

Die griechische und die römische Periode

Um jene Zeit war Palästina nach der Unterwerfung durch Alexander im Jahre 332 v. Chr. Teil des Griechischen Imperiums geworden. Hellenische Einflüsse treten allerdings in der jüdischen Kultmusik nur wenig in Erscheinung; in der weltlichen Sphäre jedoch liegen die Dinge völlig anders. Wie wir schon früher gesehen haben, war die griechische Musik vom 3. vorchristlichen bis zum 1. Jahrhundert christlicher Zeitrechnung durch ihren emotionalen Charakter gekennzeichnet, und es unterliegt keinem Zweifel, daß diese Art Musik sich bei den gebildeten Juden jener Zeit großer Beliebtheit erfreute.

Seit dem 1. Jahrhundert v. Chr. begannen die Römer, das Gebiet zu besetzen, und im Jahre 6 n. Chr. wurde Judäa, der südliche Teil Palästinas, römische Provinz. Die Römer hatten keinen kulturellen Einfluß auf Israel, unternahmen aber einen für den jüdischen Staat verhängnisvollen Schritt. Im Jahre 70 n. Chr. – unter Titus – zerstörten sie den Zweiten Tempel. In den nächsten hundert Jahren wirkten Verfolgungen durch die Römer, innere Unruhen und wirtschaftliche Nöte derart zusammen, daß die Lebensbedingungen äußerst schwierig wurden und – etwa seit 200 n. Chr. – die jüdischen Niederlassungen in Palästina mehr und mehr verfielen. Das Ende der klassischen Periode war Zeuge jener Diaspora, der Zerstreuung und Auswanderung der Juden nach Ost und West, die zu völlig neuen Voraussetzungen für das Leben und somit auch für die Musik der Juden und zur Bildung neuer Entwicklungszentren außerhalb Palästinas führte.

Christliche Anfänge jüdischen Ursprungs

Eine seit dem 1. Jahrhundert n. Chr. tätig in Erscheinung getretene Gruppe von Juden verdient hier genannt zu werden: jene nämlich, die sich zu Jesus bekannten – die Christen. Die frühesten christlichen Vorsänger wurden in jüdischen Bethäusern herangebildet und die in einem späteren Kapitel näher beschriebenen Anfänge der christlich-römischen Musik können bis zu einem gewissen Grad auf die des hebräischen Tempels zurückgeführt werden. Zwar ist nichts darüber bekannt, daß jemals eine jüdische Musiktheorie schriftlich festgehalten worden ist, sicher ist jedoch, daß die Nachkommen der im 4. Jahrhundert v. Chr. nach Ägypten gebrachten Juden, die Alexandria bevölkern helfen sollten, einen wichtigen Anteil an der Entwicklung des Juden- und des Christentums haben, und daß sie eine entscheidende Rolle spielten in der Ausbildung und Erhaltung musikalischen Materials, das der Musik der frühchristlichen Kirche, insbesondere jener der byzantinischen Tradition, förderlich war.

In der westlichen Diaspora
(4.–16. Jahrhundert)

Während der ersten Jahrhunderte nach der Diaspora wurde das geistige Erbe des Judentums gesammelt und schriftlich niedergelegt. Aus jener Zeit stammen auch Werke wie der *Talmud*, von dem die *Mischna* zuerst entstand. Es gab zwar keinen Tempel mehr; aber schon vor dessen Zerstörung waren kleinere Andachtsstätten längst im Entstehen begriffen. Es war dies der Ursprung der Synagogen. Die Leviten, die Musikpfleger und -lehrer im Tempel gewesen waren, übten die gleiche Tätigkeit in den Synagogen aus und bewahrten die traditionellen musikalischen Formen. Unter der verantwortlichen Leitung der Vorsänger entfaltete sich in Palästina und Babylonien allmählich die Liturgie. Aus der Kenntnis der Wirkung der dekadenten griechischen Musik heraus verurteilten die Rabbiner jeglichen Kontakt mit weltlicher Musik. Daher – und auch um einen Schutz gegen den Einfluß der heidnischen Kulte zu haben, an denen syrische und mesopotamische Juden teilzunehmen pflegten, erschwerten, ja verboten sie den Gebrauch von Musikinstrumenten beim Gottesdienst. Tatsächlich war das Widderhorn das einzig erlaubte Instrument; von späteren europäischen Einflüssen abgesehen, ist es auch heute das einzige Instrument, dem man in der Synagoge begegnet. Es wird im übrigen nur bei besonderen Anlässen als Signalhorn benutzt, was ja seiner von alters her unveränderten Rolle entspricht.

Die Vokalmusik hingegen wurde sehr aktiv gefördert und zum tragenden Pfeiler des jüdischen Gottesdienstes ausgebildet. Bis zum 7. Jahrhundert scheint die Vokalmusik in Babylon nicht gemeinsam gepflegt und daher auch nicht chorisch, sondern vielmehr auf den Einzelgesang beschränkt gewesen zu sein, weil es den Gemeinschaftsgottesdienst infolge der Diaspora kaum noch gab und das Hauptgewicht auf dem Einzelgebet lag. Hieraus ergab sich die zunehmende Bedeutung zweier Formen des Gesanges: die Kantillation der Bibel und die Kantillation von Gebeten.

Der Bibelgesang war bereits zur Zeit des Tempels bekannt, von dem aus er später auch in der Synagoge Eingang fand. Er ist der älteste Typ der musikalischen Praxis jüdischer Tradition. Die Textlesung erfolgte durch eine Art Gesang, der beim Einstudieren als Gedächtnisstütze dienen sollte. Er bestand aus einer Aufeinanderfolge melodischer Formeln. Jede von diesen wurde mittels eines oberhalb oder unterhalb des Textes angebrachten Zeichens (ta'amin = Akzent) angegeben. Diese Zeichen bedeuteten Melismen oder Tongruppen, die beim Lesen auf die einzelnen Vokale zu singen waren, und bildeten so eine Art von Neumen, während der Rhythmus demjenigen der Worte folgte. Neumen mögen bereits um das 2. Jahrhundert v. Chr. bekannt gewesen sein; sie wurden später auch von den Christen verwendet, die sie zur Grundlage der frühen christlichen Hymnen machten. Die heute bekannten Zeichen entstanden zwischen dem 5. und 10. Jahrhundert n. Chr. Die drei wichtigsten Systeme sind das ur-palästinensische (5. Jahrhundert), das eine gewisse Ähnlichkeit mit den syrischen Neumen hat; das babylonische (spätes 7. und 8. Jahrhundert), und das tiberisch-masoretische (9. und 10. Jahrhundert), das byzantinische Einflüsse aufweist. Da die Bedeutung der Zeichen über einen Zeitraum von fast tausend Jahren durch mündliche Überlieferung weitergegeben wurde, war sie beträchtlichen Veränderungen unterworfen, wie ein Vergleich der verschiedenen Deutungen zeigt. Bei dem Kultgesang waren die Modi, auf die die ›Akzente‹ gesungen wurden, gewöhnlich auf Tetrachorden aufgebaut, und da jedes Buch der Bibel seinen eigenen musikalischen Modus hatte, wechselte die Ausführung der einzelnen ›Akzente‹ naturgemäß in der Tonhöhe sowie auch in manch anderer Hinsicht – je nach dem gerade vorzutragenden Buch. Der älteste bekannte Bibelgesang bedient sich ausschließlich solcher Skalen, die jubelnde Dur-Eigenschaft haben.

Der Gebetsgesang geht wahrscheinlich auch auf die Tage des Tempels zurück, wenn auch nur indirekte Beweise dafür vorliegen. Der Gesang beruht auf den acht Modi (octoechos), die ihre Einteilung vermutlich einer Beziehung zum Kalender verdanken. Es handelt sich dabei nicht wie bei den schon früher beschriebenen griechischen Harmoniai um Oktaven-Arten, sondern um komplexere Strukturen, die als Muster für bestimmte Melodietypen dienen. Jede Art des Gottesdienstes hat ihren traditionellen Melodietyp, und der Gesang, dessen Kontur einem solchen Melodietyp folgt, webt um ihn eine freie gesangliche Ausgestaltung, die eine beträchtliche Virtuosität erfordert. Die in dieser Weise improvisierten Melodien leiten ihre Bezeichnung ›hazanut‹ vom berufsmäßigen Vorsänger, dem ›hazan‹, her, der im religiösen Kult der Juden seit dem frühen Mittelalter bis in die Anfänge unseres Jahrhunderts eine so wichtige Rolle gespielt und zur Entwicklung der reichverzierten Melodik des jüdischen Kultgesanges, wie wir ihn kennen, beigetragen hat.

Die Diaspora der Juden im Mittelmeerraum und über weite Gebiete Europas führte naturgemäß zu einer unterschiedlichen musikalischen Praxis innerhalb und außerhalb der Synagoge. Diese Verschiedenheiten waren hauptsächlich auf die Einflüsse der einzelnen Länder, in denen sie sich niederließen, zurückzuführen. Das erste bedeutende jüdische Kulturzentrum dieser Art entstand durch die Juden, die nach der Eroberung Spaniens durch den Islam seit dem 8. Jahrhundert dort einwanderten. Der Einfluß der arabischen Musik auf die jüdische ist tatsächlich auffälliger als irgendein anderer. Allerdings trifft dies vorwiegend für den weltlichen und weniger für den kultischen Gesang zu.

Die während des 14. und 15. Jahrhunderts in Osteuropa entstandenen jüdischen Siedlungen sind heute die zahlreichsten von allen. Ihre Bewohner haben ein reichhaltiges Repertoire häuslicher Gesänge entwickelt: Liebes-, Wiegen-, Arbeits-, Hochzeits- und Tanzlieder, von denen viele in orientalischen Leitern gehalten sind. Zu der melodischen Eigenart dieser Gesänge gehört das charakteristische Tetrachord, das etwa der europäischen Tonfolge d, cis, b, a (oder annähernd: Halbton, übermäßige Sekund, Halbton) entspricht. Dieses in der orientalischen Hedschas-Skala anzutreffende und in tatarisch-altaischen Gesängen wohlbekannte Tetrachord ist auch bei den Juden besonders wichtig. Obwohl sie es letzten Endes aus dem Osten haben, scheint es doch nicht minder ureigenster Ausdruck ihrer Traurigkeit und ihrer Leiden, ihrer Hoffnungen, Sehnsüchte und ihres Wanderlebens zu sein.

Berührungen mit der europäischen Musik

Bereits im 9. Jahrhundert begannen die Juden, eine Form des Gesanges anzuwenden, die – im Gegensatz zu ihrem Kultgesang – melodisch fixiert war. Ohne Zweifel war dies weitgehend durch ihre Berührung mit der Musik Andersgläubiger verursacht. Das wohl bekannte Lied *Kol Nidrei* zum Beispiel war teilweise dem Gregorianischen Gesang entlehnt. Der Gregorianische Gesang beeinflußte in besonderem Maße die Musik der mitteleuropäischen Juden, und die Synagogalmelodik des mittelalterlichen Europa bediente sich vielfach der Kirchentonarten.

Solange die Kirche während des Mittelalters die große Schutzherrin der europäischen Musik blieb, war es allerdings kaum wahrscheinlich, daß zwischen den beiden musikalischen Traditionen – der jüdischen und der europäischen – ein irgendwie unmittelbarer Kontakt bestanden haben könnte. Mit dem Aufkommen der weltlichen Musik an den Höfen der Renaissance jedoch erschlossen sich für die Juden Möglichkeiten der Anstellung als Musiker – insbesondere seit der zweiten Hälfte des 16. Jahrhunderts in Italien, dem Land, wo sie zuerst am Leben außerhalb des Ghettos Anteil hatten.

Salomon Rossi, der viele Jahre lang (1587–1628) am Hofe von Mantua tätig war, auch zur Zeit als Monteverdi dort wirkte, war ein Komponist von einiger Bedeutung und schrieb als erster mehrstimmige Musik (für Soli und Chor) für den jüdischen Gottesdienst (1622). Rossi hatte keinen unmittelbaren Nachfolger, obgleich ungefähr um das Jahr 1700 deutsche Synagogen sogar einen Schritt weitergingen und die Instrumentalmusik einführten. Durch den Gebrauch der Orgel und insbesondere der Chormusik Andersgläubiger konnte man in den Synagogen viel nichtjüdische Musik zu hören bekommen. Israel Jacobson (1768–1828) adaptierte christliches Material – einschließlich des Chorals – auf jüdische Texte. Salomon Sulzer (1804–1890) achtete darauf, nur historisch-jüdisches Material zu benutzen, doch erwies sich sein eigenes Schaffen als betont europäisch im Charakter. Der gewandte Louis Lewandowski (1821–1894) folgte. Es währte nicht lange, bis in den amerikanischen Synagogen die musikalischen Gebräuche der europäischen nachgeahmt wurden.

Inzwischen brachte der Anfang des 18. Jahrhunderts das Aufkommen der Chassidim, einer Sekte, die sich unter den Juden Osteuropas im Gefolge der westeuropäischen Pietistenbewegung gebildet hatte. Die Chassidim benutzten die Musik als Mittel zu ekstatischer Vereinigung mit Gott, und die typische chassidische Weise ist in einer Folge von Einzelabschnitten aufgebaut, die langsam beginnen und in schnellem Zeitmaß schließen. Der chassidische Gesang verzögerte zweifellos den Verfall der jüdischen Musik, kam aber zu spät, um sie vollends retten zu können, da die Berührung mit der europäischen Harmonik das modale Empfinden des traditionellen Gesanges bereits zu zerstören begonnen hatte – ein Prozeß, der im späteren 18. Jahrhundert schon weit fortgeschritten war. Denn gar vieles von der verwendeten Musik war alles eher als religiösen Charakters, und wie weit manche der Neuerer zu gehen bereit waren, mag aus der Tatsache erhellen, daß eine liturgische Melodie aus Verdis Oper *La Traviata* entlehnt war!

Seit einiger Zeit haben sich einige Komponisten gegen diesen Zustand aufgelehnt und den Versuch unternommen, zwischen dem jüdischen Idiom und der abendländischen Musik eine haltbarere Verbindung zu schaffen, sie haben – wie zum Beispiel der gebürtige Schweizer Ernest Bloch (1880 bis 1959) – in Amerika begonnen, für die Synagoge Musik von dauerhafterem Wert zu schreiben. Obgleich die alte Musiktradition praktisch geschwunden ist, ist dennoch in der jüdischen Musik ein gewisser kontinuierlicher Geist festzustellen, der ihr nach wie vor den Anschein kultureller Einheit verleiht.

Während somit die Juden vielfach aus den Hilfsquellen der europäischen Musik geschöpft haben, ist auch ihr Beitrag zu deren Hauptstrom kein geringer. Salomon Rossi, den wir bereits erwähnt haben, war in beiden Bereichen tätig. Neben seinem polyphonen Beitrag zum jüdischen Gottesdienst war er ein Pionier der Violinmusik und einer der ersten, die das Prinzip des monodischen Gesanges auf sie anwendbar gemacht haben. Ein unmittelbarer jüdischer Einfluß auf die europäische Musik vermochte allerdings nur langsam zu wachsen, da die Juden im 17. und 18. Jahrhundert im großen und ganzen als Fremdlinge behandelt wurden und die niedrigsten Gewerbe betrieben. Andersgläubige jedoch, die sich von der Musik der Synagoge angezogen fühlten, waren nicht abgeneigt, den traditionellen jüdischen Gesang als Grundlage für ihre Kompositionen zu benutzen, wie zum Beispiel der italienische Komponist Benedetto Marcello (1686–1739) in seinen chorischen Psalmenvertonungen.

Nach der Französischen Revolution (1789–1795) wurden die Juden als Bürger in die europäische Gesellschaft aufgenommen und fanden ihren Platz im allgemeinen Schaffensstrom der europäischen Musik. Nachdem sie sich aber voller Begeisterung in ihr neues soziales Dasein gestürzt hatten, waren sie begreiflicherweise geneigt, sich von allem, was mit dem Ghetto zusammenhing, abzuwenden, und so ist es nicht leicht, in ihren Werken viele Züge zu entdecken, die betont jüdisch wären, wenn auch technische Gewandtheit eine beachtliche Begleiterscheinung in ihrem Schaffen ist. Zunächst sind Mendelssohn (1809–1847), Meyerbeer (1791–1864) und Offenbach (1819–1880) zu erwähnen; – auf dem Höhepunkt der Romantik – Mahler (1860–1911) und dann Schönberg (1874–1951). Die von Arnold Schönberg gewählten Texte haben viel mit jüdischen Problemen zu tun und seine Konzeption der Zwölftonreihe hat dem westlichen kompositorischen Schaffen vielfach eine neue, wenn auch sehr umstrittene Richtung gegeben.

Im allgemeinen jedoch scheinen jüdische Musiker bessere Interpreten als Komponisten gewesen zu sein, und nicht wenige große ausübende Künstler des Abendlandes tragen jüdische Namen.

Nicht-jüdische Komponisten, die von Elementen der jüdischen Musik beeinflußt wurden, sind unter anderem Bruch (1838–1920); auch Mussorgskij (1839–1881) und Rimskij-Korssakow (1844–1908), in dessen Werken man Spuren chassidischer Melodien entdecken kann.

Die neueste Zeit

(Spätes 19.–20. Jahrhundert)

Seit 1882 haben Juden aus aller Welt begonnen, ins Heilige Land ›zurückzukehren‹. Sie kamen aus Europa, Ägypten, Asien und aus anderen Gebieten. Ihre gemeinsame Sprache war eine moderne Form des Hebräischen. Mit ihnen kamen Gesänge und Tänze, von denen sie viele – zusammen mit modernen musikalischen Techniken – in den Ländern ihres zum Teil jahrhundertelangen Aufenthalts gelernt hatten. Der

Aufbau der Städte im modernen Palästina hat neue Arbeits-Lieder inspiriert. In den zwanziger und insbesondere in den dreißiger Jahren dieses Jahrhunderts wurden Operntruppen und Orchester ins Leben gerufen, jüdische Opern geschrieben, jüdische Bühnenmusiken in Auftrag gegeben, und im Rahmen der Sabbatfeiern begann der Gemeinschaftsgesang zu florieren. Eine hebräische Universität wurde 1925 gegründet, und die Erforschung des älteren jüdischen Gesangs sowie das Sammeln orientalisch-jüdischer Musik – in letzter Zeit durch die Technik der Tonaufnahme erleichtert – bereichert die Arbeitsgrundlagen der Komponisten. Jüdische Komponisten und andere Musiker haben hervorragende Möglichkeiten gefunden, seit 1936 der Rundfunk in Palästina eingerichtet wurde.

Die Komponisten Palästinas reagieren unterschiedlich auf ihre musikalische Umwelt. Zunächst war die Assimilierung europäischer Stilelemente vollständig und die Ergebnisse verharrten im Konventionellen. Die führenden Komponisten der älteren Generation – wie die deutschen Juden Erich-Walter Sternberg (geb. 1898) und Paul Ben-Haim (ursprünglich Frankenburger, geb. 1897) – kommen vom Idiom der modernen mitteleuropäischen Musik her. Einige Komponisten pflegen bewußt die orientalische Melodik sowohl älteren als auch neueren Datums. Manche versuchen, tief in den Geist biblischer Vergangenheit hinabzutauchen und überlassen die Ausdrucksmittel sich selbst, während andere, jüngere Komponisten, die bereits in Palästina geboren und ausgebildet sind, ihren vielfarbigen Hintergrund mühelos einbeziehen.

Der liturgische Stil der Synagogalmusik ist gegenwärtig eine Mischung von Tendenzen und Formen, und die jüdischen Komponisten haben sich bisher zu diesem Bereich wenig hingezogen gefühlt. Die Landarbeitersiedlungen andererseits schaffen das Bedürfnis nach neuen musikalischen ›Betreuungsformen‹, und die verschiedenen Feste sorgen für die Verbindung zwischen alt und neu.

Die Gründung des modernen Jüdischen Staates im Jahre

1948 mag sich noch einmal als ein wichtiger Wendepunkt erweisen. Es besteht ein klares Bedürfnis, Kulturen zusammenzuführen und zu verbinden; und was im heutigen Israel vor sich geht, ist in gewissem Sinne ein Nachhall dessen, was in Kanaan vor zweitausend Jahren geschah. Ost und West begegnen einander in einem Ausmaß ohne Beispiel. Noch ist es zu früh, endgültige Ergebnisse zu erwarten; aber nicht anders, als Japan ein Schmelztiegel der Musik im Fernen Osten zu werden beginnt, übernimmt Israel im Nahen Osten die gleiche Funktion und wird bis zu einem gewissen Grade zur Brücke zwischen Ost und West.

Die arabische Welt

Die prähistorische Zeit

(3.–1. Jahrtausend v. Chr.)

Die zwischen Ägypten und Mesopotamien liegende Halbinsel Arabien war bereits im 3. Jahrtausend v. Chr. ein kulturelles Zentrum. Durch die Archäologie wissen wir, daß es in Südarabien schon zu Beginn des 1. Jahrtausends bedeutende Städte gab. Aber die Abstammung der Araber und ihre Verwandtschaft mit anderen semitischen Völkern ist nach wie vor umstritten. Auch über ihre Musik in prähistorischer Zeit ist nur wenig Gesichertes bekannt, obgleich wir einiges über die Faktoren wissen, die zu ihrer Entwicklung beigetragen haben.

In einer Sage, die dem im Kapitel über die jüdische Musik erwähnten biblischen Mythos von Jubal und Tubal-Kain nicht unähnlich ist, wird Tubal, dem Sohn des Lamak, die Erfindung des Tamburins (duff) und der Trommel (tabl) zugeschrieben, seiner Schwester Dilal die der Leier (mi'zaf) und Lamak selbst die der Laute ('ud). Die Erwähnung einer Schwester läßt auf die Bedeutung der Frau für die Musik bei den Arabern seit frühester Zeit schließen.

Von alters her haben die Beduinen ihren einfachen Karavanengesang (huda') gesungen, um sich bei ihren langen, eintönigen Zügen durch die Wüste etwas aufzuheitern. Das Metrum dieses Gesanges, der ›rajaz‹, soll mit der Gehbewegung der Kamele übereinstimmen und besteht aus sechs Metren, deren jedes zwei Längen, eine Kürze und eine betonte Länge umfaßt. Es wird als Prototyp aller arabischen Metren betrachtet, und die Musik der Beduinen war – wie die der verschiedenen Hirten- und Bauernstämme Arabiens – zweifellos eine Quelle, aus der Dichter und Musiker aller Zeiten geschöpft haben.

Als wichtiges Handelszentrum der antiken Welt stand Arabien in regem Kontakt mit den umliegenden Völkern –

darunter den Mesopotamiern, den Juden und später den Griechen. Arabischer Einfluß trug zur Gestaltung ihrer Kultur bei, wobei auch Arabien seinerseits viel von ihnen – besonders aus Mesopotamien – empfing. Diese gegenseitigen Einflüsse machen sich in den Bezeichnungen einiger arabischer Instrumente bemerkbar, die sich in anderen Sprachen wiederfinden. So heißt die Trommel auf arabisch ›tabl‹, auf hebräisch ›tibela‹, auf syrisch ›tabla‹ und in der babylonisch-assyrischen Sprache ›tabbalu‹ (vergleiche indisch ›tabla‹, türkisch ›dawul‹, persisch ›duhul‹).

Die erste nachweisliche Erwähnung arabischer Musik findet sich auf einer assyrischen Inschrift aus dem 7. vorchristlichen Jahrhundert, nach der arabische Gefangene ihre Arbeitslieder so eindrucksvoll sangen und so schön musizierten, daß ihre assyrischen Herren davon ergriffen waren und noch mehr hören wollten.

Bei den Arabern des 1. Jahrtausends scheint die Musik eine ähnliche Rolle gespielt zu haben wie in den semitischen Frühkulturen Mesopotamiens. Die kultischen Einrichtungen verfügten zweifellos über ihre eigene Musik und eigene Tanzformen; denn Dhu'l-Shara, eine alte Gottheit der nabatäischen Araber, wurde mit ›Hymnen‹ verehrt. Unsere Kenntnis darüber stammt lediglich aus Äußerungen späterer Schriftsteller anderer Glaubensrichtungen, die sich veranlaßt fühlten, frühere ›heidnische‹ Bräuche zu verdammen, wobei man gerade aus dieser Tatsache auf ein Fortbestehen jener Bräuche in späteren Zeiten schließen kann. Der Wahrsager (sha'ir) konnte durch Musik einen Geist (jinn) beschwören, und die Überlieferung erwähnt diesen Geist nach wie vor als die den Menschen zur Musik und Dichtung inspirierende Kraft. Die Wahrsager waren Dichter–Musiker, von deren Beschwörungsgesängen vieles in der Musik und Dichtung späterer Zeiten herrührt. Wie die Hof- und Hausmusik beschaffen gewesen sein mag, ist schwer zu sagen, obgleich anzunehmen ist, daß singende Mädchen (qainat) wie in späteren Epochen für frohe Lieder und gesellige Kurzweil sorgten.

Die Jahrhunderte vor dem Islam

(1.–7. Jahrhundert n. Chr.)

Noch in prähistorischer Zeit hatte der Verfall der alten mesopotamischen Stadtstaaten Rückwirkungen auf die arabischen Königreiche. Zwar förderten die südarabischen Könige Musik und Dichtung nach wie vor, und noch heute betrachten die weiter nördlichen Araber vom Hedschas das südliche Jemen als die eigentliche Heimstatt der arabischen Musik, aber die arabischen Königreiche konnten sich nicht mehr erholen und es kam zu umfangreichen Wanderungen. Auch noch im 2. Jahrhundert wanderten Araber nach Norden, wo sie die Entwicklung der Musik in drei wichtigen Zentren vorantrieben: in Syrien, Mesopotamien und im Westen Arabiens selbst.

Um diese Zeit bewahrte Syrien noch vieles aus der alten semitischen Kultur, mit der sich sodann jene der einwandernden nabatäischen Araber vermischte – insbesondere in Ghassan, einem bedeutenden Musikzentrum. Die arabische Welt dürfte jener Gegend eine Abart der Rohrpfeife (zanbaq) zu danken haben.

Auch Mesopotamien (der Irak) war eine Stätte der Erhaltung für die alte semitische Kultur. Seit dem 6. Jahrhundert v. Chr. stand es in kultureller Hinsicht unter persischem Einfluß, und die Könige der Sassaniden-Dynastie (224–642 n. Chr.) waren sehr musikliebend. Die eroberungslustigen, arabischen Lachmiden machten al-Hîra in der Nähe von Babylon zu ihrer Hauptstadt. Sie entfaltete sich zum bedeutendsten Kulturzentrum der Araber in frühgeschichtlicher Zeit. Von hier aus übernahmen die Araber zahlreiche Besonderheiten der persischen Musik. So kamen die Harfe mit hochliegendem Corpus (persisch chang, arabisch jank) die lange Laute oder Pandora (tanbur, arabisch tunbur), die Schalmei (surnay) und später noch andere Elemente nach Arabien. Unter den Musikern jener Zeit war der Theoretiker Barbad von Fars, dessen Melodien noch im 10. Jahrhundert in Merw gespielt wurden. Aus Aufzeichnungen geht hervor, daß es vor seiner Zeit zehn

Modi gab und zu seinen Lebzeiten mindestens zwölf. Dreihundertsechzig Melodien werden ihm zugeschrieben. Diese Zahlen lassen auf siderische Zusammenhänge schließen, wie sie – das haben wir in einem früheren Kapitel bereits gesehen – in Alt-Mesopotamien üblich waren. Was die musikalische Leiter jener Epoche anbelangt, sind wir auf die Kenntnisse eines Theoretikers aus dem 10. Jahrhundert angewiesen, der berichtet, daß die Pandora im damaligen Bagdad in Anlehnung an eine vorislamische Skala mit Bünden versehen war, und zwar dergestalt, daß jede Saite (beziehungsweise das Griffbrett) in vierzig verschiedene Teile geteilt war. Das ergibt eine Teilung in Vierteltöne, deren Gruppierung zur Skala jedoch unbekannt ist.

Im westlichen Arabien konzentrierte sich die Musik vorwiegend in zwei Städten vom Hedschas, nämlich in 'Ukas und Mekka. 'Ukas war der Ort eines Basars, wo Dichter und Musiker zu friedlichem Wettstreit zusammenkamen. Hier rezitierten und sangen sie aus der Schatzkammer der überlieferten Gesänge und Weisen, so wie noch heute ganze Oden inmitten der Wüste gesungen werden. Mekka hingegen wurde zu einem Mittelpunkt des arabischen Kults und einem Wallfahrtsort. Die Pilger hatten ihren eigenen primitiven Gesang, dessen Typ im heutigen ›tahlil‹ und ›talbiyya‹ nachklingt. Ein ähnlicher Gesang mag für den Hymnus angewendet worden sein, den die Araber sangen, während sie Opfersteine umkreisten, und dieser Gesang war wohl auch Bestandteil ihres Kultes.

Von der kultischen Musik ist allerdings nur wenig bekannt, und da die Araber in früher Zeit weniger der Religion als der Unterhaltung zugeneigt waren, ist es kein Wunder, daß wir mehr über ihre weltliche Musik wissen. Hier spielte das weibliche Element eine wichtige Rolle. Singende Mädchen, (qainat, Mehrzahl von qaina) waren stets dabei, wo immer Araber auftauchten: in Arabien, Syrien, Mesopotamien und auch Persien. Vermutlich waren auch Griechinnen und Perserinnen unter ihnen. Abgesehen von ihrem Auftreten bei Hofe, wo sie die Lieblinge der Könige waren, gehörten sie auch zu allen Haushaltungen von Standespersonen sowie zu Herbergen und Karawanenlagern.

Der Gesang war bei den Arabern immer von besonderer Bedeutung. Damals umfaßte er den Refrain (tarji') und den Wechselgesang (jawab). Die Endvokale wurden durch hohe Triller (tudhri) verlängert. Das Metrum wurde durch Schlaginstrumente angegeben, und zwar mit der Trommel (tabl), dem Tamburin (duff) und dem Schlägel (qadib). Verzierungsreiche Melodik und rhythmische Lebhaftigkeit gehören zu den hervorstechendsten Merkmalen der arabischen Musik, wie wir sie heute noch kennen, und es ist interessant, zumindest einigen Anzeichen dafür schon in so früher Zeit zu begegnen.

Der Tanz gehörte zu jeder Unterhaltung und die Tänzer trugen zur Ergänzung der begleitenden Schlaginstrumente noch kleine Glocken (jalajil) an ihren Gewändern. Es wird berichtet, daß Frauen an der Haus- und Stammesmusik beteiligt waren, wobei auch das Tamburin (duff) Verwendung fand. Andere Instrumente jener Zeit waren eine Querflöte (qussaba) und eine Rohrpfeife (mizmar).

So etwa war die musikalische Tradition bis zur Zeit des Islam geartet: eine Kultmusik, von der wir nur wenig wissen; eine weltliche Musik von eigenartigem Zauber und zweifellos betont sinnlichem Charakter; und eine Volksmusik, bei der auch die Kunstmusik von Zeit zu Zeit Anleihen machte.

Das Aufkommen der islamischen Musik und die klassische arabische Schule

(7.–9. Jahrhundert)

In Mekka, dem Mittelpunkt des arabischen Kults, wurde Mohammed (571–632) geboren, und im Hedschas kam die nach ihm benannte, seit 622 verkündete Religion zur ersten Blüte. Es ist erwiesen, daß er sowohl für als auch gegen die Musik war! Das läßt nur eine gültige Deutung zu: daß er nämlich zu unterscheiden wußte. Dieses Unterscheidungsvermögen war weniger von rein musikalischen als vielmehr von religiösen und ethischen Erwägungen geleitet. Die singenden Mädchen spielten bei den verbotenen Vergnügungen keine geringe Rolle, und selbst die primitiven Pilgergesänge mochten die Gläubigen auf die Irrwege ihrer heidnischen Bräuche zurückführen. Aber die Araber hatten doch Musik im Blut, und wo der Islam die Musik aus den alten Heiligtümern nicht zu verbannen vermochte, übernahm er eben jene Gesänge – besonders den Tahlil und Talbiyya. Manche Pilgergesänge erhielten sogar eine neue Form und durften auf der Pfeife (shahin) und der Trommel (tabl) begleitet werden.

Die religiöse Musik des Islam

Von größerer Bedeutung aber war die durch den neuen Glauben neu entstandene Musik. Einen Gottesdienst, der demjenigen der christlichen Kirchen vergleichbar wäre, hat es in der Moschee nie gegeben. Der Islam hatte daher keine eigentliche Liturgie. Aber Musik wurde auf die verschiedenartigste Weise verwendet. In der Frühzeit des Islam wurde der Gebetsruf (adhdan) von den Muezzin in den Straßen gesungen, später dann vom Minarett der Moschee. Sein Gesang (talhin) war anfänglich eine Art Klageruf, wurde aber mit der Zeit immer melodischer und ist heute in einer Fülle verschiedener Stilrichtungen zu hören, die vom kunstlos einfachen Gesang bis zu reich verzierter Melodik reichen. Der Koran (Qu'ran), das heilige Buch des Islam, das die Offenbarungen Mohammeds enthält, hat eine eigene musikalische Vortragsweise (taghbir). Die Assonanz seiner gereimten Prosa eignet sich zu einer Art modulierender Rezitation (qira'a). Dieser Gesang war zuerst auch von karger Beschränkung, entfaltete sich jedoch im weiteren Verlauf mehr und mehr ins Melodische, und mit Beginn des 9. Jahrhunderts umfaßten die verwendeten Melodien bereits volkstümliche Balladen, denen die Verbreitung dieses Gesangs weit über die eigentlichen Kultstätten hinaus zweifellos weitgehend zu verdanken ist. Er wurde in der Tat zur weltlichen Unterhaltung, ähnlich wie auch das Singen von Hymnen (nasha'id).

Mit dem Aufkommen des Islam scheint die weltliche Musik zunächst einen Rückschlag erlitten zu haben. Seit den ersten Anfängen des Islam hat es immer Puristen und Eiferer gegeben, die es angebracht fanden, sich nur der strengen Zuchtmaßregeln Mohammeds zu erinnern und die daher die Musik in Bausch und Bogen verdammten – nicht nur die weltliche, sondern auch die geistliche. So entstand eine umfangreiche Streitliteratur über das ›Musikhören‹. Unter den orthodoxen Kalifen (632–661), die nach Mohammeds Tod Medina zu ihrer Hauptstadt machten, wurden gegen die singenden Mädchen ohne Zweifel einschneidende Maßnahmen ergriffen. Und in dieser Stadt traten um die Mitte des Jahrhunderts mehr und mehr männliche Musiker in den Vordergrund, wobei auch persische Einflüsse fühlbar wurden, die von den Gesängen der nach dem Hedschas verschickten persischen Gefangenen herrührten.

Die klassische arabische Schule

Es dauerte jedoch nicht lange, bis die weltliche Musik unter den Kalifaten der Omaijaden (661–749) neue Impulse erhielt. Diese Herrscher kümmerten sich – im Gegensatz zu ihren Vorgängern – mehr um die imperiale Seite des Islam. Ihre Hauptstadt lag nicht in Arabien, sondern in Syrien: es war Damaskus, wo sie an ihrem Hofe umfangreiche musikalische Einrichtungen unterhielten, die Konservatorien nicht unähnlich waren. Unter Jasid I. (gestorben 683), der leidenschaftlich für Musik begeistert war, hören wir zum ersten Male von einem Hofspielmann.

Der hervorstechendste Zug der weltlichen Musik jener Zeit war der Sologesang zur Laute. Bis zum 10. Jahrhundert wurde der Gesang der reinen Instrumentalmusik vorgezogen. Die arabische Laute war ein Instrument mit einem Corpus aus Fell gewesen. Als aber um 685 die persische Laute (barbat) nach Mekka eingeführt wurde, bekam jene ein hölzernes Corpus und damit ihren neuen Namen 'Ud, (wörtlich ›Holz‹). Im Lautenlied lehnte sich die Musik an das Gedicht an, und im allgemeinen wurde eine kurze, nach allen Möglichkeiten der Ornamentik variierte Melodie den Worten angepaßt.

Der bedeutendste Musiker der Zeit war Ibn Misdschah (gestorben ca. 715). Er ist als der Vater der klassischen arabischen Musik und sehr wahrscheinlich als Verfasser der ersten Niederschrift ihrer Theorie anzusehen. Auf seinen Reisen, zum Beispiel auch in Syrien und Persien, hörte und lernte er viel von Theorie, Gesang und Lautenspiel sowie rhythmischer Begleitung, was neu für ihn war. Er verarbeitete vieles, was er so erfuhr, verwarf aber auch vieles, was er als Fremdkörper in der arabischen Musik empfand. Somit können wir die klassische arabische Musik seiner Schule als bodenständig betrachten, obwohl sie mit persischen, byzantinischen und anderen Elementen angereichert war.

Ibn Misdschahs System, das wir nur aus späteren Schriften kennen, umfaßte acht ›Finger-Modi‹ (asab') für die Laute, die die von den Musikern bis etwa zum 11. Jahrhundert befolgte arabische Theorie beherrschten. Mit einer einzigen Ausnahme sind sie mit den griechischen Modi und den Kirchentönen identisch.

Auf der Grundlage dieser Modi waren die Melodiemuster und Melodien aufgebaut, die mit Trillern, Pralltrillern, Vorschlägen, Glissandi und Appoggiaturen sowie allen Formen der Verzierungskunst ausgeführt wurden, unter welchen man den bei den Arabern als ›zawa'id‹ (vergleiche tahasin, zuwwaq) und bei den Musikern des Abendlandes als ›fioritura‹ bekannten ornamentalen Stil der Melodik versteht. Er wurde treffend mit dem der Oberflächenornamentik in der arabischen Baukunst verglichen.

Auch die rhythmischen Modi (iqa'at, Mehrzahl von iqa = Rhythmus) wurden um jene Zeit kodifiziert. Es waren zunächst vier (Ende des 7. Jahrhunderts), dann sechs (zur Zeit der Omaijaden) und schließlich acht (9. Jahrhundert). Jeder dieser Rhythmen hatte einen Grundzyklus (daur) und verschiedene Abarten (anwa'). Die Grundzyklen waren von unterschiedlicher Komplexität: so entspricht der ›khafif-al-ramal‹ einem westlichen $\frac{6}{8}$-Takt (in zwei Gruppen zu je dreien), während der ›khafif-al-thaqil‹ eine Art asymmetrischen $\frac{10}{8}$-Takt darstellt, der aus 3 + 2 + 3 + 2 Achtelschlägen zusammengesetzt ist, wobei jeweils auf den letzten Schlag jeder dieser vier Gruppen eine Achtelpause fällt. Diese Rhythmen bilden zusammen mit der modalen Melodik und deren Verzierungen die drei wesentlichen Züge der frühen arabischen Musik.

Die klassische arabische Kunst blühte unter dem Kalifat der ersten Abbasiden (750–847) weiter und das Zentrum der musikalischen Aktivität verlagerte sich nach Bagdad (Irak), wo sie ihren Höhepunkt erreichte. Die Musik und wohl auch die arabischen Künste und Wissenschaften traten nunmehr in ihr ›Goldenes Zeitalter‹ unter Harûn al-Raschîd (766–809), dessen weitreichende musikalische Interessen allen Lesern von *Tausendundeine Nacht* bekannt sein dürften. Gewiß war die Umwelt in vielerlei Hinsicht persisch: die persische romantische Schule unter dem berühmten Sänger Prinz Ibrahim (gestorben 839) wetteiferte mit der klassischen arabischen Schule, und sie war etwa ein Jahrhundert lang die große Mode. Aber die ältere Kunst fand einen großen Vorkämpfer in Ischaq al-Mausili (767–850), dem wohl berühmtesten Musiker, den der Islam hervorgebracht hat. Er war nicht nur ein großartiger Sänger – man muß sich ihn vorstellen, wie er seinen Gesang mit einem überwältigend plötzlichen Einsatz auf einem hohen Ton beginnt –, sondern auch ein ebenso bedeutender Theoretiker, obwohl wir seine Werke nur durch seinen Schüler Ibn al-Munajjim kennen, der als Verfasser der einzig erhaltenen Abhandlung über die klassische Tradition *Risala fi'l-musiqi*, ›Das Buch über die Musik‹, anzusehen ist. Aus dieser Abhandlung geht hervor, daß die klassische arabische Leiter, die noch bis ins 15. Jahrhundert anzutreffen ist, mit der pythagoreischen Skala der Griechen identisch war – mit dem Unterschied allerdings, daß ihre Intervalle aufwärts und nicht wie bei den Griechen abwärts gerichtet waren.

Der Verfall der Musikausübung und das Aufkommen der hellenistischen Theorie

(9.–13. Jahrhundert)

Mit dem Jahre 847 begann die politische Macht des Islam zu schwinden. Bagdad blieb zwar noch ein wesentliches Zentrum und die meisten Kalifen unterhielten auch weiterhin umfangreiche musikalische Einrichtungen, die ihren Hofhaltungen angeschlossen waren; aber ihre Musiker ließen sich mit denen der vorangegangenen glänzenden Epoche nicht vergleichen und die Musik war in einem offenkundigen Niedergang begriffen. Zugleich waren wichtige Gegenströmungen am Werk: denn die Musik hatte in die mystischen Bruderschaften des Islam Eingang gefunden, das Bekanntwerden aus der Fremde eingeführter Instrumente hatte ein Anwachsen des Interesses für die Instrumentalmusik zur Folge und es wurden einige wichtige theoretische Werke herausgebracht.

Zwei islamitische Bruderschaften jener Zeit waren besonders wichtig: die Sufi und die Derwische (islamische Mönche). Sie gaben der Musik neuen Lebensatem. Etwa um das 11. Jahrhundert gelangten die Sufi zu der Überzeugung, daß die höchste Wahrheit nur in göttlicher Ekstase erfahrbar sei – durch »Lüften des Vorhangs und Erkennen des Wächters« (Allah) – und daß der unmittelbare Weg dazu »das Musikhören« (sama') sei.

Fortschritte der Instrumentalmusik

Wie wir gesehen haben, stand die Vokalmusik von alters her im Vordergrund. Aber seit der ersten Hälfte des 10. Jahrhunderts bewirkten Einflüsse der Perser, Turkmenen, Mongolen und Türken auf den musikalischen Geschmack eine zunehmende Verbreitung der Instrumentalmusik. Die meistverbreitete Form jener Zeit, eine Art Gesangs-Suite, die ›nauba‹ (Folge) genannt wurde, bestand aus mehreren Abschnitten, deren jeder durch ein Instrumentalvorspiel (tariqa) eingeleitet wurde. Diese Vorspiele gaben den Instrumentalisten die

Möglichkeit, in regelmäßiger Folge zu spielen. Wie die Suiten jener Zeit geklungen haben mögen, wissen wir nicht; denn die ersten schriftlichen Zeugnisse arabischer Musik datieren aus dem 13. und 14. Jahrhundert und die verfügbaren Fragmente sind leider nur wenig aufschlußreich. Später wurde die Suite durch einen improvisierten Instrumentalsatz eingeleitet, der ›taqsim‹ (Divisionen) genannt wurde. Die Bezeichnung ist noch heute gebräuchlich.

Die Laute behielt ihre Beliebtheit, doch wurden auch andere Instrumente wichtig. Das trapezförmige Psalterium (qanun), das in arabischen Ensembles noch heute gebräuchlich ist, wird schon im 10. Jahrhundert in Syrien erwähnt. Der erste klare Nachweis bogengestrichener Instrumente geht ebenfalls auf das 10. Jahrhundert zurück. Alfarabi erwähnt eine bogengestrichene ›rabab‹, deren Bogen die Form eines Kriegerbogens hatte – übrigens heute noch die Form des arabischen Fidelbogens. Der Mittlere Osten bevorzugte die Bolzen-Fidel (kamancha), eine Art Viole mit halbkugelförmigem Corpus und einem langen eisernen Fuß. An Blasinstrumenten wurde damals die Surnay (türkisch zurna) populär, und zwar – wie wir dies schon in mehreren früheren Kapiteln gesehen haben – in der einen oder anderen Form im gesamten Osten.

Hellenistische Theoretiker

Etwa Mitte des 9. Jahrhunderts waren viele von den Abhandlungen über die griechische Musiktheorie – zum Teil über das Syrische – ins Arabische übersetzt worden und gegen Ende des Jahrhunderts hatten die Gelehrten in Bagdad so gut wie alles, was von der griechischen Musiktheorie überliefert war, zu ihrer Verfügung. Vieles daraus wurde von der arabischen Musik assimiliert und neue Lautenstimmungen, die auf den feineren griechischen Intervallen beruhten, wurden eingeführt. Die arabischen Theoretiker waren bald Meister in der Beherrschung der griechischen Theorie und es währte nicht lange, bis sie den Griechen in der Kenntnis der physikalischen Grundlagen musikalischer Klänge und in der Stimmung der

Instrumente sogar voraus waren. Die Musik (al musiqi) bildete fortan ein wichtiges Studienfach an den ersten Universitäten.

Von zahlreichen Sachverständigen und über zweihundert Werken, die zwischen dem 9. und dem 13. Jahrhundert geschrieben wurden, sind vier von überragender Bedeutung. ›Die Abhandlung über das tiefere Wissen um die Melodien‹, *Risala fi khubr ta' lif al-alhan*, von Al-Kindi (gestorben ca. 874), deren Manuskript sich im Britischen Museum befindet, ist die älteste erhaltene Abhandlung über die arabische Musiktheorie. Sie ist weitgehend von der griechischen Theorie abgeleitet und enthält auch ein System der Tonaufzeichnung. Erst im 13. Jahrhundert wurden Zahlenelemente hinzugefügt, um Mensuralwerte deutlich zu machen. ›Das Große Buch über die Musik‹ – *Kitab al-musiqi al-kabir* – von Alfarabi war das bis dahin größte Werk, das über Musik geschrieben worden war. Der Philosoph, Musiker und Theoretiker Alfarabi war türkischer Herkunft und wirkte in Aleppo in Syrien und Cordoba in Spanien. Ein sehr wichtiges Kapitel über musiktheoretische Probleme ist im *Kitab al-shifa'* des persischen Theoretikers Ibn Sina (›Avicenna‹, gestorben ca. 1037) enthalten, in dem alle wissenschaftlichen und philosophischen Erkenntnisse der Länder des Islam bis in jene Zeit zusammengefaßt sind. Ibn Sina beschreibt darin eine zuvor noch nirgends erwähnte Besonderheit der melodischen Verzierungstechnik: nämlich das gelegentliche Ertönenlassen von Oktave, Quinte oder Quarte zugleich mit dem Melodieton. Er nennt das ›tarkib‹ (wörtlich ›organum‹), doch kann man diese Bezeichnung nicht mit dem mittelalterlichen europäischen Organum in Verbindung bringen.

Die hellenistische Theorie stand noch zur Zeit der letzten Kalifen im Vordergrund. Der 1294 gestorbene Safi al-Din war sodann als Pionier einer Schule aufgetreten, die sich ›Systematiker‹ nannten und sich beim Stimmen und Spielen der Laute vorwiegend mit Intonationsproblemen befaßten. Sein ›Buch über musikalische Modi‹, *Kitab aladwar*, wird beinahe von jedem Theoretiker, der nach ihm kam, zitiert.

Maqam und Iqa

Im Laufe dieser Periode wurde das System der melodischen und rhythmischen Modi feiner ausgearbeitet und fand die Struktur, die es – wenigstens in groben Umrissen – bis heute bewahrt. Der Melodie-Typ erhielt seine noch heute übliche Bezeichnung ›maqam‹ (vergleiche ägyptisch nagham, tunesisch taba, algerisch sana'a). Jedes einzelne Maqam hat eine eigene Skala, eine eigene Tonhöhenlage und einen eigenen Tonumfang, einen oder mehrere Haupttöne und typische melodische Phrasen. Seit dem 13. Jahrhundert gab es zwölf derartige Hauptmodi, von denen sieben persische Namen hatten.

Während das Maqam für die Melodie ausschlaggebend war, bestimmte das ›iqa‹, der Rhythmus, den Takt. Im 9. Jahrhundert gab es acht derartige rhythmische Modi oder Taktarten, die auf dem Alternieren eines hohlen, meist tiefklingenden Tons (doum) mit einem trockenen Staccatoklang höherer Tonlage (tek) beruhte. Diese Töne wurden auf dem Tamburin (da'ira), der Trommel (tabl) und auf kleinen Kesselpauken (nuqarat) angeschlagen, und das Plektrum der Laute (midrab) schloß sich dem Rhythmus an, wenn es sich gut ausnahm. Unter turkmenischem und türkischem Einfluß wurden neue rhythmische Modi eingeführt und im 15. Jahrhundert gab es von ihnen bereits einundzwanzig.

Man kann die arabischen Melodie-Typen und rhythmischen Modi mit ähnlichen, im gesamten Osten existierenden Typen vergleichen, die wir bereits in früheren Kapiteln beschrieben haben. Während das indische Raga-Tala-System diesen beiden Elementen einen ausgehaltenen Bordun beigibt, ist dies im arabischen Maqam-Iqa-System nicht der Fall, obgleich in der Musik des arabischen Dudelsacks (arghul) – einem um jene Zeit beliebt gewordenen Volksinstrument – auch Bordune auftreten.

Während die Musik damals im Fortschritt begriffen war, befand sich das Kalifat im Niedergang und das weltliche Reich des Islam verlor allmählich an Macht. Seine Kultur wurde zuletzt vernichtet, als Bagdad 1258 von den Mongolen erobert wurde und etwa um die gleiche Zeit auch Persien und Mesopotamien fielen. Vorübergehend wurden Ägypten und Syrien kulturelle Zentren, nachdem Ägypten seit dem 12. Jahrhundert turkmenischen und seit dem 13. Jahrhundert mameluckischen Einflüssen ausgesetzt gewesen war. Vom musikalischen Standpunkt aus betrachtet, kam jedoch beiden Ländern nicht annähernd die Bedeutung Bagdads zu und beide mußten sich 1517 den Osmanen ergeben.

Die Mohammedaner in Spanien und ihr Vermächtnis an Europa
(8.–15. Jahrhundert)

Bisher haben wir unsere Untersuchung der Musik des Islam auf die östlichen Länder beschränkt. Ein wichtiges Zentrum im Westen erfordert jedoch besondere Beachtung. Im Jahre 713 wurde Spanien arabisch. In Cordoba wurde 755 ein selbständiges Kalifat errichtet, und seitdem hat die Geschichte des islamischen Spanien einen völlig getrennten Verlauf von der des islamischen Ostens genommen. Die im 9. Jahrhundert von den Mauren (Marokkanern) in Spanien gegründeten Schulen konnten es mit denen in Bagdad sehr wohl aufnehmen und so wurde Cordoba zu einem bedeutenden musikalischen Zentrum. Der große Ziryab sang am Hofe von 'Abd al-Rahman (gestorben 852), und die klassische arabische Tradition erlebte dort eine zweite Blütezeit. Die größte Gestalt in der islamischen Musik Spaniens war wohl Alfarabi, der im Abendland meist unter dem Namen Alpharabius bekannt ist (er starb etwa 950) und den wir bereits als einen der bedeutendsten hellenistischen Theoretiker des Islam genannt haben. Von ihm wurde die Geschichte erzählt, er habe einmal beim Lautenspiel, als er nach dem ersten Modus spielte, die Zuhörer zum Lachen, dann durch einen Wechsel des Modus zum Weinen gebracht und schließlich in tiefen Schlaf versenkt, worauf er sie verließ – eine Geschichte, deren mythischer Inhalt zahlreiche Parallelen hat, darunter auch eine in der gälischen Welt.

Im 13. Jahrhundert erhielten die vierundzwanzig Melodie-Modi in Spanien die Bezeichnung ›tubu'‹ und wurden dadurch mit den vier Elementen in Verbindung gebracht, die gleichfalls ›tubu'‹ genannt wurden und in den musikalischen Modi ein tönendes Abbild gefunden haben sollten. Die verschiedenen Wirkungsweisen der Elemente bildeten, so glaubte man, gleichsam den Urgrund der Vielfalt der Natur, einer Vielfalt, die man in den musikalischen Modi wiederzuerkennen vermeinte. Das führte zu der Annahme, daß jedem Modus ein eigenes ›ethos‹ zugehörte. Die vier Saiten der Laute waren nicht nur mit den Naturelementen, sondern auch mit den Dispositionen des Körpers, den Reaktionen der Seele, den Farben, den Jahreszeiten, dem Tierkreis und zahlreichen anderen Entsprechungen verknüpft. Derartige Ideenverbindungen zu einem musikalischen ›ethos‹ waren zu jener Zeit allgemein verbreitet, und der magische Einfluß der musikalischen Modi gilt in manchen Ländern des Islam noch heute als Realität. Nach Alfarabi konnte die Musik in Spanien nie wieder etwas der islamischen Frühzeit Vergleichbares hervorbringen. Einige neue musikalische Einflüsse drangen etwa von der Mitte des 11. Jahrhunderts durch die Berber aus Nordafrika nach Spanien ein, doch war dies schon kurz vor dem Verfall des Islam in Spanien. In Granada gewannen die Sänger des Hofes unter den Naßriden seit 1232 wieder an Bedeutung und der alte Glanz des maurischen Spanien erfuhr bis zu einem gewissen Grad eine vorübergehende Erneuerung; aber im Jahre 1492 mußte auch dieses letzte arabische Bollwerk Ferdinand und Isabella von Kastilien weichen.

Das islamische Spanien war aber nicht nur wegen seiner eigenen musikalischen Leistungen der Frühzeit von Bedeutung, sondern auch wegen seines Einflusses auf einen wesentlichen Teil Europas. Der Islam war der bedeutsamste Anreger zwischen Byzanz und der Renaissance, und Spanien war es, von wo aus sich diese Kulturelemente über Europa ausbreiteten, dessen eigene Kultur im 8. Jahrhundert vergleichsweise noch ›barbarisch‹ war.

Während man in den Musikerkreisen Europas zunächst nur Bruchstücke der griechischen Theorie kannte, hatten die Araber ganze Abhandlungen zu ihrer Verfügung und ihre Gelehrten schrieben ihre eigenen Arbeiten bereits im 8. Jahrhundert – also lange bevor es in Europa derartiges gab. Es ist bekannt, daß sie zwischen dem 8. und dem 15. Jahrhundert etwa zweihundertundsechzig Werke – darunter zahlreiche theoretische Abhandlungen – geschrieben haben. Es gab tatsächlich nichts derartiges in Europa zwischen dem 6. und 9. Jahrhundert, ja nicht einmal ein byzantinisches Werk ist zwischen dem 4. und 10. Jahrhundert nachzuweisen. Viele dieser arabischen Arbeiten müssen in Spanien bekannt gewesen sein. Zwei Abhandlungen, *De Scientiis* von Alfarabi und *De Ortu Scientiarum* wurden aus dem Arabischen in das Lateinische übersetzt und waren fortan wichtiges Lehrgut an europäischen Bildungsanstalten. Das erstgenannte Werk inspirierte den englischen Theoretiker Roger Bacon (1214–1294) und wurde von ihm und anderen Theoretikern in ihren Werken bestätigt. Es ist nicht zu bezweifeln, daß die arabische Theorie die Anregerin der theoretischen Akustik in Europa war. An den höheren Schulen des islamischen Spanien wurde Musik als Bestandteil der mathematischen Wissenschaft gelehrt, wie das auch im islamischen Osten der Fall war, und aus der gesamten zivilisierten Welt strömten daher Lernbegierige an jenen spanischen Schulen zusammen. Die älteste Musikfakultät an einer abendländischen Universität befand sich in Spanien, und zwar im 13. Jahrhundert in Salamanca.

Europa dankt dem Islam mehrere Instrumente, wenn auch von ihnen nur die Laute übriggeblieben ist: die spanische ›laud‹ kam von der arabischen ›al-'ud‹. Ihr Hals war mit Bünden versehen und ihre Stimmung entsprach der pythagoreischen Leiter. Die ›rebec‹, das wichtigste Saiteninstrument in Europa vor der Zeit der Violen, war ein direkter Nachkomme der arabischen ›rabab‹. In Verbindung mit diesem Instrument wurde der Bogen in Europa eingeführt. Er behielt die Form eines Jagdbogens bis in das 15. Jahrhundert bei und in nicht ganz so ausschließlicher Weise noch weit darüber hinaus.

Einige Formen arabischer Dichtung, die durch einen Refrain vor und nach jeder Strophe gekennzeichnet waren – so zum Beispiel das ›zaqil‹, das anfangs des 12. Jahrhunderts seinen Höhepunkt erreichte –, inspirierten die spanischen ›cantigas‹ und mögen auch als Vorbilder für das französische ›virelai‹ gedient haben. Ob es unter den erhaltengebliebenen Melodien auch solche arabischen Ursprungs gibt, konnte nicht mit Sicherheit festgestellt werden. Allerdings hat die Form der Dichtung die der Musik bestimmt, und der verzierungsreiche Stil der Darbietung und der Glanz der Melodik, der den Arabesken der Mudéjar-Kunst ähnelt, ist bekanntlich durch die Mauren nach Spanien gekommen. Die französischen Troubadoure kamen durch die Kreuzzüge mit der orientalischen Kultur und mit der Kultur des muselmanischen Spanien in Berührung, und es wäre verwunderlich, wenn sie sich diesen Einflüssen verschlossen hätten. Zur selben Zeit durchzogen die orientalischen Spielleute ganz Europa und müssen ihre arabischen Gesänge mitgebracht haben. Die Musik zu der ›chante-fable‹ aus dem 13. Jahrhundert *Aucassin et Nicolette* soll orientalische Elemente enthalten haben. Gar manche Rhythmen mögen daher gekommen sein, und gewisse maurische Überlieferungen lebten in der weltlichen und Tanzmusik Spaniens fort: die ›Mauriskenc‹-Tänzer bemalten ihre Gesichter noch im 16. Jahrhundert wie die Mauren.

Das Aufkommen der türkischen Musik und die Neuzeit (16.–20. Jahrhundert)

Etwa vierzig Jahre bevor Spanien unter die Herrschaft Isabellas und Ferdinands von Kastilien kam, eroberten die Türken Konstantinopel. Einer nicht-semitischen Rasse – vermutlich weitgehend alpinen Ursprungs – angehörend, tauchen sie zum ersten Male im 6. Jahrhundert an den Grenzen Chinas auf; aber die osmanischen Türken, die Konstantinopel nahmen, betreten die Bühne der Geschichte erst im 13. Jahrhundert. Von diesem Zeitpunkt an wurden sie eine aufstrebende Macht, und sie waren es auch, die das Osmanische Reich gründeten. Konstantinopel fiel ihnen 1453 in die Hände, Ägypten und Syrien 1517, und 1529 standen sie vor den Toren Wiens. Als die Türken den Islam annahmen, wurden sie auch zu bedeutenden Exponenten seiner Musik. Ihre Sultane beschäftigten hervorragende Musiker und Sänger an ihren Höfen und ihre Musik hatte im Nahen Osten und auf dem Balkan weitverbreiteten Einfluß. Ihre Theorie wurzelte in der arabischen und persischen Musik mit ihren gräko-byzantinischen Elementen und zahlreiche Werke wurden aus dem Arabischen und Persischen ins Türkische übersetzt.

Der Mewlewî-Orden der ›Tanzenden Derwische‹, der schon 1273 in Konia in Persien gegründet worden war, unterhielt bis vor nicht langer Zeit eine bedeutende Niederlassung in Konstantinopel; ihm ist die Erhaltung zahlreicher alter musikalischer Überlieferungen und Musikinstrumente zu danken. Dieser Orden bedient sich der Musik in seinem Ritual als eines Mittels zur Selbstbefreiung. Aus seinen Reihen sind bedeutende Komponisten hervorgegangen – darunter Itri (1631–1712) und Dede Efendi (1797–1864), von denen noch viele Stücke erhalten sind. Der Orden rühmt sich sogar, in unserem Jahrhundert Werke von Alfarabi (10. Jahrhundert) aufgeführt zu haben, der – wie wir gesehen haben –, türkischer Herkunft war. Ohne Zweifel sind manche rhythmische Modi nur bei den Derwischen zu finden. So zum Beispiel der – analog einem $\frac{9}{4}$-Takt – folgendermaßen aufgeteilte Modus: Halbenote (doum), Viertelnote (doum), Viertelnote (tek), Halbenote (doum), Viertelnote (tek), Halbenote (tek).

Das Mewlewî-Orchester bestand aus Sängern und Instrumentalisten – zumeist zwei bis drei Rohrflöten (nei, persisch nay) und zwei Paaren Kesselpauken (qudum) von einem bei religiösen Bruderschaften anzutreffenden Typ. Flöte und

Trommel hatten den Tanz schon lange vor der Gründung des Ordens begleitet und setzten möglicherweise Schamanenbräuche aus älterer Zeit fort. Der Gebrauch der Rohrflöte soll auf Dschelâl ed Din Rumi zurückgehen, den Begründer des Ordens, der am Beginn seines großen Gedichts *Meshewi* das sehnsüchtige Heimweh des Rohrs nach dem Flußbett, dem es entrissen wurde, mit der mystischen Liebessehnsucht des Ich nach dem Selbst vergleicht. Die vollständige Liste von etwa neun oder zehn ihrer Instrumente zeigt Typen wie die Fidel (rabab), Rahmentrommel (mazhar) und Zimbeln (halile, zil), die allmählich aus der klassischen Musik verschwunden sind. Die Mewlewî-Musik hat mit der klassischen Musik die Rohrflöte, die Zither und das Tamburin gemeinsam. Hingegen sind die klassische kurze Laute ('ud) und auch die lange (tanbur) – als weltliche Instrumente – in der Derwischmusik überhaupt nicht anzutreffen.

Zu den typisch türkischen Manifestationen auf dem Gebiet der Musik gehörten die der Janitscharen, der militärischen Leibwache der türkischen Herrscher von etwa 1400 bis 1826. Die Melodie wird von Holzbläsern gespielt, und die Schlaginstrumente sind durch große Trommel, Zimbeln, Triangel und Schellenbaum vertreten. Letzterer besteht aus unzähligen kleinen klingenden Glöckchen, die – an Messing-Halbmonden hängend – um einen Stab gruppiert sind, an dessen Spitze ein ›Pavillon‹ angebracht ist. Komponisten begannen diese Musik nachzuahmen – so Mozart in seiner *Entführung aus dem Serail* und Beethoven im Finale seiner *Neunten Symphonie.* Beide erinnern auch in ihrer Klaviermusik daran: der Stil einiger sehr bekannter Sätze wird durch die Vorschrift ›alla turca‹ gekennzeichnet.

Im Gegensatz zur türkischen Musik hatte diejenige anderer islamischer Länder die Tendenz des Retrospektiven: sie lebte in Erinnerungen, wie auch die Derwische dieser Länder eine ähnliche Funktion ausübten, indem sie die ältere Tradition förderten. Zwischen dem 13. und 17. Jahrhundert verfaßten die systematischen Theoretiker eine große Anzahl von Werken über die Einzelheiten der Lautenstimmung. Mit dem 14. Jahrhundert kehrte die Musik in Persien und später auch in anderen Gebieten zur einfachen pythagoreischen Leiter zurück. Die Annahme der modernen Vierteltonskala (rub') brachte allerdings den endgültigen Bruch mit dem arabisch-persisch-syrischen System. Im 18. Jahrhundert wurden keinerlei bedeutende theoretische Werke geschrieben.

Zeitgenössische Strömungen

In dem Augenblick, da die arabische Musik auf ihrem Tiefstand angelangt war, machten sich in der arabischen Welt Ansätze zu einer kulturellen Erneuerung bemerkbar. Die Führung ging an Ägypten über, und zwar zunächst – zur Zeit Mehemed Alis, der von einem Janitscharen in der Türkei aufgezogen worden war und sodann 1805 (bis 1848) Vizekönig von Ägypten wurde – überwiegend in technischer Hinsicht. Im weiteren Verlauf des Jahrhunderts erfuhr das Interesse an der Musiktheorie durch die Schriften des Mikha'il Mushaqa (gestorben 1880) einen neuen Aufschwung, der während unseres Jahrhunderts besonders in Ägypten angehalten hat. In verschiedenen arabischen Ländern beginnen die Gelehrten an ihrer alten Musik mehr Interesse zu zeigen. Eine künstlerische Renaissance war das Bestreben Fuads I. (Sultan von Ägypten seit 1917, König von 1922–1936). Auf seine Anregung hin wurde in Kairo ein Konservatorium gegründet. Im Jahre 1932 wurde ein Kongreß abgehalten, dessen Zielsetzung es war, alles, was von der klassischen arabischen Musik noch erhalten war, zu sammeln und zu untersuchen sowie mit Europa Verbindungen aufzunehmen, um die besten europäischen Methoden verfügbar zu machen.

Ein hervorragendes Ergebnis dieser Untersuchungen war der durch sie entdeckte Unterschied zwischen der arabischen Musik des Maghrib (Tunis, Algier, Marokko) und der arabischen Musik des Ostens (in Ägypten, Syrien und Persien). Während in beiden Bereichen Modi verwendet werden, die auf den Stufen der Siebentonskala aufgebaut sind, neigt der Maghrib mehr zum Gebrauch einer ›natürlichen‹ Leiter, der Osten hingegen zur Anwendung von Intervallen, die kleiner als ein Halbton und der vierundzwanzigfachen Teilung der Oktave entnommen sind. Während beide Gebiete einen hochdifferenzierten Sinn für Rhythmus besitzen, sind doch auch hierin beträchtliche Unterschiede zu vermerken. Im Westen sind verhältnismäßig kurze rhythmische Phrasen mit komplizierten Wechselrhythmen zwischen Schlagzeug und Melodie-Instrumenten beliebt; der Osten hat weniger gegenläufige Rhythmen, jedoch häufig längere und intimer wirkende metrische Phrasen, die bis zu achtundachtzig Schläge erreichen können. Die asymmetrischen Rhythmen haben einen sehr belebenden Einfluß auf den Zuhörer und sind den geometrischen Grundrissen der arabischen Architektur vergleichbar. Die arabische Musik ist im allgemeinen auf eine sehr verfeinerte Melodik beschränkt, doch zeigt im späten 19. Jahrhundert die Volksmusik Oberägyptens für Chor, drei Rebeken, Tabl und ›tar‹ vielfach eine Art harmonischen Satzes, der zwar gut assimiliert erscheint, aber dennoch letztlich auf europäische Einflüsse zurückgehen muß.

Der europäische Einfluß ist nunmehr wie in den meisten Traditionen der orientalischen Musik weit verbreitet. An den heute in den Hauptstädten der meisten Länder arabischer Zunge bestehenden Konservatorien wird sowohl die arabische als auch die europäische Musik in Theorie und Praxis gelehrt. Im gleichen Maße, wie das Interesse am Abendland gewachsen ist, hat der Osten naturgemäß viel Eigenständiges eingebüßt. Atatürk hat die Derwisch-Orden im Jahre 1922 verboten, und ein gleiches Schicksal oder doch allmählicher Verfall ist in ihrem Kreis aus dem einen oder anderen Grunde auch in den meisten anderen islamischen Ländern zu verzeichnen, obwohl die Mewlewî, die zu den hauptsächlichen Bewahrern der klassischen Musik zählen, in sehr beschränktem Umfang weiterbestehen.

Die beim arabischen Publikum beliebteste europäische

Musik ist vorwiegend die der volkstümlicheren Formen und vor allem die der Arien aus dem Bereich der romantischen Oper. Sie bilden die Quellen, aus denen viele Sänger-Komponisten in arabischen Landen schöpfen, und auf dem Gebiet der Begleitung macht sich der Einfluß kleiner europäischer Orchesterbesetzungen geltend.

Der arabische Komponist von heute sieht sich einem schwierigen Problem gegenübergestellt. Soll er versuchen, nach europäischem Muster zu komponieren und dabei riskieren, seine bodenständigen Eigenheiten gänzlich aufzugeben? Soll er sich der Musik seiner eigenen Vergangenheit zuwenden und ihr verhaftet bleiben? Soll er einen Kompromiß eingehen und eine im wesentlichen europäische Musik mit ›Lokalkolorit‹ versetzen? Welche Verbindung kann er erreichen zwischen einem traditionsgebundenen östlichen Stil, der auf der horizontalen Struktur verzierter Melodik und verfeinerter rhythmischer Stützung aufgebaut ist, und einem traditionellen abendländischen Stil, der Harmonik und Kontrapunkt anwendet, oder aber zwischen einem orientalischen Medium, das Einzelinstrumente zum Gesang begünstigt und einem abendländischen Medium, das sich zahlreicher Instrumente und großer Chöre in vereintem Musizieren bedient? Und wie soll er subtile Skalen in ›richtiger‹ Intonation mit westlichen Leitern gleichschwebender Temperatur in Einklang bringen?

Soweit er sich dieser Probleme bewußt ist, trachtet der arabische Musiker, sie seinen Fähigkeiten entsprechend zu lösen. Vielleicht die meistversprechenden Komponisten europäischen Stils kommen aus dem nicht-arabischen und nicht mehr islamischen Land der Türkei. Aber in keinem Teil des gesamten Gebiets, das wir behandelt haben, ist bis heute vergleichbar Vielversprechendes geleistet worden wie von den Juden und den Japanern, und klare Ergebnisse werden erst zu erwarten sein, sobald eine Reihe schwerwiegender Probleme gelöst ist.

Alec Robertson

Liturgische Einstimmigkeit

Einführung: Der christliche Kirchengesang

Um zu einem klaren Verständnis und einer richtigen Einschätzung des christlichen Kirchengesanges im Osten und im Westen gelangen zu können, muß man zunächst den Geist zu verstehen trachten, der ihn beseelt, der ihn hervorgebracht, genährt und entwicklungsfähig gemacht hat. Es war dies der liturgische Geist. Das griechische Wort für Liturgie ist von zwei Wörtern abgeleitet, welche ›Volk‹ und ›Werk‹ bedeuten. Im christlichen Sinne

umfaßte es das gesamte Gebetsleben der Kirche und aller Christen ... Für die Christen des Altertums war die Liturgie nicht nur eine Schule des Gebetes, *die* Schule des Gebetes, sondern sie *war* ihr Gebet schlechthin. Im Gemeinschaftsgebet war ein jeder auf seine Art beteiligt und machte es zu seinem ganz persönlichen Gebet.

Das Wort Gottes, übermittelt und gedeutet durch die aus dem Munde des Bischofs sprechende lebendige Tradition der Kirche, wies den Weg zum Gebet. Dieses Gebet erwuchs zumeist aus den Psalmen, lehnte sich an diese an und wurde stets in der Oratio (Kollekte) zusammengefaßt, doch fand diese Zusammenfassung immer erst statt, nachdem jedem Zeit gelassen worden war, sein eigenes persönliches Gebet zu beten – zwar nicht in Absonderung von der ganzen Kirchengemeinde, sondern vielmehr auf dem Höhepunkt seiner Vereinigung mit ihr. Sodann nahm die Eucharistie die persönliche Aufopferung des einzelnen Gläubigen in sich auf und überführte sie durch die ›Prex sacerdotalis‹ – die Wandlung – in Christi Opfer; sobald dann dieses verwandelte Opfer in der Kommunion zurückgegeben wurde, geschah dies, um den Christen selbst an der Auferstehung Christi teilnehmen zu lassen. Alle Segnungen der sakramentalen Ordnung ... erfüllten dann das ganze Dasein des Christen mit jenem einen vollkommenen Gnadengeschenk.

Und so war sein Leben – gleich dem der Kirche selber – zugleich jene ununterbrochene Feier des christlichen Jahres und jene Schule der Askese, die das christliche Leben sein sollte, wenn die

Gegenwart des Mysteriums in ihm so verstanden wird, wie sie verstanden werden müßte.[1]

Das waren die hohen, trefflichen Ideale der frühen, noch ungespaltenen christlichen Kirche, die sich trotz zahlloser Streitigkeiten, Meinungsverschiedenheiten und Häresien erhalten haben und die die Riten sowie die dazugehörigen Gesänge ihrer zahlreichen Liturgien beseelen.

Mit diesem Hintergrund vor Augen müssen wir uns vor allem der Aufgabe zuwenden, die Anfänge des christlichen Kirchengesanges zu erforschen. Das bedeutet eine Reise in ein nebeliges Land der Musik – in einen Nebel, der sich nur selten lichtet und meist undurchdringlich ist.

Es gab einen Moment der Aufhellung, als im Jahre 1918 in Oxyrhynchos ein Hymnus auf die Hl. Dreifaltigkeit entdeckt wurde, der im späten 3. Jahrhundert in griechischer Buchstabennotation aufgezeichnet worden war. Dann ist wieder Dunkel bis in die Zeit der ersten uns bekannten vollständigen Handschriften, die aus dem 9. Jahrhundert stammen. Fragmentarische Funde gehen auch auf das 8. Jahrhundert zurück.

Diese Manuskripte sind in einer voll ausgebildeten Neumenschrift, mit der wir uns in diesem Abschnitt noch näher zu beschäftigen haben werden, abgefaßt. Anzahl der Noten und melodische Richtung sind daraus zu erkennen, nicht aber die Intervalle. Handschriften mit intervallischer Notation gibt es seit dem 11. Jahrhundert, und sie haben den Forschern in vielen Fällen dazu verhelfen können, frühere Manuskripte vergleichend zu entziffern.

Während also unsere Kenntnis von der in frühchristlicher Zeit gesungenen Musik minimal zu nennen ist, gibt es aus der Zeit der Apostel eine Fülle von Anhaltspunkten für die Texte, zu denen gesungen wurde sowie auch einiges über die Art und Weise des Gesanges und die Anlässe, zu denen gesungen wurde.

Die ersten Christen waren von Geburt Juden und fuhren – dem Beispiel ihres Herrn und seiner Jünger folgend – fort,

[1] Louis Bouyer, La vie de la liturgie. Paris 1956.

ihre Andachten im Tempel und in der Synagoge zu verrichten. So lesen wir in der Apostelgeschichte: »Petrus aber und Johannes gingen zusammen hinaus in den Tempel um die Stunde des Gebetes, die neunte« (3, 1)[1]. Weiter erfahren wir, daß nach der Herabkunft des Hl. Geistes die Täuflinge täglich »einmütig im Tempel verharrten« (2, 46).

Die frühen Christen – sie wurden erstmalig in Antiochia in Syrien, der drittgrößten Stadt des Römischen Reiches, so genannt – hatten es nicht nötig, für ihren Kult eine neue Musik zu erfinden. Zum Abschluß des letzten Abendmahles sang Christus mit seinen Jüngern einen Hymnus, der nach der Überlieferung ein Teil des an wichtigen jüdischen Festen rezitierten *Hallel* (Psalmen 113–118) gewesen sein soll[2]. Der hl. Paulus beschwor die Gläubigen, dem Herrn »Psalmen, Hymnen und geistliche Gesänge« darzubringen, und im ersten Korintherbrief schreibt er: »Wenn ihr zusammenkommt, so hat ein jeder von euch einen Psalm, hat eine Lehre, hat eine Sprache, hat eine Offenbarung, hat eine Auslegung.« (14, 26). Die uralten jüdischen Melodiefloskeln – Melodien kann man sie nicht eigentlich nennen –, die in der Synagoge üblich waren[3], bildeten die Grundlage für das Singen der Psalmen und der alttestamentlichen Gesänge (Cantica). Sie hätten auch den drei Lobgesängen des neuen Glaubens, die uns als *Benedictus*, *Magnificat* und *Nunc dimittis* bekannt sind, angepaßt werden können.

Im Neuen Testament (Epheser 5, 14, 1. Timotheus 3, 16 und 6, 15) gibt es allerdings auch Hymnenfragmente, die

[1] Diese Bibelstelle ist wie die folgenden zitiert nach: Die Heilige Schrift. Aus dem Grundtext übersetzt, Erstausgabe der Elberfelder Bibel. Verlag F. A. Brockhaus.

[2] Die apokryphen Schriften des hl. Johannes erwähnen einen Rundtanz, den Christus zum Abschluß des letzten Abendmahles mit seinen Jüngern ausgeführt haben soll. Gustav Holst hat sich mit seinen ›Hymn of Jesus‹ auf diesen Text gestützt.

[3] »In frühchristlicher Zeit mögen die Vorleser noch die Regeln des jüdischen Kultgesanges gekannt haben, die ein gewisses Maß an Improvisation gestatteten, wenn nur die traditionellen Floskeln und Kadenzen eingehalten wurden.« Egon Wellesz, Early Christian Music. New Oxford History of Music. London 1954, Bd. 2.

nicht nur auf jüdischen, sondern auch auf graeco-orientalischen Vorbildern aufgebaut sind. In der Septuaginta, der meistverbreiteten griechischen Version des hebräischen Alten Testaments, wurde das Wort ›ecclesia‹ (Kirche) für die Versammlung oder Kongregation der Israeliten angewandt. Im gleichen Sinne gebrauchten es auch die Christen für ihre Zusammenkünfte. Sie versammelten sich in den Häusern der wohlhabenderen Bekehrten, wobei ehemalige jüdische Vorsänger ihres Amtes walteten, oder – zur Zeit der heftigsten Verfolgungen – in den Katakomben Roms.

Als ich eines Morgens aus der Messe in der Katakombe des hl. Calixtus kam, begegnete ich einer Gruppe von kerzentragenden Pilgern, die singend durch die engen Gänge zur Messe schritten – nicht anders als die ersten Christen diesen Weg gegangen sein mochten.

Wie aus den vorhin zitierten Worten des hl. Paulus hervorzugehen scheint, boten die Versammlungen reichlich Gelegenheit zur Improvisation, wie sie dem einen oder dem anderen gerade eingegeben werden mochte. Der Zustrom nichtjüdischer Christen, denen die jüdischen Traditionen und Gesetze fremd waren, läßt vermuten, daß diese Gläubigen zuweilen Volkslieder sangen, die ihnen vertraut und daher als Ausdruck ihrer Begeisterung geeignet waren. Wie immer dies im einzelnen gewesen sein mag und wie groß auch der graeco-romanische Einfluß zweifellos war, die Entstehung des christlichen Kirchengesanges ist vor allem – das hat die Forschung längst erkannt – dem jüdischen Bibelgesang und Gottesdienst zu verdanken.

Die auf Schlachtopfer verzichtenden Andachten in der Synagoge waren weitaus einfacher als jene im Tempel. Sie bestanden aus Bibellesungen, einer Anzahl vorgeschriebener Gebete und dem Absingen von Psalmen ohne instrumentale Begleitung. Die christliche ›Synaxis‹ – das heißt der Gottesdienst ohne Abendmahl – gründete sich, wenn auch nicht sklavisch, auf die Andacht in der Synagoge und entwickelte sich zu einer Form, die erstmalig durch den hl. Justinus

Martyr im 2. Jahrhundert authentisch beschrieben wurde. Der Gottesdienst hatte ursprünglich folgenden Aufbau:

1. Eröffnungsgruß des zelebrierenden Geistlichen (Offiziant) und die Antwort der Versammlung der Gläubigen
2. Lesung
3. Psalmengesang
4. Lesung (oder durch Psalmen unterbrochene Lesungen)
5. Predigt
6. Entlassung der noch nicht Getauften
7. Gebete
8. Entlassung der Kirchengemeinde

Die eucharistische Dankfeier, der ausgesprochen christliche Gottesdienst, hatte ihren Ursprung in dem Brauch eines gemeinsamen, der Andacht dienenden Mahles, wie es die religiösen Bruderschaften der Juden hielten; es ist aber zu bedenken, daß das letzte Abendmahl – auch ein Mahl dieser Art – der Ausgangspunkt, nicht das Modell, für die eucharistischen Feier ist.

»Mit absoluter Einmütigkeit«, schreibt Dom Gregory Dix in ›The Shape of the Liturgy‹, »reduziert die liturgische Handlung die sieben Handlungen der neutestamentlichen Berichte über das Abendmahl auf vier:

(a) Die Opferung (das Offertorium): Brot und Wein werden genommen und zusammen auf den Tisch gestellt
(b) Das Gebet: der Vorsteher dankt Gott über den Gaben des Brotes und des Weines
(c) Die Brotbrechung: das Brot wird gebrochen
(d) Die Kommunion: das Brot und der Wein werden zusammen ausgeteilt

In dieser Form und Reihenfolge bilden die vier Handlungen den absolut unveränderlichen Kern sämtlicher eucharistischen Riten, die uns von alters her vom Euphrat bis in den gallischen Raum bekannt sind.«

Diese beiden selbständigen Arten des Gottesdienstes verschmolzen seit dem 4. Jahrhundert allmählich miteinander, bis sie zuletzt in der Messe als untrennbare Teile eines und desselben Ritus angesehen wurden. Die ursprüngliche Trennung ist in der römischen Messe nach wie vor dadurch angedeutet, daß hier der zelebrierende Priester zum ersten Male beim Offertorium an den Altar tritt und dort verweilt; im byzantinischen Ritus ist der ursprüngliche Zustand der Trennung erkennbar, wenn der Priester am Ende der ›Synaxis‹ die Gläubigen entläßt, die hierauf zwar die erforderliche Respons sprechen, jedoch auf ihren Plätzen bleiben. Wenn wir uns zu diesen beiden Gottesdiensten den bei frommen Juden üblichen Tempelgesang am Morgen, am Abend und zur dritten, sechsten und neunten Stunde hinzudenken, haben wir eine Vorahnung von der endgültigen Form der Messe und der Stundengebete.

Es ist in diesem Rahmen nicht möglich, einen ins einzelne gehenden Überblick über die Entwicklung der zahlreichen durchgestalteten liturgischen Riten zu geben, die sich in der christlichen Welt in Ost und West herausgebildet haben, nachdem die Verfolgungen durch das sogenannte Mailänder Edikt, das die Kaiser Konstantin und Licinius im Jahre 313 verkündet hatten, im allgemeinen abgeklungen waren. Es ist aber zu bedenken, daß in den vorangegangenen Jahrhunderten von einer Art ›Ritenkongregation‹, die über die Einführung der verschiedenen liturgischen Elemente beschlossen hätte, keine Rede war. Tatsächlich wurden derartige Entwicklungen und Veränderungen gewöhnlich durch das christliche Volk selbst an verschiedenen Orten und unter verschiedenen Umständen herbeigeführt und erst später sanktioniert und festgelegt. Auch das Mönchtum entstand auf diese Weise. Der Bau der großen Basiliken in Jerusalem, Rom, Antiochia und Alexandria sowie vieler anderer von geringerer Bedeutung »gab den Künsten die Möglichkeit, sich dem Christentum dienstbar zu machen. Rasch entwickelten sich die liturgischen Formen, und eine kunstgerechte Psalmodie machte die Runde um die Welt.«[1]

[1] Peter Wagner, Einführung in die gregorianischen Melodien. Leipzig 1911, I. Teil, S. 8.

Eusebius (260–340), Bischof von Cäsarea, entwirft ein lebendiges Bild hiervon:

Das Gebot, im Namen des Herrn Psalmen zu singen, wird von allen überall befolgt; denn die Vorschrift, Psalmen zu singen, gilt in allen Kirchen, die unter den Völkern bestehen, nicht nur für die Griechen, sondern auch für die Barbaren ... auf dem ganzen Erdkreis, in Städten und Dörfern wie auf den Feldern, kurz, in der ganzen Kirche, singen die Völker Christi, die sich aus allen Nationen zusammensetzen, dem einen Gott, den die Propheten vorher verkündet, mit lauter Stimme Hymnen und Psalmen, so daß die Stimme der Psallierenden von den Draußenstehenden vernommen wird.[1]

Das ist ein schlüssiger, auch in anderen Schriften vielfach bekräftigter Beweis, daß alles Volk am Gesang teilnahm, wenngleich der arianische Bischof Cyrill von Jerusalem (4. Jahrhundert) den Frauen verbot, hörbar laut zu singen, und der Katechet Isidor von Pelusium (5. Jahrhundert) ihnen nur grollend die Erlaubnis zum Mitsingen gab mit der Begründung, sie würden sonst während des Gottesdienstes doch nur schwätzen!

Daß der Psalter allgemein in Gebrauch war, ist verständlich; denn – so drückt es der hl. Athanasius (295–373) aus – »die Worte dieses Buches umfassen das ganze Leben des Menschen, alle Zustände des Gemüts und alle Regungen des Geistes.« Zahlreich sind die Zeugnisse der Kirchenväter, welche die Wirksamkeit des Psalmengesanges bestätigen. Dem jüdischen Gottesdienst folgend, war der Gesang responsorial und antiphonal. »Der strenge Parallelismus, das Grundprinzip der hebräischen Dichtung, wurde bei allen Übersetzungen der Bibel sorgfältig beibehalten. Diese dichotomische Struktur führte zur Festlegung typischer Praktiken des Psalmodierens wie der Responsorien, der Antiphonen, der Refrain-Psalmen usw., Formen, die alle von den Kirchen übernommen wurden.«[2] Die von der großen Masse der

[1] Wagner, op. cit., S. 9.

[2] Eric Werner, The Music of Post-Biblical Judaism. New Oxford History of Music. London 1957, Bd. 1.

Gläubigen auswendig beherrschten Psalmen können nicht sehr zahlreich gewesen sein und ihr Anteil am Gottesdienst war vermutlich auf eine Respons wie Amen (So sei es), Alleluja (Lob sei Gott) oder auf einen Refrain beschränkt, wie zum Beispiel im Psalm 136 »Denn seine Güte währet ewiglich«. Die älteste bekannte Sammlung liturgischer Gesänge, der *Codex Alexandrinus* (5. Jahrhundert) im Britischen Museum, war für den Gebrauch des Vorsängers bestimmt und enthält den Psalter und dreizehn Cantica, darunter das *Benedictus* (den Lobgesang des Zacharias), das *Magnificat* (den Lobgesang der Jungfrau Maria) und das *Nunc dimittis* (den Lobgesang des Simeon). Die Psalmen und Cantica wurden von den Solisten responsorial gesungen, der Refrain chorisch, aber der antiphonale Gesang (das griechische Wort ›antiphonon‹ heißt wörtlich ›Gegenton‹) – das heißt, einfach ausgedrückt, das Singen der Psalmverse durch alternierende Chorgruppen von Männern und Frauen – muß bald liturgischen Sängern oder, mit anderen Worten, Berufschören, übertragen worden sein. Diese Art des Psalmengesangs wurde zuerst um das Jahr 350 in Antiochia eingeführt und verbreitete sich alsbald in der ganzen Kirche. Der hl. Ambrosius führte sie 387 im Abendland ein.

Der Mönch Cassian (360–450) berichtet, daß in Gallien um 420 die Gemeinde der Gläubigen am Ende jedes Psalms in die ›kleine Lobpreisung‹ – *Gloria Patri* einstimmte; sie wird so bezeichnet im Unterschied zur sogenannten ›großen Lobpreisung‹ – *Gloria in excelsis Deo.* Wir werden später sehen, wie aus diesem frühen Antiphonalgesang die Antiphonen entstanden, wie wir sie kennen (ein Vers, der im Stundengebet einem Psalm vorausgeht oder ihn beschließt oder auch zwischen die Verse eines Psalms eingeschoben wird.)

Hier ist der Hinweis am Platze, daß die liturgischen Sänger durch ein Dekret des 4. Konzils von Karthago mit einem Segen bedacht wurden, der folgenden schönen Wortlaut hat: »Vide ut quod ore cantas, corde credas, et quod corde credis, operibus comprobes – Sei darauf bedacht, daß du, was du singst, auch mit dem Herzen glaubst, und was du glaubst, auch in deinen Werken bekräftigst.« Dieser Segen hat bis heute nichts von seiner Bedeutung eingebüßt.

Man muß stets bedenken, daß der Kirchengesang große Räume füllen mußte und daß daher Bibelstellen nicht gelesen, sondern singend angestimmt wurden, um sie besser hörbar zu machen, ihnen größere Feierlichkeit zu verleihen und sie – durch ein genaues Interpunktionssystem – für alle jene verständlich zu machen, die der verwendeten Sprache mächtig waren. Eric Werner hat in der ›New Oxford History of Music‹ auf die bemerkenswerte Ähnlichkeit zwischen der jüdischen Rezitation und dem römischen ›tonus lectionis‹ (Leseton) hingewiesen und dafür folgende Beispiele angeführt:

Jüdisch Römisch

1 a 

(Yemeniten) (Syrer)

Eine vergleichbare Ähnlichkeit besteht auch zwischen der orientalisch-jüdischen Psalmodie und den gregorianischen Psalmtönen:

Jüdisch

1 b 

Römisch

(Tonus peregrinus)

Die *Peregrinatio Etheriae* (Pilgerfahrt der Etheria), eine Handschrift, die in Arezzo entdeckt und 1887 veröffentlicht wurde, enthält einen sehr interessanten Bericht, den eine spanische Äbtissin für ihre Ordensschwestern verfaßt hat. Sie erzählt darin von ihrer zwischen 385 und 388 unternommenen Pilgerfahrt zu den heiligen Stätten im Osten und dem Aufenthalt in Jerusalem von Weihnachten bis Pfingsten. Sie schildert »das regelmäßige Singen von Hymnen, Psalmen ınd Antiphonen zur Matutin und von Psalmen und Hymnen zur sechsten und neunten Stunde sowie von Psalmen, Hymnen und Antiphonen – ausgewählt je nach Tag und Örtlichkeit – zur Vesper« und erwähnt auch, daß es »üblich war, die Lesungen, soweit sie in griechischer Sprache erfolgten, ins Syrische und Lateinische zu übersetzen und dadurch jenen Gläubigen gerecht zu werden, die das Griechische nicht vertanden.«[1]

Durch die Christianisierung des Römischen Reiches wurde ie Welt des Altertums mehr und mehr in zwei scharf voninander getrennte Teile – den Osten und den Westen – espalten, und nun, da wir im Begriffe sind, den Kirchenesang des Westens zu betrachten, ist es angebracht, sich zu ntsinnen, daß alles aus dem Osten gekommen ist,

lbst der Glaube, die erste Theologie, das ›engelgleiche‹ Leben er Mönche, die Verehrung des Kreuzes und der Mutter Gottes. Varen nicht die Byzantiner die direkten Erben des Paulus und hannes, deren Episteln nach wie vor in der Originalsprache vor en gleichen Gemeinden gelesen wurden, an die sie ursprünglich erichtet waren? Lagen nicht die meisten Bistümer – und vor lem die ältesten – im Osten? Und wo begann die Christianisieıng der Welt? Im Osten, dem Land der Heiligen Stätten, der insiedler in der Wüste, der Apologeten, der Konzilien, der erıbenen Liturgien und der entscheidenden Siege der Orthodoxie er die Gnostiker und christologischen Häresien. Gewiß – sie ıtten zuerst im Herzen und sodann auch im Bekenntnis ihrer ppen die Vorrechte Roms anerkannt, das ja die Stätte des ersten postolischen Stuhls und die Heimat zahlloser Märtyrer war, den Gräber gleich einem Kranz um die Stadtmauern lagen. Aber om war vom Kaiser im Stich gelassen und dreimal von den Barren geplündert worden. Stets bedroht, gänzlich verarmt – ıßte Rom alsbald zu einer abseits gelegenen Stadt werden, die r noch in ihren Baudenkmälern, ihren Erinnerungen und durch e Gegenwart der Nachfolger des hl. Petrus groß geblieben war. 6. Jahrhundert kam Rom unter die Botmäßigkeit des byzanischen Exarchates von Ravenna, und schließlich entzog sich der ilige Stuhl, die unabhängige Spitze der Kirche, dem griechi-

[1] Egon Wellesz, Early Christian Music. New Oxford History of Music. ndon 1954, Bd. 2.

schen Basileus gänzlich und wandte sich in einem nach griechischer Auffassung nur als verräterisch zu bezeichnenden Akt dem Westen, ja sogar dem Herrscher der barbarischen Franken zu.[1]

Bevor wir uns dem abendländischen Kirchengesang zuwenden, muß noch in Kürze des Kampfes der Kirchenväter gegen die weltliche Musik ihrer Zeit gedacht werden – eine Musik, die das Entstehen einer musikalischen Sprache, die durch ihre Reinheit geeignet gewesen wäre, ›Andacht und Liebe zu Gott‹ auszudrücken und sein Lob zu singen, ständig gefährdete. In diesem Falle bedeutete Unduldsamkeit Stärke.

Zucht, Ruhe, Vornehmheit, Feierlichkeit waren gewiß keine Charakteristika der im Theater oder bei privaten Unterhaltungen dargebotenen Musik. Daher der Notschrei, den wir von Clemens von Alexandria (gest. 215) vernehmen:

> In Acht und Bann gehört sie, diese gekünstelte Musik, die die Seelen krank macht und sie in weichliche, unreine und sinnliche Gefühle hineinzieht, ja, sie zu bacchantischer Raserei und Verrücktheit verleitet. Man darf sich nicht der mächtigen Wirkung erregender oder erschlaffender Modi aussetzen, die durch die Windungen ihrer Melodien zur Verweichlichung und Ziellosigkeit führen. Wir wollen die farbenreichen (chromatischen) Harmonien den Banketten überlassen, wo niemand auch nur errötet, wenn er diese mit Blumen und Hurerei umkränzte Musik hört.

Der hl. Johannes Chrysostomus schrieb im gleichen Sinn. Auch er wollte alles verbannt wissen, was an heidnische Kulte und die Gesänge von Schauspielern erinnern mochte. Aus diesem Grunde wurde der Gebrauch melismatischer Melodien damals mancherorts ungern gesehen und selbst der hl. Augustinus erwähnt in seinen ›Confessiones‹, es erschrecke ihn zuweilen, wenn er fühle, daß er den Gesang stärker genieß als das Gesungene.

Wenn der Kirchengesang im allgemeinen eine rein melodische Kunst blieb, so gewiß nicht etwa deshalb, weil die Begleitungsmöglichkeiten gefehlt hätten, sondern weil die im Theater verwendeten Instrumente in der Art ihrer Gruppi

[1] F. van der Meer, Bildatlas der frühchristlichen Welt. Gütersloh 19

rung hierfür nicht geeignet gewesen wären. Psalterium und Leier allerdings waren bei privaten Versammlungen der Gläubigen erlaubt und wurden auch in einigen Kirchen eingeführt. In Milet wurden – vermutlich metrische – Hymnen nicht nur mit Händeklatschen und Körperbewegungen, sondern auch mit Glocken begleitet.

Die Kirchenväter waren zweifellos in einer etwas verquälten Symbolik befangen, als sie die in den Psalmen enthaltenen Hinweise auf Instrumente nicht wahrhaben wollten; aber ihr Instinkt war richtig, und heute ist die Begleitung des Gesanges nichts anderes als ein Anachronismus, ein Zugeständnis an die Schwäche allen Fleisches! – So gesungen, wie es gemeint war, kann ein Kirchenlied den Ausspruch des hl. Johannes Chrysostomus bestätigen: »Nichts erhebt die Seele – des Gläubigen – so sehr und beflügelt und befreit sie von allen Erdendingen wie ein frommer Gesang, in welchem sich Rhythmus und Melodie zu einem wahren Zusammenklang vereinigen!«

Der römische Ritus: Geschichte, Notation, Modi und Rhythmus

Geschichte

Bis zur zweiten Hälfte des 4. Jahrhunderts war die Sprache der Römischen Kirche das Griechische, ein internationales Idiom, das Asien und Gallien mit Rom verband; in der Mitte des 4. Jahrhunderts aber erschien die *Itala* – das war die altlateinische Fassung der griechischen Septuaginta –, die sodann durch die im Jahre 383 vom hl. Hieronymus auf Weisung des Papstes Damasus zusammengestellte und schließlich Anfang des 5. Jahrhunderts fertiggestellte *Editio vulgata*, kurz ›Vulgata‹ genannt, verdrängt wurde. Die Überlieferung von Texten aus der alten Itala-Version der Bibel in Gesangbüchern der Römischen Kirche ist eine wertvolle Hilfe für die Bestimmung der Entstehungszeit der Lieder, doch wissen wir nicht, wie die ursprünglichen römischen Gesänge oder jene, die von den Kirchen Jerusalems und Antiochias und von anderwärts nach Rom gelangt waren, ausgesehen oder geklungen haben.

Griechische Texte und Gesänge hielten sich noch viele Jahrhunderte lang in Westeuropa, und bis heute werden Griechisch und Latein hintereinander im *Trishagion* (»Dreimal heilig«) und der *Kreuzverehrung* am Karfreitag angewendet – beides Zeremonien der Kirche von Jerusalem. Nach der ersten der *Improperien* – der sogenannten ›Heilandsklagen‹ – singt der eine Chor, während die Gläubigen zur Kreuzverehrung schreiten, »Hágios ho' Theós«, und der andere, respondierend, die lateinische Übersetzung »Sanctus Deus«. Zwei weitere derartige Sätze folgen. Die Gesänge sollen Anklänge an die griechische Musik aufweisen.

Gegenwärtig werden bei feierlichen Papstmessen in der Peterskirche Epistel und Evangelium zuerst lateinisch und sodann griechisch von Mönchen des Basiliusklosters in Grottaferrata gelesen.

Ein interessantes spätes Überbleibsel vom Gebrauch des Griechischen enthält das Ritual von Barking Abbey (1404): zu einem Alleluja-Vers findet sich die Anweisung, er sei an den Festen der Geburt, der Beschneidung, der Epiphanie und der Verklärung Christi abwechselnd auf lateinisch und auf griechisch zu singen.

Wir wollen nun untersuchen, welche Rolle die Päpste im Zusammenhang mit dem – einer langen Übung folgend – sogenannten Gregorianischen Gesang gespielt haben, und insbesondere, was Gregor I., Papst und Heiliger (540–604, Papst seit 590), zur Sichtung und Erweiterung des zur Zeit seines Pontifikats vorhandenen Materials an Gesängen beigetragen hat. Das erste der als *Ordines Romani* bezeichneten Doku-

Anfang des »Antiphonars Gregors des Großen«.
Frühestes Meßantiphonar aus St. Gallen,
Cod. 359. 9. Jh.

mente, die das römische Zeremonial vom 6. bis zum 11. Jahrhundert beschreiben, ist in einem aus dem 9. Jahrhundert stammenden Manuskript in der Abtei St. Gallen aufgefunden worden. Der früheste Teil datiert aus der Zeit des Papstes Stephan III. (768–772), soll sich aber weitgehend an einen Text des 6. Jahrhunderts angelehnt haben.

Hiernach haben sich einige Päpste zwischen dem 5. und 7. Jahrhundert – Leo I., Gelasius, Symmachus, Johannes, Bonifatius, Gregor I. und Martinus I. – um die Herausgabe eines Zyklus von Gesängen für das ganze Jahr verdient gemacht, und nach Martinus werden in diesem Zusammenhang noch drei Äbte von St. Peter erwähnt; aber eine alte Überlieferung nennt Gregor den Großen als Urheber oder Sammler von Gesängen nach dem Zeugnis des Biographen des Papstes, Johannes Diaconus, der in seiner um 872 geschriebenen *Vita Sancti Gregorii* – also fast dreihundert Jahre nach dem Tod dieses Papstes – ein Kapitel dem *Cento Antiphonarius* widmet.

Die Biographie des Johannes führte zu zahlreichen bildlichen Darstellungen Gregors, »wie er auf dem päpstlichen Thron sitzt und einem Schreiber die Melodien diktiert, die eine auf seiner Schulter sitzende himmlische Taube ihm ins Ohr flüstert«.

Das erste uns bekannte Zeugnis für die Überlieferung eines gregorianischen Antiphonars, auf das Johannes so wirksam hingewiesen hat, stammt von Egbert, Bischof von York (ca. 732), der auf Gregors *Buch der Gesänge und Gebete* anspielt und dazu bemerkt, daß es von einem Missionar, dem hl. Augustinus, nach England gebracht worden sei; und Beda Venerabilis preist in seiner 731 vollendeten *Historia ecclesiastica gentis Anglorum* den Bischof von Rochester, Putta, der 668 starb, für seine Kenntnisse im römischen Gesang, die er von den Schülern des hl. Gregor gelernt habe, und gibt einen ähnlichen Hinweis auf einen Sänger namens Maban, der unter Acca, Bischof von Hexham (gest. 709), wirkte und »von den Nachfolgern der Schüler des hl. Gregor in Kent ausgebildet worden war«. Dies ist zumindest ein Beweis für die Reorganisation der ›schola cantorum‹ zu Rom durch Gregor.

Die dauerhafte gregorianische Tradition wurde erstmalig und ergebnislos im 17. und 18. Jahrhundert angezweifelt, sodann in bestimmterer Form, jedoch gleichfalls ohne bleibende Wirkung von dem belgischen Musikwissenschaftler Gevaert im Jahre 1890; aber im Laufe der jüngstvergangenen fünf oder sechs Jahre haben sich die Zweifel erneuert, und diesmal mit verblüffenden Ergebnissen. Sie sind in Willi Apels Buch ›Gregorian Chant‹, 1958, im einzelnen dargelegt und können hier nur kurz zusammengefaßt werden. Wir wissen, welche Feste zur Zeit Gregors gefeiert wurden, doch stammt die erste Kunde hinsichtlich der in der Messe dieser alten Feste benützten Musikstücke aus bestimmten Handschriften des 8. Jahrhunderts, die aber keinerlei musikalische Notation aufweisen. Das vergleichende Studium der Manuskripte mit und ohne Notensysteme berechtigt uns zu der Annahme, »daß die Mehrzahl der Melodien um 900 oder 850 in fast der gleichen Form existierten wie in den späteren mittelalterlichen Quellen und in den heutigen Ausgaben«. Was nicht aufrechterhalten werden kann, ist, daß die Melodien so alt sind wie die Texte und Feste, wobei erstere auf die Mitte des 8. Jahrhunderts, letztere mindestens auf die Zeit Gregors zurückgehen. Wenn er ein Antiphonar mit Texten *und* Musik zusammengestellt hat, haben wir in Betracht zu ziehen, wie die Musik notiert war; war sie nicht notiert, wie war es dann möglich, eine sich über zwei oder drei Jahrhunderte erstreckende mündliche Überlieferung zu erhalten und zu revidieren, wenn die Melodien nicht von weit einfacherer Art und viel geringerer Zahl waren als jene, die in den Handschriften gefunden wurden? »Es ist Sache der wissenschaftlichen Sorgfalt und Vorsicht, die liturgischen Melodien, wie wir sie kennen, wesentlich später zu datieren, als das früher geschehen ist.«

Apel weist darauf hin, daß sämtliche frühen Quellen des sogenannten Gregorianischen Gesanges aus westeuropäischen

Orten wie St. Gallen, Metz, Einsiedeln, Chartres, Laon und Montpellier kamen – mit anderen Worten aus dem deutsch-fränkischen Reich im Gegensatz zum ausschließlich römischen Ursprung anderer spezieller Quellen, die er erwähnt. Wir wissen, daß der fränkische Klerus sich den Bestrebungen König Pippins und vor allem seines Sohnes Karls des Großen, die römische Liturgie in ihrem Land einzuführen, heftig widersetzte und an den traditionellen gallikanischen Riten festzuhalten trachtete. Was sich damals abgespielt hat, wird von J.A. Jungmann in seinem Standardwerk ›Missarum Sollemnia‹[1] berichtet:

> Unbewußt freilich sind an der römischen Liturgie und vor allem an der römischen Messe von Anfang an tiefgehende Veränderungen, ja fundamentale Umgestaltungen in die Wege geleitet worden ... Um die Mitte des 10. Jahrhunderts beginnt in größerem Umfang das Zurückströmen der inzwischen tiefgehend umgebildeten und erweiterten römischen Liturgie aus dem fränkisch-deutschen Raum nach Italien und nach Rom und damit die Verdrängung der bodenständigen Form derselben durch ihre gallikanische Fassung auch im Mittelpunkt der Christenheit.

Es wäre sicherlich befremdend, wenn die Melodien von diesen radikalen Veränderungen und Entwicklungen unberührt geblieben wären. Manche von ihnen – wie etwa die Gesänge zwischen den Lesungen, die Psalmtöne, die Litaneigesänge und einfachen Antiphonen – werden wohl ihren ursprünglich einfachen Charakter bewahrt haben und dürften auf die früheste Zeit des religiösen Gesanges zurückgehen. Aber die reich verzierten und melismatisch verfeinerten Gesänge in ihrer heutigen Form sind franko-römische Werke aus dem 8. und 9. Jahrhundert.

Es besteht keine Notwendigkeit anzunehmen, daß die neuen Schlußfolgerungen, zu denen viele Wissenschaftler gelangt sind, so aufzufassen wären, als hätte der hl. Gregor kein Interesse für den Kirchengesang gehabt. Apel zitiert nicht den Brief, den der Papst im Oktober 598 an Johannes von

[1] J.A. Jungmann, Missarum Sollemnia. Wien 1962, Bd. I, S. 100 und S. 126.

Syrakus geschrieben hat. Gregor spricht darin von seiner Beschäftigung mit dem liturgischen Gesang und den Zeremonien, wobei es ihm darauf ankomme, »die alten Traditionen wiederherzustellen oder neue Praktiken einzuführen«. Als der Benediktinerabt Augustinus, der spätere Erzbischof von Canterbury, im Jahre 597 mit einer Schar von vierzig Mönchen in Britannien ankam, um die Angelsachsen zu bekehren, war er unsicher, welche Form des liturgischen Gebets und welche Art von Musik er diesem Volk anbieten sollte. Die Mönche waren auf ihrer Reise durch Gallien auf eine andere Meßordnung, auf andere Texte und Musik gestoßen, als sie sie in Rom gewohnt gewesen und waren von diesen neuen Erfahrungen stark beeindruckt. Der Papst antwortete Augustinus auf dessen Bitte um Richtlinien, sich mit Umsicht alles dessen aus der gallikanischen oder jeder anderen Liturgie zu bedienen, »was dem Allmächtigen Gott gefälliger sein könnte, und in die Kirche der Engländer alles das einzuführen, was Ihr aus vielen Kirchen zusammenzutragen vermochtet[1]«.

Wir haben nun ausführlicher den sogenannten Gregorianischen Gesang zu untersuchen – seine Notation, das modale System, den Rhythmus und die Melodik –, wobei wir uns auf die beiden hauptsächlichen, heute im Gebrauch befindlichen Chorbücher stützen. Es sind dies (1) das *Graduale*, das alle Solo- und Chorgesänge des Propriums, der veränderlichen Teile der Messe enthält, zusammen mit dem *Kyriale*, dem Ordinarium oder feststehenden Teil der Messe; (2) das *Antiphonale*, das die Gesänge der Stundengebete – ausgenommen die in den Matutinen verwendeten – enthält. Der *Liber usualis*, eine neuere Sammlung, enthält eine breit angelegte Auswahl von Gesängen aus den beiden erwähnten Büchern und ergänzt sie durch die vollständigen Matutinen für die Feste Weihnachten, Ostern, Pfingsten, Fronleichnam und Himmelfahrt. Die Texte aller drei Bücher sind ausschließlich lateinisch.

[1] MGH, Gregorii I Papae Registrum Epistolarum, Vol. II, XI, 56, S. 334.

Die Notation

Die Notation des abendländischen Kirchengesanges hat eine lange Geschichte und hat vielerlei Formen angenommen, doch können wir uns mit ihr in diesem Rahmen nur kurz auseinandersetzen. Die Neumenhandschriften des 9. Jahrhunderts weisen besondere cheironomische Zeichen auf, die von den Akzenten der griechischen und lateinischen Grammatiker abgeleitet, sowie Punkte, die über- und nebeneinander gesetzt sind. Das griechische Wort ›neuma‹, das Wink oder Zeichen bedeutet, wird auch zur Bezeichnung einer Gruppe von Tönen benutzt, deren zwei oder mehrere auf eine und dieselbe Silbe zu singen sind, und die Neumenzeichen zeigen auch das Steigen oder Fallen der Melodie an.

Die Grammatiker faßten die Akzente – den ›acutus‹ (') und den ›gravis‹ (‘), ein Heben beziehungsweise Senken der Stimme –, melodisch auf. Das Steigen und Fallen der Tonhöhe und die allgemeine Richtung einer Melodie konnten somit ausreichend kenntlich gemacht werden, nicht aber die Intervalle zwischen den Tönen. Somit waren diese Neumen ohne Liniensystem für die Sänger, die ihr liturgisches Repertoire auswendig lernen mußten, die Kombination einer Art musikalischer Kurzschrift und einer Gedächtnisstütze sowie ferner »ein sehr feines, subtiles Mittel, die zahllosen Finessen der alten Gesangskunst zu behalten.«

Es ist natürlich möglich, daß der jeweilige Chorleiter einen festen ›Stimmton‹ vorgegeben hat, von dem aus die Intervalle abgeschätzt werden konnten, und zweifellos ging der zwischenräumlichen Liniennotation eine freie Anordnung der Noten auf verschiedenen Höhen – je nach dem Wechsel der Intervalle – voraus. In manchen Fällen wurde das schwerfällige Mittel der Buchstabennotation angewandt: Buchstaben wurden zur Kennzeichnung der geforderten Töne über die Neumen gesetzt. Eine zunächst nur geritzte, später in roter Farbe gezogene horizontale Linie, die den Ton F darstellen sollte, war ein großer Fortschritt. Hierzu kam – zu

Von den Neumen des 8. und 9. Jhs. zur Notation des 12. Jhs. Chronologische Entwicklung der Schreibweise (nach ›Paléographie musicale‹) an Hand dreier Ligaturformen.

A = Entwicklung zur römischen Quadratnotation.
B = Entstehen der gotischen Hufnagelnotation.

noch besserer Verdeutlichung – später eine gelbe Linie für das C und sodann noch zwei weitere Linien. Schlüsselzeichen – C oder F – wurden schließlich diesem Vierlinien-System vorangestellt.

Wie aus Abb. 44 ersichtlich, geben die auf Linien notierten Neumen ein genaueres graphisches Bild vom Steigen und Fallen der Melodie als die cheironomischen (Abb. 42). Um 1200 kamen die noch heute gebräuchlichen viereckig geformten Neumen auf.

Wer daran interessiert ist, die Neumennotation in den modernen Meß- und Gebetbüchern lesen zu lernen, kann alle erforderlichen Erklärungen in einem eigenen, dem Kyriale vorausgehenden Kapitel der großen Schott-Ausgaben Nr. 1–3 nachlesen. Ein einstündiges Studium – möglichst unter Zuhilfenahme einer Schallplatte mit den entsprechenden liturgischen Gesängen – wird das auf dem Papier zunächst schwierig anmutende Entziffern der Neumen alsbald leicht erscheinen lassen.

Es lohnt sich auch, ein Museum zu besuchen, wo alte Handschriften ausgestellt sind, und die prächtige Schrift und Illustration der Antiphonarien zu betrachten, aus denen die Mönche – rund um die inmitten des Presbyteriums aufgestellten mächtigen, schweren Bände gruppiert – zu singen pflegten.

Die Mönche – beziehungsweise Schreiber – in den Scriptorien der Klöster hatten – wie Dom Gougaud in seinem Buch ›Christianity in Celtic Lands‹ berichtet – »eine ganze Schar untergeordneter Kopisten zur Verfügung, denen ihr Pensum oftmals verdrießlich und eintönig erschien. Sie vertrauten sich daher nur zu gern dem Pergament an, an dem sie sich gerade mühten. Die Marginalien und der Schlußvermerk von Handschriften vermitteln uns intime Einzelheiten vom Leben dieser Arbeiter mit Feder und Pinsel«. Hier einige von Dom Gougaud wiedergegebenen Randbemerkungen: »Neues Pergament und schlechte Tinte – das sagt alles.« »Gesegnet sei die Seele des Fergus, Amen. Mir ist sehr kalt.« »Oh, meine Hand!« »Es wird finster und es ist Zeit zum Abendessen.« Dazu noch ein Klageruf eines unmusikalischen Schreibers: »Dieser langweilige Choral beleidigt meine zarten Ohren.« Es kann sein, daß diese Kommentare am Rande dazu dienten, eine Art Konversation zwischen den Schreibern zu ermöglichen, da während der Arbeit Silentium geboten war.

Nur widerstrebend bediene ich mich bei den musikalischen Beispielen in diesem Kapitel – ausgenommen Beispiel 13 – der modernen Notation; aber es muß hervorgehoben werden, daß das Bild, das sie von den einzelnen Melodien vermitteln, ein nur sehr unvollkommenes ist, da es Neumengruppen gibt, welche die Methoden der Ausführung anzeigen, und diese sind in der modernen Transkription nicht genau darzustellen.

Die acht Kirchentonarten sind – das braucht kaum besonders hervorgehoben zu werden – jüngeren Datums als der Gregorianische Gesang, und der Gedanke, die einzelnen Melodien nach dem einen oder anderen Modus zu klassifizieren, ist nicht älter als das 8. oder 9. Jahrhundert. Es ist mit großer Wahrscheinlichkeit anzunehmen, daß manche Melodien unter der modalen Zwangsjacke, in die man sie gepreßt hat, gelitten haben. Der Gegenstand ist reichlich verwickelt und das System vielfach widerspruchsvoll. Es gibt Melodien in mehr als einem Modus, es gibt Modulationen und Transpositionen zwecks Verschleierung chromatischer Elemente, und so weiter. Das Gerippe des Systems jedoch ist leicht zu verstehen.

Die Modi können von acht auf vier reduziert werden, und es ist besser, sie so zu bezeichnen, wie sie zuerst bekanntgeworden sind, als die hier an zweiter Stelle genannten irreführenden griechischen Namen zu benutzen, deren sich die Lehrbücher vielfach bedienen. Die Modi haben ausschließlich mit der diatonischen Skala zu tun, wobei aber als Ausnahme die einzig erlaubte erniedrigte Stufe B hinzukommt. Folgende Aufstellung enthält die Namen und Charakteristika:

Bezeichnung des 8. Jh.	Bezeichnung des 10. Jh.	Schlußton	Umfang	Dominante
1 Protus authentus	dorisch	d	d–d	a
2 Protus plagalis	hypodorisch	d	A–a	f
3 Deuterus authentus	phrygisch	e	e–e'	c'
4 Deuterus plagalis	hypophrygisch	e	H–h	a
5 Tritus authentus	lydisch	f	f–f'	c'
6 Tritus plagalis	hypolydisch	f	c–c'	a
7 Tetrardus authentus	mixolydisch	g	g–g'	d'
8 Tetrardus plagalis	hypomixolydisch	g	d–d'	c'

Es stellt sich heraus, daß der Plagalmodus stets eine Quart unterhalb des authentischen beginnt und daß die Dominante nicht immer der fünfte Ton oberhalb des Schlußtons des authentischen Modus ist. So hat der mit e beginnende Modus 3 das c als Dominante und nicht h. Der Grund hierfür ist, daß die Verwendung von h als Dominante ohne Tritonus – den ›diabolus in musica‹, als welcher er im 15. Jahrhundert bekannt wurde – nicht möglich gewesen wäre, wie zum Beispiel f–h, wobei drei Ganztöne eine übermäßige Quart ergeben. Nun liegen die Plagaldominanten eine Terz tiefer als die authentischen, mußten sich also diesen anpassen. Da die Dominante des Modus 3 nicht h sondern c ist, muß die Plagaldominante a anstatt g sein. Diese Regelung zeigt die Künstlichkeit des Systems.

Die acht Psalmtöne, die selbstverständlich keine Modi, sondern Rezitationsformeln sind, stehen zwar mit den Modi in verwandtschaftlicher Beziehung, stimmen jedoch nicht in jeder Hinsicht mit ihnen überein. Ihre Rezitationstöne basieren auf den Dominanten[1], aber sie folgen nicht der Regel, wonach ein Modus auf seinem Schlußton enden müsse – aus Gründen, mit denen wir uns auseinanderzusetzen haben werden, sobald wir zu dem Abschnitt über die Psalmodie im Stundengebet kommen.

Der Rhythmus

Der Rhythmus im Gregorianischen Gesang ist ein umstrittenes Thema, das meist mehr hitzig als erhellend erörtert wird. Ende des 19. Jahrhunderts unternahmen die Mönche von Solesmes – vielfachen Widerständen trotzend – die Wiederherstellung des Gregorianischen Gesanges auf Grund von Handschriften aus dem 9., 10. und 11. Jahrhundert (Faksimiledrucke findet man in der von ihnen herausgebrachten großen Reihe ›Paléographie musicale‹) und gaben 1904 den ersten Band (Graduale) der ›Editio vaticana‹ heraus, die heute die einzig anerkannte Ausgabe des Gregorianischen Gesanges ist und die die verfälschten Medicea- und die Regensburger

[1] Der Rezitationston des dritten Psalmtons allerdings wurde in der Ausgabe von 1939 des *Antiphonale monasticum* auf den ursprünglichen Platz, nämlich auf h, zurückverlegt.

Ausgaben ersetzt hat. Die führenden Köpfe dieses großen Werkes waren Dom Guéranger (1805–1875), Dom Pothier (1835–1923) und Dom Mocquereau (1849–1930).

Dieses Werk erregte keine Streitigkeiten, wohl aber die rhythmischen Theorien, die in dem zweibändigen Werk ›Le nombre musical grégorien ou rhythmique grégorienne‹ (1908) von Dom Mocquereau im einzelnen dargelegt und in den im Kloster Solesmes entstandenen Ausgaben des Missale durch rhythmische Zeichen realisiert sind. Angaben in bezug auf die Herkunft dieser Zeichen – welche aus den Handschriften und welche von den Herausgebern stammen – fehlen, – ein Umstand, der von zahlreichen Musikwissenschaftlern festgestellt und bemängelt wurde. Dazu kann lediglich gesagt werden, daß die Handschriften keine Rechtfertigung für den Gebrauch des ›ictus‹ bieten. Das Wort bedeutet in der Prosodie Betonung oder Akzent – durch einen senkrechten Strich ober- oder unterhalb der jeweiligen Note gekennzeichnet –, wird aber von den Mönchen von Solesmes nicht so interpretiert. Nach ihrer Ansicht kennzeichnet der ›ictus‹ das Dahinschreiten des Rhythmus, indem er die Gruppen von jeweils zwei bis drei Tönen, in die sie die Melodien unterteilen, voneinander abhebt. Überdies besteht die Methode von Solesmes auf der Gleichwertigkeit aller Töne (ihr ungefährer Zeitwert entspricht einer Achtelnote): sie können zwar durch einen Punkt in ihrer Länge verdoppelt, nicht aber unterteilt werden. Bei den Gegnern von Solesmes herrscht nur in einem Punkt einigermaßen Übereinstimmung, daß nämlich der ursprüngliche Rhythmus des Gesanges lange und kurze Töne abwechseln ließ und daß erst im 11. Jahrhundert die verfälschende Vorstellung gleicher Notenwerte die Oberhand behalten habe. Für diese These wird eine Menge Beweismaterial beigebracht, das vom hl. Gregor bis zu Aribos *De musica* reicht – einer Abhandlung, die aus der zweiten Hälfte des 11. Jahrhunderts stammt.

Es ist verwunderlich, daß die Verfechter dieser Mensuraltheorien seit dem Erscheinen des Buches von Dom Mocquereau die Arena nicht mehr verlassen haben, doch niemals eine Ausgabe des Gregorianischen Gesanges, nach welcher ihre Theorien beurteilt werden könnten, herausbrachten.

Wenn allerdings – nach der Methode von Solesmes – die Töne alle gleich lang anzunehmen sind, muß man wohl George Orwell paraphrasieren und hinzufügen, daß manche ›gleicher‹ sind als andere. Das kann man sogar am Gesang der Mönche von Solesmes selbst hören – aber wie könnte es auch anders sein, wenn eine mechanische Wiedergabe vermieden werden soll? Man darf auch nicht vergessen, daß der Choralgesang Musik ist und – mag sein Rhythmus noch so frei sein – auch den musikalischen Grundgesetzen folgt. So sollte der Chor stets nach dem Text phrasieren und dabei den Kadenzton im Auge haben, auf klare Textaussprache und Betonung achten, dabei flexibel bleiben und den Fluß der Melodie nicht unterbrechen. Wenn es im übrigen jemals eine allgemein anerkannte und absolut einheitliche Form des Choralgesanges gegeben hätte, müßte man wohl erwarten können, daß auch ein eindeutiger Nachweis hierüber zu finden und zu erhärten wäre. Was an Nachweismaterial vorhanden ist, wurde in einem bedeutenden Werk gesammelt, das vor einigen Jahren von J. W. A. Vollaerts, S. J., herausgebracht wurde: ›Rhythmic Proportions in Early Medieval Ecclesiastical Chant‹. Die sich daraus ergebenden Schlußfolgerungen sind gewiß verblüffend. Aber der Verfasser gibt zu, daß es zwecklos ist, die mittelalterlichen Autoren nach irgendwelchen Einzelheiten zu ihrem rhythmischen System zu befragen, da keiner unter ihnen eine umfassende oder methodische Darstellung mit Details gibt. Man kann also nur nach allgemeinen rhythmischen Grundsätzen Ausschau halten.

Wenn es dennoch einmal gelingen sollte, zweifelsfrei zu beweisen, daß der authentische Rhythmus des Gregorianischen Gesanges aus entsprechend verteilten langen und kurzen Tönen bestand, dann würde die rhythmische Wiederherstellung die Herausgabe einer ganzen Reihe neuer Meßbücher erfordern – ein Vorhaben von entmutigendem Umfang und nichts geringeres als eine musikalische Revolution auf diesem Gebiet.

Wie dem auch sei – man sollte sich bewußt sein, daß das Abweichen vom ›authentischen‹ Rhythmus, das vor Beendigung des 10. Jahrhunderts einsetzte, keineswegs unausweichlich zu etwas minder Gültigem geführt hat, wenn man einen ausschließlich künstlerischen Maßstab anlegt – eine Auffassung die Gustave Reese in seinem Buch ›Music in the Middle Ages‹ vertritt. Sie wird auch nachdrücklich bekräftigt durch das Lob, das von vielen Musikern dem Gesang und den Schallplattenaufnahmen des Chores von Solesmes gezollt wird. Es gibt in diesem Zusammenhang keinen gültigen Vergleich mit harmonisierter Musik, die ohne radikalen Verzicht auf ihren Charakter nicht in gleichwertigen Noten gesungen werden könnte, während die metrische Durchgestaltung des Kirchengesanges eher einer Art von Variierung entspricht – ähnlich wie es die Auszierung von Palestrinas Gesangslinien durch die Sänger von damals war. Die Streitfrage geht darum, in welchen Noten das Thema enthalten ist.

Der Gegenstand wird derzeit sehr gründlich untersucht, und man kann nur geduldig warten, welche Schlußfolgerungen sich aus den Arbeiten der Forscher werden ziehen lassen und welche Haltung die Ritenkongregation, unter deren Autorität die gesamte Frage gehört, zu diesen Ergebnissen einnehmen wird.

Der römische Ritus: Der gregorianische Choral

»Die gregorianische Musik«, sagt Dom David Knowles, »ist in ihrem emotionalen Ausdrucksbereich umfassender, ist majestätischer, spiritueller und dabei herber als alle anderen musikalischen Kunstformen. Sie ist von köstlicher Spontaneität und Reinheit in ihrer Melodik sowie äußerst subtil und hochentwickelt in ihrer technischen Perfektion.« Diese Worte schildern den Gesang in seinem Goldenen Zeitalter, das heißt in der Periode zwischen dem 5. und 8. Jahrhundert.

Für die Melodien ist charakteristisch, daß sie sich rasch zu einem Höhepunkt entfalten und sodann nicht in einer geraden Linie absinken, »sondern mit kleinen Auf- und Abwärtsbewegungen wie ein fallendes Blatt«, bis sie zu einem Kadenzpunkt gelangt sind. Der Verlauf der melodischen Linien ist nicht im voraus bestimmbar: einen mathematischen Ausgleich zwischen Auf- und Abwärtsbewegungen (wie zum Beispiel in Palestrinas Musik) gibt es nicht.

Die Melodien zeigen eine grundsätzlich schrittweise Tonbewegung: melodische Sekund- oder Terzschritte auf- oder abwärts sind sehr häufig, Quarten weniger, Quinten sind selten und Sexten noch seltener. Ein Septsprung aufwärts ist eine große Ausnahme, abwärts kommt er niemals vor. Der Tonbereich einer Melodie erstreckt sich von der Quart bis – in Ausnahmefällen – zur Undezim. Man kann drei Typen unterscheiden:

(a) syllabisch: das heißt je ein Ton auf eine Silbe;
(b) neumatisch: zwei bis vier oder fünf Töne auf eine Silbe;
(c) melismatisch: lange, reich ausgezierte Phrasen, die auf eine Silbe gesungen werden.

Der letztgenannte Typus kommt vorwiegend im *Graduale*, *Alleluja*, *Traktus* und *Offertorium* vor sowie in den *Responso-*

rien – das sind ›virtuose‹ Gesänge, in denen Solisten ihr Können ›ad majorem Dei gloriam‹ oder gelegentlich leider auch zu ihrem eigenen Ruhme zeigen konnten.

Die ganze Bürde des Ausdrucks muß beim Gregorianischen Gesang von einer einzigen melodischen Linie – unter Verzicht auf alle harmonischen Zutaten – getragen werden. Eintönigkeit muß vermieden werden durch die Verwendung von »Gegenbewegungen, Repetitionen, Imitationen, melodischen Echowirkungen, musikalischen Reimen, ja, mit einem Wort von allem, was nötig ist, um den Gregorianischen Gesang angenehm und kunstvoll erscheinen zu lassen, solange nur alles in den Grenzen dessen bleibt, was dem Gebrauch beim Gottesdienst entspricht«.[1]

Bevor wir die Melodien im einzelnen, in ihren Formen, ihrer Abhängigkeit vom Text und in der Textbehandlung, Ausdrucksfähigkeit und dem gelegentlichen Gebrauch der Wortmalerei untersuchen, müssen wir eine klare Vorstellung von dem Rahmen haben, in dem sie uns begegnen: das heißt vom Aufbau der Messe und des Stundengebets, soweit die intonierten oder gesungenen Teile des Textes in Betracht kommen.

Die römische Messe

Die Gesänge für die veränderlichen Teile der Messe sind im römischen *Graduale* enthalten, das in (1) das ›Proprium de Tempore‹, (2) das ›Proprium de Sanctis‹ und (3) das ›Commune Sanctorum‹ eingeteilt ist. Die erste dieser Unterteilungen – die Weihnachts-, Oster- und Pfingstzyklen – gilt für alle Sonntage vom ersten Advent bis zum letzten Sonntag nach Pfingsten, die Wochen- und Fasttage im Advent und in der Fastenzeit, diejenigen in der Zeit nach Ostern und Pfingsten sowie die Heiligengedenktage zwischen dem 26. Dezember und 13. Januar. Der zweite Teil – das ›Proprium de Sanctis‹ – gilt für die besonderen Messen an den Heiligenfesten und der dritte, das ›Commune Sanctorum‹, ist eine Sammlung

[1] Augustin Gatard, O. S. B., La musique grégorienne. Paris 1913.

von Texten und Gesängen, die für zahlreiche Feste gelten. Hierauf folgt ein Abschnitt mit Votivmessen. Diese vier Teile beziehen sich ausschließlich auf die veränderlichen Teile der Messe. Die letzten Abschnitte des *Graduale* enthalten die Totenmesse, Rezitationstöne für Oration, Epistel, Evangelium, Präfation usw. Die feststehenden Teile – das ›Ordinarium‹ – sind im *Kyriale* enthalten.

Die gesungenen Teile der Messe

Ordinarium (feststehend)	Proprium (veränderlich)		Ausführende
	Vormesse		
Kyrie			Chor/Volk
Gloria			Intonation: Priester Forts.: Chor/Volk
	Oration		Priester/Volk
	Epistel		Priester oder Lector
	Graduale Traktus Alleluja Sequenz	in wechselnder Konstellation festgelegt für jeweilige liturgische Feier	Chor (Vors./Schola)
	Evangelium		Priester oder Lector
Credo			Intonation: Priester Forts.: Chor/Volk
	Opfermesse		
	Offertorium		Chor (Vors./Schola)
Präfation Einzelne Sätze wechseln je nach Festzeit			Priester/Volk
Sanctus (Benedictus)			Chor/Volk
	Opfermahl		
Paternoster			Priester/Volk
Agnus Dei			Chor/Volk
	Communio		Chor (Vors./Schola)
	Postcommunio		Priester/Volk
	Entlassung		
Ite missa est			Priester/Volk
Benedicamus Domino			Priester/Volk

Die Totenmesse, das Requiem, setzt an die Stelle des Gloria und Credo ein *Graduale*, einen *Traktus* und eine *Sequenz*.

Das liturgische Rezitativ

Die einfachsten Gesänge, die sich im Rahmen der begrenzten musikalischen Fähigkeiten der Mehrzahl der Priester halten, sind die liturgischen Rezitative oder Töne zu den Lesungen von Gebeten, Epistel und Evangelium. Bei der *Präfation* und dem *Paternoster* ist der Gesang differenzierter.

An Wochentagen (Wochentag = ›feria‹[1]) und an einfachen Festtagen können die Gebete auf einem gleichbleibenden Ton angestimmt werden, an größeren Festtagen wird ein leicht verzierter Ton verwendet. Für die Präfation und das Paternoster gibt es feierlichere und Alltagsintonierungen.

2

Die Sequenz des Evangeliums nach Matthäus. »Ehre sei Dir, o Gott.« Jesus sprach zu seinen Jüngern: »Ihr seid das Salz der Erde; wenn aber das Salz kraftlos geworden ist, womit soll es gesalzen werden? ... dieser wird groß heißen im Reiche der Himmel.«

Das obenstehende Beispiel für einen der Evangeliumstöne soll zeigen, wie schön Text und Musik aufeinander abgestimmt sind. Begrüßung und Respons werden ›recto tono‹ – auf einer

[1] ›Feria‹ ist im Kirchenkalender ein Wochentag, auf den kein Kirchenfest fällt, obwohl die ursprüngliche Bedeutung des lateinischen Wortes ›Feiertag‹ besagt. Es gibt Wochentage verschiedenen Ranges. So sind alle Wochentage der Karwoche dem Range nach höher als die der gewöhnlichen Wochen.

gleichbleibenden Note – gesungen. Bei der Ankündigung des Evangeliums durch den Priester sowie der darauffolgenden Respons der Gläubigen fällt die Stimme gleichsam interpunktierend um eine Terz. Ebenso an zwei weiteren Stellen des eigentlichen Evangeliums. Ein Fragezeichen wird durch ein Fallen der Stimme um einen Halbton ausgedrückt, worauf wiederum die Tonhöhe des Rezitationstons erreicht wird. Das Ende des Evangeliums wird durch eine kleine Gruppe von Tönen auf der ersten Silbe von »regnum tuum« angezeigt.

Wie sich die musikalische Deklamation entwickelt hat, geht aus den Versionen 3a, b, und c der ersten Worte des Paternoster anschaulich hervor. Beispiel 3d ist der Beginn des gegenwärtig im Gebrauch befindlichen feierlichen Tons.

3

Man braucht nur diese Rezitative nachzusingen, um zu entdecken, wie natürlich sich die Musik den Worten anpaßt. Die lateinischen Betonungen im Paternoster fallen ohne Rücksicht auf die vorhergehenden Töne sowohl auf höhere als auch auf niedrigere. Hierin gibt es kein ›Gesetz‹; aber man kann wohl sagen – und das werden zahlreiche Melodien, auf die wir später noch eingehen wollen, erweisen –, daß die betonte Silbe des lateinischen Wortes – vielfach als tonischer Akzent bezeichnet – häufig wie in einem melodischen Hochrelief herausgearbeitet wird – oftmals mit großartiger Wirkung[1].

Als die ursprünglich quantitierende lateinische Sprache im

[1] Man hat zu Recht gesagt, daß dieser Akzent auch noch die den restlichen Silben zugeordneten Noten ›mitbestrahlt‹. Das Wort wird auf diese Weise gleichsam ›herausgeleuchtet‹, doch wird nicht selten auch ein Wort von zweitrangiger Bedeutung ähnlich behandelt, wobei dann die Musik vor dem Text den Vortritt hat. Insgesamt jedoch bleibt der inspirierende Primat des Textes gewahrt.

4. Jahrhundert akzentuierend wurde, empfand man ihren tonischen Akzent eher als melodisch und leicht denn als besonders intensiv. Hämmerndes Akzentuieren beim Kirchengesang macht Schreibmaschinenmusik aus ihm und zerstört seine geschmeidige Weichheit und spirituelle Schönheit. Der liturgische Gesang sollte im allgemeinen an das Auf und Ab guter lateinischer Redekunst erinnern, wobei der Tatsache Rechnung zu tragen ist, daß Musik stets den Drang hat, sich von den Fesseln des Wortes zu befreien und autonom zu werden. Sänger – und die Komponisten der Gregorianik waren in ihrer Mehrzahl chorsingende Mönche – wünschten sich natürlich etwas mehr als eine Art musikalischer Rhetorik, um ihre Kunst ausüben zu können. Daher kommt es, daß wir im liturgischen Gesang auf höchst kunstvoll ausgezierte Passagen stoßen, wie sie der Priester – seiner instinktiven Eingebung folgend – im Schlußsatz eines Gebets oder einer Bibellesung anbrachte, oder auch, um in manchen Fällen die Bedeutung eines Wortes hervorzuheben oder in der Ausführung des jubelnden Endvokals im *Alleluja* sogar zum Selbstausdruck zu kommen. Wie in Liedern gibt es auch hier Wörter, die über ganze Sätze dominieren und somit den sogenannten Satzakzent tragen.

Die Gesänge des Propriums

Antiphonale Gesänge. Es sind dies *Introitus*, *Offertorium* und *Communio*. Alle drei sind auch Prozessionsgesänge. Aus dem ›Liber pontificalis‹ (6. Jahrhundert) wissen wir, daß Papst Cölestin (432) »angeordnet hat, daß die 150 Psalmen Davids vor der Opferung von allen antiphonisch gesungen werden sollen, was bisher nicht so gehalten wurde, da nur die Epistel des seligen Paulus und das Heilige Evangelium laut gelesen, das heißt intoniert wurden.«

Zur Zeit des hl. Gregor hatte der Chor das Singen der Antiphonen und Psalmen übernommen – wobei möglicherweise die Priester respondierten. Das Ergebnis war, daß beide – Antiphon und Psalm – wesentlich verfeinert wurden – eine

Entwicklung, wie man sie in der Geschichte des liturgischen Gesanges immer wieder beobachten kann.

Der *Introitus* ist ein Prozessionsgesang, weil er gesungen wurde, sobald ein zelebrierender Papst, Bischof oder Priester die Kirche betrat und, gestützt vom Archidiakon und Diakon, auf den Altar zuschritt, wobei ihm ein Subdiakon mit dem Weihrauchkessel sowie sieben Ministranten vorangingen. Die Anzahl der jeweils gesungenen Verse – in den alten Handschriften erscheint nur der erste Vers – hing vom Zelebranten ab, der dem Kantor das Zeichen für den Einsatz zum *Gloria Patri* gab. Die Antiphon wurde – wie auch zwischen den Psalmversen – wiederholt und zuletzt noch einmal nach dem *Sicut erat* gesungen. Der heutige Brauch, nur einen Psalmvers zu singen, geht auf die Zeit zurück, da der Introitus in gewöhnlichen Kirchen und daher mit weit weniger ausgeprägtem Zeremoniell gesungen wurde. Von den 149 verschiedenen Introitus-Texten, die im Codex St. Gallen 339 aus dem 10. Jahrhundert enthalten sind, stammen mindestens 143 aus der Bibel, wovon wiederum 102 den Psalmen entnommen sind.

Offertorium und *Communio* sind insofern Prozessionsgesänge, als ersteres gesungen wurde, während die Gläubigen mit ihren Opfergaben zum Altar schritten, und letztere, während sie zur hl. Kommunion gingen. Der hl. Augustinus spricht von »der Praxis, die aus dem Buch der Psalmen entnommenen Hymnen sowohl vor der Opferung zu singen als auch während der Verteilung der Opfergaben an das Volk«.

Aus einem – im ursprünglichen Sinn des Wortes – antiphonisch von den zwei Hälften eines Chores gesungenen Psalm entwickelte sich der Offertoriumsgesang im 7. Jahrhundert zu einer aus Antiphon und Psalmversen integrierten Komposition, wobei erstere vom Chor, letztere reich ausgeziert von Solisten gesungen wurden.

Als dann die Darbringung der Opfergaben durch die Gläubigen am Altar unterblieb, wurden die Verse – wie beim Communio-Gesang – ausgelassen, und es blieb bei der Antiphon, die wir im heutigen *Graduale* wiederfinden. In der Totenmesse wird beim Offertoriums- und Communio-Gesang jeweils ein Vers beibehalten, wobei die zweite Hälfte der Antiphon – das ist der Teil nach dem Sternzeichen * – nach dem Vers wiederholt wird[1]. Der Communio-Gesang lautet wie folgt:

4

Das ewige Licht leuchte ihnen, o Herr, bei deinen Heiligen in Ewigkeit; denn du bist mild. ℣. Herr, gib ihnen die ewige Ruhe, und das ewige Licht leuchte ihnen. Bei deinen Heiligen in Ewigkeit; denn bu bist mild.

Responsoriale Gesänge. Die Versammlung der Gläubigen respondierte dem Solisten entweder mit einem responsorial gesungenen Vers des Psalms, den jener gerade gesungen hatte, oder mit kurzen Einwürfen wie *Amen* oder *Alleluja*. In gleicher Weise wurden zwischen den Bibellesungen – anfänglich waren es ihrer drei: eine aus dem Alten Testament, zwei aus dem Neuen Testament – Psalmen gesungen. Im 6. Jahrhundert wurden die Lesungen aus der Hl. Schrift auf zwei eingeschränkt (Epistel und Evangelium), zwischen denen der *Gradual-Psalm* und das Alleluja gesungen wurden. Man nimmt an, daß die Bezeichnung ›Graduale‹ auf die Stufen hinweist, die zu dem Lesepult hinanführen, an welchem der

[1] Eine sehr interessante Sammlung von Offertorien mit Versen, die noch im 12. und 13. Jahrhundert gesungen wurden, ist in Carolus Ott, Offertoriale sive versus Offertorium, Tournai 1935, zu finden.

Diakon sang. So heißt es: »Der Kantor schreitet mit einem Gesangbuch zum Lesepult hinan und singt das Responsorium.« In dieser Anmerkung ist von einem »Kantor«, nicht vom Diakon die Rede. Der hl. Gregor hatte nämlich die überhebliche Eitelkeit der singenden Diakone beobachtet und ihnen in einem Dekret vom 5. Juli 595 bei ihrem Seelenheil verboten, diese Funktion weiter auszuüben. Prächtige Mosaiken in der Kirche der Heiligen Cosmas und Damian zu Rom zeigen jene jungen Herren mit ihrem lang über die seidenen Dalmatiken herabwallenden Haar und sehr selbstgefälliger Miene. Man muß sich vergegenwärtigen, daß während des Gradual- und Alleluja- oder *Traktus*- Gesanges keinerlei liturgische Handlungen stattfinden: man setzte sich und lauschte einer Darbietung, die allerdings der höheren Ehre Gottes zugedacht sein sollte. Das Graduale bestand zu jener Zeit nur noch aus einem einzigen Vers. Es war – wie auch der Traktus – ein melismatischer Gesang, der seine kunstreiche Ornamentik dem Gesang der Ostkirchen verdankte.

Das *Alleluja* sollte nicht als Bestandteil des Graduale betrachtet werden, wie dies zuweilen geschieht, sondern vielmehr als selbständiger Gesang. Die beiden sind musikalisch ohne Zusammenhang. Das Aussingen des letzten Vokals des Alleluja, der ›jubilus‹ genannt wird, schilderte der hl. Augustinus in einem berühmtgewordenen Passus als »ein Lied der Freude ohne Worte«. Cassiodor, ein älterer Zeitgenosse des hl. Gregor, berichtet, daß »die Zunge des Sängers sich daran ergötzt; froh antwortet die Gemeinde, und wie etwas Gutes, wovon man nicht genug bekommen kann, wird es in stets neuen Noten vielfach wiederholt«.

Im Codex St. Gallen 339 sind fünfundneunzig Alleluja-Gesänge enthalten. Siebzig Verse stammen aus Psalmen, vierzehn aus anderen Bibelstellen. Es ist nicht bekannt, wann genau dem Alleluja Verse hinzugefügt wurden; aber ohne einen Vers ist dieser Gesang in den Handschriften jedenfalls nicht nachzuweisen.

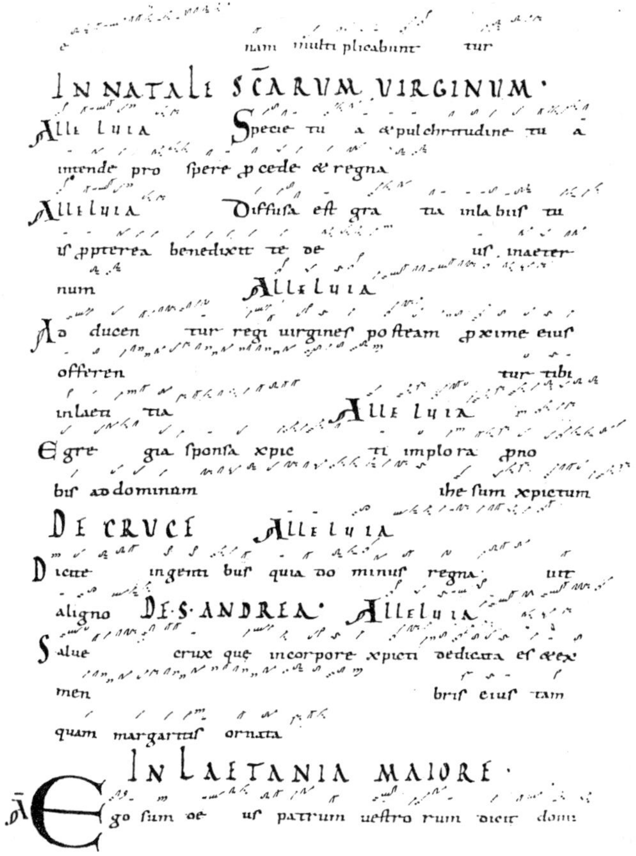

Eine Seite der Alleluja-Verse aus dem St. Gallener Cod. 339, fol. 164. Anfang 11. Jh.

Der Traktus. Der Traktus wurde in der Buß- und Fastenzeit zwischen Septuagesima und Ostern gesungen, sobald das Alleluja verstummt war. Es handelte sich um einen rein solistischen Gesang ohne Respons. Heute wird er vom Kantor und dem Chor gesungen. Peter Wagner schreibt in seiner ›Einführung in die gregorianischen Melodien‹, »daß die Traktusmelodien überaus alte und ehrwürdige Denkmäler des lateinischen Kirchengesanges und in ihnen die melodischen Formen der Solopsalmodie der Messe erhalten sind, wie sie im 4. und 5. Jahrhundert in Italien bis zur Zeit gebräuchlich waren, wo die Solisten darangingen, sie noch melismatischer auszugestalten, als sie schon waren – eine Neuerung, welche die Kürzung des Psalmes herbeiführte.« Ein großer Teil von Psalm 90 wird im Traktus zum ersten Fastensonntag gesungen und ein beträchtlicher Teil des 21. Psalms im Traktus am Palmsonntag[1].

Bei anderen Traktus werden nur wenige Psalmverse gesungen. Bemerkenswert ist, daß die Melodien dieses Gesanges alle entweder im 2. oder im 8. Modus gesungen werden.

Die Sequenz. Der neue schöpferische Impuls, der im 8. Jahrhundert zur Entwicklung des Gregorianischen Gesanges beitrug und auf den ich bei der Beschreibung des tropierten Kyrie des Ordinariums der Messe noch zu sprechen komme, zeitigte seine bedeutendsten und dauerhaftesten Ergebnisse in der Form des Tropus, die als Sequenz bekannt wurde. Sie war eine aus Melodie oder Text – oder aus beidem – bestehende Ergänzung zum Alleluja und dürfte – so vermuten manche Gelehrte – ihr Vorbild im prä-gregorianischen Alleluja gehabt haben. Die Sequenz-Komposition stand jedenfalls im 8. Jahrhundert in voller Blüte.

Im Vorwort zu seinem *Liber Hymnorum* (später *Liber Sequentiarum* betitelt) schildert Notker Balbulus (der ›Stammler‹), ein Mönch in St. Gallen, wo er im Jahre 890 Bibliothekar wurde, seine Schwierigkeiten beim Auswendiglernen der langen Melodien des Alleluja und berichtet, wie entzückt er

[1] Die Psalmen sind durchweg nach der ›Vulgata‹-Nummerierung zitiert.

war, als ein aus dem von den Normannen zerstörten Kloster Jumièges bei Rouen geflüchteter Priester in die Abtei von St. Gallen kam und ein Antiphonale mitbrachte, das dem ›jubilus‹ unterlegte Verse enthielt. Er hielt nicht allzuviel von diesen Versen als solchen, begrüßte aber die Idee, daß man die Melodien auf diese Weise besser behalten könne. Notker machte sich an die Arbeit und erfand selber Texte auf die Melodien; als er aber die Ergebnisse seinem Lehrmeister Yso zeigte, beglückwünschte ihn dieser mehr zu seinem Fleiß als zu seiner Geschicklichkeit, verbesserte seine Bemühungen und sagte, daß »jede Melodienote eine eigene Silbe zugeteilt erhalten müsse«. Diese Beurteilung zeigt, daß Yso eine ihm bereits geläufige Regel zitierte und daß daher keinesfalls Notker als der Erfinder der Sequenz anzusprechen ist. Der irische Gelehrte und Mönch war von Notkers weiteren Versuchen so begeistert, daß er ihn drängte, einen Band Sequenzen zusammenzustellen.

Wenn, wie Wellesz sagt, »bewiesen werden könnte, daß Notker tatsächlich der erste Verfasser von Hymnen war, der Textworte zur gesamten Melodie des ›Alleluja-jubilus‹ erfand, müßten wir in ihm nicht nur den großen Dichter bewundern, der er zweifellos war, sondern wir hätten ihn auch als einen großen Erneuerer in einer neuen Form der Dichtung zu betrachten«.

Wir werden zum dichterischen und musikalischen Aufbau der Sequenz als selbständige Komposition zurückkommen, wenn von der Kunstfertigkeit der Meister des Gregorianischen Gesangs die Rede ist. Das Konzil von Trient entfernte alle Sequenzen bis auf vier aus dem römischen Missale. Diese vier waren: *Victimae paschali laudes* (ein Ostergedicht von Wipo von Burgund – gest. ca. 1048), *Veni Sancte Spiritus* (ein Pfingstgedicht von Stephen Langton – gest. 1228), *Lauda Sion Salvatorem* (ein Fronleichnamsgedicht vom hl. Thomas von Aquin – gest. 1274) und *Dies irae* (zur Totenmesse; die Dichtung wird dem Thomas von Celano zugeschrieben, stammt aber vielleicht von einem anderen Franziskaner aus dem 13. Jahrhundert). Das *Stabat Mater* (die Sequenz von den Sieben Schmerzen Mariä: die Urheberschaft wird sowohl Papst Innozenz II. als dem hl. Bonaventura – gest. 1274 – als auch Jacopone da Todi – gest. 1306 – zugeschrieben) wurde erst 1727 in die Messe aufgenommen.

Die Gesänge des Messordinariums

Sie waren ursprünglich nicht in der Reihenfolge angeordnet, in der sie ausgeführt werden und in der wir sie im heutigen Graduale (ausgenommen das Credo) finden. Vielmehr waren sie in einem besonderen Buch mit den dazugehörigen Melodien gruppenweise zusammengefaßt. Die Solesmes-Ausgabe des Graduale (nicht aber die des Vatikans) vermerkt zu jedem Stück die Jahreszahl. Diese Zeitangaben reichen vom 10. bis zum 16. Jahrhundert und sind bei den einzelnen Stücken ganz unterschiedlich. So werden im Rahmen der zuletzt komponierten Vertonung, der populären *Missa de Angelis*, folgende Angaben gemacht: *Kyrie* – 15. bis 16. Jahrhundert; *Gloria* – 16. Jahrhundert; *Sanctus* – 11. bis 12. Jahrhundert; *Agnus Dei* – 15. Jahrhundert. Das sind naturgemäß Daten aus den Handschriften; aber einige Melodien aus dem Ordinarium lassen ihre frühe Herkunft klar erkennen, wenngleich die meisten aus der nach-gregorianischen Periode stammen und – wie ihre Eigenart zeigt – zu einer Zeit komponiert wurden, da die ›schola‹ den Gesang des Ordinariums übernommen hatte. Die frühen Gesänge sind die *Kyrie* der Messen 16 bis 18; das *Gloria* der Messe 15 (einer Messe für ›Einfache Feste‹, die – wie Dom Gregory Murray sagt – »wenig mehr ist als eine Variante des Psalmtons im vierten Modus ... und eine starke Familienähnlichkeit mit der Präfation, dem Paternoster und den anderen Gesängen des Zelebranten aufweist«); das *Sanctus* und *Agnus Dei* der Messe 18 und das *Requiem* (worin »miserere nobis« durch »dona eis requiem« und »dona nobis pacem« durch »dona eis requiem sempiternam« ersetzt wird).

Das *Agnus Dei* wird in der Osternacht als Anrufung am

Ende der Allerheiligenlitanei gesungen – hierin kommt die Meßliturgie in ihrem frühesten heute noch gültigen Stadium zur Geltung – und hat die gleiche Melodie wie in der oben erwähnten Messe 18.

5

Lamm Gottes, du nimmst hinweg die Sünden der Welt: verschone uns, o Herr.

Kyrie. Das *Kyrie eleison* wird zu Beginn der Allerheiligenlitanei in der Osternacht gesungen – und selbstverständlich wo immer sonst es vorkommt –, und zwar wiederum zur Ostermelodie (Messe 1) nach Beendigung der Litanei – zum Zeichen des Beginns der Messe der Ostervigil[1].

Niemand weiß, wann das Kyrie zum ersten Male in der römischen Messe verwendet wurde; aber sicherlich bildete es seit dem frühen 6. Jahrhundert einen Bestandteil der Liturgie und es ist durchaus möglich, daß das schon eher der Fall war. In einem 598 an Johannes, Bischof von Syrakus, gerichteten Brief weist der hl. Gregor den Vorwurf zurück, er sei allzu leicht bereit, konstantinopolitanische Bräuche nachzuahmen, und schreibt dazu: »Das *Kyrie eleison* beten wir keineswegs so, wie es die Griechen tun, und haben es auch nie so gebetet; denn bei den Griechen sprechen es alle zusammen – bei uns aber wird es vom Priester vorgesprochen und die Gläubigen antworten. Auch das *Christe eleison* wird ebensoviele Male hinzugefügt, und das wird bei den Griechen überhaupt nicht gesprochen.« Die genaue Festlegung, wie oft jede Bitte wiederholt werden soll – jede dreimal, so wie auch heutzutage –, wird erstmalig 831 oder 832 von dem Liturgiker Amalarius von Metz verzeichnet, der von Kaiser Ludwig dem

[1] Die reformierten Riten der Karwoche – einschließlich der Wiedereinführung der Feierlichen Ostervigil – wurden durch das Generaldekret Pius' XII., Maxima Redemptionis Nostrae Mysteria, vom 16. November 1955 in Kraft gesetzt und sind im Liturgischen Jahrbuch, hrsg. vom Liturgischen Institut Trier, 5. Jg. 1955, S. 247ff. enthalten.

Frommen nach Rom gesandt worden war, um ihm über liturgische Bräuche und andere Gegenstände zu berichten, und der das neunfache Kyrie dort im Gebrauch gefunden hatte.

Ein ungeheurer Aufschwung der schöpferischen Tätigkeit, die sich auf alle Kunstgattungen erstreckte, brachte eine Menge neuer und überarbeiteter Gesänge in Form von Tropen und Sequenzen hervor und scheint im Laufe des 8. Jahrhunderts, möglicherweise aber auch schon wesentlich früher, erfolgt zu sein.

Das griechische Wort ›tropos‹ bedeutet Melodie; aber im Zusammenhang mit der Liturgie bedeutet es die Hinzufügung einer Melodie oder nur eines Textes oder beider zu einem bereits existierenden Gesang – mit dem Ergebnis, daß eine ausgezierte Melodie erweitert oder daß ihr in ihrer bestehenden Form Text unterlegt wird. Die ältesten bekannten Tropen sollen das Werk des St. Gallener Mönchs Tuotilo sein, der sich als Poet, Bläser und Streicher, Baumeister und Bildhauer versucht hat.

Die bekannteste Form des Tropus ist die Sequenz, die wir im vorhergegangenen Abschnitt behandelt haben.

Tropen und Sequenzen waren freigestellte Einfügungen in die Liturgie, die von der kirchlichen Obrigkeit nur geduldet wurden; denn die ehrwürdige Sammlung des Gregorianischen Gesanges durfte keinesfalls von Amts wegen verfälscht werden.

Allmächtiger Herrscher des Himmels und der Engelscharen, der Erde, des Meeres und aller Sterblichen – Herr, erbarme dich.

Es war eine sehr verbreitete Praxis, das Kyrie zu tropieren oder mit zusätzlichen Wendungen ›aufzufüllen‹ – ein Brauch, an den wir noch erinnert werden, wenn wir die Untertitel studieren, die immer noch im Kyriale-Teil des Graduale erscheinen und den verschiedenen Messen ihre Namen geben. So hat die Messe 4 den Untertitel *Cunctipotens genitor, Deus.* Das Wort ›Kyrie‹ wurde ausgelassen und der interpolierte Text begann: »Cunctipotens genitor, Deus omnicreator, eleison«, wobei die Worte der Kyrie-Melodie angepaßt waren.

Dieser Prozeß führte – wie das vorstehende Beispiel zeigt – zu einer syllabischen Behandlung der neumatischen Melodie. Fast alle Teile der Liturgie wurden auf die eine oder die andere Weise tropiert, und obgleich die Liturgiker mit diesen Nebenprodukten nicht einverstanden sein mochten, zeugen diese doch von einem unumgänglichen Drang, ein neues Feld zu erschließen. Sie sind die ersten selbständigen Kompositionen bekannter Musiker.

Gloria und Credo. Eine Eintragung im Ordo Romanus I, in der das Zeremoniell einer Papstmesse zur Zeit des hl. Gregor beschrieben wird, läßt es möglich erscheinen, daß die Gläubigen auch das *Gloria* – nicht nur das Kyrie – sangen:

Sobald sie (mit dem Kyrie) geendet haben, wendet sich der Papst den Gläubigen zu, stimmt das *Gloria in excelsis* an (sofern es dem Tag entspricht) und wendet sich sogleich wieder nach Osten, bis es beendet ist. Sodann spricht er – wieder dem Volk zugekehrt – das »Pax vobis«, und erneut nach Osten gewendet, das »Oremus«, worauf das Gebet folgt.

Mit Beginn des 9. Jahrhunderts hatte die ›schola cantorum‹ das Singen des Gloria übernommen. Ein Vergleich des einfachen Gloria der Messe 12, das den Tonumfang einer Quint in der Phrase vor dem Amen kaum überschreitet, mit dem ›cantus ad libitum‹ des Gloria in der Messe 3 läßt erkennen, wie sehr letzteres über die Möglichkeiten einer Gruppe ungeschulter Sänger hinausgeht.

Der erste klare Nachweis, wonach das Gloria – ursprünglich ein griechischer Morgenhymnus – in der Christmette gesungen wurde, findet sich in einer Predigt Papst Leos I. Seit Beginn des 12. Jahrhunderts war es nicht mehr nur den Bischöfen vorbehalten (Priester durften es nur am Ostersonntag singen), sondern es durfte von allen Zelebranten an allen geeigneten Tagen gesungen werden.

7

... in der Herrlichkeit Gottes des Vaters ...

Die Römische Kirche war die letzte, die das *Credo* in die Messe einführte. Als Berno, Abt von Reichenau, im Februar 1017 zur Krönung Kaiser Heinrichs II. in Rom weilte, erkundigte er sich, warum es nicht gesungen würde. Er erhielt die Auskunft, die Römische Kirche habe es nicht nötig, ihren Glauben eigens zu bekräftigen; denn sie sei – im Gegensatz zu anderen – frei von jeglichem Makel des Irrglaubens. Dem Kaiser gelang es jedoch schließlich, Papst Benedikt VIII. zu überzeugen, daß das Credo bei der Messe gesungen werden solle; aber es blieb immer noch den Messen besonderer Bedeutung vorbehalten.

Im Kyriale sind sechs Vertonungen enthalten, von denen die zuletzt komponierte – Nr. 3 aus dem 17. Jahrhundert – die populärste und einer der wenigen Gesänge ist, bei denen es die Gläubigen auch heute noch – wenigstens in manchen Kirchen – über sich bringen, ihr übliches Schweigen zu brechen und mitzusingen. Es ist ein großer Eindruck, das Credo bei besonderem Anlaß von einer großen Menschenmenge aller Nationalitäten auf dem Petersplatz in Rom singen zu hören.

Sanctus – Benedictus. Das Singen des *Sanctus*, des ›Hymnus der Engel‹, war nach dem Ordo Romanus I zur Zeit des hl.

Gregor ein reguläres Merkmal der Messe und wurde vermutlich bis zum 6. beziehungsweise 7. Jahrhundert von den Gläubigen ausgeführt, erst später von den zelebrierenden Priestern und schließlich vom Chor übernommen.

Sowohl in den alten Handschriften als auch im modernen Graduale erscheinen *Sanctus* und *Benedictus* als ein und derselbe Gesang und ihre Trennung – vor der Konsekration bzw. nach der Erhebung des Kelchs – ist ausschließlich auf die lange Wartezeit zurückzuführen, die sich für den Zelebranten vor der Konsekration infolge polyphoner Vertonungen der Gesänge ergab.

Die dem Psalm 117 entnommenen Worte des Benedictus sind jene, mit denen die Gläubigen Jesus begrüßten, als er am Palmsonntag im Triumph in Jerusalem einritt: »Hosanna in excelsis« war ihr spontaner Ausruf lobpreisender Begeisterung. Es ist nunmehr im liturgischen Gesang erlaubt, Sanctus und Benedictus in einem zu singen. Das gilt naturgemäß auch für die Figuralmusik, wenn die Vertonung kurz ist, wie zum Beispiel in der *Mass for Three Voices* von William Byrd.

Agnus Dei. Aus dem ›Liber pontificalis‹ geht hervor, daß Papst Sergius (687–701) angeordnet hat, es sollen »zur Zeit, da der Leib des Herrn gebrochen wird«, Priester und Gläubige »Agnus Dei, qui tollis peccata mundi, miserere nobis« singen. Der Text ist, wie wir sehen, der Litanei entnommen. Das Agnus Dei wurde im 9. Jahrhundert zweimal gesungen – zuerst von der ›schola‹ und sodann von der Priesterschaft; aber im 12. Jahrhundert wurde es so wie heute dreimal gesungen, wobei das »dona nobis pacem« am Schluß der dritten Bitte das »miserere nobis« ersetzte. Die römische ›schola cantorum‹ jedoch behielt – wie Innozenz III. (1216) berichtet – einen alten Brauch bei, wonach am Ende jeder Bitte »miserere nobis« gesungen wurde, und die Lateran-Basilika folgt dieser Tradition nach wie vor.

Das Stundengebet (Officium Divinum)

Der hl. Benedikt (ca. 480–550), der ›Patriarch des abendländischen Mönchstums‹, sagt an der Stelle seiner Ordensregel, wo er von denen spricht, die zu spät zum Gebet kommen: »Ergo nihil operi Dei praeponatur – Folglich darf nichts dem gottgeweihten Werk vorangestellt werden«. Mit »gottgeweihtem Werk« meinte er die Gesamtheit der Liturgie, im besonderen aber das *Stundengebet*, das Officium Divinum.

Dieser wunderbare Schatz von Gebeten ist im allgemeinen wenig bekannt, ausgenommen bei Besuchern großer Benediktinerklöster, die – wenn sie früh genug aufstehen – bei den *Matutinen* und *Laudes* sowie auch bei den Tagesgebeten (*Prim*, *Terz*, *Sext*, *Non* und *Vesper*) und beim Nachtgebet der Mönche, der *Komplet*, zugegen sein dürfen. Zu letztgenanntem Gebet findet sich die gesamte Klostergemeinschaft zum Abschluß des Tages – ›ad completorium‹ – zusammen, worauf die ›große Stille‹ sich über das Haus senkt bis zum frühen Morgen, das heißt, bis zu der Stunde der Matutin und der Laudes.

Der Psalmengesang ist das Fundament des Gebets und der Lobpreisungen im Officium Divinum, und die Stunden selbst richten sich nach den Worten aus Psalm 118, 164, »Siebenmal des Tages lobe ich dich«, und aus dem gleichen Psalm: »Um Mitternacht stehe ich auf, um dich zu preisen« (62).

Vom Anbeginn seines Klosterlebens mußte der Mönch bemüht sein, den Psalter, die kurzen Lesungen und die gebräuchlichsten liturgischen Formeln auswendigzulernen.

Wer allnächtlich beim trüben Licht einer rußenden Lampe und ohne Brille aus der Bibel oder den Kirchenvätern von Manuskripten ablesen mußte, die voller Abkürzungen und meist durch häufigen Gebrauch unleserlich waren, der bedurfte in der Regel einer besonderen Vorbereitung. Wenn sich der Vorlesende nicht verständlich machen konnte, bestand nicht die heute gegebene Möglichkeit, daß die Hörerschaft in ihren Büchern nachsehen konnte; denn Breviere gab es damals noch nicht und Handschriften waren sehr rar.[1]

[1] David Knowles, The Monastic Order in England. Cambridge 1949.

Über den Ursprung des Stundengebets herrscht bei den Liturgikern große Uneinigkeit. Einer von ihnen ist der Meinung, daß nach allem vorliegenden Material Vesper, Matutin und Laudes aus der Vigil hervorgegangen sind, die *das* öffentliche liturgische Ereignis war, an welchem jedermann teilnehmen konnte. Es handelte sich somit um ein kirchliches, kein klösterliches Gebet.

Anscheinend hat es aus der Zeit, da einzelne besonders fromme Menschen eine größere Gebetslast auf sich genommen und sich schließlich zu religiösen Gemeinschaften zusammengefunden haben, eine zweifache Tradition gegeben. Die Briefe der spanischen Äbtissin Etheria lassen die beiden »eng verbundenen, doch noch nicht gänzlich in eins verschmolzenen« Andachtstypen erkennen. Tertullian (ca. 160–ca. 220), der afrikanische Kirchenvater – und der erste christliche Theologe, der in lateinischer Sprache schrieb –, erwähnt regelmäßige Nachtwachen, die er »Nocturnae convocationes« nennt – wörtlich »einberufene Zusammenkünfte zur Nachtzeit« –, Andachten, die – gleich der Ostervigil – auf die Hl. Eucharistie vorbereiten sollten. Der Ausdruck ›Nocturn‹ war, wie wir noch sehen werden, dem ersten Teil der nächtlichen Andacht vorbehalten, der später *Matutin* genannt wurde, während der zweite Teil, die *Matutinae Laudes* (Lobgesänge am Morgen)[1] später einfach *Laudes* genannt wurden. Die beiden Andachtstypen, der kirchliche und der klösterliche, waren, wie Benedict Steuart schreibt, »nicht nur durch die unterschiedliche Anzahl, sondern auch die unterschiedliche Intention, aus welcher sie dargebracht wurden, auseinanderzuhalten. Die von der Kirche dargebrachte öffentliche Andacht mit Gebeten und Lobpreisungen war aus der jüdischen Liturgie hergeleitet, in der sie ihren Ursprung hatte.« Die Kirche sagte daher – wie es die Juden taten – Dank für die Gottesgabe des Lichts, für das Sonnenlicht am Morgen und die

[1] Die *Laudes* verdanken ihren Namen dem häufigen Vorkommen von Psalmen in der klösterlichen Morgenandacht, die mit »Lauda« oder »Laudate« beginnen.

Fähigkeit des Menschen, des Abends Licht zu erzeugen, legte aber in die Erschaffung des Lichts und das Hereinbrechen der Dunkelheit auch mystische und geistige Bedeutungen hinein. So setzen die beiden letzten Strophen einer der schönen Hymnen des spanischen Dichters Aurelius Prudentius Clemens (348–405) *Nox et tenebrae et nubila* (Mittwoch-Laudes) die Morgendämmerung in lebendigen Vergleich mit der Ankunft Christi:

Nacht, Nebel und die Dunkelheit – Was alle Welt verwirrt und schreckt – Es flieh hinweg, das Licht erscheint – Der Himmel klärt sich: Christus kommt.

Zur Prim wird in dem Hymnus *Iam lucis orto sidere* (Schon ist erwacht der Sonne Strahl), der von einem unbekannten Autor aus der Zeit zwischen dem 5. und 8. Jahrhundert stammt, um Hilfe während des Tagewerks gebetet; ähnlich wie auch in den Hymnen zur Terz, Sext und Non. In ihnen ist von des »Mittags Sonnenglut« und von dem »Wechsel aller Zeit« die Rede mit der Bitte: »Am Abend spende uns dein Licht.« Diese Hymnen stammen möglicherweise vom hl. Ambrosius, dem Vater des lateinischen Hymnengesangs, zumindest aber von einem und demselben Verfasser.

In den Hymnen zur Vesper ist die Angst vor der Finsternis vorherrschend. Der Sonntags-Hymnus *Lucis creator optime* (Des Lichtes Schöpfer, guter Gott), der vielfach dem hl. Gregor zugeschrieben wird, preist den Schöpfer des Lichts und schildert sodann die Angst vor der hereinbrechenden Nacht. Diese Angst kommt auch im Komplet-Hymnus *Te lucis ante terminum* (Bevor des Tages Licht vergeht – ca. 600) zum Ausdruck, der die Bitte enthält: »Gib, daß kein böser Traum uns weckt, kein nächtlich Wahnbild (noctium phantasmata) uns erschreckt!«

Der hl. Benedikt sieht in seiner Regel für alle Stundengebete ein sogenanntes *Ambrosianum* vor; das ist ein nicht näher beschriebener Hymnus, der vom hl. Ambrosius und aus der Mailänder Liturgie entlehnt war, wenngleich die Bezeichnung nicht ausschließlich in diesem Sinne benutzt worden sein mag.

(39) Papst Gregor der Große (540–604) diktiert, vom Hl. Geist inspiriert, dem Diakon Petrus den ›Gregorianischen Gesang‹. Getönte Federzeichnung. Um 1000.

(40) Der hl. Ambrosius, Bischof von Mailand (374–397), der die antiphonische (doppelchörige) Singweise des Orients in den Gottesdienst einführte und dessen Hymnen noch heute in der römischen Liturgie fortleben. Mosaik des 5. Jhs.

(41) Der hl. Johannes Chrysostomus (gest. 407), einer der byzantinischen Kirchenväter, unter dessen Episkopat sich in Konstantinopel die ›Chrysostomus-Liturgie‹ herausprägte. Miniatur vom Beginn d. 9. Jhs.

(42–45)
Von den Neumen zur Quadratnotation. Beispiele zur Entwicklung der Notenschrift des 9. bis 13. Jhs. (Nähere Angaben im Abbildungsverzeichnis am Ende des Buches.)

(42)

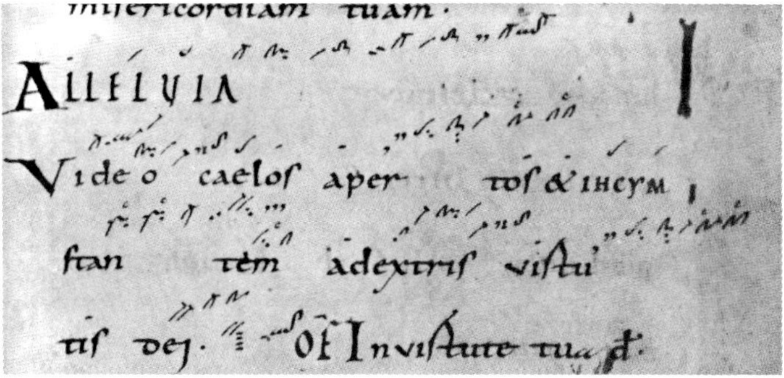

(43)

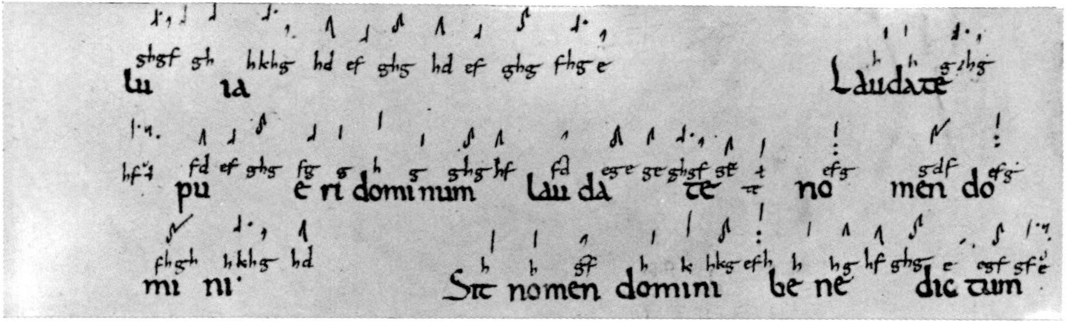
lu ia Laudate
pu e ri dominum lau da te no men do
mi ni Sit nomen domini be ne dic tum

(44)

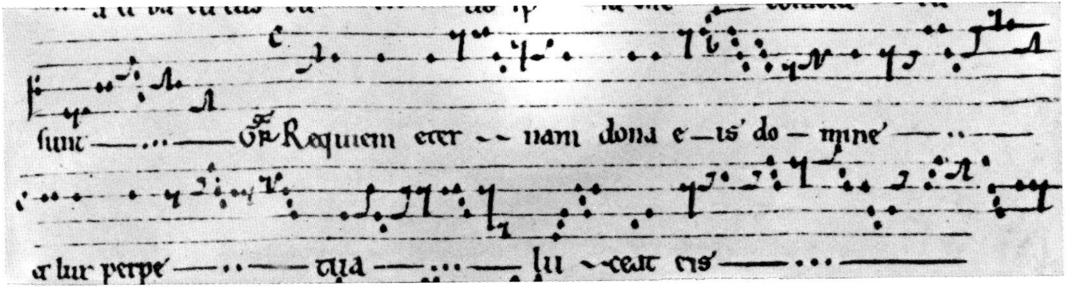
sunt
Requiem eter nam dona e is do mine
et lux perpe tua lu ceat eis

(45)

mo dñi
Adannū
ciandum ma ne
mi sericordiam tu am et
veritatē tu am per
noctem
Alle lu ia

(46) Notker der Stammler (Balbulus) beim Aufzeichnen der Sequenz »Sancti spiritus assit nobis gratia«. Miniatur um 1025.

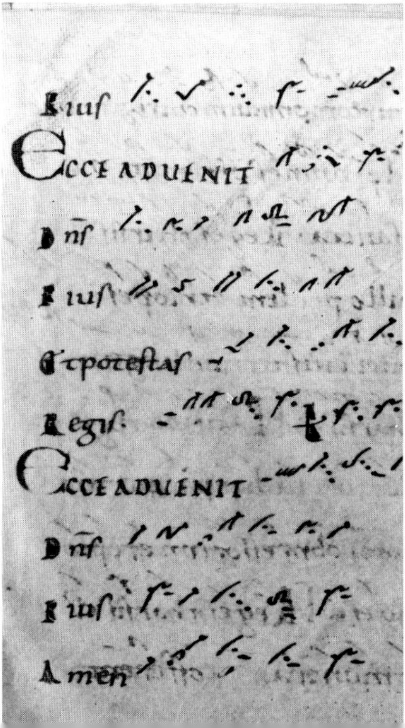

(47) Troparium (Gesangbuch) aus dem Kloster St. Gallen. Um 1000. Ausgeschriebene Melodieführung in cheironomischen Neumen zu den Textanfängen. Die Handschrift soll Entwürfe Notkers des Stammlers zu seinen Sequenzen enthalten.

(48) König David, die Chrotta spielend und vier Schreibern Psalmen diktierend. Miniatur. Ende 10. Jh.

Die Zurückhaltung der Römischen Kirche gegenüber allen Hymnen, die nicht bis zum 12. Jahrhundert endgültig in die Laien-Messe aufgenommen waren, rührt von dem Vorsatz her, keine anderen als biblische Texte in die Liturgie zu übernehmen, noch mehr aber von der Tatsache, daß sich Häretiker vielfach der Form des Hymnus bedienten, um ihre Irrlehren besser verbreiten zu können. Das klassische Beispiel hierfür ist Bardesanes (154–222), der aus Edessa stammte und als der Vater des syrischen Hymnengesanges anzusehen ist. Seine unorthodoxen Lehren fanden durch seine ungemein populären Hymnen weite Verbreitung. Der hl. Ephräm, ein syrischer Kirchenschriftsteller, der sich 363 in Edessa niederließ, komponierte Hymnenzyklen, in denen er auch Bardesanes und andere Irrlehrer seiner Zeit bekämpfte.

In der langen Folge von Verfassern lateinischer Hymnen erscheinen u. a. der hl. Ambrosius (340–397), Sedulius (9. Jahrhundert), Venantius Fortunatus (ca. 535–ca. 600), Peter Abélard (1079–1142) und der hl. Thomas von Aquin (1225–1274). *Vexilla Regis prodeunt* (Des Königs Fahnen ziehn einher), ein Hymnus, den Fortunatus anläßlich der Ankunft eines Kreuzpartikels in Poitiers schrieb, wurde fünfhundert Jahre später das Lied der Kreuzfahrer. Fortunatus schrieb auch *Verbum supernum prodiens* (Das ewige Wort kam in die Welt), den Laudes-Hymnus am Fronleichnamstag, und von Thomas von Aquin stammt der Prozessionshymnus für den gleichen Tag *Pange lingua gloriosi corporis mysterium* (Preiset, Lippen, das Geheimnis dieses Leibs voll Herrlichkeit). *Pange lingua gloriosi proelium certaminis* (Von dem lorbeerreichen Streite töne meiner Stimme Klang) ist ein Passionshymnus von Fortunatus. Der Pfingsthymnus *Veni Creator Spiritus* (Komm, Schöpfer Geist, kehr' bei uns ein) von einem unbekannten Autor des 9. Jahrhunderts war seit dem 11. Jahrhundert bei Priesterweihen im Gebrauch und das *Te Deum*, ein wahrscheinlich vom hl. Nicetas von Remesia (335–415) stammender Hymnus, der mit so viel Majestät und Kühnheit ausgestattet ist wie kaum ein anderer der lateinischen Kirche, wird am Ende der Matutin an allen Sonntagen – ausgenommen im Advent und in der Fastenzeit – gesungen sowie an allen Feiertagen und bei besonders freudigen Anlässen. Sie alle sind einzeln wohlbekannt, ohne daß man sich ihres Platzes im Stundengebet bewußt wäre. Das gilt auch für viele Responsorien der großen Festtage in der Karwoche (Gründonnerstag, Karfreitag und Karsamstag), die durch mehrstimmige Vertonungen von Victoria und Ingegneri sehr gut bekannt sind. So zum Beispiel *O vos omnes* und *Tenebrae factae sunt.* Wir werden nunmehr sehen, welchen Platz Psalmodie, Hymnen und Responsorien im Aufbau des römischen Offiziums[1] einnehmen.

MATUTIN

Tagesleitsatz (Invitatorium) (Psalm 94 – *Venite, exultemus Domino* – Kommet, lasset uns Jehova zujubeln) – mit je nach Jahreszeit oder Fest wechselndem Refrain.
Hymnus.

ERSTE NOCTURN

Drei Psalmen mit ihren jeweils vor- und nachher gesungenen Antiphonen.
Versikel und Respons. Paternoster. Absolution[2]. Segen.

Drei Lesungen aus der Hl. Schrift, auf welche jeweils ein langes Responsorium folgt.

Die ersten beiden Responsorien werden mit einer Wiederholung eines Textteils nach dem Vers gesungen; bei dem dritten Responsorium wird die gleiche Wiederholung gemacht, jedoch unter Hinzufügung der ersten Hälfte der ›kleinen Lobpreisung‹ und einer weiteren Wiederholung. Zur Verdeutlichung des Vorgangs folgt der Text des Responsoriums am Ende der ersten Nocturn am Christtag:

[1] Das von Weltpriestern verrichtete Stundengebet.

[2] So benannt, weil eines der unter dieser Überschrift stehenden Gebete Bußcharakter hat.

Quem vidistis, * pastores? dicite, annuntiate nobis, in terris quis apparuit? * Natum vidimus, et choros angelorum collaudantes Dominum. ℣. Dicite, quidnam vidistis? et annuntiate Christi nativitatem. * Natum ... Gloria Patri ... * Natum ... –

Wen habt ihr gesehen, ihr Hirten? Sagt an, kündet es uns! Wer ist auf Erden erschienen? Wir haben ein Kind gesehen und Chöre von Engeln, die Gott lobpriesen. ℣. Sagt an: Was habt ihr gesehen? Und kündet uns Christi Geburt.

Der erste Stern im lateinischen Text bedeutet den Abschluß des ›incipit‹ – das heißt der vom Vorsänger vor dem Choreinsatz gesungenen Intonation –, die anderen drei Sterne bedeuten die Stellen, wo der Chor die Wiederholungen ausführt. Der Vers und die erste Hälfte des *Gloria Patri* werden von den Vorsängern gesungen.

ZWEITE UND DRITTE NOCTURN

Diese folgen dem gleichen Schema wie oben. Die Lesungen der zweiten Nocturn sind Predigten der Kirchenväter und den Lebensgeschichten der Heiligen entnommen, – diejenigen der dritten Nocturn dem Neuen Testament. Wenn nach der neunten Lesung das *Te Deum* gesungen wird, folgt das Responsorium mit der zweifachen Wiederholung am Schluß der achten Lesung[1].

LAUDES

Dieses Stundengebet enthält vier Psalmen und ein Canticum aus dem Alten Testament (*Gesang der Drei Jünglinge im Feuerofen*, *Gesang des Jeremias* usw.), das zwischen dem dritten und fünften Psalm gesungen wird. Alle haben Antiphonen.
Capitulum (kurze Bibelstelle).
Hymnus.
Versikel und Respons.
Canticum des Zacharias (*Benedictus*) mit Antiphon.

[1] Die Anlage der Responsorien ist veränderlich und kann von dem oben angegebenen Modell stark abweichen. Das Stundengebet an Wochentagen enthält nur eine Nocturn.

PRIM

Hymnus. Drei oder vier Psalmen nach einer Antiphon.
Capitulum. Kurzes Responsorium.

Diese Form unterscheidet sich von dem langen Responsorium. Der folgende Text ist für den Christtag bestimmt:

R. Christe Fili Dei vivi * Miserere nobis.
℣. Qui natus es de Maria Virgine * Miserere nobis. ℣. Gloria Patri.
R. Christe Fili Dei vivi * Miserere nobis.

Der Chor wiederholt die ganze Respons nach den Vorsängern und singt den zweiten Teil des Verses und die ganze Respons nach dem *Gloria* (Christus, Sohn des lebendigen Gottes, erbarme dich unser. Du bist geboren aus Maria der Jungfrau, erbarme dich unser).
Versikel, Respons und verschiedene Gebete.

TERZ, SEXT UND NON

Hymnus.
Drei Psalmen unter einer Antiphon.
Capitulum. Kurzes Responsorium, Versikel und Respons.

VESPER

Gleiches Schema wie bei Laudes – häufig mit denselben Antiphonen – jedoch mit fünf Psalmen und keinem Canticum aus dem Alten Testament.
Magnificat mit Antiphon als Canticum des Neuen Testaments.

KOMPLET

Nach dem Eingangssegen und einer kurzen Bibellesung allgemeines Sündenbekenntnis mit Absolution, drei Psalmen unter einer Antiphon, Hymnus, Capitulum, kurzes Responsorium, Versikel und Respons. Der Lobgesang des Simeon (*Nunc dimittis*) mit Antiphon. Eine der vier Antiphonen zur Hl. Jungfrau (*Alma Redemptoris Mater; Ave Regina coelorum; Regina coeli laetare; Salve Regina*) wird – je nach Jahreszeit – nach der Komplet gesungen und gelegentlich auch nach den Laudes und der Vesper.

Das Stundengebet für Mönche und das für Weltpriester ist in seiner Gesamtheit auf Grundlagen aufgebaut, die auf jene Frühzeit zurückgehen, da Männer und Frauen – wie der hl. Antonius von Ägypten aus Alexandria – aus dem verderbten Leben der Großstädte in die Einöde flohen und sich dort zu klösterlichen Gemeinschaften zusammenschlossen. Der hl. Benedikt, der in reifen Jahren selbst aus Rom floh, um in einer Höhle bei Subiaco ein Eremitendasein zu führen – und der später das große, nun nach der Zerstörung im Zweiten Weltkrieg glücklich wiederaufgebaute Kloster Monte Cassino gründete –, gab seinen Mönchen eine Regel, die alle anderen im Abendland entstandenen Ordensregeln verdrängte: und in der Tat »war das benediktinische Mönchstum vom 8. bis zum 12. Jahrhundert die einzige im Abendland bekannte Form geistlichen Lebens und der Quell der liturgischen Tradition, die heute in den Benediktinerklöstern in Blüte steht, wo das ›Opus Dei‹ noch immer die Haupttätigkeit der Mönche bildet.« (Knowles)

Es war nur recht und billig, daß die Erneuerung des Gregorianischen Gesanges diesem großen Orden anvertraut wurde und daß es ihm überlassen blieb, die Welt davon zu überzeugen, daß das nicht eine Art formloser, rhythmusloser, barbarischer Klagemelodien ist.

Die Komponisten der Gregorianik

Es ist üblich, die anonymen Schöpfer des Gregorianischen Gesanges Komponisten zu nennen, obgleich sie selber diese Bezeichnung nicht akzeptiert hätten. Sie waren Meister ihres Handwerks, die im Laufe der Jahrhunderte melodische Formeln oder wirkliche Melodien zum Erbe nahmen und in Ehrfurcht behüteten. Sie arbeiteten stets innerhalb klar abgegrenzter liturgischer Bereiche und unterwarfen sich den liturgischen Gesetzen, wobei sie tatsächlich eine dem Gebrauch entsprechende Musik hervorbrachten, die man als die geeignetste, die liturgische Handlung nie verzögernde Art von Kirchenmusik und zugleich als die ästhetisch und geistig befriedigendste bezeichnen muß, weil sich die in ihr angewendeten Mittel dem Zweck in vollkommener Weise anpassen. Sie ist in der Tat vollendeter Gebetsgesang.

Die verschiedenen Formen des Kirchengesangs wurden in diesem Abschnitt bereits erwähnt; nun aber müssen wir einige von ihnen etwas näher betrachten.

Die antiphonische Psalmodie

Das Wesen der antiphonischen Psalmodie liegt im wechselweisen Singen zweier Gruppen – im Gegensatz zum Alternieren einer Gruppe und eines Solisten (beziehungsweise eines oder zweier Vorsänger). Im antiphonischen Gesang erklang vor dem Psalm und nach jedem Vers oder Verspaar ein Refrain. Nach einer Periode bloßer Ausrufe wurden diese Refrains eingeführt und vorwiegend dem eigentlichen Psalm entnommen – wie in der einzigen vollständigen Form antiphonischen Singens, die noch in der Messe erhalten ist, nämlich der Antiphon und dem Canticum, die während der Austeilung der Kerzen am Fest der Reinigung Mariä gesungen werden. Es stellt sich heraus, daß der Text der Antiphon dem vierten Vers des *Nunc dimittis* entnommen ist:

8

Ein Licht zur Erleuchtung der Heiden und zum Ruhme deines Volkes Israel. Nun entlässest du, Herr, deinen Diener nach deinem Worte in Frieden.

Die Tatsache, daß ein originaler – also nicht aus dem zu singenden Psalm, sondern von einer anderen Bibelstelle stammender – Text vorgesehen ist, sowie die Wiederholung der Antiphon ausschließlich am Ende des Psalms sind Ergebnisse späterer Entwicklungen. Im allgemeinen kann die Antiphon als praktischer Weg zur Fixierung der Tonhöhe und Kennzeichnung des Modus des Psalmtons angesehen werden. In liturgischer Hinsicht bringt sie den Leitgedanken zum Bewußtsein, der während des Singens eines Psalms dominieren soll. Eine Untersuchung der Antiphonen zu den Laudes und Vespern von Weihnachten oder Ostern vermittelt eine gute Vorstellung hinsichtlich der Art und Weise, wie die charakteristische Note des betreffenden Festes durch alle diese Stundengebete gewahrt bleibt.

Das Stundengebet beanspruchte mehrere Stunden der Nacht und des Tages. Um einen glatten Übergang zur Antiphon sicherzustellen, wurden die acht Psalmtöne[1] mit einer Anzahl verschiedener Abschlüsse versehen. Diese werden im Antiphonar neben der Nummer des Modus der Antiphon angegeben. In allen Fällen werden die Töne am Ende der Antiphonen über der Vokalfolge E u o u a e (den Vokalen von saEc UlOrUmAmEn) nach dem Gloria Patri eingefügt, wodurch der passende Abschluß gekennzeichnet werden soll. Im folgenden Beispiel ist die Antiphon als im ›Siebenten Modus‹ stehend bezeichnet und endet 7.c. Die Antiphon schließt auf dem Finalton des Modus ab; der Abschlußton des Psalms ist so gewählt, daß er gut zum ersten Ton der Antiphon paßt, die an sich mit jedem beliebigen Ton des Modus beginnen kann.

Das folgende Beispiel zeigt die Intonation – ›incipit‹ –, den Rezitationston – ›tuba‹ –, die Mittelkadenz – ›meditatio‹ –, den Rezitationston und die Schlußkadenz – ›terminatio‹ –.

Die Antiphonen des Stundengebetes sind – im Gegensatz zu denen der Messe – gewöhnlich von einfachem Charakter, da sie für die Allgemeinheit der Mönche, nicht für die ›schola‹

[1] Es gibt noch einen neunten Psalmton mit zweierlei Rezitationstönen. Er wird ›tonus peregrinus‹ – der ›fremde Ton‹ genannt.

9

bestimmt waren. An großen Festtagen allerdings sind sie komplizierter. In den Cantica des Neuen Testaments wird das ›incipit‹ durchweg wiederholt.

Die Responsorium-Psalmodie

Das Graduale[1].

Das Gradual-Responsorium, wie es heute gesungen wird, hat seinen Charakter eingebüßt. Sobald die Vorsänger den Vers gesungen haben, sollte der erste Abschnitt wiederholt werden. Das würde das Graduale zweifellos verlängern; aber der Wegfall der Wiederholung kann dem Text seinen Sinn rauben, wie zum Beispiel am Fest des hl. Johannes des Täufers, wenn der Vers so endet: » ... (der Herr) berührte meinen Mund und sprach zu mir« – aber *was* Er sagte – nämlich die Anfangsworte des Graduale – wird nicht wiederholt. So bleibt das Graduale eine A B-Form anstatt A B A-Form und wird aus Bequemlichkeitsgründen verstümmelt – nicht etwa auf Grund einer Verfügung der Ritenkongregation.

Das *Alleluja.* Es hat dreiteilige Form (ausgenommen in der Osterwoche, wo die Sequenz *Victimae paschali laudes* unmittelbar auf den Vers folgt) und wiederholt manchmal die ganze Alleluja-Melodie nach dem Zeichen* im Vers, oder, was noch gebräuchlicher ist, den vollständigen oder gekürzten ›jubilus‹, aber der Vers kann durchweg eine völlig selbständige Melodie haben.

[1] Vom Weißen Sonntag bis nach Himmelfahrt wird das *Graduale* ausgelassen und durch ein zweites *Alleluja* ersetzt.

10

*(nach der letzten Silbe wird das Alleluja vom Stern * an wiederholt)*

Alleluja. ℣. Gleich einer Lilie sproßt der Gerechte und blühet ewig vor dem Herrn. Alleluja.

Kyrie. Sanctus. Agnus Dei. Das neunfache Kyrie eleison fordert eine variierende Behandlung in den Vertonungen des Ordinariums der Messe heraus und erfährt sie auch tatsächlich. Die einfachste Form ist A (die ersten drei Kyrie) B (die drei »Christe«) und A1 (die zweiten drei Kyrie). Jedenfalls hat der künstlerische Instinkt der Komponisten dazu geführt, daß sie im abschließenden Kyrie stets eine Variante der Melodie eintreten ließen.

11

Es kommt auch vor, daß für die letzten drei Kyrie eine veränderte Tonfolge gewählt wird, so daß sich die Formel ABC ergibt (so zum Beispiel in der Messe 2 des *Kyriale*), oder diese Formel kann auf die ersten Kyrie und die Christe angewendet werden, oder schließlich gibt es auch noch die Formel ABA^1, CDC^1, DED^1.

Der Satz, mit dem die Gläubigen am Schluß der Messe entlassen werden – »Ite missa est« oder »Benedicamus Domino«–, wird gewöhnlich auf die Melodie des ersten Kyrie der jeweils benutzten Messe gesungen.

Im Sanctus erhält das »Hosanna in excelsis« meist die gleiche musikalische Gestalt, wenn es nach dem Benedictus wiederholt wird. Das Agnus Dei kann sich für jede der drei Wiederholungen der gleichen Melodie oder aber der für das Kyrie zutreffenden obigen Formeln bedienen.

Hymnen und Sequenzen

Die Offiziumshymnen haben selbstverständlich strophische Form, aber verschiedene Metren. Die Mehrzahl von ihnen steht in jambischen Dimetern. Der hl. Ambrosius bediente sich – syrischem Brauch folgend – dieses Metrums bei der Abfassung der Hymnen, die er für seine Gläubigen schrieb, als sie ihre Kirche in Mailand gegen die von der Kaiserin Justina angeführten Arianer beschützten, so daß sie dank diesen Hymnen und den Psalmen, die sie zu singen hatten, »nicht in gleichförmiger Traurigkeit dahinschmachten mußten«. Als die Belagerung beendet war, wurde der Hymnengesang beibehalten und »von beinahe allen Versammlungen Deiner Gläubigen in der übrigen Welt nachgeahmt«.

Der hl. Augustinus, dessen Bericht hier zitiert ist, beschreibt den jambischen Versfuß als »eine Kürze und eine Länge auf drei Taktschläge«; aber die mit Bestimmtheit von Ambrosius stammenden Hymnen des Römischen Breviers – *Aeterne rerum conditor* (Sonntag-Laudes), *Splendor paternae gloriae* (Montag-Laudes) und *Aeterna Christi munera* (Gemeinsame Offizien an Festtagen mehrerer Märtyrer) –

sind im Antiphonar von heute auf Noten gleichen Zeitwerts gesetzt. Wenn die Melodie auf – zum Beispiel *Aeterna Christi munera* – nach dem Textrhythmus gesungen wird, müßte sie in moderner Notation folgendermaßen geschrieben werden:

12

Laßt uns, wie sich's geziemt besingen / Der Zeugen Gottes Heldentaten / Es drängt das Herz uns, froh zu feiern / Der Sieger hochgestelltes Heer.

Bereits zur Zeit des hl. Ambrosius konnte Betonung den Zeitwert ersetzen. So hatten die Komponisten von Hymnen später die Möglichkeit, das Metrum zu vernachlässigen und machten auch von ihr Gebrauch. Man hat die Vermutung ausgesprochen, die Originalmelodien der Hymnen des hl. Ambrosius seien Bearbeitungen italienischer Volkslieder gewesen, was ihre ungeheuere Beliebtheit erklären könnte. Tatsächlich wurde ihm ja auch vorgeworfen, er habe das Volk mit diesen Hymnen ›behext‹.

Man hat gesagt, daß »die römische Volksdichtung anscheinend von Anfang an auf dem Akzent aufgebaut war ... man muß (daher) die Ursprünge der liturgischen Dichtung im volkstümlichen Reim suchen, der auf dem Akzent beruht, obgleich die Modelle dieser Kompositionen (der Hymnen des Stundengebets) im allgemeinen in klassischen Metren abgefaßt waren«.

Der aus dem 8. Jahrhundert stammende Hymnus *Ut queant laxis* zum Fest des hl. Johannes des Täufers brachte Guido von Arezzo (geboren ca. 995) auf die Idee des modernen Systems der Solmisation (Benennung der Töne). Es ist ein eigenartiger

Zufall, daß jede Halbzeile der Melodie mit der nächsthöheren Note beginnt und daß dieses melodische Ansteigen im ersten Vers mit den Silben der Solmisation – ausgenommen der letzten – zusammenfällt:

Ut queant laxis **Re**sonare fibris
Mira gestorum **Fa**muli tuorum
Solve polluti **La**bii reatum,
Sancte Johannes.

Es wäre naturgemäß verfehlt, nach der Herkunft der Sequenztexte bei klassischen Vorbildern zu suchen, da sie sich ja den Melodien des Alleluja – mit jeweils einem Ton auf eine Silbe – anpassen mußten; aber in den selbständigen Kompositionen, zu denen sie sich entwickelten (wenn der Dichter die Melodie erweiterte, zusammendrängte oder veränderte), folgen die metrischen Texte meist dem trochäischen Rhythmus.

Im späten 11. Jahrhundert »ist der Text in regelrechter Versform gehalten. Es ist eine ausgesprochene Neigung erkennbar, betonte und unbetonte Silben abwechseln zu lassen sowie die Zeilenlängen einander anzugleichen. Die Zeilenenden sind durch den Reim hervorgehoben«. Die frühen Sequenzen waren nicht so regelmäßig in der Form. Der Text von *Victimae paschali laudes* (erste Hälfte des 11. Jahrhunderts) ist ein gutes Beispiel für diesen Typ.

Die übrigen im *Graduale* erhaltenen Sequenzen – das *Stabat Mater* ausgenommen – haben alle ein bemerkenswertes Charakteristikum gemeinsam. Nach einer bestimmten An-

Text zu der nebenstehenden Sequenz:
Weihet dem Osterlamme / Lobgesänge, ihr Christen. / Denn das Lamm erlöste die Schafe; / Mit dem Vater versöhnte / Christus, der Reine / Alle die Sünder. / Tod und Leben da kämpften / Seltsamen Zweikampf: / Der Fürst des Lebens, dem Tode erliegend, / Herrscht als König und lebt. / Maria, künde uns laut: / Was hast auf dem Weg du geschaut? / Sah Christ, des Lebendigen, Grab, / Und wie Glanz den Erstandnen umgab. / Sah himmlische Boten, / Schweißtuch und Linnen des Toten. / Christus erstand, Er, mein Hoffen; / Nach Galiläa geht der Herr euch voraus. / Nun wissen wir: Christ ist erstanden / Wahrhaft vom Tod. / Du Sieger, du König, sieh unsre Not. / Amen. Alleluja.

13

Vi-cti-mae pa-schá-li láu-des * im-mo-lent Chri-sti-á-ni.
A-gnus re-dé-mit ó-ves: Chrí-stus ín-no-cens Pá-tri re-
con-ci-li-á-vit pec-ca-tó-res. Mors et ví-ta du-él-lo
con-fli-xé-re mi-rán-do: dux ví-tae mór-tu-us, ré-gnat
ví-vus. Dic nó-bis Ma-rí-a, quid vi-dí-sti in ví-a?
Se-púl-crum Chrí-sti vi-vén-tis, et gló-ri-am ví-di re-
sur-gén-tis: An-gé-li-cos té-stes, su-dá-ri-um, et vé-stes.
Sur-ré-xit Chrí-stus spes mé-a: prae-cé-det sú-os in Ga-li-
laé-am. Scí-mus Chrístum sur-rex-ís-se a mór-tu-is ve-re:
tu nó-bis, ví-ctor Rex, mi-se-ré-re. A-men. [Al-le-lú-ia.]

zahl von Phrasen wird die Melodie »um eine Quint innerhalb ihrer Leiter emporgeschleudert, nicht genau wiederholt, jedoch unverkennbar auf der höheren Tonhöhe weitergeführt«.

Die Melodie zu *Victimae paschali laudes* umfaßt den Tonbereich einer Tredezime. Ähnlich weite Tonbereiche trifft man auch in manchen Gradualgesängen – wie zum Beispiel *Jubilate Deo universa terra* (an Epiphanie) –, aber diese weisen ein allmähliches Ansteigen zum höchsten Ton auf und nicht einen so abrupten Registerwechsel wie im vorliegenden Fall. So kommt es, daß die tieferen – nicht aber die höheren – Phrasen dieser Sequenz für Bässe bequem liegen, für Tenöre ist es umgekehrt.

»Dieser Kontrast zwischen Schlußton und Reperkussionston ist neu«, sagt Frere, »er wird systematisch herausgearbeitet und als formal richtig und normal anerkannt«. Dom Anselm Hughes schreibt in der Einführung zu ›Anglo-French Sequelae‹: »Es war nur ein kleiner Schritt von der um eine Quint erhöhten Wiederholung einer Melodie durch eine andere Stimmengruppe bis zur gleichzeitigen Wiedergabe der Melodie durch zwei Stimmengruppen im Intervall einer Quint.« Aber mit diesem Hinweis auf die Mehrstimmigkeit überschreite ich bereits die Grenzen meines Gebiets.

Der römische Ritus: Die Ausgestaltung des Kirchengesanges

In einem Aufsatz von Ernest Newman heißt es: »Wie alle Komponisten gießt Sibelius seine Gedanken unbewußt in etwa ein Dutzend typischer Formeln und Verfahrensweisen, die in allem, was er schreibt – wenn auch in noch so verschleierter Form – immer wiederkehren.«

Die Meister der Gregorianik arbeiteten in sehr ähnlicher Weise – allerdings ganz bewußt. Ihnen stand ein gemeinsamer Vorrat altehrwürdiger melodischer Formeln zur Verfügung, auf die sie zurückgreifen sowie gewisse typische Verfahrensweisen, deren sie sich bedienen konnten. Sie strebten nicht nach Originalität oder unmittelbar individuellem Ausdruck, sondern sie arbeiteten an einem gemeinsamen Vorhaben: der Bereicherung der Liturgie ›ad majorem Dei gloriam‹. Dabei konnten sie allerdings der Tatsache, Einzelpersönlichkeiten zu sein, nicht entgehen, und wir können nur erahnen, wieviel Einzelmenschliches in die bearbeiteten Texte und Melodien eingegangen ist und wieviele göttliche Heimsuchungen die neu komponierten Melodien inspiriert haben.

Die Arbeit der Meister der Gregorianik läßt sich in drei Teilgebiete gliedern: (a) freie oder Originalmelodien; (b) Melodietypen, die mehreren verschiedenen Texten angepaßt wurden; (c) aus traditionellen Formeln entstandene Melodieklitterungen.

Originalmelodien

Die Originalmelodien sind die zahlreichsten von allen. Sie bilden den Grundstock der Gesänge der Messe und des Stundengebets und sind eine wahre Schatzkammer, die spätere Komponisten aufsuchen konnten, wenn für neue Feste Musik gebraucht wurde. Sie holten sie sich lieber aus jenem altehrwürdigen Erbgut, als daß sie etwas Eigenes beigesteuert hätten. Die Originalmelodien gingen naturgemäß auf den gemeinsamen Vorrat bestimmter Formeln zurück – besonders in den ›incipit‹ und den Schlußkadenzen: diese sind, wie Abt Ferretti es nennt, der Rahmen des Gemäldes. In seinem Buch ›Aestetica Gregoriana‹ analysiert er ein Beispiel einer Originalmelodie, das großartige, oft zitierte Offertorium *Jubilate Deo universa terra* (2. Sonntag nach Epiphanie), das mit einer sehr bekannten Formel beginnt, sodann beim zweiten »Jubilate« zu einem erhabenen Höhepunkt ansteigt und bei »Deo universa terra« das zuerst mit diesen Worten verbundene Thema wiederholt und entwickelt. Die Phrasen auf »nomini, omnes« und »Venite, audite, et ...« verdienen gleichfalls Beachtung.

Melodietypen

In der hier besprochenen Kompositionsart wird eine Originalmelodie als Typus oder Modell verwendet und dem neuen Text angepaßt. Gevaert reduziert die insgesamt über 1200 Antiphonmelodien auf siebenundvierzig Typen und Dom Mocquereau weist in einer Untersuchung über die Intonation einer Antiphon des ersten Modustyps – *Tu es pastor ovium* – auf nicht weniger als fünfundsiebzig Variationen über diese Antiphon hin, die in einem einzigen Manuskript enthalten sind. Das gleiche Verfahren wird – allerdings in viel kleinerem Maßstab – im *Graduale* angewandt. Der Leser sollte als Beispiel hierfür die beiden im vierten Modus stehenden Offertorien *Afferentur regi virgines* (den Typus) und *Exultabant sancti* (die Adaptierung) vergleichen – oder die beiden Graduale des zweiten Modus *Justus ut palma* (den Typus) und *Angelis suis* (die Adaptierung).

Bei der Adaptierung von Antiphonen war naturgemäß mehr Freizügigkeit möglich als bei derjenigen von Meßgesängen. Abt Ferreti zeigt anhand einer Übersichtstafel, wie die Typen-Antiphon *Omnes de Saba* in einundzwanzig andere Antiphonen umgearbeitet wurde, indem bestimmte Noten in Anpassung an den neuen Text hinzugefügt oder weggelassen wurden. Nachstehend der Melodietypus *Tu es pastor* und zwei Beispiele von Adaptierungen.

14

(a) Du bist der Hirt der Schafe, der Fürst der Apostel. Dir wurden die Schlüssel des Himmelreiches übertragen. (b) Erquicket mich mit Blumen, stärket mich mit Äpfeln; denn ich bin krank vor Liebe. (c) Dem tanzenden Mädchen befahl die Mutter: »Nichts anderes sollst du fordern als das Haupt des Johannes!«

Melodieklitterungen

Die Technik der Klitterung wird auf Texte und Musik der Antiphonen, Responsorien, Introitus und Graduale des gregorianischen Repertoires angewandt. Als Beispiel für die Klitterung eines liturgischen Textes führt Ferretti die Communio-Antiphon der Aschermittwoch-Messe an. Der Text ist dem Psalm 1 entnommen. Die Zusammenziehung des Materials aus dem Psalmtext ist mit großem Geschick durchgeführt. In der folgenden Gegenüberstellung sind die aus dem Psalmtext entlehnten Wörter durch Kursivdruck hervorgehoben:

Originalpsalm	*Communio (Textklitterung)*
V. 1. Beatus vir *qui* non abiit	
V. 2. Sed *in lege Domini* Voluntas eius, et in lege eius *meditabitur die ac nocte*	Qui meditabitur in lege Domini die ac nocte,
V. 3. Et erit tamquam lignum quod plantatum est secus decursus aquarum, quod *fructum suum dabit in tempore suo.*	dabit fructum suum in tempore suo.

Zur Darlegung des Aufbaus dieser Melodien stellt Ferretti fünf Intonationsformeln und zwölf Zentralformeln tabellarisch auf und wendet sie auf zweiunddreißig Textverse an, wobei er über jede Phrase die Nummer der verwendeten Formel setzt. Er baut sodann die tabellarische Verarbeitung weiter aus und führt noch siebenunddreißig ähnliche Beispiele vor.

Es ist hier nur möglich, einige wenige sattsam bekannte Fragmente aus dem melodischen Mosaik zu zeigen, das für diese Melodieklitterungen zu Gebote steht.

15

Wortmalerei, Ausdruck und Dramatik

Die Komponisten der Gregorianik waren Männer mit menschlichem Gefühl, die sich jedoch liturgischen Rücksichten zu beugen hatten. Es wäre untragbar gewesen, wenn die Psalmen – sagen wir, im langen Nacht-Offizium – jeweils in ihrer unterschiedlichen Gefühlslage gesungen worden wären: ein *Jubilate* fröhlich, ein *De profundis* traurig. Nichts durfte den gleichmäßigen Fluß des Gesanges stören. Die Worte reichten aus, um ihre Bedeutung zu übermitteln, und in einer korporativen Andachtshandlung war kein Platz für persönlichen Ausdruck. Das Fest, auf das die Messe und das Stundengebet ausgerichtet waren, war in den Gedanken der Andächtigen gegenwärtig, und was empfunden wurde, blieb ein innerer Vorgang. Trotzdem sang der Chor auch als geschlossene Gruppe – ausgenommen beim Psalmengesang – nicht in gleichbleibendem Ton. Im Gegenteil – er paßte sich unweigerlich der in manchen Stücken in Text und Musik zum Ausdruck kommenden erhöhten Emotion an, wie zum Beispiel bei den ergreifenden Worten, die auf das *Dies irae* folgen: »Pie Jesu Domine, dona eis requiem« – und bei den innigen Schlußworten des *Salve Regina*: »O clemens, O pia, O dulcis Virgo Maria« – oder im *Ave Verum*: »O dulcis, O pie, O Jesu fili Mariae«.

16

(a) Milder Jesus, Herrscher du, Schenk den Toten ew'ge Ruh. (b) O gütige, o milde, o süße Jungfrau Maria. (c) O süßer Jesus – O milder Jesus – O Jesus, Sohn Mariens.

Was die Wortmalerei anbelangt, steht fest, daß Wendungen wie ›ascendit‹ oder ›descendit‹ in einem Gesang wortmalerisch vertont sind, in einem anderen aber nicht. Immerhin sind die auf die Darstellung eines sichtbaren Vorgangs zielenden Vertonungen dieser Wörter nicht zu übersehen.

17

(a) Er ist emporgestiegen. (b) Jesus ist (mit ihnen) hinabgestiegen. (c) Bis (Gott) erstand.

Freude und Traurigkeit sind in zahlreichen Gesängen unmißverständlich illustriert. Hier ist die hochfliegende Phrase des »Surge et illuminare« im Graduale der Epiphanie-Messe *Omnes de Saba* zu nennen.

18

Auf, werde licht, Jerusalem!

Welch bohrender Schmerz drückt sich in den wehklagenden Phrasen des Offertoriums in der Messe zum 20. Sonntag nach Pfingsten *Super flumina Babylonis* aus:

19

An Babels Flüssen saßen wir und weinten, *da wir dein gedachten, Sion.*

Und wie schwer mit Trauer beladen ist das achte Responsorium *O vos omnes* in der Matutin des Karsamstags; wie lieblich wird der Gesang der Turteltaube im *Alleluja*-Vers am Feste Erscheinung Mariä illustriert. Und man könnte noch eine Fülle ähnlicher Beispiele anführen.

Was könnte dramatisch schlagender wirken als der jähe Aufschrei »Adjuva nos, Deus salutaris noster« nach einer Passage in tiefer Lage in dem erstmalig am Aschermittwoch gehörten Traktus – oder der große Klageruf am Kreuz im Karfreitags-Responsorium *Tenebrae factae sunt.*

20

(a) Hilf uns, o Gott, du unser Heil. (b) O mein Gott, warum hast du mich verlassen?

Zuweilen wird uns ein ganzes Miniaturdrama dargeboten – so in der Communio-Antiphon in der Messe zum dritten Sonntag nach Epiphanie das Wunder von Kana. Die Phrase im Beispiel 21 wird zweimal wiederholt. Dadurch soll die Güte des Weines hervorgehoben werden.

Dom Gajards Aufzeichnungen, die in einem Heftchen zusammen mit der Decca-Schallplatte mit Gesängen der Mönche von Solesmes herausgekommen sind, lassen erkennen, was der Gregorianische Gesang den Mönchen, die ihn viele Jahre hindurch tagein, tagaus gepflegt haben, bedeutet. Jeder der Modi hat ein besonderes Ethos für sie, jedes Gesangsstück eine

21

Jesus spricht zu ihnen: »Füllet die Wasserkrüge mit Wasser und bringet es dem Speisemeister.« Als aber der Speisemeister das Wasser gekostet hatte, welches Wein geworden war, spricht er zum Bräutigam: »Du hast den guten Wein bis jetzt aufbewahrt.« Das war das erste Zeichen, das Jesus seinen Jüngern gab.

bestimmte Wirkung auf den Gemütszustand. Dom Gajards Anmerkungen mögen bruchstückartig erscheinen; sie zeigen jedoch die Wirkung des Gesanges auf einen Chormönch, und sie sind daher für unsere Darlegungen wichtig.

Die Ausführung

Der hl. Bernhard von Clairvaux (1090–1153) hat in einer Anweisung an seine Mönche die Ideale aufgezählt, die sie beim Singen im Herzen tragen sollten.

Laßt den Gesang von Feierlichkeit erfüllt sein; laßt ihn weder weltlich noch zu roh und karg sein ... laßt ihn süß, aber nicht leichtfertig ertönen, und indem er dem Ohr gefalle, möge er auch das Herz bewegen. Er soll Traurigkeit lindern und den Geist des Zornes beschwichtigen. Er darf dem Geist des Wortes nicht widersprechen, sondern soll ihn vielmehr verdichten. Denn es ist kein geringer Verlust an geistiger Begnadung, wenn man durch die Schönheit des Gesanges von der eigentlichen Bedeutung abgelenkt wird, und wenn unsere Aufmerksamkeit auf eine bloße gesangliche Darbietung gerichtet wird, während wir doch daran denken sollten, *was* wir singen.

Die einzelnen Klöster standen mit unterschiedlicher Loyalität zu diesen Idealen. Hamilton Thompson schreibt in seiner Abhandlung ›Song-Schools in the Middle Ages‹:

Wir wissen, daß im 15. Jahrhundert am College von Cotterstock im Nene-Tal bei Oundle die Matutinen, Vespern und die übrigen Stundengebete täglich in feierlicher Form im Chor gesungen wurden – zur Messe des Tages und an Marienfesten am Hochaltar –, und zwar deutlich und gut hörbar mit gutem Psalmengesang und angemessenen Pausen in der Mitte eines jeden Psalmverses.

Etwa hundert Jahre früher vermerkten der Dean und das Kapitel von Salisbury, daß »ordnungswidrige Bewegungen, Gesten und Umherhüpfen Anzeichen einer geistigen Leichtfertigkeit seien, die mit der Würde eines Kirchenchors unvereinbar sind« und tadelte »ihre ständige Unruhe im Chor, das Hin- und Hergelaufe, das Hinausgehen und Hereinkommen ohne ersichtlichen Grund« – ein mahnender Hinweis, daß die mittelalterlichen Vorstellungen von der nötigen Ehrerbietung in der Kirche von unseren heutigen stark abweichen.

Der Zisterziensermönch Cäsarius von Heisterbach schrieb die Mißstände und das Durcheinander, die gelegentlich in den bestverwalteten Kirchen vorkamen, »dem Einfluß von Dämonen zu, die ständig darauf aus sind, Mönche in ihren Schwächen anzugreifen ... und sich alle Mühe geben, Psalmen wie *Domine quid multiplicati sunt* zu stören, indem sie die Sänger in Verwirrung versetzen«; – und wenn ein dummes junges Mönchlein – vielleicht in der allerletzten Reihe des Chores – sich über einen Psalm ärgerte, der in tiefer Lage gesungen wurde, seine Stimme gleich um eine Quint nach oben transponierte und trotz der Anstrengungen des Subpriors, ihn zum

Schweigen zu bringen, die übrigen übertönte – wobei ihn womöglich noch einige seiner Mitbrüder unterstützten –, wurde auch dieser Verstoß gegen die Ordnung auf solch ›böse Geister‹ zurückgeführt!

Der Benediktinerorden hat bis heute den Brauch beibehalten, nach dem jeder der Mönche, der einen Fehler in der Liturgie begeht, sich zum Altar begeben und dort auf der untersten Stufe knien muß, bis der Superior durch Klopfen gegen seinen Stuhl das Zeichen gibt, daß der Sünder genug der Buße getan hat. (Wenn man dieses System an manchen Opernhäusern einführen wollte, müßten ganze Opern ausschließlich kniend gesungen werden!)

Der Ritus von Salisbury, der gallikanische, der mozarabische und der ambrosianische Ritus

Der gallikanische und der mozarabische Ritus werden von den meisten Gelehrten als vorwiegend westlich angesehen, wobei sie östliche Elemente – wie im römischen Ritual – lediglich als Auswirkungen späterer örtlicher Kontakte mit dem Osten betrachten. Der Ritus von Salisbury ist »eine örtliche mittelalterliche Modifikation des römischen Ritus, die an der Kathedrale von Salisbury im Gebrauch war. Etwa 1427 war sie in fast ganz England, Wales und Irland üblich und anläßlich der Kirchenversammlung von 1543 wurde das *Sarum-Brevier* für die gesamte Kirchenprovinz zwangsweise eingeführt«. Einige der dazugehörigen Gesänge werden noch heute in der Anglikanischen Kirche gesungen. Der gallikanische Ritus wurde von Karl dem Großen verboten, der 789, als er von Papst Hadrian I. das Gregorianische Sakramentar zum Geschenk erhielt, den fränkischen Sängern an seinem Hof zu Aachen befahl: »Geht zurück zu den Quellen des hl. Gregor; denn ihr habt den Kirchengesang offensichtlich verfälscht.« Wir haben gesehen, daß trotz dieses Befehls der Gesang mit zahlreichen gallikanischen Elementen durchsetzt nach Rom zurückfand. Und im allgemeinen waren die Franken in der Übernahme der römischen Messe sehr zögernd, da sie ihnen allzu trocken und geradeaus erschien. Karl selbst scheint mit Hilfe Alcuins, des berühmten Liturgikers aus York, gewisse Veränderungen am römischen Kirchengesang aus eigener Machtvollkommenheit vorgenommen zu haben. Nach seinem Tode wurde diese Arbeit von Amalarius von Metz (gest. ca. 850), Walafried Strabo (gest. 849) und Hrabanus Maurus (gest. 856) fortgesetzt. Metz wurde tatsächlich ein Zentrum des liturgischen

Lebens römischer Prägung in Gallien. Vom gallikanischen Kirchengesang ist keine vollständige Handschrift erhalten.

Der mozarabische Ritus hat sich bis ins 11. Jahrhundert und sogar noch nach dem Verbot durch die Päpste Alexander II. und Gregor VII. in einigen maurischen Provinzen bis ins 14. und 15. Jahrhundert gehalten. Er durfte dann auch in einer Kapelle der Kathedrale von Toledo und in sechs Pfarrkirchen der Stadt zelebriert werden und ist noch heute gebräuchlich.

Die spanische Liturgie des 6. und 7. Jahrhunderts enthält Elemente aus ältester Zeit – darunter eine Vertonung des *Paternoster*, das aus dem 4. Jahrhundert stammen dürfte; aber leider haben es die mozarabischen Musiker und Kantoren von Toledo nicht der Mühe wertbefunden, den Gesang auf Liniennotation zu übertragen, so daß »der Schlüssel zur Entzifferung – einige wenige Beispiele ausgenommen – verloren ist, während beinahe der gesamte Zyklus der in der westgotischen und mozarabischen Kirche verwendeten Musik erhalten ist«.[1]

Der Ambrosianische Gesang (der zuweilen auch der Mailändische genannt wird) ist seit dem 4. Jahrhundert eifersüchtig gehütet worden und in der Kathedrale und Diözese von Mailand sowie in Teilen der Diözese Lugano in ständigem Gebrauch. Die frühesten Handschriften, von denen nur drei erhalten sind, gehen nicht weiter als auf das 12. Jahrhundert zurück, so daß keine in neumatischer Notation vorliegt und daher ein Vergleich mit den in Liniennotation existierenden Handschriften nicht möglich ist. Die letzte dieser drei Handschriften wurde erst vor fünfundzwanzig Jahren auf dem Speicher der kleinen Kirche San Vittore in Bedero Valtravaglia am Lago Maggiore entdeckt. Sie enthält die Gesänge der Sommerzeit.

[1] Ich habe in dem folgenden Abschnitt mit Erlaubnis des Autors weitgehend auf einen am 22. Mai 1957 von Father Rembert Weakland im Dritten Programm des BBC gehaltenen Vortrag über den Ambrosianischen Gesang zurückgegriffen.

Das gesamte ambrosianische Repertoire, das im 12. Jahrhundert den Höhepunkt seiner Entwicklung erreichte und »wie eine gigantische romanische Kathedrale dasteht«, besitzt drei deutlich unterscheidbare Schichten, die zu einer Einheit zusammengewachsen sind: die ursprüngliche ambrosianische Schicht, die noch von der Synagoge und frühen östlichen Liturgien herrührt und mit bodenständigen und volkstümlichen Elementen durchsetzt war, die eine erste Einheitlichkeit ermöglichen sollten; spätere byzantinische Einflüsse und schließlich tiefgehende gregorianische Einwirkungen. Aber eine Unterscheidung dieser Schichten voneinander ist äußerst schwierig, ja stellenweise unmöglich.

Wenngleich es einige Ambrosianische Gesänge gibt, die einfacher sind als irgendein Gesang des römischen Repertoires, so ist doch eine weit größere Anzahl der Ambrosianischen Gesänge wesentlich reicher verziert, als dies im Rahmen der römischen üblich ist. So zum Beispiel die verschiedenen Formen des *Hallelujah.* Nach dem Vers wird das Hallelujah meist wiederholt und der ›jubilus‹ zu doppelter Länge oder darüber ausgedehnt, was praktisch einer Entwicklung des ursprünglichen Motivs gleichkommt. So hat der ›jubilus‹ des Hallelujah für Weihnachten – *Puer natus est nobis* – über zweihundert Noten. Auch manche Responsorien sind hochgradig melismatisch.

Zweifellos besitzt der Ambrosianische Gesang nicht jene maßvolle Nüchternheit und Symmetrie, die dem römischen Gesang eigen sind. Er neigt vielmehr zur Dramatik. Man vergleiche hierzu die beiden folgenden Vertonungen des *Christus resurgens.* Die erste ist römisch, die zweite ambrosianisch.

Die Theoretiker des Mittelalters schenkten dem Ambrosianischen Gesang keine Aufmerksamkeit. Daher kommt es, daß ihm ein eigenes Modalsystem und systematisierte Psalmtöne fehlen. Pater Weakland schreibt hierzu:

Man muß den Ambrosianischen Gesang um seines ästhetischen und kunstvollen musikalischen Ausdrucks willen hinnehmen, wie er ist. Das Ohr muß sich gewöhnen an Rauhheit, seine musikalischen Launen, seine plötzlichen Veränderungen und seinen eigenartigen Überschwang. Vielleicht ist unsere Vorstellung von der mittelalterlichen Musik allzu verfeinert und ›klassisch‹ geworden, so daß wir des Zaubers, der in der Freiheit und im Phantasiereichtum des Ambrosianischen Gesanges liegt, gar nicht mehr recht innewerden.

8

22

Christus, der vom Tod erstanden ist, stirbt nicht mehr, Alleluja: der Tod wird keine Gewalt mehr haben über ihn – Alleluja.

Es mag interessant sein, den Aufbau der Propriumgesänge der ambrosianischen Messe in Grundzügen darzustellen und zu zeigen, wo die Übereinstimmungen und wo die Unterschiede im Vergleich mit der römischen Messe liegen:

Ingressa (Introitus). Text gewöhnlich den Psalmen entnommen, jedoch ohne Hinzufügung eines Verses und ohne *Gloria Patri*.

Psalmellus. Wird nach der Prophetie (Altes Testament) gesungen. Ein Responsorium mit einem Vers – entspricht dem *Graduale.*

Hallelujah. Wird nach der Epistel gesungen – gewöhnlich mit einem Psalmvers. (In der Fastenzeit ein *Cantus*, der dem *Traktus* entspricht.)

Antiphona Post Evangelium. Entspricht dem *Offertorium.*

Offertorium. Früher mit dem vorangegangenen Gesang verbunden, wird heute nach der Vorbereitung von Brot und Wein gesungen.

Confractorium. Wird vor dem *Paternoster* und während des Brechens der Hostie gesungen.

Transitorium. Entspricht dem *Kommunionsgesang.*

Das Ordinarium der Messe enthält nur wenige Gesänge, die wie folgt gruppiert sind: *Gloria* (vier Vertonungen), *Credo* (eine Vertonung), *Sanctus* (vier Vertonungen). Das *Kyrie eleison* wird nicht als eigener Gesang, sondern am Schluß des *Gloria* (drei Bitten) gesungen. Weder »Christe eleison« noch »Agnus Dei« werden gesungen. *Asperges me* und *Vidi aquam* (Tempore Paschali) werden vor der Messe gesungen – wie im römischen Ritus.

Der byzantinische und der russische Ritus

Nur mit summarischen Andeutungen wurde im Verlauf dieses Abschnitts auf den Dank hingewiesen, den der Westen dem Osten auf dem Gebiet der Liturgie schuldet, und es muß hier noch einmal Nachdruck darauf gelegt werden. Der Besucher wird in der Kirche der Heiligen Cosmas und Damian zu Rom und in der byzantinischen Kirche San Vitale in Ravenna markante Züge byzantinischen Einflusses feststellen, und wenn er zum ersten Male die Markuskirche in Venedig erblickt, mag er sich fragen, ob diese wahrhaft phantastische Kirche wohl über Nacht auf einem Zauberteppich dorthingeflogen ist. Anton Baumstark führt in seinem Buch ›Liturgie comparée‹ eine eindrucksvolle Reihe poetischer Werke auf, die aus den orthodoxen Riten in die abendländischen übergegangen sind – wie zum Beispiel die Antiphon *Adorna thalamum tuum*, die zur Kerzenweihe gesungen wird, oder die Antiphon zum Magnificat der zweiten Vesper an Mariä Geburt.

Auf derlei Dinge stößt man durch Beobachtung und Lektüre; aber mit der byzantinischen Liturgie und ihrem Gesang eine unmittelbare Verbindung herzustellen, ist für uns Abendländer ein weit schwierigeres Vorhaben.

Die alten Liturgien von Antiochia und Alexandria sind die Stammeltern aller östlichen Riten, von denen der byzantinische die weitaus größte Verbreitung gefunden hat. Die griechische Stadt Byzanz beherbergte zumindest seit dem 2. Jahrhundert eine christliche Gemeinde, und Konstantinopel, das Konstantin auf dem Gebiet von Byzanz zu seiner Hauptstadt machte, war von seiner Gründung an eine christliche Stadt, deren Bischof sich ›Bischof von Neu-Rom‹ nannte und denen von Alexandria, Antiochia und Rom dem Range nach gleichgestellt war. Die große Basilika Hagia Sophia (die

›Heilige Weisheit‹, das heißt ›die Person Christi‹) wurde zwischen 532 und 537 erbaut und 538 eingeweiht.

Das Oberhaupt der Orthodoxen Kirche war der Kaiser. Mit der Krönung des römischen Kaisers Justinian I.[1] im Jahre 527 beginnt die Geschichte der byzantinischen Liturgie. Er wollte die Pracht der Hagia Sophia in allen wichtigsten Kirchen des Reiches nachgeahmt sehen. »Die Morgen- und Abendandachten wurden durch Hymnen bereichert, die in stetig steigendem Maße eingeführt wurden. Die Musik spielte mehr und mehr eine dominierende Rolle in der Liturgie.«

Die byzantinische Liturgie unterscheidet sich ganz wesentlich von der römischen, indem sie großen Wert auf den Hymnengesang und eine dramatische Ausgestaltung der Messe legt. Wer einer Messe in einer orthodoxen Kirche oder einer der unierten Kirchen mit byzantinischem Ritus (das sind mit Rom verbundene Kirchen) beigewohnt hat, wird sich über das den Altar vom Kirchenschiff trennende Gitter, die ›Ikonostasis‹, gewundert haben. Dieses mit Ikonen bedeckte Gitter hat drei Eingänge: das ›Königstor‹ in der Mitte, das zum Altar führt, ein rechtes Tor zu dem Tisch, auf welchem die feierliche Herrichtung der eucharistischen Elemente stattfindet, und ein linkes zur Sakristei. Durch diese Tore gehen die Gottesdiener aus und ein, wobei der sogenannte ›Kleine Einzug‹ (die Prozession mit dem Evangelienbuch) und der ›Große Einzug‹ (unmittelbar vor dem Offertorium: Brot und Wein wird zum Altar gebracht) Höhepunkte sind.

Hymnen werden sowohl bei diesen Einzügen als auch zwischen den Lesungen in der ›Katechumenenmesse‹ gesungen.

Nur drei Texte werden beim Zelebrieren der Messe verwendet – die Liturgien des hl. Basilius, des hl. Johannes Chrysostomus und – in der Fastenzeit – die der vorgeweihten Gaben. Im Stundengebet haben das jahreszeitliche Proprium, die Feste Unseres Herrn und die Marienfeste ihren Platz.

[1] Er und seine Gemahlin Theodora sind auf den Mosaiken von San Vitale in Ravenna abgebildet.

Die Anhäufung von Hymnen im Stundengebet wurde im 11. Jahrhundert so umfangreich, daß weiteren Hinzufügungen Einhalt geboten werden mußte, während die Melodien immer reichere Verzierungen erfuhren.

Der byzantinische Hymnus »ist der dichterische Ausdruck der Orthodoxen Theologie, die durch Musik in die Sphäre des religiösen Empfindens übersetzt ist. Text und Musik sind daher aufs engste miteinander verbunden. Die dichterischen Formen sind (a) ›Troparion‹ – ursprünglich ein einstrophiges Gebet, das nach den letzten drei oder sechs Psalmversen gesungen und später zu einem Hymnus erweitert wird, der mit dem Ereignis oder dem Heiligen, dessen im Meßopfer des betreffenden Tages gedacht wird, zusammenhing; (b) ›Kontakion‹ – eine in dichterische Form gekleidete Predigt von achtzehn oder mehr Strophen, die im Aufbau alle gleich sind. Die Einzelstrophe wird ›Troparion‹ genannt und alle richten sich nach einer Modellstrophe, die ›Heirmos‹ heißt. (Führende Strophe, die ähnlich dem ›cantus firmus‹ die Melodie des Ganzen entwickelt.)

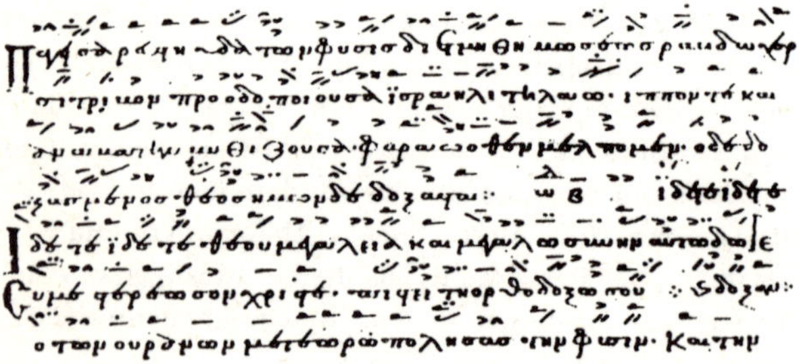

Ekphonetische Zeichen und Neumen aus dem Hirmologium Athorum. Ende 12. Jh. (Athos-Kloster. Codex Monasterii Hiberorum 470, fol. 113r)

Es gibt kurze, selbständige Einleitungsstrophen mit einem Refrain am Ende jeder der aufeinanderfolgenden Strophen. Der Chor sang den Refrain, ein Solist die ›Kontakia‹. Ende des 7. Jahrhunderts, der letzten Phase des Entstehens byzantinischer Hymnen, wurde der *Kanon* in die Morgenandacht (die *Laudes* des Westens) aufgenommen. Es handelt sich um »eine komplizierte poetische Form, die aus neun Oden zusammengesetzt ist, einem kurzen Kontakion im Aufbau, nicht aber im Sinngehalt ähnlich«. Anstatt der poetischen Predigt des Kontakion »sind die neun Oden des Kanon nach dem Muster der neun Cantica aus der Schrift gestaltet und haben den Charakter von Lobgesängen«.

Die byzantinische Notation bedient sich zweier Systeme musikalischer Zeichen – des ekphonetischen, das die feierliche Ausführung der Lesungen regelt, und des neumatischen, das den Fluß und die Wiedergabe der Melodien verschiedenartiger dichterischer Texte fixiert. Die Melodien selbst »sind aus einer Anzahl melodischer Formeln zusammengesetzt, die durch kurze Übergänge miteinander verbunden sind – etwa nach Art der gregorianischen Melodieklitterungen und Melodietypen –, beides Methoden, die auf eines der in der orientalischen Musik vorherrschenden Kompositionsprinzipien zurückgehen«. Wellesz analysiert in seinem Buch ›Byzantine Music and Hymnography‹ den Aufbau der byzantinischen Hymnen fast ebenso gründlich wie Abt Ferretti die Struktur verschiedener gregorianischer Melodietypen untersucht hat. Der alte Schatz an Hymnenmelodien wurde von den Komponisten als Abglanz der göttlichen Schönheit, als Widerhall des Gesanges der Engel betrachtet. Diese Hymnenmelodien durften zwar ausgeziert werden und wurden es auch, doch hat man sie nicht durch freie Kompositionen ersetzt wie im Westen. Die Kanonmelodien, die zur Zeit des Kampfes zwischen den Bilderverehrern und den Bilderstürmern (Ikonoklasten) entstanden, waren von Anbeginn syllabisch und blieben es bis zum Ende des Byzantinischen Reiches, weil andernfalls der Text der über hundert Strophen des Kanons von der Gemeinde nicht verstanden worden wäre.

Es gibt acht byzantinische Modi – vier authentische und vier plagale. Jeder von ihnen wird durch eine syllabische Formel gekennzeichnet, die mit einer Intonationsformel verbunden ist. Diese wurde vor jedem Gesang angestimmt. Somit sind diese Modi keine eigentlichen Leiterbildungen, sondern eher Kategorien von Melodietypen. Leider kann man sich von den Schönheiten der byzantinischen Musik auf Grund einer Druckseite kaum eine Vorstellung machen. Aber immerhin enthält das Buch von Egon Wellesz, auf das ich mich in diesem Kapitel weitgehend gestützt habe, eine Anzahl musikalischer Illustrationen – allerdings mit ausschließlich griechischem Text. Es bleibt also nur zu hoffen, daß sich recht bald Möglichkeiten anbieten, mit dieser Musik und der anderer östlicher Riten – wie des koptischen, armenischen und syrischen Ritus – bekannt zu werden.

Zum Abschluß dieser leider nur kurzen Skizze vom byzantinischen Kirchengesang mag es nützlich sein, sich die Meßordnung dieses Ritus und seine Gemeinsamkeiten und Unterschiede im Vergleich mit dem römischen Ritus vor Augen zu führen.

GRUNDZÜGE DER MESSRITEN IN DEN ÖSTLICHEN LITURGIEN

Die ›Katechumenenmesse‹ oder die ›Vorbereitende Synaxis‹

1. Vorbereitungsgebete
2. *Einleitende Gesänge* (dem römischen *Introitus* entsprechend)
3. ›Kleiner Einzug‹ – oder auch ›Evangelien-Einzug‹
4. *Trishagion* (s. S. 182)
5. Lesungen (a) aus dem Alten Testament, (b) aus den Episteln, der Apostelgeschichte oder der Apokalypse, (c) aus den Evangelien. Sie werden auseinandergehalten durch die *Prokeimena* (dem römischen *Graduale* entsprechende Verse) und durch das mehrfach eingestreute *Alleluja*.
6. Gebete nach dem Evangelium und der Entlassung der Katechumenen. (Der noch nicht durch die Taufe in die kirchliche Gemeinde aufgenommenen Gläubigen).

Die Messe für die getauften Gläubigen

A. Vor der *Anaphora* (dem *Kanon* des römischen Ritus)
   1. Gebete für die Gläubigen
   2. ›Großer Einzug‹ oder Prozession mit der Übertragung der ›oblata‹ – das heißt Brot und Wein – zur Konsekration

3. Das *Offertorium*
4. Der Friedenskuß
5. Das Glaubensbekenntnis

B. Die *Anaphora* (der *Kanon* des römischen Ritus)

1. Großes eucharistisches Gebet oder Dankgebet (a) der ›Prolog‹, der der lateinischen *Präfation* entspricht, (b) *Sanctus*, (c) und (d) Gedenken an Christi Leben und Letztes Abendmahl
2. Wandlung
3. Großes Gebet der Fürbitte(n) (darunter das *Paternoster* mit veränderter Schlußformel)
4. Darbringung (Elevation), Brotbrechung und *Kommunion*

Pater Sévérien Salaville, dessen Buch ›Liturgies orientales‹, Paris 1932, ich die obige Übersicht entnommen habe, faßt die sieben Kategorien, die in der Fülle von Sprachen und Riten der östlichen Liturgien ein Grundprinzip der Einheit bilden, wie folgt zusammen:

Reichtum der theologischen Lehren; Geist der Frömmigkeit; Reichtum an Lehren, die der Askese dienen; häufiger und besonderer Gebrauch der Hl. Schrift; Betonung patristischer Elemente; lyrische Schönheit des Hymnengesanges; und letztlich eine Vielfalt, ein Glanz und eine Volkstümlichkeit, die diesen Liturgien eine klare Überlegenheit gegenüber den entsprechenden abendländischen Riten verleihen.

Egon Wellesz hält die Musik der byzantinischen Kirche für nicht minder großartig als die der abendländischen Kirche, und ihre Hymnen übertreffen ohne Zweifel ihre westlichen Gegenspieler »in ihrer Gewalt leidenschaftlichen Ausdrucks und dramatischer Kraft«. Das nachstehende Beispiel *Anastaseos imera* ist der ersten Ode des *Kanon* für den Ostertag vom hl. Johannes Damascenus entnommen. Die Griechisch-Orthodoxe Kirche nennt ihn den ›Goldenen Kanon‹ oder auch die ›Königin der Kanons‹. Worte und Musik passen wunderschön zusammen.

Erst mit dem Jahre 988 wurde der Byzantinische Gesang – zusammen mit dem christlichen Ritus – nach Rußland eingeführt. Voll entzifferbar wird er erst in den Handschriften des 15. Jahrhunderts. Alfred Swan schreibt in seinem Bericht über den russischen Kirchengesang im 2. Band der ›New Oxford History of Music‹: »Die Russen, ein musikalisch hochbegabtes Volk mit ihrem großen Reichtum an eigener Volksmusik, konnten einen fremdartigen Gesang auch in der Kirche

23
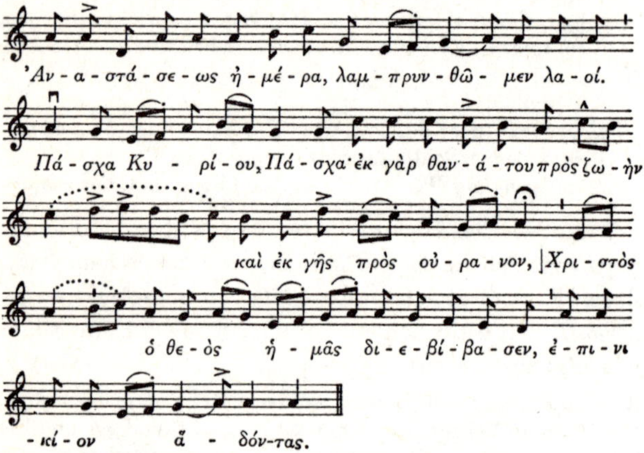

Tag der Auferstehung – voll Stolz verkündet's, alle Völker! Passah des Herrn, Übergang vom Tod zum Leben, von der Erde in den Himmel! – Christus der Herrgott hat uns hinübergenommen und wir singen das Siegeslied. (freie Übersetzung)

nicht lange dulden«, und so entwickelten sie einen nationalen liturgischen Gesang. Wir glauben, der russische Kirchengesang sei homophon, und wenngleich die russische Kirche den mehrstimmigen Gesang erst im 17. Jahrhundert eingeführt hat, mag es ihn immerhin schon früher gegeben haben. Der ganze Gegenstand erfordert noch sehr ausgedehnte weitere Studien, da bisher »der überwiegende Teil der Gesänge noch nicht transkribiert und das Quellenmaterial noch nicht untersucht ist«.

Bei den frühesten bekannten Komponisten russischer Kirchenmusik – wie etwa Bortniansky (1751–1825) – ist der italienische Einfluß sehr deutlich herauszuhören; aber Tschaikowsky, Gretschaninow und Rachmaninow haben herrliche Vertonungen der Liturgie des hl. Johannes Chrysostomus geliefert, die – von einem russischen Chor gesungen – einen unvergeßlichen Eindruck der Feierlichkeit und Zeitlosigkeit hinterlassen.

Das liturgische Drama

Das früheste überlieferte Spiel der mittelalterlichen Kirche entwickelte sich aus einem an die Ostermesse angehängten Prosa-Tropus. Es ist in seiner einfachsten Form in Klosterhandschriften des 10. Jahrhunderts in St. Gallen und Limoges zu finden.

Der Chor der Engel stellt den drei Frauen am Grabe die Frage:
Quem quaeritis in sepulcro, o christicolae?
Wen sucht ihr im Grab, o Christgläubige?
Der Chor der Menschen antwortet den Engeln:
Jesum Nazarenum crucifixum, o caelicolae!
Den gekreuzigten Nazarener, o Himmelsbewohner!
Hierauf singen die Engel die Osterbotschaft:
Non est hic: Surrexit, sicut praedixerat.
Ite, nuntiate, quia surrexit de sepulcro!
Er ist nicht hier: Er erstand, wie er es vorhergesagt.
Geht und kündet, daß er vom Grab erstanden ist![1]

Es folgte der *Introitus* der Ostermesse, das *Resurrexi*. Dramatisierungsversuche dieses Tropus – das heißt mit dem Versuch der Sprecher, die Charaktere, die sie darstellen, zu personifizieren – und zwar unter Beibehaltung des darauffolgenden Introitus, finden sich erst im 15. Jahrhundert, und eine echte Dramatisierung und Loslösung von der Messe kam erst zustande, als man den Tropus an den Schluß der Matutin des Stundengebetes verlegte. »An dieser Stelle erreichte er großzügige literarische Freiheit und entwickelte sich zu einem selbständigen Osterspiel, genannt *Visitatio sepulchri*.[2]«

Die Bahn war frei für weitere Osterspiele: die Reise nach Emmaus, die Himmelfahrt, Pfingsten und das Passionsspiel,

[1] Text und Übersetzung von Joh. Duft in: Hochfeste im Gallus-Kloster. Beuron 1963.

[2] W. L. Smoldon, Liturgical Drama. New Oxford History of Music. London 1954, Bd. 2.

ferner für Spiele, die mit der Geburt des Herrn und anderen biblischen oder legendären Themen zusammenhingen. Die Musik zu diesen Spielen »wurde zuweilen umgearbeitet, meist aber von anonymen Meistern eigens komponiert«. Diese Spiele sind wirklich Musikdramen, und obgleich die allerersten unter ihnen wahrscheinlich noch unbegleitet waren und wir keine genaueren Angaben über die Ausführung besitzen, deuten Erwähnungen der Orgel und von Instrumenten wie Harfe und Trommel auf das Vorhandensein musikalischer Begleitinstrumente hin. In einigen Spielen ist einer bestimmten Figur auch eine bestimmte Melodie zugeteilt – wie zum Beispiel in dem St. Nikolaus-Spiel *Getrons Sohn*. In vielen Spielen wurden Choralantiphonen oder die Sequenz *Victimae paschali laudes* benutzt.

Das aus dem 12. Jahrhundert stammende Spiel *Daniel*[1], das heute noch mit Erfolg aufgeführt wird, erfordert eine große Anzahl Darsteller und enthält annähernd fünfzig Melodien, von denen wir eine, die zweifellos instrumental zu begleiten ist, hier wiedergeben:

24

Laßt uns alle gemeinsam ihm Glück wünschen, laßt die Trommeln erschallen und die Harfenspieler in die Saiten greifen, laßt die Instrumente der Musiker alle ertönen zu seinem Preis.

Mit der Einführung weltlicher Darsteller neben geistlichen bewegte sich das Spiel unweigerlich aus dem Altarraum der Kirche hinaus in die Vorhalle und weiter auf den Marktplatz und schließlich in das Theater.

[1] Text, Musik und Anmerkungen dazu sind bei Oxford University Press und Plainsong & Mediaeval Music Society erschienen.

Denis Stevens

›Ars antiqua‹

Die Entstehung der Mehrstimmigkeit

In seiner Autobiographie berichtet Sir Osbert Sitwell, daß sich unter den nachgelassenen Schriften seines Vaters über zahlreiche und sehr verschiedenartige Themen auch umfangreiche Bemerkungen zum »Ursprung der mehrstimmigen Musik« befanden –, »eine Frage, die ihn nicht allzusehr interessierte, abgesehen von der Tatsache, *daß* jene einen Ursprung hatte«. Mehrstimmiger Gesang und mehrstimmiger Satz sind das eigentliche Material, aus dem die abendländische Musik gemacht ist. Seit mehr als tausend Jahren haben sie unzähligen Musikstücken gedient, angefangen mit der sachkundigen Kombination zweier Stimmen und fortschreitend bis zur komplizierten Polyphonie von vierzig. Auf dem Weg der Reaktion folgte hierauf das Zeitalter der Monodie, welche – ungeachtet dieser Bezeichnung – im Grunde eine Komposition zweier melodischer Linien war und somit (in der Satzweise wie im inneren Gehalt) eine Rückkehr zum Urzustand mit sich brachte.

Die moderne Forschung ist übereinstimmend der Auffassung, daß die Mehrstimmigkeit – gleich anderen guten Errungenschaften – aus dem Osten kam. Ja, es gibt sie sogar in primitiven Kulturkreisen, obgleich sie durch die großen östlichen und mittelöstlichen Kulturen erst ihre Form und Verfeinerung erhielt, so daß ihre Wesensart in Schriftzeichen verewigt ist. Diese Schriftzeichen waren in mancherlei Hinsicht das große Geschenk der Karolingischen Renaissance an die Musik; denn das 9. und 10. Jahrhundert waren vor allem Jahrhunderte des Buches – der reich illustrierten, meist liturgischen Handschrift und des bescheideneren, doch verbreiteteren, mit Dichtungen, Abschriften lateinischer Klassiker und religiösen Legenden angefüllten Codex. Die

Kunst des Schreibens, die Kalligraphie, ging eine unzertrennliche Verbindung mit der Musik ein, während die Polyphonie früherer Zeiten und ferner Völker – mag sie noch so wohlgeordnet in parallelen, in bordun-begleiteten Melodien oder in thematischer Imitation aufgebaut gewesen sein – des Mittels zu ihrer Verewigung entbehrte. Es blieb den abendländischen Völkern überlassen, Klänge in Schriftzeichen zu übersetzen.

Die wichtigste Aufgabe jedoch war, die relative Tonhöhe der einzelnen Noten innerhalb einer melodischen Linie klar zu kennzeichnen; denn sobald dies erreicht war, konnte man nach Belieben zwei oder mehr Melodielinien komponieren und notieren. Sehr verdient hat sich um die Einführung einer brauchbaren Tonhöhennotation der franko-flämische Mönch Hucbald (840–930) gemacht, dessen langes Leben nicht minder bemerkenswert war als seine Logik. Er arbeitete die griechische Buchstaben-Notation, die der Nachwelt durch den römischen Philosophen und Staatsmann Boethius (gest. 524) überliefert worden war, mit außerordentlichem Geschick um, indem er deren annähernd dreihundert Zeichen auf die überschaubare Anzahl von fünfzehn reduzierte. In seinem Buch *De institutione harmonica* schreibt Hucbald das Wort ›Alleluja‹ mit den damals üblichen, aber vagen Symbolen über jeder einzelnen Silbe. »Die erste Note«, schreibt er, »scheint höher zu sein: man kann sie singen, wo immer man will. Die zweite ist, wie man sieht, tiefer; aber wenn man sie mit der ersten in Verbindung bringen will, kann man nicht entscheiden, ob das Intervall eine, zwei oder drei Sekunden beträgt. Wenn man es nicht gesungen hört, kann man also nicht sagen, was der Komponist beabsichtigt hat.«

Er setzt sodann seine Buchstaben-Notation hinzu und kennzeichnet dadurch die Tonhöhe jeder einzelnen Note, wobei er die üblichen Symbole – die sogenannten Neumen – beibehält, weil sie bestimmte Ausdrucksmerkmale des Gesanges zeigen. Auf diese Weise umfaßte Hucbalds Methode zugleich das alte und das neue System und gab dem Sänger die erforderliche Anleitung zu genauer Intonation und zugleich Mannigfaltigkeit im Ausdruck. Auch die primitivsten Anfangsgründe der Harmonie oder ›Konsonanz‹ wurden ihm vermittelt, diese war als »zwei in der Tonhöhe voneinander völlig verschiedene, gleichzeitig zum Erklingen gebrachte Töne« definiert. An anderer Stelle gibt Hucbald eine ausführlichere Definition: »Konsonanz ist die berechnete, beabsichtigte harmonische Vermischung zweier Töne, die nur dann erfolgt, wenn diese beiden, aus verschiedenen Quellen der Tonerzeugung hervorgehenden Töne zu einer musikalischen Einheit zusammengeführt werden, so zum Beispiel, wenn ein Mann und ein Knabe zusammen singen. Man nennt dies gewöhnlich ›organizatio‹.« Seit damals wurde das Wort ›organizatio‹ der allgemein anerkannte Ausdruck für musikalische Komposition, während ›organista‹ Komponist bedeutete.

Eine von Hucbald herrührende Mehrstimmigkeit ist nicht erhalten, aber er war als hervorragender Musiker anerkannt. Als Beweisstück dafür kann uns sein Gloria-Tropus *Quem vere pia laus* dienen sowie seine drei Offizien für die Heiligen Andreas, Theoderich und Petrus. Die Struktur dieser Offizien nimmt die Barockpraxis, Sammlungen von Präludien in allen erdenklichen Tonarten zu schreiben, vorweg: Hucbald setzt die Matutin-Antiphonen abwechselnd in einem der acht Modi, so daß er bei der neunten und letzten Antiphon wieder beim ersten Modus beginnt. Man hat ihn lange für den Verfasser eines kleinen Musikhandbuchs nebst Kommentar dazu (*Musica enchiriadis* und *Scholia enchiriadis*) gehalten, eine Annahme, die heute als nicht stichhaltig angesehen wird. Nichtsdestoweniger verdanken diese Bücher Hucbalds Initiative und Erfindungsgabe sehr viel und sie haben uns die ersten schriftlichen Beispiele eines Kontrapunkts zum Choralgesang übermittelt.

Es ist wichtig, sich zu vergegenwärtigen, daß es den Komponisten des frühen Mittelalters nicht gestattet war, zu einem beliebigen Choral einen Kontrapunkt zu schreiben. Die Kirche erließ sorgsame Instruktionen hinsichtlich der Frage, welche

Teile der Messe und des Stundengebets durch zusätzliche Gesangstimmen ausgeschmückt werden durften. Im allgemeinen kann man sagen: je größer das Fest, desto größer auch das erlaubte Maß an musikalischer Ausgestaltung. Ein zusätzlicher und in seiner Bedeutung nicht zu unterschätzender Faktor war aber auch die Natur des Choralgesanges selbst. Bei bestimmten Arten des Responsorialgesanges, dessen verschiedene Teile abwechselnd dem Chor oder einem – beziehungsweise mehreren – Solisten zugeteilt waren, mögen nur die solistischen Partien mehrstimmig ausgeführt gewesen sein. Ähnlich wurde bei gesungenen Psalmen nur die Antiphon ›organal‹ ausgeführt. Bei Hymnen und Sequenzen mögen nur die alternierenden Verse mehrstimmig komponiert gewesen sein, während bei den Gesängen zum Ordinarium der Messe die Neigung bestand, nur zu den Tropen, nicht aber zu den Grundtexten Musik zu komponieren. Diese Tropen waren somit musikalisch-poetische Einschübe zwischen den durch Brauch und Regel geheiligten Texten, und der Komponist war, wie wir bei Hucbald gesehen haben, nicht selten Dichter und Musiker in einer Person.

Das Werk *Musica enchiriadis* war kein standardisiertes Handbuch. Verschiedene Abschriften enthielten verschiedene Anhänge über die Kunst des Komponierens, so daß es nicht überrascht, wenn man in einer Pariser Abschrift der Abhandlung eines der frühesten Beispiele mehrstimmiger Musik findet. Die Notation besteht aus Zickzacklinien, die durch kleine Kreise verbunden sind, und wurde von einigen Forschern mit einer technischen Zeichnung für eine Brückenkonstruktion verglichen. Man könnte allerdings ebensogut sagen, sie gleiche der Fieberkurve eines kranken Musikhistorikers. Viele Jahre lang wollte diese sonderbare Zeichnung ihr Geheimnis nicht preisgeben, bis man schließlich dahinterkam, daß es sich um die Melodie zur Sequenz am Dreifaltigkeitssonntag *Benedicta sit beata Trinitas* handelt. Bei eingehenderer Betrachtung entdeckt man, daß nur die alternierenden Verse oder Teile davon mehrstimmig gesetzt sind,

›Dasia-Notation‹, angewendet in der ›Musica enchiriadis‹, mit moderner Umschrift (nach Ph. Spitta). Die vier Schriftzeichen des Grundtetrachords wiederholen sich, in Rückerinnerung an die griechische Notenschrift, in stets anders gewendeter Stellung. Guido von Arezzo schreibt diese Bezeichnungsweise dem Abt Odo von Cluny zu.

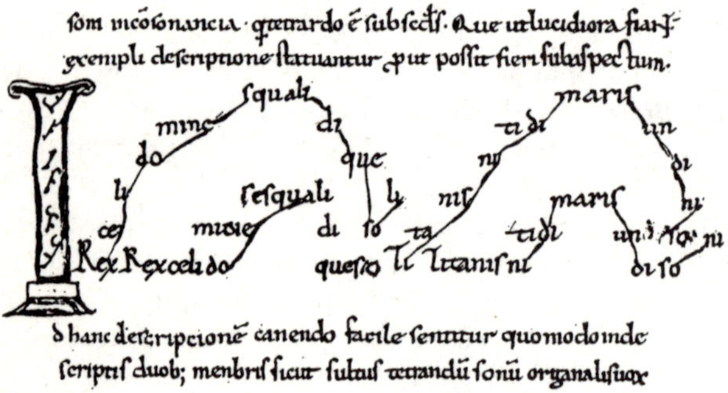

Organum der Sequenz »Rex coeli, domine« aus ›Musica enchiriadis‹. Sie enthält die frühesten Beispiele einer polyphonen Schreibweise. Die Texte der jeweils abfallenden Melodieführung hat der Kopist vertauscht. Die Säule links trägt die Tonzeichen der ›Dasia-Notation‹.

Moderne Umschrift (nach H. Besseler)

woraus sich ergibt, daß die Sequenz in Übereinstimmung mit allgemein beachteten liturgischen Anweisungen, das heißt im Wechsel zwischen Solist und Chor oder zwischen zwei Seiten des Chores, ausgeführt wurde.

Die *Scholia enchiriadis* war in Dialogform geschrieben – etwa für Lehrmeister und Schüler – wie so viele theoretische Werke des Mittelalters und der Renaissance. Sie enthält auch Musikbeispiele, die jedoch alle auf demselben Text und derselben Melodie beruhen: *Nos qui vivimus, benedicamus Domino*. Es ist dies die Antiphon zum 114. Psalm (*In exitu Israel*), der zur Sonntagsvesper gesungen wurde und daher eine kontrapunktische Ausgestaltung gestattete. Die Beispiele demonstrieren die großartige Wirkung verschiedener Arten der Verdopplung auf zwei, drei oder vier Ebenen und in Quarten, Quinten oder Oktaven. Dieses Schema bewirkt nicht mehr und nicht weniger als eine Wiederholung der Originalmelodie in Intervallen, die der harmonischen Reihe entsprechen, doch ist die Wirkung bei entsprechend gleichmäßigem, feierlichem Tempo, wie es die Theoretiker empfehlen, und bei der Ausführung in einem großräumigen Gebäude, einer Abtei oder Kathedrale, von großartiger Klangfülle. Auf dem Papier sieht es so einfach und mechanisch aus; aber wir müssen uns davor hüten, die damalige Musik nur nach der Aufzeichung zu beurteilen, wie Berlioz es mit Palestrina sehr zu dessen Nachteil getan hat.

Hand in Hand mit dem Aufschwung der mehrstimmigen Musik wurde auch die Unterweisung in der Notation immer eifriger betrieben. Das war eine Aufgabe, die auch ein ehrwürdiger Abt nicht als unter seiner Würde betrachtete. Die Benediktinerabtei Cluny, die es in weniger als zweihundert Jahren so weit gebracht hatte, daß über tausend Klöster und Abteien ihrem Vorbild in liturgischen und geistlichen Fragen folgten, wurde wegen ihrer musikalischen Ausbildungsarbeit gerühmt. Odo von St.-Maur, der dort studierte, schrieb ein musikalisches Unterrichtswerk, in dem er seine Methode darlegte, mit deren Hilfe er seinen Chorknaben in weniger als einer Woche perfektes Vom-Blatt-Singen beibrachte. Er bediente sich eines Instruments, das ›Monochord‹ genannt wurde und ein einfaches Gerät mit einer über einen Schallkörper gespannten, von einem beweglichen Steg gestützten Saite war. Die Buchstaben-Notation war unterhalb der Saite auf dem Holz aufgetragen, so daß man den Steg an die bezeichnete Stelle des gewünschten Tons rücken, die Saite anreißen und dadurch dem Sänger seine Einsatznote angeben konnte. Odo schreibt:

Wenn eine beliebige Antiphon mit diesen Buchstaben bezeichnet ist, lernen sie die Burschen besser und leichter durch die Saite, als wenn sie sie gesungen hörten, und nach einigen Monaten der Schulung brauchen sie die Saite nicht mehr und können ohne jegliche Hilfe und ohne alles Zögern Stücke vom Blatt singen, die sie noch nie gehört haben.

Das soll nicht heißen, daß das Los eines Chorknaben allzu rosig gewesen wäre. Er mußte dem Unterricht seines Lehrmeisters ungeteilte Aufmerksamkeit schenken; denn auf dem Gebiet des Gesanges gab es eine Unmenge zu lernen – ganz abgesehen von der sich neu herausbildenden Kunst der Mehrstimmigkeit. In einem aus dem 11. Jahrhundert stammenden Statut des Cluniazenserklosters Saint-Bénigne zu Dijon, der späteren Kathedrale, steht zu lesen, daß »die Chorknaben, wenn sie sich bei der Nocturn – beim Psalmengesang oder an anderer Stelle – durch Schlafen oder sonstige Verfehlungen etwas zuschulden kommen lassen, unverzüglich Sutane und Kapuze abzulegen haben und im bloßen Hemd mit biegsamen, weichen Weidenruten, die eigens zu diesem Zweck bereitzuhalten sind, eine Tracht Prügel über sich ergehen zu lassen haben.« Die musikalischen Ansprüche blieben hochgespannt, und zwar nicht nur in Dijon, sondern überall, wo die Regel der Cluniazenser sich durchzusetzen vermochte. Es war in gewissem Sinne eine Regel für die Elite und für die Reichen, und ihr Beharren auf strengen Maßstäben trug für die Kunst Früchte von üppiger Reife.

In der Sequenz *Benedicta sit* machten sich bereits Anzeichen einer Abwendung von der strengen Stimmverdopplung bemerkbar. Dieser Drang nach Freiheit der linearen Bewegung wird auch in einigen zweistimmigen Kompositionen aus dem ›Winchester Tropar‹ deutlich, das allerdings leider nicht mit absoluter Sicherheit zu entziffern ist, sowie auch in einem Manuskript aus Cornwall, das die polyphon gesetzten Verse *Ut tuo propitiatus* – (zu singen nach dem Responsorium *Sancte Dei pretiose* zum St. Stephanstag) enthält. Dieses traditionsgemäß auf den Tag nach Weihnachten fallende Fest war im englischen und französischen Liturgiekalender als besonders wichtig hervorgehoben, und gegen Ende des 12. Jahrhunderts schrieb denn auch Pérotin seine berühmte Vertonung des Graduale für den St. Stephanstag: *Sederunt principes.* Das Winchester Tropar enthält harmonisierte Choräle für beinahe alle Teile der Messe, ausgenommen das Credo, das – als das Symbol des christlichen Glaubens schlechthin – für fast jede kontrapunktische Ausarbeitung gleichsam tabu war. Die gleiche Tropensammlung umfaßt auch Responsorien, woraus hervorgeht, daß die Gepflogenheit, Choräle zu harmonisieren, von der Messe auf das Stundengebet übergegriffen hatte. Ja, es ist sogar möglich, daß dieser Responsorien-Zyklus die Anregung zu einem ähnlichen, aber späteren Zyklus von Léonin, dem Vorgänger Pérotins an Notre-Dame in Paris, gegeben hat.

Weitere Beweise für die weitverbreitete Übung, Choralgesänge ›organal‹ auszuführen, kann man in Berichten über den Hymnengesang finden, so zum Beispiel in einer Schilderung der Klosterweihe der Abtei von Ramsay im November des Jahres 991. Allen Regeln und Vorschriften zum Trotz schlich sich die Mehrstimmigkeit verstohlen in das gesamte kirchliche Andachtswesen ein. Der Tropus hatte sich durchgesetzt und den vergleichsweise rein erhaltenen, ursprünglichen Gesang mit einer Barockfolie überzogen, die ihrerseits alsbald einem zwar verfälschenden, aber doch bezaubernden Rokokogeglitzer weichen mußte, wobei die Tropen noch einmal tropiert wurden. Unter den Stücken des Winchester Tropars zum Beispiel findet sich ein Gloria, dem man neun

Extraklauseln einverleibt hatte, deren letzte *Regnum tuum solidum permanebit in aeternum* lautete. Zwischen dem dritten und dem vierten Wort wurde eine lange Phrase von mehr als zwanzig Wörtern eingeschoben, wobei jede einzelne Silbe einer Note der melodischen Auszierung auf »per« (manebit) unterlegt wurde. Das waren nicht zu übersehende Vorboten des Verfalls, doch dauerte es weitere dreihundert Jahre, bis man endlich vom Tropieren der Tropen abkam.

Um die Zeit der Fertigstellung des Winchester Tropars hatte die Entwicklung der Notation und des Musikunterrichts auf dem europäischen Festland große Fortschritte gemacht. Die Empfehlung – und sogar die Erfindung – des Liniensystems wird gewöhnlich einem in Frankreich geborenen Benediktiner zugeschrieben, der aber den größten Teil seines Lebens in Italien zugebracht hat: Guido von Arezzo. Im Vorwort zu seinem Antiphonar legt er dar, wie leicht und logisch sein System sei, und bietet dem Leser überzeugende Beweise hierfür an. »Wenn irgend jemand bezweifeln sollte, daß ich die Wahrheit sage«, so schreibt er, »so möge er nur kommen, eine Probe veranstalten und sich selbst überzeugen, was bei dieser Anleitung Knaben leisten können, die bis vor kurzem wegen ihrer gröblichen Unwissenheit im Psalmengesang Hiebe einstecken mußten.« Guido wurde schließlich nach Rom eingeladen, wo er seine Theorie und Praxis mit nicht unerheblichem Erfolg vor Papst Johannes XIX. demonstrieren durfte. Die langsame und langweilige Methode, mit Hilfe des Monochords zu unterrichten, wich nun einem rascheren und genaueren System, dessen Zweckmäßigkeit dadurch genügend erhärtet sein dürfte, daß es sich bis zum heutigen Tag erhalten hat.

Zahl und Mannigfaltigkeit der bei mittelalterlichen Gottesdiensten verwendeten Musikinstrumente müssen beachtlich gewesen sein. Aber diese kleinen Instrumentalgruppen waren keineswegs einheitlich zusammengesetzt, da sie in den meisten Fällen fast ausschließlich von den örtlichen Möglichkeiten abhängig waren. Eine Vorstellung von den damals verfügbaren Instrumenten können frühe illuminierte Handschriften sowie in romanischen oder frühgotischen Kirchen erhaltene Skulpturen vermitteln; sie leben auch in den Namen populärer Sequenzmelodien fort: ›Musa‹ (= Dudelsack), ›Cithara‹, ›Fistula‹ (Rohrpfeife), ›Lyra‹, ›Organicis‹, ›Symphonia‹, ›Tuba‹, ›Tympanum‹. – Den ersten Rang unter den Instrumenten nahm die Orgel ein, die im Osten entwickelt und von Byzanz nach Europa eingeführt worden war. Bereits im 10. Jahrhundert gab es Orgeln in den Abteien und Kathedralen von Compiègne, Erfurt, Magdeburg, Halberstadt, Winchester, Abingdon und Malmesbury, um nur einige zu nennen. Sehr lebendige Beschreibungen von einigen dieser Instrumente sind erhalten und lassen keinen Zweifel aufkommen, daß manche dieser Orgeln wahre Ungeheuer an Größe und Klangfülle waren. Die Winchester-Orgel hatte sechsundzwanzig Blasebälge und vierhundert Pfeifen; drei Spieler waren erforderlich, und da ein jeder nur auf einer der gigantischen Tastaturen spielen konnte, ist es möglich, auf eine Frühform dreistimmiger Musik zu schließen. Nahezu mit Gewißheit trifft dies auch auf die im Zusammenhang mit der *Scholia enchiriadis* besprochene Spielart der Mehrstimmigkeit in parallelen Klängen zu. Die Organisten imitierten daher vokale Techniken, so gut sie konnten, entweder indem sie mehr als einen Spieler – oder ›Orgelschläger‹, wie sie genannt wurden – einsetzten oder aber durch eine Konstruktion der Orgel, die es ermöglichte, daß durch Niederdrücken einer einzigen Taste Luft in Pfeifen mit verschiedener Tonhöhe geleitet werden konnte. Das in dieser Weise verfolgte Prinzip war den bei späteren Orgeln verwendeten Mischregistern vergleichbar, allerdings mit einem wesentlichen Unterschied: die hohen Register der mittelalterlichen Orgelpfeifen waren von der gleichen Stärke wie die Bässe und nicht schwächer, wie sie heute zu sein pflegen. Eine jetzt in Paris befindliche hebräische Handschrift aus dem 11. Jahrhundert geht ausführlich auf Mensur und Stimmung von Orgelpfeifen ein; aus diesen Ausführungen ergibt sich, daß mittelalterliche Orgeln eine ganz besondere Klangfarbe und Stimmung hatten.

›Organum‹ war das ursprüngliche Wort für jegliche Art von Musikinstrument, zugleich aber auch die spezielle Bezeichnung für Orgel. Etwas verwickelt wurde die Angelegenheit, als die Kunst der Kombination von Melodien – mit Recht ›Diaphonie‹ genannt – auch noch die Bezeichnung ›Organum‹ mit diesen anderen Bedeutungen teilen mußte, allerdings nicht ganz ohne guten Grund. Die Aufstellung einer Orgel in einer Kirche mag sehr wohl das Singen von Parallelorgana gefördert haben, da die Orgel geeignet war, den Gesang bei einfacheren psalmodischen Formeln zu begleiten, und einem Zuhörer war es nicht zu verübeln, wenn er diese Mischung von instrumentalem und vokalem Klang ›Organum‹ nannte. Es war ihm ja eigentlich gleichgültig, was historisch zuerst da war – die Orgel oder die Singstimmen: er wollte nichts weiter als ein Wort als ›Aufhänger‹ für ein musikalisches Phänomen, das rasch an Verbreitung und Bedeutung zunahm. So kam es, daß die Wechselwirkung zweier musikalischer Grundtypen – des vokalen und des instrumentalen – jahrhundertelang in etymologischen Nebel gehüllt blieben. Ein weiterer, ähnlicher Fall ist die Sache mit dem ›melismatischen Organum‹. Diese Art des Gesanges mit ausgezierten Melodiepassagen über langgehaltenen Noten rührte unzweifelhaft von den Tönen her, die ein Instrument aus der Familie der Dudelsäcke hervorbringt. Sobald dieses Prinzip des Grundbasses einmal in Andachtstätten akzeptiert wurde, war es ein Leichtes, derartige Musik mit Hilfe einer Orgel darzubieten, die ja bei weitem das geeignetste Instrument für lange, kraftvolle, gehaltene Töne ist.

Einige der frühesten und besonders charakteristischen Beispiele für diesen ›melismatisches Organum‹ genannten Kompositionstypus finden sich unter der noch vorhandenen Musikliteratur der großen Büchereien von St. Jakob in Compostela – jetzt Santiago – und St. Martial in Limoges. Diese beiden großen Zentren religiösen und kulturellen Wirkens waren durch den ununterbrochenen Pilgerstrom aus dem nördlichen Europa zum Heiligtum von St. Jakob miteinander verbunden, und es war nur natürlich, daß sie bis zu einem gewissen Grad die gleichen musikalischen Ideale und Stilvorstellungen hatten. Zwar räumten sie in ihren liturgischen Formen auch dem älteren Organum ›Note-gegen-Note‹ einen Platz ein, doch gingen sie insbesondere mit ihren Versuchen mit ausgeziertem Gesang über einem relativ langsam fortschreitenden Choralthema vielfach neue Wege. Reichverzierte und phantasievolle Formen sind auch an einer anderen vielgerühmten Arbeit von Limoges zu erkennen: der Emaillierkunst – ›cloisonné‹ und ›champlevé‹ –, die zu den größten Ruhmestaten der romanischen Kunst gehört. Es ist bedauerlich, daß man über die Musik weniger weiß als über die Emaillierkunst; denn abgesehen von der großartigen Handschriftensammlung, die 1730, als die Abtei in finanziellen Nöten war, an die französische Nationalbibliothek verkauft wurde, ist nur sehr wenig von dieser Musik veröffentlicht worden.

Beispiel eines tropierten Alleluja-Gesanges aus Saint-Martial in Limoges. 11. Jh. (Paris, Bibliothèque Nationale. Ms. Cat. 1118.)

Das mehrstimmige Repertoire von St. Martial ist reich an Vertonungen von Gesängen aus der Messe und dem Stundengebet. Ein typisches Beispiel figurierter Schreibweise ist das tropierte Graduale *Viderunt* für den Weihnachtstag. Die zahlreichen eingeschobenen Sätze sind aus der folgenden

Übersetzung des Textes ersichtlich. Der Tropus ist jeweils kursiv gesetzt:

Alle Enden der Welt haben ihn gesehen – *Emanuel, den einzig gezeugten Sohn des Vaters, dargebracht (geopfert) für den Sündenfall und die Erlösung Israels, Mensch, erschaffen in der Zeit, Logos von Anbeginn, geboren im Palaste der Stadt, die er gegründet hatte*, die Erlösung unseres Gottes. Freuet euch im Herrn, alle Lande. Jauchzet Gott in allen Landen.

Der Anfang dieses Stückes ist nur mäßig figuriert; sobald aber das erste Wort des Tropus erreicht ist, erhebt sich die Oberstimme zu einem Höhepunkt und steigt sodann – über einer gehaltenen Note in der tieferen Stimme – langsam durch einen Tonbereich von mehr als einer Oktave ab. Bei der nächstfolgenden, längeren melismatisch ausgestalteten Stelle ereignet sich etwas Bemerkenswertes und Eindrucksvolles: die tiefere Stimme soll – was die Kunstfertigkeit und Schmiegsamkeit im Gesang anbelangt – nicht von der oberen in den Schatten gestellt werden, und so fällt sie ihrerseits in jenes ansteckende Jubilieren ein, bis der ganze Abschnitt wiederholt wird. Der musikalische Ablauf ist nun derselbe wie vorher, der Text aber ändert sich. Im folgenden neuen Abschnitt schreiten die beiden Stimmen gleichfalls gemeinsam fort, doch nicht in melismatischem Satz, weil hier die Textworte eng aufeinanderfolgen, bis die letzten beiden Silben erreicht sind. Von diesen hält die vorletzte beide Stimmen in Bewegung. Die letzte bringt eine zunächst fallende, sodann etwas steigende melodische Wendung über einer einfachen Kadenz.

Ein regelmäßigeres Schema findet sich in einigen Sequenzen. Im *Sancti Spiritus assit nobis gratia* zum Pfingstsonntag bewegt sich die obere Stimme in einem kontinuierlichen Fluß über der stetig fortschreitenden Melodie der Sequenz. Die Figurierungen und Melismen sind von leicht voneinander abweichender Länge, die klangliche Wirkung von großer Schönheit; denn die aktivere Oberstimme sorgt nicht nur für ornamentalen Reichtum, sondern leistet darüber hinaus wirksame Hilfestellung im Nachzeichnen der eigentlichen

Melodie der Sequenz. Ähnlich hatte die Kuppel in der romanischen Architektur einen zugleich dekorativen und funktionellen Zweck. Die für Compostela komponierte Musik zeigt vielfach die gleichen Merkmale und geht zweifellos auf einen gemeinsamen Ursprung zurück. Das tropierte Kyrie *Cunctipotens genitor* könnte sogar vom gleichen Komponisten stammen wie das *Sancti Spiritus* – so eng verwandt erscheinen die beiden Werke in stilistischer Hinsicht durch den ihnen beiden gemeinsamen flüssigen Schwung. So wie jedoch nachbarliche und religiöse Verbundenheit zu stilistischer Einheit tendieren, so können andererseits ohne sie häufig Unterschiede bewirkt werden: so verblüffen bestimmte Stücke aus einer weitab im nördlichsten Schottland kopierten Sammlung von Organa, die zur gleichen Zeit wie die Stücke in St. Martial und Compostela entstanden sind, durch völlig selbständige Züge. Man stößt in einigen dieser frühesten Kompositionen der *St. Andrew-Handschrift* auf Beispiele von Imitation und Passagen melodischer Sequenzen, ja man findet nicht selten eine dritte Stimme, die beim Kadenzieren hinzugefügt wird, – ein früher Beweis für das Streben nach Klangfülle in der mittelalterlichen englischen Musik.

Für die mehrstimmigen Phänomene unter primitiven Völkern haben namhafte Ethno-Musikologen verschiedene Erklärungen angeboten, und Parallelerscheinungen bei östlichen und westlichen Völkern sind vielfach kommentiert worden, ohne daß jedoch irgendwelche endgültigen Ergebnisse zu erzielen waren. Es ist auch in der Tat schwierig, zwischen chinesischen Rekruten, die zuerst in völliger Diskordanz, sodann in Quinten und schließlich in Oktaven singen, und französischen Gemeindeversammlungen, die sich konsequent auf Quinten beschränken, eine Verbindung herzustellen. Immerhin kann man – zumindest auf dem Papier – zwischen dem Gesang russischer Gefangener, deren Strafe offenbar darin besteht, in reinen Quinten singen zu müssen, und demjenigen mittelalterlicher Mönche gewisse Ähnlichkeiten feststellen. Es könnte sogar die Behauptung aufgestellt werden, daß zwischen dem melismatischen Organum und östlichen Tanzliedern Beziehungen bestehen; denn Mehrstimmigkeit hat es im Osten immer schon gegeben: die Stämme der Tschang-Naga, Badike, Xosa, Lhota-Naga und Lepanto haben dafür mannigfache Beweise geliefert. Der Beitrag des Abendlandes bestand darin, die Notationsmethode für diese kombinierten Melodien über eine lange und schwierige Zeitspanne hinweg zu vervollkommnen, so daß dieses Melodiengut einigermaßen originalgetreu an anderen Orten und zu anderen Zeiten immer wieder dargeboten werden kann.

Das Organum

Lange Zeit wurde allgemein angenommen, die großen Kathedralen und Klöster der gotischen Epoche seien anonyme Schöpfungen einer Schar mehr oder minder hochqualifizierter Kunsthandwerker gewesen. Obwohl dieser Anonymitätskult dank den Forschungen der Kunsthistoriker inzwischen beinahe gänzlich abgetan wurde, gilt er doch nach wie vor für die Mehrzahl der Musiker, die, nach den Namen einiger der größten Komponisten des 12. Jahrhunderts befragt, wahrscheinlich wenig mehr als etwas über Léonin und Pérotin wissen. Vor der Zeit dieser großen ›Leuchten‹ der Schule von Notre-Dame gab es einen Meister Albert von Paris, dem ein kurzes dreistimmiges Vokalwerk aus einem spanischen Manuskript zugeschrieben wird. Als Zeitgenossen von Léonin und Pérotin oder auch etwas später wirkten die Franzosen Jean Probus, Robert de Sabillon und Thomas de Saint Julien sowie einige Engländer, »die ganz hervorragend zu singen verstanden«: Master John Filius Dei, Makeblite von Winchester und Blakesmit, ein Hofmusikus Heinrichs III. – Es stimmt, daß diese Männer ihre Werke meist nicht signierten – so scheint es jedenfalls, wenn man von den wenigen vollständig erhalten gebliebenen Handschriften ausgeht; – es hat jedoch Theoretiker und Kommentatoren gegeben, die Hinweise auf gewisse Meisterwerke der Zeit und ihre Komponisten hinterlassen haben. Ein englischer Mönch von St. Edmund in Bury hat sich ausführliche Notizen über Musik-Vorlesungen, die er an der Sorbonne gehört hatte, gemacht und sie auch später, als er nach Hause zurückgekehrt war, klugerweise aufgehoben, so daß spätere Forscher in der Lage waren, einige Stücke des ›Puzzlespiels‹ wieder zusammenzusetzen, als das die mittelalterliche Musik selbst noch im vergangenen Jahrhundert erscheinen mußte.

In der zweiten Hälfte des 12. Jahrhunderts waren über Europa verstreut zahlreiche Komponisten am Werk und auch die Stilrichtungen, die damals nebeneinander existierten – mit vielfach erstaunlichen Ergebnissen und subtilen Einflüssen untereinander –, waren zahlreich und mannigfaltig. Neben den Pariser Komponisten gab es bedeutende Musik-Schulen in Chartres, Limoges, Compostela, St. Gallen, Cividale, Padua, Winchester und Worcester, um nur einige wenige der wichtigsten zu nennen. Die Komponisten von damals waren nationalen Einflüssen nicht weniger ausgesetzt als in späteren Jahrhunderten, und obgleich das Auseinanderhalten der einzelnen Stilrichtungen für einen Beobachter oder Hörer von heute nicht leicht ist, war dies doch für die meisten mittelalterlichen Musiker von Rang eine Selbstverständlichkeit. Unser Mönch aus Bury zum Beispiel erwähnt verschiedene einzigartige Besonderheiten in der italienischen Mehrstimmigkeit, insbesondere in der Lombardei; er verweist auch auf einen seiner Pariser Kollegen, »einen gewissen Engländer, der eine etwas grob vereinfachende Notations- und bis zu einem gewissen Grad auch Unterrichtsmethode hatte«. Diese Besonderheit der englischen Notation wird von der modernen Musikwissenschaft anerkannt und ›Englische Mensuralnotation‹ genannt. Es mag auch eine gewisse Übereinstimmung dahingehend bestehen, daß es mit den englischen Methoden des Musikunterrichts etwas Besonderes auf sich hat.

Verschiedene, freilich miteinander verwandte musikalische Stilrichtungen waren gleichzeitig gebräuchlich, – nicht anders, als auch in der Architektur charakteristische Elemente, die allgemein anerkannt waren, verschiedenartig angewandt wurden. Die Klosterbauten der Zisterziensermönche waren bedeutend weniger ornamental ausgestaltet als die der Benediktiner, und es ist nur folgerichtig, bei dieser Feststellung auch ihrer Musik zu gedenken, die ihrerseits weit weniger Neigung zum Ornament um seiner selbst willen zeigte. Während die Klöster der Benediktiner und besonders die der reicheren Cluniazenser in der Entwicklung neuer Stile vorangingen,

(49) König David, der alttestamentarische Ahne der geistlichen Musik, umgeben von Instrumentalisten (Horn- und Trommelspieler, zwei Harfenisten, Achtformfidel, Glockenspieler). Miniatur des 12. Jhs.

(50) Guido von Arezzo mit seinem Gönner, Bischof Theobaldus, am Monochord. 12. Jh.

(51) ›Guidonische Hand‹. Hilfe zum Erlernen der von Guido eingeführten Tonbezeichnungen durch Silben (Solmisation) und zur Führung der Sänger durcl Handzeichen. Links daneben die Tonbezeichnung der Monochord-Saite.

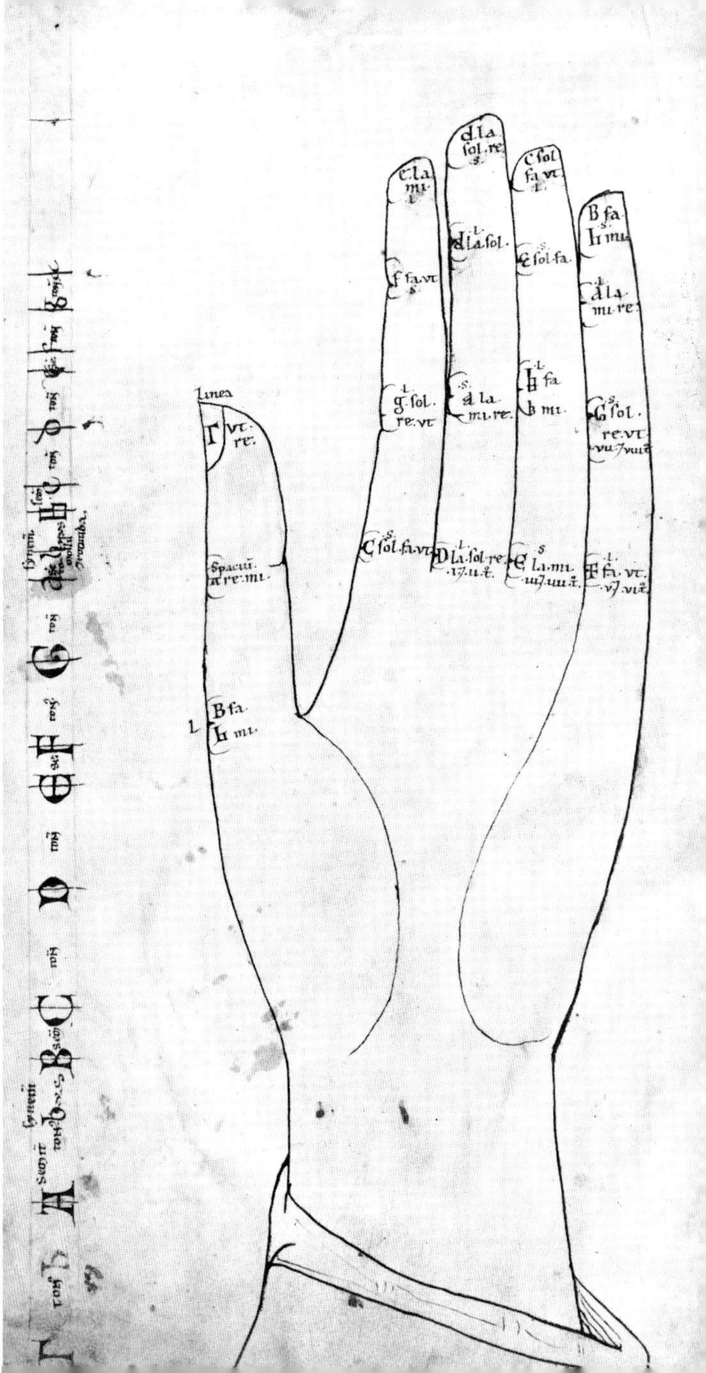
Linea
Γ ut re.
Spacium A re mi.
B fa ♮ mi.
C sol fa ut
D la sol re
E la mi
F fa ut
G sol re ut
a la mi re
♮ fa ♮ mi
c sol fa
d la sol
e la mi
f fa ut
g sol re ut
a la mi re
B fa ♮ mi
C sol fa ut
d la sol re
e la mi

(53) Zwei Fabelwesen spielen Rebec (birnenförmige, dreisaitige Fidel) und Bomhart (Schalmeieninstrument in Alt-Tenorlage). Canterbury, 12. Jh.

(52) Musik und Pythagoras vom Königsportal der Kathedrale von Chartres (12. Jh.) verkörpern die auf der Musiklehre des Altertums fußende Musikauffassung des Mittelalters.
←

(54) Ovale und achtförmige, gezupfte und gestrichene Fideln in Händen der apokalyptischen Könige. Oloron, 12. Jh.

(55) König David
mit der Rebec.
Vienne (Isère).

(56–61) Instrumente aus der Hochblüte der Spielmannskunst auf den Miniaturen zu den ›Cantigas de Santa Maria‹ des kunstfreudigen und selbst schöpferischen Königs Alfons des Weisen von Kastilien. Spanische Handschrift des 13. Jhs.

56 Querflöte

57 Psalter

58 Drehleier

59 Dudelsackpfeifen

60 Zwei Lauten

61 Gestrichene Fidel und (span.) Mandora

(62) *Spielleute und Jongleure. (Streichrotte, Leierzither, Monochord).*

(63) *König David an der Orgel. Links unten ein Drehleier-Musikant, über der Org*
das Glockenspiel. Englische Miniatur des 13. Jhs.

blieben die Zisterzienser in der Hauptsache bei den ältesten und einfachsten Formen des ›Organum‹. Diese beiden Stilrichtungen – die alte, strenge und die moderne, ornamentreiche – wurden jahrelang nebeneinander praktiziert. Sie waren nicht nur im Dienste der Liturgie gebräuchlich, sondern sie befruchteten auch den Bereich der weltlichen Musik.

Wie das im Laufe der Musikgeschichte so oft der Fall war, gab es auch um die Mitte des 12. Jahrhunderts einen nordwärts gerichteten Schub quer durch Europa, so daß die in Spanien und Südfrankreich entstandene Musik die Musikwerke nördlicher Gegenden wie eine Art kultureller Golfstrom allmählich ›erwärmte‹. Das unmittelbare Ergebnis dieses Vorgangs könnte man in der von Léonin an Notre-Dame in Paris entwickelten Art des Organum erkennen. Auf den schönsten Schöpfungen der Schule von St. Martial fußend, übertrafen Léonins Kompositionen jene noch an reiner Schönheit des melodischen Duktus, an sorgfältig ausgewogenen und doch flexiblen Rhythmen und einem im ganzen noch großartigeren Schwung in der Führung der musikalischen Linie. Während die ornamentalen Wendungen der Komponisten des Südens verhältnismäßig kurz sind, ja sogar bis zu dem Grad, daß sie epigrammatische Wirkung haben, bewegen sich Léonins Melismen frei und überzeugend von einem Zusammenklang zum anderen, wobei das Auf und Ab der Stimmen vollendet durchdacht und meisterhaft aufeinander abgestimmt ist. In den Jahren zwischen 1150 und 1175 schrieb er zweistimmige Organa für sämtliche Responsorialgesänge an den bedeutenderen Festen, Responsorien und die dazugehörigen Verse für Vespern und Matutinen, Gradual- und Allelujagesänge für das Hochamt. Sein großzügig geplantes Vorhaben fand später nur in dem etwas kleineren Zyklus dreistimmiger Organa von Pérotin, den großen Publikationen von Isaak im 16. und in denen von Byrd im 17. Jahrhundert ernstzunehmende Rivalen.

Einer der wichtigsten Beiträge, die Léonin zur Organalkunst geleistet hat, war seine meisterhafte Anwendung flexibler und variabler Rhythmen – trotz der scheinbaren Starrheit der rhythmischen Schemata des ersten Modus. Diese bestehen meist aus regelmäßig abwechselnden langen und kurzen Noten und werden heutzutage in eine Art pastoralen Sechsertakt transkribiert, wie das folgende Notenbeispiel *Tamquam sponsus* (Léonin) zeigt:

25

Léonins Musik ist weit davon entfernt, akademisch regelhaft zu sein; denn obgleich sich der Komponist an die rhythmischen Grundformen hält, teilt er sowohl lange als auch kurze Noten vielfach in kleinere Werte, die von den Theoretikern seiner Zeit ›copulae‹ (Bindeglieder) genannt wurden. Diese ›copulae‹, die sich musikalisch nicht sehr von den melodischen Variationen oder Kolorierungen der Barock-Komponisten unterscheiden, waren jahrelang böse Pfähle im Fleisch der modernen Musikwissenschaftler, die durch die Behauptung ihrer mittelalterlichen Kollegen, die ›copula‹ liege »zwischen Diskant und Organum«, völlig in Verwirrung geraten waren. Wenn man eine mittelalterliche Partitur – Kompositionen jener Zeit waren meist in Partiturform geschrieben – in der Horizontalen durchsieht, wird es tatsächlich schwer sein, irgend etwas ›zwischen‹ einem Abschnitt im Organum und einem Abschnitt im Diskant zu finden: der eine geht mit nicht mehr als einem rudimentären Taktstrich als Trennungszeichen in den anderen über. Die Theoretiker, die das Wort ›zwischen‹ benutzten, wollten damit zum Ausdruck bringen, daß die ›copula‹ sowohl am Wesen des Organum als auch an dem des ›discantus‹ teilhatte und daß sie, da sie doch weder als zu dem einen noch zu dem anderen gehörig bezeichnet werden konnte, eben in ihrer Art und Besonderheit ›zwischen‹ beiden angesiedelt war. Das ist völlig logisch; denn das Organum setzt Note gegen Note – der ›discantus‹ wertet die ›Note-gegen-Note-Bewegung‹ aus. Die ›copula‹ hat den allgemein-homophonen Charakter

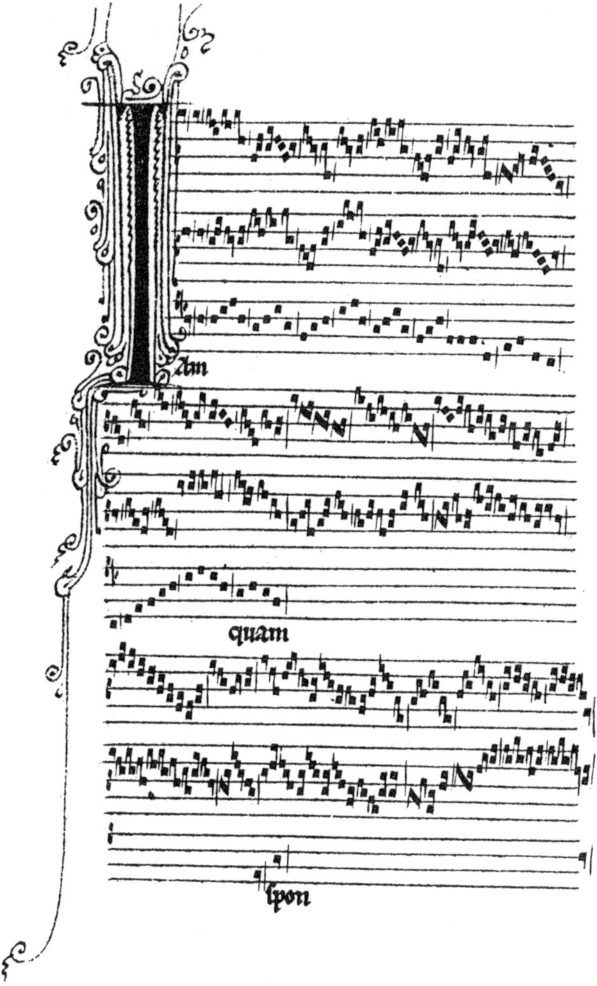

»Tamquam sponsus«. 3-stimmiges Organum aus einer der drei großen ›Notre-Dame-Handschriften‹, dem Wolfenbütteler Codex 1206 (olim Helmstedt 1099), fol. 8 v. Mitte 13. Jh., in Frankreich entstanden.
Die 3 stimmige Choralbearbeitung geht wahrscheinlich auf die Fassung Pérotins zurück.

der ›Discantus‹-Partien, da beide Stimmen sich im gleichen Grundrhythmus bewegen; wenn man aber jede der im Tenor stehenden Noten als Miniaturorganum mit zwei Noten – buchstäblich einem ›Bindeglied‹ – darüber betrachtet, wird die Definition der Theoretiker verständlich.

Léonins Musik war bereits in fast ganz Europa bekannt und anerkannt, als ein jüngerer und kühnerer Musiker auftrat. Er ist uns – gleich seinem Vorgänger – nur mit dem vertraulichen Diminutiv seines wahren Namens bekannt: Pérotin. So wie Léonin eine familiäre Anredeform für Leo ist, muß wohl der ursprüngliche Name Pérotins Peter (Pierre) gewesen sein. Damit taucht das Problem der Identität auf; denn es hat zumindest fünf Männer namens Pierre gegeben, die im späten 12. und frühen 13. Jahrhundert an der Notre-Dame-Kirche tätig waren. Die Geistlichkeit höherer Ränge ist hierbei auszuschalten; denn es ist kaum anzunehmen, daß selbst die guten Sänger unter ihnen in der Öffentlichkeit etwa Sepp oder Hans genannt wurden. Immerhin gab es einen Pierre – einen Vorsänger –, dessen Blütezeit in den letzten Jahrzehnten des 12. Jahrhunderts lag und dem man einen so großen Beitrag zur Kunst der Musik sehr wohl zutrauen könnte. Er hatte die höheren priesterlichen Weihen nicht empfangen, und so wäre es möglich, daß man ihn ungestraft in so familiärer Weise benennen konnte.

Und wiederum war es jener englische Mönch, der von diesen Veränderungen im musikalischen Stil und den Männern, die sie herbeigeführt haben, berichtete:

Léonin war der beste Organalkomponist. Er schrieb das *Große Buch der Organa* für Messe und Stundengebet zur Ausgestaltung des Gottesdienstes. Dieses Buch war bis zur Zeit des großen Pérotin im Gebrauch, der es kürzte und viele Teile in verbesserter Form neu abfaßte. Pérotin war der beste ›Discantus‹-Komponist – sogar noch besser als Léonin – und schrieb die besten vierstimmigen Organa wie das *Viderunt* und das *Sederunt* mit den reichhaltigsten Verzierungen der harmonischen Kunst.

Er beschreibt sodann, wie die vierstimmigen Organa in einem, die dreistimmigen in einem anderen Band zusammengefaßt waren, und so fort durch alle damals bekannten musikalischen Stilformen und Satzweisen. Leider haben seine zahlreichen Hinweise auf dieses *Große Buch der Organa*, das in mehrere ›Bände‹ untergeteilt war, den Eindruck hervorgerufen, daß ihr Volumen enorm gewesen sein müsse.

Die Musikbücher waren jedoch tatsächlich nur klein. Viele davon sind uns erhalten geblieben und werden nun in verschiedenen Bibliotheken in Florenz, Madrid und Wolfenbüttel – um nur drei der wichtigsten zu nennen – aufbewahrt. Das Format der einzelnen Seiten ist kaum größer als das Buch, das der Leser hier vor sich hat, so daß zwei oder höchstens drei Sänger gemeinsam in eines dieser ›großen‹ Organa-Bücher hineinschauen konnten. Das Adjektiv ›groß‹ ist daher lediglich auf die Größe und Mannigfaltigkeit des Inhalts anwendbar – auf die Qualität des Buches, und nicht auf seinen äußeren Umfang. Es war in der Tat eine große Leistung, mehrstimmige Musik für so viele Teile des Gottesdienstes zu schreiben, und es kann nicht bezweifelt werden, daß die Pariser Kopisten ständig alle Hände voll zu tun hatten, schön ausgemalte und gebundene Abschriften des Originals für den Gebrauch in Kathedralen und Klöstern in allen vier Himmelsrichtungen Europas herzustellen.

Die beiden vierstimmigen Organa, die der Mönch von Bury erwähnt, kommen in Anordnungen des Bischofs von Paris vor, der das Fest der Beschneidung des Herrn (in der Oktav von Weihnachten) im Jahre 1198 und das des hl. Stephan im Jahre 1199 mit besonderem Glanz und Aufwand zu zelebrieren wünschte. Pérotin hatte den Höhepunkt seiner Schaffenskraft vor dem Ende des 12. Jahrhunderts erreicht. Möglicherweise ein Schüler Léonins, hatte er das Werk seines Lehrmeisters weiter vervollkommnet, indem er mit drei- und später vierstimmiger Satzweise experimentierte, und darüber hinaus hatte er eine neue Kompositionsform ausgebildet, die als ›Conductus‹ bekannt geworden ist.

Conductus und Clausula (Klausel)

Der ›Conductus‹ muß in manch wichtiger Hinsicht vom ›Organum‹ unterschieden werden. Vom musikalischen Standpunkt aus betrachtet, war seine hervorstechendste Eigenschaft die Gleichheit des Rhythmus in allen Stimmen, ganz gleich, ob es zwei, drei oder vier Stimmen waren. Eine einfache rhythmische Struktur mit regelmäßig wiederkehrenden Betonungen war eine Grundvoraussetzung; denn der eigentliche Zweck des ›Conductus‹ war ja – wie schon der Name erkennen läßt – den Priester und sein Gefolge vom Altar zu den Stufen des Chores und wieder zurück zu geleiten. Die Verse der Responsorialgesänge wurden häufig an den Stufen – ›gradus‹, daher ›Graduale‹ – gesungen, und die Prozession nahm daher – besonders in großen Kirchen – einige Zeit in Anspruch. Komplizierte und wechselnde Rhythmen hätten den Zug unweigerlich aus dem Takt gebracht. Der Conductus war somit als praktische Lösung eines liturgischen Problems erfunden worden.

Ein weiteres Merkmal war das Fehlen einer Choralmelodie. Während der Komponist eines Organum und des dazugehörigen Diskants gezwungen war, eine Choralmelodie als Basis zu benutzen, mußte der Komponist eines Conductus seine Melodie entweder selbst erfinden oder entlehnen. Es ist eigenartig, daß manche Conductus-Vertonungen kurze Ausschnitte aus den Einschüben von Pérotin und seinen Nachfolgern zu den alten Organa entlehnt haben. Auf diese Weise kann es vorkommen, daß auch im Conductus eine Choralmelodie auftaucht – aber eben nur zufällig und fragmentarisch. Ein weiterer wichtiger Aspekt des Conductus war sein Text, der stets nur unter der tiefstgelegenen Stimme ausgeschrieben wurde. Da jedoch alle Stimmen im gleichen Rhythmus fortschritten, war es nicht schwer für die Sänger der oberen Stimmen, die Textworte auswendigzulernen und auf die entsprechenden Noten anzuwenden.

Ein mittelalterlicher deutscher Theoretiker beschreibt den Vorgang der Komposition eines Conductus folgendermaßen:

> Zuerst wähle air die lieblichste Melodie, die du dir denken kannst; sodann schreibe in der bereits dargelegten Weise einen Diskant darauf. Willst du noch eine dritte Stimme hinzufügen, so betrachte dir die Diskantmelodie sorgfältig, damit die dritte Stimme nicht mit den beiden anderen im Zusammenklang eine Diskordanz ergibt.

Mit anderen Worten: wenn die neu hinzutretende Stimme an einer beliebigen Stelle der Komposition mit der Melodie in Diskordanz tritt, aber mit der Begleitstimme harmoniert (oder umgekehrt), wäre das Ergebnis völlig korrekt. Solange nur zwei von den drei Stimmen ›concordant‹ blieben, war alles in Ordnung. Diese weithin befolgte Praktik, die zwar je nach Zeit und Ort des Wirkens der jeweiligen Komponisten leichten Abweichungen unterworfen war, ist die Ursache des würzigen Aromas der mittelalterlichen Musik.

Reichlich zwei Drittel des bekannten Conductus-Repertoires ist eindeutig liturgisch. Die Musik wurde für besondere Feiertage geschrieben, und demzufolge kommentieren viele der Texte die zur Matutin erfolgenden Lesungen aus dem Leben der Heiligen. Die für Weihnachten, die Fastenzeit, Ostern und Pfingsten komponierten Conductus waren häufig durch Beigabe reichverzierter, textloser Vor- und Nachspiele ergänzt. Diese mögen Instrumenten zugeteilt gewesen oder auch – was wahrscheinlicher ist – in geeigneter vokalisierender Form gesungen worden sein, wie das bei den langgezogenen Organa der Fall war. Zweifellos verfügten die mittelalterlichen Sänger über eine Technik des Vokalisierens, die der heutigen weit überlegen war. Gut und fließend gesungen, muß der Conductus ein für Sänger und Zuhörer gleich befriedigendes Erlebnis gewesen sein; denn er begann mit einer musikalischen Floskel, die den Takt für die Prozession angab, setzte sich in einem syllabischen Textteil fort, der auf das zu begehende Fest oder den Heiligengedenktag Bezug nahm, und endete mit einer abschließenden Floskel. Es ist nicht verwunderlich, daß er bald auch bei öffentlichen Anlässen und besonderen Zeremonien Verwendung fand, die im Umkreis der Kirche, nicht aber in der Kirche selber, abgehalten wurden. Kapiteltreffen und ähnlich feierliche Versammlungen müssen häufig durch Darbietungen dieser neuen, ›quasi-weltlichen‹ Conductus künstlerisch belebt worden sein, von denen wir in einem späteren Abschnitt noch ausführlich berichten werden.

Das Entlehnen und Umgestalten musikalischen Materials ist ein in der Musikgeschichte durchweg zu beobachtendes Phänomen. Wie bereits früher erwähnt, schöpften die Komponisten von Conductus oftmals aus fremden Quellen und auch Komponisten von Organa übernahmen vorhandene Vertonungen, denen sie eine Singstimme hinzufügten, um dadurch das Interesse des Zuhörers, aber auch die Klangfülle zu erhöhen. Es mag nützlich sein, dies alles mit den späteren Minnesängern zu vergleichen (s. S. 317 ff.), die Melodien von den früheren ›trouvères‹ übernahmen, oder mit Komponisten des 15. Jahrhunderts, die ihre Messen schrieben, indem sie frühere Vertonungen – sei es aus Ehrerbietung oder aus Bequemlichkeit – ›parodierten‹. Das 16. Jahrhundert hat Unmengen von Arrangements und Adaptierungen aller Art hervorgebracht, während die darauffolgende Barockepoche in zwei großen Gestalten gipfelte, die wahre Meister im Entlehnen waren: Bach von Vivaldi und Händel von Telemann. In beiden Fällen waren die aufgenommenen ›Anleihen‹ durch die erzielten Verbesserungen gerechtfertigt. Das trifft in gleicher Weise für die mittelalterlichen Komponisten zu.

Ein Beispiel: der erste, syllabische Teil des Conductus *Si membrana esset celum* endet mit einem Melisma in allen drei Stimmen auf das Wort »celum«. Dabei entspricht die unterste Stimme notengetreu einem Kyrie-Tropus *Celum creans.* Es ist klar, daß der Komponist durch das Wort »celum« an einen Kyrie-Tropus erinnert wurde, der mit diesem Wort begann, und daß er sodann – um diese Reminiszenz deutlich zu machen – eben die ganze Melodie zitierte. Auf diese Weise wird hier ein bereits vorhandener Tropus benutzt, um einen Conductus zu ›tropieren‹. Ein ganz ähnliches Beispiel der Anregung vom Wort her findet sich in einem zweistimmigen Conductus *Deus creator omnium*, dessen Schlußzeilen wie folgt lauten:

regnanti sine termino
benedicamus Domino.

Die Melodie, auf die die beiden letzten Worte gesungen werden, entspricht genau einem der bekanntesten *Benedicamus Domino*-Gesänge, so daß der Schluß dieses Conductus tatsächlich eine Miniaturausgabe eines liturgischen Organum ist. Ein sogar noch subtileres Beispiel ist der Conductus *Columbe simplicitas*, an dessen Schluß ein *Benedicamus Domino* steht – nicht als wesentlicher Textbestandteil (wie im *Deus creator omnium*), sondern als freibleibender Zusatz. Er basiert ohne Zweifel auf einer Choralmelodie, nicht aber auf einem *Benedicamus*; die Stützstimme kommt vielmehr von der ausgezierten Passage auf die Silbe »ne« von ›Domine‹, dem dritten Wort aus dem Vers *Adjuva me Domine*, der im Graduale zum St. Stephanstag *Sederunt principes* steht. Neben anderen Stellen ähnlicher Art wurde diese figurierte Passage im *Großen Buch der Organa* vermerkt, bis sie als Ersatz für die korrespondierende Stelle – zum Beispiel in Pérotins *Sederunt principes* gebraucht wurde. Mittelalterliche Theoretiker nannten diese Ersatzstellen ›clausulae‹ oder ›puncta.‹

Léonins Organa sind einer geräumigen Baumgruppe vergleichbar, deren kräftige Stämme gepfropft sind, zu beträchtlicher Höhe und Dicke heranwachsen und Äste treiben, die auf allen Gebieten der Musik Früchte tragen. Es ist ebenso lehrreich wie fesselnd, die Entwicklung verschiedener musikalischer Formen und Stile aus einem einzigen Organum zu verfolgen. Der Ausgangspunkt ist selbstverständlich ein Choral und das gewählte Beispiel das *Alleluja, Nativitas gloriosae virginis*, das bei der Messe zu Mariä Geburt gesungen wird. Léonins zweistimmiges Organum wäre in seiner Urform folgendermaßen ausgeführt worden (die von einem Unisono-Chor gesungenen Choralpassagen sind in Normaldruck, das Organum kursiv, die ›Discantus‹-Partien in Versalien dargestellt):

alleluja – alleluja–a–a–a *nativitas* GLORIO–*o–o–o–se* VIRGInis *marie–e–e* EX SEMINE–E–E–E *abrahe orta de* TRI–*i–i–i–bu* JU–*u–u–u–da* clara ex stirpe david. (*alleluja*–a–a–a.)

Léonins Methode, die Anfänge wichtiger Wörter durch feine Veränderungen in der musikalischen Struktur hervorzuheben, ist hieraus leicht erkennbar. Organum- und ›Discantus‹-Abschnitte sind durchweg kontrastierend behandelt. Die wiederholten Vokale sind lediglich um der Vereinfachung willen in Dreiergruppen dargestellt. Tatsächlich sind die einzelnen Abschnitte in ihrer Länge sehr unterschiedlich. Man wird bemerken, wie häufig ein neues Wort im ›Discantus‹-Abschnitt beginnt und im Organum endet, obgleich gerade an einem sehr wichtigen Punkt – »ex semine« – der ›Discantus‹-Abschnitt bis zum Ende des allerletzten Vokals durchgeführt ist. Die Bedeutung dieses Vorgangs wird klar werden, sobald wir die Entstehung der Motette behandeln. In einer anderen Handschrift steht eine spätere Version dieses Organum. Manche Noten unterscheiden sich, andere halten sich sehr nahe an die Urschrift. Am Schluß wurde – anstelle der Wiederholung des ersten ›Alleluja‹ im Organum – ein neues ›Alleluja‹ hinzukomponiert, das sich jedoch selbstverständlich der gleichen Choralmelodie bedient.

Das nächste wichtige Stadium trat mit Pérotins Überarbeitungen dieser Choralmelodie ein. Er komponierte eine dreistimmige Vertonung, die in vier geringfügig voneinander abweichenden Versionen bekannt ist, führte weitaus mehr ›Discantus‹-Partien ein als Léonin in seiner Fassung und erreichte somit eine Kürzung und zugleich eine Vermehrung der Kontrastwirkungen:

alle–E–E–E–LU–*ja* alleluja–a–a–a NA–TI–VI–*i*–*i*–*i*–*tas* GLORIO–*o*–*o* -*o*–*se* VIRGINIS MARIE–E–E–E EX SEMINE–E–E–E–*e*–*e*–*e* *abrahe orta de* TRIBU JUDA–A–A–*a*–*a*–*a* clara ex stirpe david (*alle*–E–E–E–LU–*ja*–*a*–*a*–*a*.)

Eine weitere dreistimmige Vertonung dieses ›Alleluja‹ ist in einer Worcester-Handschrift enthalten. Sie weicht völlig von Pérotins Fassungen ab – ausgenommen die Stelle, wo auf die Worte EX SEMINE der Diskant beginnt. Hier übernimmt der Komponist notengetreu die Klausel von Pérotin; anstatt jedoch die Sänger auf dem abschließenden E vokalisieren zu lassen, benutzt er die beiden Wortgruppen, die gewöhnlich in Motetten vorkommen, die auf Pérotins Klausel aufgebaut sind. Diese Worte tropieren somit das Organum. Sie sind hier in Klammern gesetzt:

... EX SEMINE ABRAHE [DIVINO MODERAMINE
IGNE PIO NUMINE PRODUCIS DOMINE
HOMINIS SALUTEM PAUPERTATE NUDA
VIRGINIS NATIVITATE DE TRIBU JUDA
IAM PROPINAS OVUM PER NATALE NOVUM
PISCEM PANEM DABIS PARTU SINE SEMINE] ORTA DE ...

Man hat einmal geglaubt, es habe sich bei dieser »in ein Organum eingebetteten Motette« um ein einmaliges Beispiel einer ungewöhnlichen Kompositionsmethode gehandelt, man weiß aber heute, daß diese Praxis ziemlich allgemein verbreitet war, obgleich nicht in dem Ausmaß verbreitet wie das Einschieben von untextierten Klauseln.

Vom rein musikalischen Standpunkt weniger wichtig war der Brauch, auswechselbare Texte einem ganzen Organum zu unterlegen, ein allgemein als ›contrafactum‹ bekanntes Verfahren. Es war unvermeidlich, daß sehr populäre Kompositionen etwas gewaltsam auch bei anderen liturgischen Anlässen als bei denen, für die sie eigentlich gedacht waren, Verwendung fanden. So sind Stücke von Léonin und Pérotin in manchen Handschriften mit anderen Texten versehen worden: einer davon ist *Optimam partem* (Allelujavers zum St.

Magdalenentag), ein weiterer *Diffusa est gratia* (Allelujavers zum Fest einer Jungfrau und Märtyrin). Allerheiligen ist mit einem neuen Text vertreten, dem Alleluja *Judicabunt sancti*, während auf das Fortbestehen des Einflusses von Compostela aus dem besonderen Alleluja *Sanctissime Jacobe* zum Fest des hl. Jakob geschlossen werden kann. Im allgemeinen bringen diese neuen Texte keine musikalischen Veränderungen mit sich. In manchen Fällen sind diese alternativ verwendeten Texte sogar unter die Originaltexte geschrieben, so daß die Sänger nach Bedarf beide Versionen vor sich haben.

Während der Hauptzweck der Klauseln die Kürzung und Verschönerung vorhandener Organa war, bestand ihre Nebenwirkung in der Versorgung des Sängers mit einer kaleidoskopartigen Mannigfaltigkeit von Kombinationsmöglichkeiten innerhalb des Rahmens eines und desselben Stückes. Ein Graduale oder Alleluja mochte ein halbes Dutzend Stellen enthalten, an denen sogenannte ›Ersatz-Klauseln‹ eingeschoben werden konnten. Wir wollen sie behelfsmäßig mit a b c d e f bezeichnen. Viele von ihnen waren in verschiedenen Formen und für jeweils andere Stimmgruppen vorhanden, so daß die Gesamtzahl der verfügbaren Stücke zum Beispiel vier für die Gruppe a, zwei für die Gruppe b, zwei für c, usw., betrug. Die Sänger konnten sich sodann für eine Zusammenstellung a1, b2, c1, d3, e1 und f4 oder etwa a3, b1, c2, d3, e1 und f2 entscheiden. So gab es unzählige mögliche Kombinationen. Im Falle unseres Alleluja *Nativitas* sind fünf Stellen bekannt, an denen vorhandene Ersatz-Klauseln eingeschoben werden können: das erste »Alleluja«, die Silbe »tivi« (aus dem Wort »Nativitas«), die Worte »Marie« und »ex semine« und schließlich die Silben »Abra« aus »Abrahe«.

Die Entwicklung der Motette

Bei der Behandlung des Alleluja *Nativitas* aus der Worcester-Handschrift wurde bereits angedeutet, daß die Frühform der ›Motette‹ ganz einfach in der Textierung einer ›Klausel‹ bestand. Die ›Klausel‹ ist die mehrstimmige Bearbeitung – also ein ›Tropus‹ – eines Chorals; und genauso ist die ›Motette‹ ein textlicher Zusatz – oder ein ›Tropus‹ – zur ›Klausel‹. Diese Erweiterung war ebenso unvermeidlich wie logisch; aber es bleibt die Schwierigkeit des Nachweises, in welchem Stadium die Hinzufügung der Textworte stattfand. Geschah das im Frühstadium der Entwicklung der Klausel oder erst später, als sich die Musik bereits allmählich über Europa ausgebreitet hatte? Da Latein eine allgemein gebräuchliche Sprache war, ist die genaue Herkunft eines Musikstückes nur festzustellen, wenn sich der Text auf einen Lokalheiligen bezieht oder wenn die Eigenart des Manuskripts ausgeprägt genug ist, um alle Zweifel auszuschalten. Eines steht jedenfalls fest: an der Aktivität und gegenseitigen Beeinflussung klösterlicher Poeten und Komponisten, die – wie die Troubadours und ›trouvères‹ – häufig beide Kunstformen beherrschten, kann kein Zweifel bestehen.

Noch ehe wir mit der Untersuchung der Geschichte der Motette beginnen, müssen wir uns die allgemeinen Aspekte ihrer Entwicklung vor Augen führen, die eigenartigerweise eher einer kreisförmigen Linie als einer Geraden gleicht. Da die Motette vorwiegend ein Stil, nicht aber eine Form war, sind ihre Wandlungen leichter zu verstehen, wenn man sie sich einfach als verschiedene musikalisch-textliche Varianten einer und derselben Grundidee vorstellt. Vorausgesetzt, daß die Motette in ihrem frühesten Stadium aus einer Textzugabe zu einer Klausel entstanden sei, müßte sie – in ihrer einfachsten

Form – aus einer Unterstimme – dem ›tenor‹ – und einer Oberstimme – dem ›motetus‹ (›mot‹ = Wort) – bestanden haben. Da der Tenor stets Bestandteil des Original-Organum war, wird er zwei oder drei Wörter, vielleicht auch nur ein Wort oder gar nur eine oder zwei Silben umfaßt haben. Unser Beispiel von Pérotin enthält Nachweise für alle diese Möglichkeiten: »ex semine« (zwei Wörter), »Marie« (ein Wort), und »tivi« (zwei Silben). Diese Wortfetzen genügten den mittelalterlichen Sängern zur Identifizierung der Quelle einer Klausel, während einige davon heutzutage reichlich dunkel klingen – besonders einzelne Silbenfragmente wie »go« (virgo), »reg« (regnum) oder »doce« (docebit).

Dieser Tenor mag von einer Sängergruppe gesungen worden sein, deren Aufgabe es war, die Solisten zu unterstützen, oder er kann vom Organisten gespielt worden sein. Die Sänger, die in dieser Weise neben den reicher verzierten Oberstimmen sangen, wurden oftmals ›paraphonistae‹, die Organisten ›organatores‹ genannt. Die Komponisten wurden als ›organistae‹ bezeichnet. Als rein vokales Phänomen genommen, könnte die Ausführung einer Klausel mit Textworten in der Oberstimme den Eindruck von Mehrtextigkeit hervorrufen; denn während der ›motetus‹ einen vollständigen lateinischen Text deklamiert, der sich meist auf die betreffende Stelle des Organum bezieht, singt die Unterstimme – der ›tenor‹ – das entsprechende Wort oder Wortfragment. Ist dieses Wortfragment allerdings erst einmal im Gesang ausgesprochen, wird es durch Vokalisieren auf dem entsprechenden Vokal gleichsam ›verlängert‹, so daß es nicht anginge, die Kombination einer rasch deklamierten Oberstimme und einer stetig langsam vokalisierenden Unterstimme als mehrtextig zu bezeichnen, wie immer das auch auf dem Papier aussehen mag – es kann nur an Mehrtextigkeit *erinnern*.

Im großen und ganzen aber trifft es zu, daß eine der wichtigsten Charakteristika der frühen Motette ihre Mehrtextigkeit war. Das wird besonders deutlich, sobald eine dritte Stimme hinzutritt. Diese dritte Stimme – das ›triplum‹ – hatte meist einen eigenen Text, so daß sowohl Musik als auch Text von denen des ›motetus‹ verschieden waren. Da es zwei-, drei- und vierstimmige Klauseln gab, konnte der Komponist über dem ›tenor‹ (der sein eigenes Textfragment hatte) einen, zwei oder drei verschiedene Texte hinzufügen und so die Klausel in eine Motette, Doppelmotette oder Tripelmotette umwandeln.

Die Motette hat sich allmählich von der Klausel fortentwickelt und verselbständigt, als die Komponisten anfingen, die Oberstimmen wegzulassen und die verbleibende – den ›tenor‹ – als Grundlage für eine völlig neue Kompositionsform zu benutzen. Manche dieser neuen Werke, die im 13. Jahrhundert zu Hunderten geschrieben wurden, blieben im wesentlichen liturgisch, weil ihre Texte gleichsam einen Kommentar zum ›tenor‹ bildeten und dieser selbst nur einmal gesungen oder gespielt wurde. Mit der Beigabe weltlicher lateinischer und französischer Texte und der Tendenz, das Werk durch ein- oder zweimalige Wiederholung der Tenormelodie zu verlängern, kam es sodann zur gänzlichen Loslösung. Und doch begann sich gerade an diesem Punkt der Entwicklung der Motette jene weiter oben erwähnte Kreisbewegung zu offenbaren. Die weitverbreitete Beschäftigung mit der Komposition von Motetten brachte es mit sich, daß Klausel und Conductus weitgehend in Vergessenheit gerieten, so daß den Sängern, wenn sie neuer Ersatz-Klauseln bedurften, nichts anderes übrigblieb, als den Prozeß umzukehren, indem sie die Texte der Motetten wegließen und deren Musik als vokalisierte Klausel vortrugen.

Das war es auch, was mit der Worcester-Version des Alleluja *Nativitas* beinahe eintrat. Der Komponist von Worcester erkannte, daß die Musik von Pérotins *Ex semine*-Klausel mit derjenigen der *Ex semine*-Motette sehr ähnlich war: die hauptsächlichen Unterschiede waren nur sehr oberflächlicher Natur – so etwa die besondere Notationsweise im Zusammengehen mit den syllabischen Textpartien »Abrahe divino moderamine« und »Rosa prodit spine fructus olee« und das etwas andere Ende, das die Motette – im Gegensatz zur Klausel – zu einem abgerundeten und befriedigenden Abschluß brachte. So lag für ihn die Überlegung nahe, die Texte wegzulassen und dadurch seinem Organum zu einer Klausel zu verhelfen; anstatt aber beide Texte wegzulassen, entschloß er sich, einen beizubehalten: »Abrahe divino«. Obgleich jedoch dieser Text unterhalb der drei Notensysteme notiert ist, paßt er doch nur auf die beiden Oberstimmen. Sie bewegen sich im gleichen Rhythmus und singen den gleichen Text, das heißt, daß die Wirkung eines über einem vorgegebenen Tenor gesungenen Conductus zustandekommt.

Aus dieser weitgehenden Wechselwirkung von Formen und Stilen sowie aus den engen Bindungen zwischen Organum und Diskant, Conductus und Klausel, Motette und Conductus geht hervor, in wie erstaunlichem Ausmaß alle diese Typen mittelalterlicher Musik voneinander abhängig waren. Man mag sich noch so sehr bemühen, sie voneinander zu trennen und sie in streng geschiedene Kategorien einzuteilen, – die einzelnen Typen scheinen sich förmlich aneinander festzuhalten, als wollten sie nicht zulassen, als parallele, voneinander unabhängige Erscheinungen klassifiziert zu werden. In dieser ausgeprägten Abhängigkeitstendenz manifestiert sich etwas vom spitzfindigen und differenzierten mittelalterlichen Geist – vielleicht auch ein in die musikalische Praxis hineinleuchtender Widerschein der Ideen der Trinität oder auch der Zahlenharmonie.

Das Wachstum des Organum-›Baumes‹ von Léonin wurde bis zu einigen seiner unteren Äste verfolgt und weiter zu den durch Pérotin zum Treiben gebrachten Schößlingen, den Contrafacta, den Klauseln und den Motetten. In den höheren Zweigen begegnen wir einem neuen Stil, dessen Bestimmung es war, die Einführung der weltlichen Motette zu beschleunigen: es waren dies die Contrafacta oder die neuen, weder lateinischen noch liturgischen Texte. Sie waren vorwiegend französisch, wenn auch die früher erwähnten nationalen Strömungen naturgemäß auch Beispiele englischer, wallonischer, deutscher und provenzalischer Texte hervorgebracht haben. Dem Stil der Conductus-Motette von Worcester begegnet man in einem auf derselben Musik basierenden Werk wieder. Die beiden Oberstimmen singen nunmehr anstatt »Abrahe divino« ein Liebeslied *Se iai ame*, das so komponiert ist, daß seine Silben ohne unangemessene Verzerrungen auf die Musik passen. Darunter liegt – gleichsam als ständige Mahnung an den religiösen Ursprung dieser Musik – der Tenor »Ex semine«. Ein anderer Poet hat ein weiteres Liebeslied beigesteuert – wiederum auf dieselbe Musik – es ist in einer französischen Handschrift des frühen 13. Jahrhunderts zu finden. Der Text lautet dieses Mal »Hyer mein trespensis« und ist nur der unteren von den beiden Gesangstimmen unterlegt. Die obere Stimme wurde gänzlich weggelassen, so daß man nur noch ein Lied für eine Singstimme mit einfacher Begleitung einer Harfe, Viole oder eines Blasinstruments vor sich hat.

Zwischen der liturgischen Motette und ihrem weltlichen Gegenstück mag es nicht immer eine scharfe Trennung gegeben haben. Es gibt zahlreiche Beweise für die Mißbilligung hoher kirchlicher Würdenträger gegenüber fröhlich diskantierenden Musikern, die französische und lateinische Texte nach Gutdünken durcheinandermischten. Sogar noch vor der Blütezeit der Motette hatte Johannes von Salisbury über die organale Musik folgendes geschrieben:

Man muß eine solche nervenaufreizende, mit allen Mitteln der Kunst ausgeführte Darbietung gehört haben und mag sich dann fragen, ob man einem Chor von Sirenen oder von Menschen gelauscht hat. Und man wird erstaunt sein über die Kunstfertigkeit der Sänger, mit der sich weder diejenige des Papageis noch die der Nachtigall – oder welcher Vogel sonst noch in Frage kommt – messen kann. Denn diese Kunstfertigkeit wird in langen, auf- und abwärtsrollenden Passagen von unterbrochenen oder wiederholten Tönen, in Wiederholungen ganzer Phrasen und im Aufeinanderprallen von Stimmen demonstriert, wobei noch dazu die hohen oder gar höchsten Töne der Skala dergestalt mit den tieferen und tiefsten durcheinandergemischt werden, daß den Ohren die Fähigkeit, das alles auseinanderzuhalten, beinahe völlig abhandenkommen könnte.

Ein satirischer Kommentar über den ›Hoquetus‹ – eine Art beschleunigten Antiphonaleffekt, auf den vielleicht Johannes von Salisbury anspielt, wenn er von »unterbrochenen oder wiederholten Tönen« spricht – ist auch nicht gerade schmeichelhaft und steht in Prynnes Übersetzung der entsprechenden Stelle des *Speculum charitatis*:

Zuweilen kannst du einen Mann mit offenem Munde sehen – nicht um zu singen, sondern als ob er seinen letzten Seufzer aushauchen wollte und mittels eines lächerlichen Verhaltens seiner Stimme Schweigen gebieten möchte, um dann wieder die Agonie eines Sterbenden oder die Ekstase irgendeines Leidens nachzuahmen.

Dies ist eine eindeutige Vorwarnung aus der Zeit, bevor Papst Johannes XXII. sein Dekret von Avignon herausgab, mit dem er ausdrücklich jegliche Art der mehrstimmigen Bearbeitung des liturgischen Gesanges, ausgenommen die allereinfachste, verbot. Dieses Dekret aus dem Jahre 1322 beklagt sich insbesondere über Sänger, die »Melodien durch den ›Hoquetus‹ verstümmeln, sie durch den ›Discantus‹ verderben und die Oberstimmen sogar mit weltlichen Gesängen tropieren«.

Das ist beinahe mit Sicherheit ein deutlicher Hinweis, daß Klauseln zuerst mit lateinischen Texten tropiert wurden und später dann mit französischen, wobei diese – die fast immer weltlichen Charakter hatten – von skrupellosen und unzuverlässigen Sängern tatsächlich in der Kirche gesungen wurden. Noch viele Jahre nach Erlaß wurde das Dekret an Notre-Dame zu Paris noch peinlich befolgt – »zumindest von den männlichen Sängern«, denen man offenbar nicht so selbstverständlich traute wie den Knaben. Dennoch blühte die Mehrstimmigkeit im 13. Jahrhundert überall in Europa, und obwohl Unmengen des verwendeten musikalischen Materials verlorengegangen sind, sind immer noch genügend Beweise für ihre Qualität vorhanden – ganz abgesehen von dokumentarischen Hinweisen auf das weitverbreitete Interesse an ihren verschiedenartigen Formen. Selbst die relative Zurückhaltung des englischen Zisterzienserklosters Tintern, dessen Überreste später durch Wordsworth unsterblich wurden, ließ den drei- und vierstimmigen Gesang zu. In der Londoner St. Pauls-Kathedrale gab es gegen Ende des Jahrhunderts eine umfangreiche Sammlung mehrstimmiger Tropare und Organa-Bücher. In manchen Fällen sind die Titel der Stücke erwähnt. Sie klingen sehr vertraut: *Viderunt*, *O mira Christi pietas*, *Virgo generosa*. Unter den kostbarsten Schätzen der Königlichen Kapelle Eduards I. befanden sich zwei Bücher mit Organa, die jeweils mit »Viderunt« beziehungsweise »Alleluja« begannen, und es ist nicht zu bezweifeln, daß diese *Discantuum volumina* (die die Tudors ›pricksong books‹ – etwa ›Liederbücher gegen Gewissensbisse‹ genannt haben) von den größten Meistern der Pariser Schule herrührten.

Der kreisförmige Verlauf in der Entwicklung der Motette ist auch aus ihren Texten mit erstaunlicher Klarheit ersichtlich. Zuerst kamen die lateinischen Texte. Dann wurden diese teilweise durch französische – meist Contrafacta – ersetzt und sodann gänzlich verdrängt, bis zuletzt eine starke Tendenz aufkam, gerade erst neu gedichtete französische Texte ins Lateinische zurückzuübersetzen. Modische Strömungen wechselten im 13. Jahrhundert genauso häufig wie in jedem anderen, und die Musik war nicht weniger Wandlungen unterworfen als die Lebensgewohnheiten und die Architektur. Nichtsdestoweniger blieb die Liturgie für geraume Zeit ein strenges Regulativ, so daß Motetten vom Beginn oder der Mitte des Jahrhunderts häufig mit Texten versehen sind, die das Wortfragment des Tenors paraphrasieren. Das großartige vierstimmige *Mors* verwendet im Tenor als einziges das Wort »mors« aus dem Alleluja *Christus resurgens*. Das begleitende Melisma wird zweimal gebracht – beim zweiten Male leicht verändert durch eingelegte Ruhepunkte, die den Tenor künstlich in die Länge ziehen und das dichte mehrstimmige Gewebe etwas auflockern. Über dem Tenor liegen drei Gesangstimmen – jede mit eigenem Text. Doch jeder Text beginnt mit dem Wort »mors«. »Mors a primi patris vicio«; »Mors que stimulo« und »Mors morsu nata venenato« – und einer endet sogar mit »mors«, während sich die übrigen Stimmen mit einem ähnlichen Schlußvokal anpassen. Es ist dies eine Motette, in welcher der Tenor in jeder Oberstimme vollständig tropiert ist, so daß es möglich war, die Musik des ursprünglichen Alleluja *Christus resurgens* zu benutzen.

Andere Beispiele textlicher Glossierungen oder Tropierungen sind Stücke, die auf dem jeweiligen Tenor »Benedicta, Veritatem« und »Per omnia secula« basieren. Das »Benedicta« aus dem Graduale *Benedicta et venerabilis* (zur Vigil von Mariä Himmelfahrt und zu anderen Gelegenheiten) hat »Benedicta Marie virginis« in der Oberstimme und »Beate virginis« in der Unterstimme. Man wird bemerken, daß beide Texte mit der Silbe »Be« beginnen, und naturgemäß leiten sie in beiden Fällen Lobpreisungen der Hl. Jungfrau ein. Ähnlich ist dem Wort ›veritatem‹ in einer Motette der Text »In veritate comperi« unmittelbar überlagert, während die oberste Stimme »In salvatoris nomine« singt. Wieder beginnen beide Texte mit der gleichen Silbe. Der Tenor stammt aus dem Graduale *Propter veritatem*, gleichfalls zum Fest Mariä Himmelfahrt. Im dritten Beispiel – »Per omnia secula« – haben wir einen Tenor, der auf einem der Meßgesänge aus dem Ordinarium basiert: *Per omnia secula seculorum.* Die beiden oberen Texte stimmen bis zur sechsten Silbe überein: »Per omnia secula seculorum, Maria; Per omnia seculorum secula, Virgo regia«.

Eine der Hauptursachen für die Verwendung so zahlreicher Texte zu Ehren der Jungfrau Maria war die große Zunahme der Marienverehrung. Eine weitere Ursache war die Notwendigkeit, Mariengedenktage mit Gottesdiensten zu anderen Festen oder Heiligengedenktagen zu verbinden. So konnte eine Motette aus einem Melisma oder einer Gruppe von Tönen aufgebaut werden, die aus irgendeinem Graduale oder Alleluja entnommen waren, während die Texte der Oberstimmen aus Dichtungen zu Ehren der Hl. Jungfrau zusammengestellt wurden, so daß ein Werk mit doppeltem Verwendungszweck entstand.

Neben der Komposition neuer, auf vorhandenen Tenorstimmen aufgebauter Motetten ging eine ständige Sichtung und Überarbeitung früheren Materials einher. Ersatz und Übersetzung von Texten war die eine Aufgabe, die Beschaffung von Ersatzmusiken eine gänzlich andere, da der gesamte Aspekt und Klang der Komposition sowie ihre Textur, ihr Rhythmus und Charakter zugleich verändert wurden. Im Laufe des 13. Jahrhunderts tauchen sehr häufig besonders beliebte ›Doppel-Motetten‹ auf, zu denen nicht weniger als drei verschiedene, alternativ zu verwendende Oberstimmen geschrieben wurden. Diese Situation ist geeignet, die Theorie, nach der die Musik sich mit ihrer Umgebung wandelte, weitgehend zu bestätigen. Demnach klang das gleiche Musikstück in Santiago, Avignon, Paris, London und Worcester innerhalb weniger Monate jeweils völlig anders. Wie mächtig auch der Einfluß des stilistischen und ideellen Zentrums gewesen sein mag – und es ist kein Zweifel, daß das lange Zeit Paris war –, so haben doch die örtlichen und auch nur gleichsam am Rande schaffenden Musiker sehr beträchtlich zur Veränderung und sogar Verbesserung der allgemeinen mehrstimmigen Praxis beigetragen.

Handschriftenfragmente in Italien, Deutschland und Spanien (im Gegensatz zu den umfangreicheren und vollständigeren Quellenwerken, die in Frankreich kopiert und sodann in jene Länder gebracht wurden) beweisen die Begeisterung und Geduld zweitrangiger Musiker, die vielleicht keine Gelegenheit hatten, das Beste, was es damals an Musik gab, an der Quelle zu studieren. Auch in England wurde viel experimentiert, obwohl hier sogar die hervorragendsten Beispiele eindeutig mit dem großen europäischen Hauptstrom der liturgischen Mehrstimmigkeit in Verbindung zu bringen sind. Die englische Vorliebe für einen Grundbaß oder korrekter ausgedrückt – ›tenor‹ – war möglicherweise durch das beachtliche *Amor potest/Ad amorem* aus der Montpellier-Handschrift und durch andere, ähnlich gearbeitete Stücke inspiriert. In Worcester hat diese überall anzutreffende Wiederholung der Tenormelodie vielerlei Formen angenommen – von kurzen Phrasen wie denen im unteren Stimmenpaar des *Sommerka-*

nons (Summer Canon) bis zu langen, welche die weitaus komplizierteren Rhythmen und die Isorhythmie der unmittelbar folgenden Epoche vorwegnahmen.

Englische Komponisten bezeichneten diese Art des wiederholten Tenors als ›pes‹. Er basierte meist auf einem einfachen symmetrischen Schema, das nicht von einer Choralmelodie abgeleitet, aber vom Organisten improvisiert wurde. Für sich allein betrachtet, waren diese Tenorstimmen kaum mehr als klangliches Spiel – Früchte einer halben Stunde musikalischen Müßiggangs. Man betrachte den ›pes‹ von *Prolis eterne genitor/Psallat mater gratie*: er besteht nur aus den fünf Tönen zwischen dem mittleren C und dem eine Quint darunterliegenden F. Der Spieler schlägt das C an, wiederholt es und geht sodann die Skala bis G hinunter, worauf eine Kadenz A-G folgt; nun kommt eine komplementäre Phrase, die diesmal auf dem tiefsten Ton F beginnt und die Skala zum H hinaufklettert, worauf wiederum die Kadenz A-G folgt. Was für ein lieblicher musikalischer Reim, denkt der Komponist! – Und so beendet er den ›pes‹, indem er das A (langgehalten) und das G wiederholt (s. Notenbeispiel 26). Das alles kann von einem Anfänger mit einem Finger auf dem Klavier gespielt werden. Und doch ist es die einzige Grundlage und der strukturelle Halt für eine dreistimmige Motette von nicht geringer Länge. Der neuntaktige Abschnitt wird insgesamt elfmal wiederholt.

26 

Zwei sich ergänzende Abschnitte treten auch in dem glanzvollen vierstimmigen *O quam glorifica/O quam beata/O quam felix* auf, wo der gesamte Tonbereich des Tenors wieder sehr klein ist. Diesmal umfaßt er gerade eine große Sext. Weniger als die Hälfte dieses bereits kleinen Umfangs wird vom Tenor auf »Virgo regalis« beansprucht; denn es werden dafür nur drei Töne benutzt, und zwar F, G und A. Das Schema des

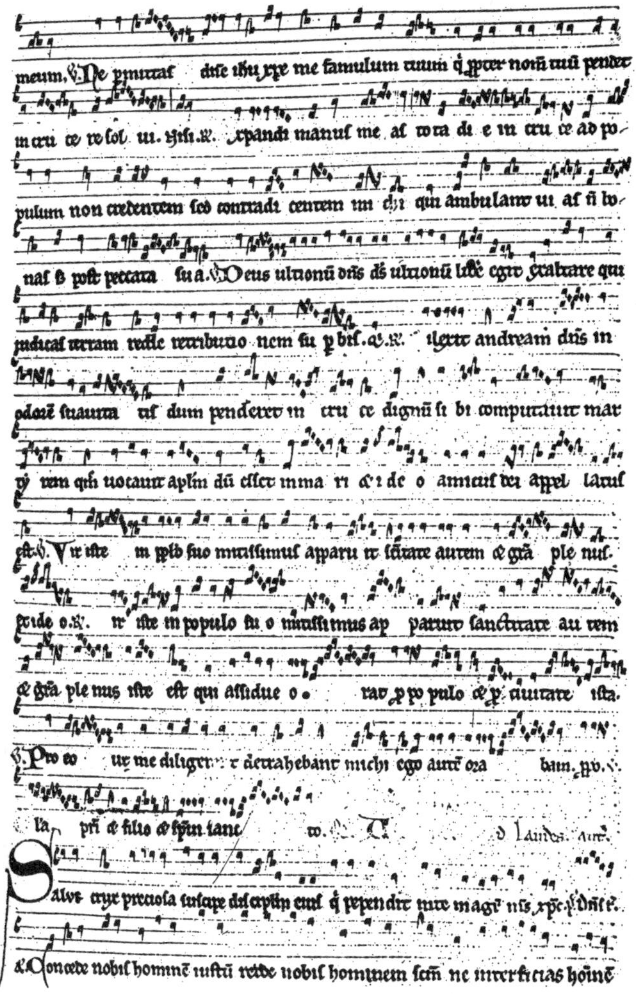

Antiphonar von Worcester. Römische Quadratnotation um 1220.
Texte zum Tag des hl. Andreas aus dem ›Proprium de Sanctis‹.
(Worcester, Kapitelsbibliothek. Cod. F 160)

›pes‹ ist einfach FGF GAF GGF bei neunmaliger Wiederholung unter zwei Gesangstimmen, die sowohl ihren Text als auch ihre Musik in regelmäßigen Abständen vertauschen, so wie es die Länge des ›pes‹ erfordert. Stimme 1 vokalisiert, Stimme 2 singt; dann übernimmt Stimme 1 Musik und Text, die von Stimme 2 gerade gesungen wurden, und Stimme 2 vokalisiert auf der von Stimme 1 fallengelassenen Musik. Für das Ohr bedeutet das naturgemäß nichts anderes als eine Wiederholung, allerdings verbunden mit einer leichten Veränderung der Klangfarbe, da es keine zwei ganz gleich klingenden menschlichen Stimmen gibt. Diese Art des Stimmtausches war ein Charakteristikum der Motette und war über ein Jahrhundert lang üblich, ohne jedoch den Hoquetus zu überleben.

Das Worcester-Repertoire enthält zahlreiche mehrstimmige Vertonungen von Messe-Tropen. Diese hatten im Gegensatz zu den ursprünglichen Tropen keinen Zusammenhang mit Alleluja-Melodien – jedenfalls nicht anders als die Motetten mit den Organa (abgesehen von einigen seltenen Beispielen). Es gibt Tropen auf das Kyrie und das Sanctus, ferner zwei Beispiele von Gloria-Tropen, die ihrerseits tropiert wurden. *Regnum tuum solidum* wird bei dem letzten Wort durch eine weitere Interpolation unterbrochen, die mit »O rex glorie« beginnt. Ähnlich wird aus dem ersten Teil des *Spiritus et alme* – Tropus (für Messen an Marienfeiertagen) ein »*Spiritus* procedens a patre, venis mundi regnans per aera *orphanorum paraclite*«. (Der Tropus auf den Tropus wurde in Normaldruck gesetzt.) Und dennoch – unter all diesem Überraffinement gibt es viele schöne, kraftvolle Stücke, die auch noch sangbar und erfreulich sind: *Alleluja psallat, Fulget celestis curia* und die beachtliche vierstimmige Motette auf Thomas Becket *Thomas gemma Cantuarie*. Noch vor dem Ende des 13. Jahrhunderts hatten sich die angelsächsischen Ungelenkheiten allmählich mittels einer honigsüßeinschmeichelnden und entwaffnend simplen Kompositionsmethode abgeschliffen, die auf Folgen von Terzsextklängen

(Sextakkorden) aufgebaut war. Gelegentlich kam es bei wichtigen Kadenzpunkten zu einem Quint-Oktav-Klang.

Ein aus dem Worcester-Bereich stammendes, wohlbekanntes Beispiel für diesen Stil ist die Motette *Beata viscera.* Ihre große Beliebtheit und weite Verbreitung waren zu einem nicht geringen Anteil auf die Leichtigkeit zurückzuführen, mit der sie komponiert oder vielmehr improvisiert werden konnte. Alles was dazu nötig war, war eine Melodie: über und unter ihr oder auch um sie herum konnten andere Sänger weitere Stimmen hinzufügen, die in der Hauptsache die Linie der Originalmelodie nachzeichneten. Diese anderen Sänger hielten sich an feste Regeln, die auf jede vorgegebene Melodie – ganz gleich, ob sie liturgischen oder weltlichen Charakter hatte – anwendbar waren. Das Ergebnis war eine Art mittelalterlicher ›Gebrauchsmusik‹, die jeweils als ›Englischer Diskant‹ (wenn die Melodie in der Unterstimme liegt) oder als ›fauxbourdon‹ (wenn die Melodie im Sopran liegt) bekannt ist. Recht häufig aber lag die Melodie auch in der Mittelstimme, so daß Werke dieser Art genau genommen zu keiner der beiden Kategorien gehören, obgleich sie in der klanglichen Wirkung beiden sehr nahekommen. Vergleichsweise findet sich eine bekannte architektonische Form wie der Doppelspitzbogen oder das Dreiblatt nicht immer an der gleichen Stelle, sondern zuweilen auf Bodenniveau an einer Klostermauer, ein andermal hoch oben am Lichtgaden eines Mittelschiffs. Man wird weder beim bildenden Künstler noch beim Musiker des Mittelalters ein enges Denken finden können.

Weltliche mehrstimmige Musik

In gleicher Weise, wie sich die liturgischen Formen einander ständig gegenseitig beeinflußten und immer neue Formen und Stile hervorbrachten, bestand auch zwischen den weltlichen Kunstformen des Mittelalters eine rege Wechselwirkung. Es kam häufig vor, daß ein Liebeslied oder eine Schäferweise auf einem zum Allgemeingut gewordenen Choraltypus aufgebaut wurde, wenn nicht sogar auf einer bestimmten Melodie. Gegen Ende des 13. Jahrhunderts war es durchaus üblich, weltliche Gesänge – ungeachtet ihrer Funktion und ihres Charakters – als Tenorstimmen von Motetten zu benutzen. Nicht anders konnte auch aus einem Tanzthema ein Lied oder aus einer Liedmelodie das Material zu einem Tanz werden. Der gemeinsame Schatz musikalischer Münze war derart, daß alle – sowohl der größte Komponist als auch der geringste unter den Sängern, der hochgeborene Troubadour und der kleinste Gaukler – an gewissen Formeln und Klischees teilhatten, und eben diese Teilhaberschaft war es, kraft welcher sich Ideen verpflanzen ließen, ohne an Frische einzubüßen, oder anderem Ideengut ohne verfälschende Wirkung aufgepfropft werden konnten.

Zuweilen scheint es, daß moderne Theorien hinsichtlich dieses Verpflanzens musikalischer Elemente zu weit gingen. So wird zum Beispiel angenommen, daß die Schlußteile (caudae) zahlreicher Conductus-Vertonungen (und zwar sowohl auf liturgische als auch auf politische Texte) von mittelalterlichen Spielleuten als ›Tanz-Suiten‹ verwendet wurden. Es trifft zu, daß vielen liturgischen Formen ein gewisser wiegender Rhythmus gemeinsam war und daß, sobald die textlosen Teile einer dreistimmigen Komposition von Instrumenten genügend rasch gespielt werden, ein tanzartiges Zeitmaß entsteht. Aber es gibt keinen Beweis, daß dies tatsächlich vorkam, während durch formale Ähnlichkeiten erweisbar ist, daß die ›estampie‹, ein wohlbekannter mittelalterlicher Tanz, sich formal an die liturgische Sequenz anlehnte, und zwar in der Verwendung paarweise auftretender ›puncta‹ und Abschnitte. Allerdings besteht sogar in dieser offenkundig klaren Verwandtschaft ein beträchtlicher Unterschied: Sequenz und Estampie haben zwar die Idee der Verspaare gemeinsam; aber bei der Estampie sind die Abschlüsse beim ersten und beim zweiten Mal bis zu etwa einem halben Dutzend Tönen und naturgemäß durch die eigentliche Kadenz verschieden. Darüber hinaus erscheinen die beiden unterschiedlichen Abschlüsse durchweg in jedem Paar – eigentlich wie eine Art Refrain.

Die meisten höfischen Tänze – ›danses royales‹ – entsprechen diesem Muster. In der Hauptsache hält sich auch ein wohlbekannter englischer Tanz daran, der seinen einstimmigen Charakter in den letzten Takten zugunsten eines zweistimmigen Satzes unter einem wiederholten Ton im Sopran aufgibt. Diese kurze Stelle war zwar in dreistimmigem Satz geschrieben, dürfte aber nicht mehr als zwei Spieler erfordert haben, da der wiederholte Ton möglicherweise auf einer offenen Saite hervorzubringen war, wenn man von der Annahme ausgeht, das verlangte Instrument sei eine Viole gewesen. Mit zwei Spielern konnte das Stück antiphonal gespielt werden, so daß der erste Spieler stets als erster die Melodie anstimmte, während der zweite sie mit dem abschließenden ›clos‹ wiederholte. Mittelalterliche Spielleute zogen oft paarweise oder auch in Gruppen zu dreien oder zu vieren umher und waren meist mit mehr als einem Instrument vertraut. Ihr Repertoire bestand in der Regel aus Estampies und den kürzeren, wenn auch verwandten Formen der ›nota‹ und ›ductia‹, die in der mittelalterlichen Literatur häufig erwähnt werden – so wie auch die Instrumente in Bildwerken und Illustrationen wiedergegeben sind. Es gibt Beispiele zweistimmiger Tänze, die man ohne weiteres als Ductia bezeichnen könnte, und auch diese weisen das erwartete Muster von komplementären melodischen Abschnitten auf und verlängern auch die Komposition durch Wiederholung der drei Phrasenpaare mit neuem Material in der Oberstimme. Das Ergebnis ist von der Grundidee der Variation über einem Grundbaß nicht weit entfernt, einem Prinzip, das sich in der Kompositionsschule von Worcester so gut bewährt hat.

Neben ihrem Vorrat an höfischen und bürgerlichen Tänzen wußten die Spielleute sicherlich auch einige Tenorweisen auswendig, wie sie die Komponisten für Motetten mit weltlichem Text wieder und wieder verwendet haben. Johannes de

Grocheo schreibt dazu: »Auf der Viole kann man alle musikalischen Formen korrekt darstellen ... Ein guter Musiker kann jeden ›cantus‹, jede ›cantilena‹ und überhaupt jede musikalische Form auf der Viole spielen.« Mit wenigen Ausnahmen sind die ›tenores‹ für die Wiedergabe auf Streichinstrumenten am besten geeignet, wobei man auch die Drehleier nicht ausschließen darf, deren Klangfülle – insbesondere bei gehaltenen Tönen – derjenigen der Orgel kaum nachstand. Das war eine gänzlich andere Situation als in späteren Jahrhunderten, da der Tenor in winkeligen Sprüngen oder auch arpeggio-ähnlich verlief und daher von Blasinstrumenten ausgeführt werden mußte. Es gibt allerdings in Motetten des 13. Jahrhunderts auch einige besondere Tenorstimmen, die zwei Handglocken erfordern, wenn sie zu ihrer bestmöglichen Wirkung gebracht werden sollen. Der Tenor zu *Dieus! comment puet li cuers / Vo vair oel* zum Beispiel besteht nur aus zwei Tönen – C und D. Ausschließlich in der Montpellier-Handschrift kommt auch *Amor potest / Ad amorem* vor, das wir wegen seines interessanten ›Grundtenors‹ bereits erwähnt haben und das nur aus drei Tönen, und zwar F, E und G, besteht.

Häufig hatten die ›tenores‹ französische Titel, und die in ihnen verborgenen Melodien können zuweilen so weitgehend rekonstruiert werden, daß das Stück und seine Form noch einmal zu so greifbarer Realität erstehen, daß sie nicht mehr nur als Schatten vergessener oder verlorengegangener Kompositionen gelten können. Manche dieser Melodien sind als ›virelais‹ (Refrain-Gesänge für eine Solostimme mit Chor) bekanntgeworden: *Entre Copin et Bourgeois / Je me cuidoie tenir* ist auf »Bele Ysabelos« aufgebaut und *Nouvele amour / Haute amor* auf »Hé! dame jolie«, obwohl die Urform des letztgenannten Stückes nicht so klar ist wie die der vorgenannten. »Hé! resveille-toi, Robin« – in der mittelalterlichen Literatur häufig zitiert – dient der Doppelmotette *En mai quand rosier / L'autre jour* als Tenor und wurde später von Adam de la Halle als Refrain in seinem *Jeu de Robin et*

Marion benutzt. Ein ungewöhnliches Beispiel eines für eine Reihe von Refrainfragmenten komponierten Tenors begegnet uns in *Qui amours veut maintenir / Li dous pensers,* dessen Tenor »Cis a cui je sui amie« nicht weniger als neun derartige Refrainfragmente enthält. Gleichfalls einmalig – obgleich aus einem anderen Grund – ist der Pariser Straßen-Ruf »Frese nouvelle!«, der als Tenor auf die zwei Texte *On parole de batre / A Paris soir et matin,* die den gastronomischen Freuden der großen Metropole huldigen, ausgezeichnete Dienste tut.

Und wieder andere ›tenores‹ sind im ganzen den Estampies abgenommen. Man hat ihnen in der Regel die Namen ihrer Komponisten gegeben: »Chose Tassin« (ein Spielmann namens Tassynus in Philipps des Schönen Diensten) und »Chose Loyset«. Diese Themen haben, wie zu erwarten ist, betont instrumentalen Charakter, und manche lassen sogar die trompetenartigen Themen vorausahnen, die bei späteren Komponisten von ›tenores‹ so beliebt werden sollten (siehe folgendes Beispiel):

27

Französische Lieder wurden auch von englischen Komponisten verwendet – aus dem begreiflichen Grund, weil Französisch die am Hof gesprochene Sprache war und man sich ihrer auch in bestimmten Ämtern der Staatsverwaltung bediente.

Bei der Behandlung des Conductus wurden seine Verbindungen mit der Klausel und anderen Stilen hervorgehoben. Es gibt aber noch eine andere Besonderheit, die bestimmte Conductus mit früher vorhandenen einstimmigen ›rondeaux‹ oder weltlichen Gesängen des Refraintyps verbindet. Die wohlbekannte Weise *A l'entrada del tens clar, Eya* taucht als Unterstimme von *Veris ad imperia, Eya* wieder auf, wobei im lateinischen Contrafactum sowohl die Akklamation als auch die Melodie übernommen ist. Und noch ein weiterer Conductus – *Legis in volumine* – zitiert den Anfang aller drei Stimmen des *Veris*, ehe er abweicht und eigene Wege geht. Zwei Gesänge des Trouvère Blondel de Nesle haben als Conductus-Melodien gedient: *Ma joie me semont* wurde – mit einem neuen Text von Gautier de Chatillon versehen – zu dem zweistimmigen *Ver pacis aperit* (für die Krönung Philipp Augusts im Jahre 1179), während *L'amour donc sui espris* ein sogar noch bunteres Schicksal hatte. Es wurde von Gautier de Coincy zu einer geistlichen Monodie umgearbeitet und später zu einem monophonen Conductus *Suspirat spiritus*, dessen Text dem Kanzler Philipp von Paris zugeschrieben wird. Auch zwei weitere dreistimmige Conductus verwenden die gleiche Melodie – *Procurans odium*, worin die Vorzüge der Zerstreuung gepriesen werden, und *Purgator criminum*, eine Beschwörung der Juden, sich zu Christus zu bekehren.

Der berühmte ›Lerchengesang‹ von Bernart von Ventadorn *Quan vei l'aloette mover* erfuhr eine sogar noch beträchtlichere Reihe von Wechselfällen. Es scheint, daß die weite Verbreitung einer Melodie ihr mehr Veränderungen, ja selbst Verstümmelungen eingetragen habe, als ihr je in der Verborgenheit hätten widerfahren können. Dennoch steht fest, daß der Forscher von heute um so leichter aus diesen Melodien etwas lernen kann, je mehr Fassungen existieren, – obwohl der Vergleich zahlreicher Versionen nicht nur Probleme der musikalischen Beurteilung auslösen mag. Bernarts Lied war den Sängern sowohl in der ursprünglichen Textfassung in der ›langue d'oc‹ als auch in Altfranzösisch bekannt. Eine viel spätere Generation kannte es in einer mit dem ›Lerchengesang‹ nicht einmal entfernt verwandten

Bernart von Ventadorn, ›Lerchenlied‹.
Römische Quadratnotation (auf vierzeiligem System
mit c-Schlüssel). (Paris, Bibliothèque Nationale.
Ms. fr. 844, fol. 190 d)

Textfassung – *Plaine d'ire et de desconfort.* Aber damit nicht genug – Kanzler Philipp gab dem Lied auch noch einen lateinischen Text mit dem Titel *Quisquis cordis et oculi.* In dieser Fassung wurde es in allen europäischen Klöstern bekannt und gesungen. Es gab auch eine französische Übersetzung des lateinischen Textes *Li cuers se vait de l'uiel* und ein geistliches Contrafactum im Mysterium der hl. Agnes: *Seyner mil gracias ti rent.* Es ist nicht verwunderlich, daß sich um dieses Lied so viele Legenden gebildet haben und daß

Dante im zwanzigsten Gesang seines *Paradiso* wohl keine andere als eben diese Lerche meint.

Kehren wir noch einmal zum weltlichen oder besser außerliturgischen Conductus zurück: diese Art von Musik unterschied sich von dem früher behandelten, verwandten Typ durch das Fehlen jener verzierten Passagen am Anfang und Ende (zuweilen auch in der Mitte) der Komposition und das Vorherrschen sorgfältig verteilter deklamatorischer Phrasen durch alle Stimmen. Inhaltlich bezogen sich diese Conductus meist auf die Kirche und Staat betreffenden Angelegenheiten, zuweilen auch auf bestimmte Personen, wie etwa auf einen kirchlichen Würdenträger oder auf ein Mitglied der königlichen Familie. Die erste Kategorie enthält einen eindringlichen Aufruf zur Teilnahme an den Kreuzzügen – *Crucifigat omnes* – wurde gegen Ende des 12. Jahrhunderts geschrieben und ist noch heute in sieben europäischen Handschriften erhalten. Hierher gehört auch einer der bekanntesten Conductus *Mundus vergens*, in dem die politischen Wirren zu Anfang des 13. Jahrhunderts in Frankreich beklagt werden, ferner das zweistimmige *Ut non ponam os* über die Voraussetzungen des Führens und schließlich die beiden im Zusammenhang mit Kanzler Philipp *Suspirat spiritus* erwähnten Texte.

Zur zweiten Kategorie gehören verschiedene Conductus zu Ehren von Königen und Fürsten. *Ecclipsim patitur* ist eine Totenklage auf Geoffrey of Brittany (1186). Das dreistimmige *Nemo sane spreverit* gedenkt des Todes von Philipp August (1223), zu dessen Krönung im Jahre 1179 bereits das *Ver pacis aperit* geschrieben worden war. Als Richard Löwenherz 1189 gekrönt wurde, erklang der Conductus *Redit aetas aurea*, ein geradliniges, optimistisches Stück, das die Wiederkehr des Goldenen Zeitalters und der Gerechtigkeit sowie die Austreibung aller Schlechtigkeit und aller Laster besingt. In Text und Musik von fast epigrammatischer Knappheit findet es doch gegen Ende jedes Verses auf ganz natürlichem Wege zu passenden Verzierungen. Andere berühmte ›Gedenk-

Conductus‹ enthalten auch diejenigen auf den Tod des Thomas Becket: der eine, *In Rama sonat gemitus*, ist einstimmig und behandelt die Zeit des französischen Exils des Erzbischofs (1164–1170), – der andere, *Novus miles sequitur*, verherrlicht sein Märtyrertum und ist zweistimmig gesetzt. Ungewöhnlich sowohl wegen seiner Länge als auch der Verwendung melismatischer Teile ist der Conductus *O felix Bituria* zu Ehren des Zisterziensermönchs Guillaume de Donjeon, der einmal Prior von Pontigny und später – um 1200 – Erzbischof von Bourges war. Seine Heiligsprechung im Jahre 1218 war mit größter Wahrscheinlichkeit der Anlaß, für den der Conductus geschrieben wurde.

Auf den Britischen Inseln florierte die Mehrstimmigkeit seit frühester Zeit. Die aus dem späten 12. Jahrhundert stammenden Schilderungen von Wales, Irland und Schottland aus der Feder von Gerald the Welshman beweisen, wie ausgeprägt dort die Tradition sowohl in der vokalen als auch in der instrumentalen Mehrstimmigkeit schon war:

Bei diesen Leuten finde ich löblichen Fleiß nur beim Spielen ihrer Musikinstrumente, auf denen sie es weitergebracht haben als irgendein anderes Volk, das ich kenne. Denn bei ihnen ist das Musizieren nicht so langsam und feierlich wie auf den englischen Instrumenten, an die wir gewöhnt sind, sondern rasch und lebhaft, wobei der Klang sanft und lieblich ist. Es ist erstaunlich, daß der musikalische Rhythmus bei so raschem Zupfen der Finger erhalten bleibt und die Melodie mit unbeeinträchtigter Kunstfertigkeit vollendet und angenehm zur Geltung kommt, und zwar mit glatt verlaufender Schnelligkeit, ›ungleichförmiger Gleichmäßigkeit‹ und ›diskordanter Konkordanz‹ quer durch alle Melodien und die zahlreichen Feinheiten der mehrstimmigen Musik.

Gerald versucht hier, Musik mit Worten zu beschreiben und stößt dabei – wie ungezählte Kritiker und Zuhörer in den Jahrhunderten nach ihm – auf beträchtliche Schwierigkeiten. Formulierungen wie ›ungleichförmige Gleichmäßigkeit‹ oder ›diskordante Konkordanz‹ verlieren etwas von ihrem scheinbar paradoxen Sinn, wenn wir ihre denkbare Verwandtschaft mit so allgemein gebräuchlichen Mitteln wie dem ›rubato‹ und dem klugen Gebrauch des ›Innehaltens‹ in Betracht ziehen, wodurch selbst der herbste Zusammenklang vorbereitet und aufgelöst werden kann, ohne das Ohr zu verletzen. An einer späteren Stelle behandelt Gerald Instrumente:

Es ist bemerkenswert, daß Schottland und Wales – ersteres durch seine Nachbarschaft und Handelsbeziehungen, letzteres einfach durch den geistigen Kontakt – in ihren Weisen Irland nachzuahmen trachten. Irland benützt mit besonderer Vorliebe zwei Instrumente, die ›cithara‹ (Leier) und das ›tympanum‹ (Hackbrett), – Schottland drei: ›cithara‹, ›tympanum‹ und ›chorus‹ (eine kleine ›crwth‹, ein bogengestrichenes Saiteninstrument) und Wales die ›cithara‹, die ›tibia‹ (Pfeife) und den ›chorus‹. Übrigens verwenden sie nicht Leder- sondern Metallsaiten. Nach Ansicht vieler Leute hat Schottland seine Lehrmeisterin Irland in der Musik nicht nur eingeholt, sondern bereits bei weitem übertroffen. Deshalb wird Schottland heute weithin als Bronnen dieser Kunst angesehen.

Diese Bemerkung erhält besonderes Gewicht, wenn wir uns ins Gedächtnis zurückrufen, wie viel Musik aus der Welt der Britischen Inseln – wenn auch nicht im besonderen aus Schottland – im elften Faszikel der *St. Andrew*-Handschrift enthalten ist, die wir bereits als eine der wichtigsten Quellenwerke der ›Notre-Dame-Organa‹ und der Nachahmer dieser berühmten Schule behandelt haben. Sogar die einfachste Form mehrstimmiger Musik, wie zum Beispiel der auf den Orkney-Inseln entstandene Hymnus auf den hl. Magnus *Nobilis, humilis* zeigt eine ausgesprochene Vorliebe für Terzfolgen, und dieser Klangtypus war – in erweitertem Maßstab – die Daseinsform des späteren englischen Diskantstils. Doch zurück zu Geralds Schilderung von Wales: wir finden darin schlagendes Beweismaterial für die dortige Vorliebe für den mehrstimmigen Gesang:

Bei musikalischen Darbietungen singen sie nicht ›unisono‹ wie die Bewohner anderer Länder, sondern mehrstimmig, so daß man aus einer Gruppe von Sängern (wie man sie in Wales häufig antrifft) ebensoviele Melodien heraushören kann, wie es Leute sind. Man hört ganz deutlich die Verschiedenheit der Stimmen, die sich erst ganz zuletzt in einem Zusammenklang und einer Harmonie von der süßen Weichheit von B vereinigen. In den nördlicheren Bereichen Britanniens, jenseits des Humber und in der Umgebung von York, befleißigen sich die Bewohner einer ähnlichen Form des harmonischen Gesanges, jedoch in nur zwei verschiedenen Stimmen, deren eine ganz geruhsam in einem tiefen Register gesungen wird, während die andere, höhere, das Ohr umschmeichelt und bezaubert. Keines der beiden Völker hat diese Fertigkeit durch eine besondere Ausbildung erworben, sondern ausschließlich durch lange Gewohnheit, durch die eine Kunst zur Natur geworden ist. Und diese Praxis ist in ihnen so fest verwurzelt, daß man sie niemals unisono singen hört, sondern entweder in mehreren Stimmen (wie eben in Wales) oder zumindest in zweien, wie im Norden, und – was noch erstaunlicher ist – auch die Kinder singen schon vom zartesten Alter an in dieser Weise. Da die Engländer im allgemeinen diese Art des Gesanges nicht ausüben, sondern nur die Bewohner des Nordens, möchte ich annehmen, daß es die Dänen und Norweger waren – die ja jene Landstriche mehrfach und für längere Zeitspannen besetzt hielten –, von denen die Bewohner ihre Art zu singen und zu sprechen übernommen haben.

Der Stil, in dem *Nobilis, humilis* gehalten ist, erinnert an einen extrem einfachen Conductus. Kompliziertere Beispiele, die zwar von den Inseln stammen, aber mit mittelenglischen Texten versehen sind, kann man in Kompositionen wie *Foweles in the frith*, *Edi beo thu hevene quene* und *Jesu Christes milde moder* studieren. Sie alle sind für zwei Stimmen geschrieben und haben eine vorausschauende Einstellung zu neuen Idealen des Zusammenklangs gemeinsam, die einen häufigeren Gebrauch von Terzen und Sexten anstelle der von den Komponisten früherer Jahrhunderte bevorzugten Konsonanzen der Quart, Quint und Oktav vorsahen. *Foweles in the frith* ist ein sehr kurzes Stück, das aber auf engstem Raum die dunkelste Verzweiflung der Menschheit zusammenfaßt: niedrigere Lebewesen sind in ihrem Element; der Mensch aber ist des Wahnsinns fähig und wandelt in Bekümmernis, er – ein Geschöpf aus Fleisch und Blut. Die Entstehungszeit liegt zwischen 1260 und 1270. Der gleiche Zeitraum gilt für *Edi beo thu*, einen Conductus von völlig anderem Charakter. Der Verfasser scheint ein Kaplan oder Schulmeister der Llanthony-Priorei in Gloucestershire gewesen zu sein, und der

Text – *Blessed be thou, queen of heaven* – ist eine mittelenglische Version einzelner Zeilen aus bekannten marianischen Sequenzen. Die erste Zeile ist offensichtlich eine Übersetzung von *Benedicta es, celorum regina*, doch wird gar nicht erst der Versuch gemacht, auch die Melodie der Sequenz zu verwenden. Die beiden Stimmen verbleiben nicht – wie in *Nobilis* und *Foweles* – in ihren jeweiligen Lagen, sondern überkreuzen sich und erzeugen so auf einfachere, aber subtilere Weise Terzenketten. Die Unterstimme singt nur drei Töne – F, G und A –, während die beweglichere Oberstimme in Quintintervallen auf- und abwärtsspringt und dabei einen leicht dahinfließenden und ganz köstlichen Effekt wechselnder Zusammenklänge und Klangfarben erzielt. Sowohl dieses Stück als auch *Jesu Christes milde moder* gehören dem strophischen Typus an. Ersteres hat acht, letzteres elf Verse.

Im Falle von *Jesu Christes milde moder* ist die Verwandtschaft mit der Sequenz sogar noch ausgeprägter, weil der Text kein anderer als der zu einer bevorzugten Karwochensequenz ist: *Stabat iuxta Christi crucem.* Und doch zeigt sich auch hier eine Scheu, die Melodie der Sequenz (die allerdings für eine andere mittelenglische Version, diesmal für nur eine Stimme, verwendet wird: *Stondwel moder under rode*) und einen streng begrenzten Tonumfang für die beiden Stimmen zu benutzen. Insgesamt überschreiten sie jedoch die Spanne einer Sept nicht, so daß der Eindruck verschleierter Trauer und verhaltener Erregung entsteht. Hier steht tatsächlich die Intensität des musikalischen Ausdrucks im umgekehrten Verhältnis zu den aufgewendeten Mitteln.

Somit war der weltliche Conductus ein Stil, der politische Ereignisse wie Krönungen, das Gedenken an den Tod von Königen, Fürsten und Märtyrern, allgemeine Themen lokaler oder philosophischer Natur und volkstümlich-religiöse Inhalte, wie die von den Franziskanern geförderten Anlässe, umfaßte. Sein weltlicher Charakter ließ es jedoch nicht ohne weiteres zu, daß sich auch Laien als Interpreten qualifizieren konnten. Kunst und Kennerschaft der Musik blieben, wenn nicht auf die Kirche allein, so doch auf die gebildeten Stände beschränkt, und die dazumal verbreitete volkstümliche Mehrstimmigkeit entlehnte ihre Methoden und einen beträchtlichen Teil des melodischen Materials von der Kirche. Auch das Gegenteil mochte, wie wir gesehen haben, gelegentlich vorkommen; aber die Mittel, die notwendig waren, um Komponisten und Ausführende zu stützen und zu fördern, lagen in den Händen der Adligen und der Bischöfe.

Die weltliche Monodie

Das Wort ›Monodie‹ wird hier im gleichen Sinn gebraucht, wie für die italienischen Monodisten des frühen 17. Jahrhunderts. Anders ausgedrückt, die Monodie schließt eine instrumentale Begleitung nicht aus, sondern setzt sie vielmehr voraus. Es ist bedauerlich, daß die meisten Berichte über den mittelalterlichen Gesang die Rolle der Instrumente übergehen oder aber deren Bedeutung (in Aufzeichnungen von Gesängen) schmälern und die Art ihres Einsatzes der Phantasie überlassen. Demgegenüber sehen eine oder zwei moderne Fassungen von Troubadour-Melodien eine willkommene Begleitung für Streich- oder Blasinstrumente vor. Es ist bekannt, daß sowohl gezupfte und gestrichene Saiteninstrumente als auch Blasinstrumente vom Rohrblatt- und Flötentyp von den mittelalterlichen Spielleuten benutzt wurden und daß letztere ihre Lehrmeister und Dienstgeber, die das mittelalterliche Gegenstück zu den heutigen Virtuosen des Gesanges waren, im wörtlichen und im musikalischen Sinn begleiteten.

Bebilderte Handschriften aus dem Mittelalter zeigen die Spielleute – auch ›jongleurs‹, Gaukler, genannt – nicht nur als Musiker, sondern auch als vielgeübte Unterhalter. Neben ihrer Kunstfertigkeit im Harfen- und Violenspiel waren sie offensichtlich keine schlechten Akrobaten, konnten Messer werfen, mit kugelförmigen Gegenständen jonglieren und Tierdressuren vorführen. Ihre musikalischen Funktionen sind in der mittelalterlichen Literatur klar umrissen. Ein Gedicht bringt eine Schilderung, wie der Spielmann das Lied anstimmt, indem er zunächst durch gleichzeitiges Greifen mehrerer Saiten die Aufmerksamkeit auf sich lenkt, um sodann in neuen, ganz anders gearteten Tönen zu präludieren. Zwischen den Versen des Gesanges kamen kürzere instrumentale Zwischenspiele vor und den Abschluß bildete ein kurzes

Nachspiel. Offensichtlich war die Rolle des Spielmanns, sobald der Gesang einmal begonnen hatte, nur mehr eine untergeordnete; aber am Anfang war er es, der die Aufmerksamkeit der Zuhörer auf sich zog.

Diese Begleitungen wurden nicht aufgeschrieben und sind daher – von wenigen Ausnahmen abgesehen – nicht überliefert. Das ist aber auch bei den Stimmen für die rechte Hand des barocken Continuo nicht der Fall. Sie wurden der Improvisationskunst des Spielers überlassen, – nicht anders, als die Ausführung einer Stimme (oder auch zweier Stimmen) eines ›fauxbourdon‹ im 15. Jahrhundert der Phantasie und Kunstfertigkeit des Sängers überlassen blieb. Heutzutage würde man sich ebensowenig träumen lassen, einen ›fauxbourdon‹ als Solo oder Duett aufzuführen, wie man es wagen würde, die Realisierung des Continuo in Werken von Monteverdi bis Bach wegzulassen. Mittelalterliche Gesänge jedoch werden häufig ohne die leiseste Andeutung instrumentaler Besetzungen aufgeführt oder aufgenommen und daher in ihrer originalen Struktur aufs gröblichste entstellt. Obwohl es fraglich ist, ob der durchschnittliche Spielmann jemals mehr als eine einfache, nur geringfügig verzierte Verdopplung der Melodie zustandegebracht hat, waren doch seine feiner ausgebildeten Kollegen ohne Schwierigkeiten imstande, einen einfachen Kontrapunkt – vermutlich zusammen mit irgendeinem Bordun – zu ergänzen. Die Harmonik war auf den Zusammenklängen der Quart, Quint und Oktav, später auch der Terz und Sext aufgebaut. Eine Dichtung mit Musik von Neidhart von Reuental erwähnt »Intervalle« des Einklangs und der Terz.

Gesänge mit lateinischem Text gab es schon viele hundert Jahre vor der Blütezeit der Kunstgesänge der Troubadoure und Trouvères; aber der Mangel einer sorgfältigen Fixierung der Tonhöhen macht eine nicht bloß willkürliche Transkription unmöglich. Das ist sehr schade, weil viele dieser Gesänge historische Persönlichkeiten beleuchten, während wieder andere – von fahrenden Scholaren oder ›goliards‹ gesungene –

ein lebendiges Bild von der fröhlichen und verliebten Seite des mittelalterlichen Lebens entrollen. In seltenen Fällen ist die Melodie eines solchen Liedes rekonstruierbar, wenn nämlich Contrafacta in Handschriften mit tonhöhenfixierenden Neumen oder Solmisationssilben existieren. *O admirabile Veneris idolum*, das auch mit dem Text *O Roma nobilis* vorkommt, ist ein solches Beispiel. Ein musikalischer oder historischer Zusammenhang zwischen diesen lateinischen Gesängen und den späteren Werken aus Nord- und Südfrankreich scheint nicht zu bestehen.

Es wird oft behauptet, die Herkunft des Troubadourgesangs sei nicht bekannt. Immerhin läßt sich das Wort Troubadour verhältnismäßig befriedigend von ›tropus‹ ableiten, was ›Weise‹ oder ›musikalische Wendung‹ bedeutet. Im Laufe der Zeit wurde aus ›tropus‹ (durch Metonymie) ein textlicher und melodischer Einschub, wie bereits im Zusammenhang mit der frühen liturgischen Musik erwähnt wurde. Es war nur natürlich, daß begabte Laien das verfeinerte Musizieren und Singen der Kleriker nachahmen wollten, und während es zunächst als unziemlich galt, Melodien aus der Liturgie zu entlehnen, war es doch durchaus erlaubt, sich an den Tropen schadlos zu halten, die ja eine bloß freibleibende Zutat zur Liturgie waren und von der Kirche zwar geduldet, jedoch niemals formell sanktioniert wurden. Es kann daher kein bloßer Zufall sein, daß – mit einer einzigen Ausnahme – sämtliche strophischen Dichtungen des frühesten bekannten Troubadours, Guillaume IX., Graf von Poitiers und Herzog von Aquitanien, auf Conductus zurückgeführt werden können, die Ende des 11. Jahrhunderts in St. Martial in Limoges geschrieben wurden. Melodien aus dem gleichen mittelalterlichen Musikzentrum passen auch auf Gedichte von Guillaume, deren Musik nicht überliefert ist.

Wenn man die Landschaft der weiten, fruchtbaren Täler des Limousin betrachtet, erscheint es nicht weiter verwunderlich, daß dort nicht allein die schönsten Blüten kirchlicher Poesie und Polyphonie aufgegangen, sondern auch die größten Schöpfungen der Troubadoure entstanden sind. Annähernd zur gleichen Zeit hat Saint Séver eine der schönsten Handschriften aller Zeiten hervorgebracht: die Apokalypse – echt romanisch im Charakter, doch von einer früheren christlichen Quelle kopiert. Auf dem Gebiet der Steinmetzkunst war dieselbe Gegend die Wiege einer ans Wunderbare grenzenden Wiedergeburt monumentaler Steindenkmäler, wie die Portale von Moissac, Souillac, Beaulieu und Toulouse hinlänglich beweisen. Zur Zeit, da die Kirche die Marienverehrung besonders zu pflegen begann und Dichtungen und Musik zu Ehren der Jungfrau entstanden, wandten sich Männer von Welt und Reichtum, die sich zur Kunst der Musik hingezogen fühlten, einem ähnlichen Kult, dem Minnedienst, zu.

Für diesen Kult gab es natürlich neben rein religiösen Motiven auch andere Gründe. Zahlreiche Troubadoure waren von edler Abkunft und wußten daher um ritterliche Gelübde zu Ehren des schönen Geschlechts. Sie kannten aber auch die Berichte von schicksalhaft unglücklichen Liebesgeschichten, wie sie von nördlichen Dichtern in Anlehnung an altgriechische Epen berichtet wurden. Eine weitere Beitragsquelle mag die von Geoffrey von Monmouth in seine *Historia Regum Britanniae* eingeführte keltische Mythologie gewesen sein. Aber nicht alles war bloße Phantasie und Erfindung: da waren die Liebenden Héloïse und Abélard, deren Abenteuer und schließliche Tragödie das Mitgefühl der Abendländer des frühen 12. Jahrhunderts erregten. Das alles war geeignet, Öl ins Feuer zu gießen, und obgleich einer der Troubadoure, Marcabru de Gascogne, es fertigbrachte, zugleich Sänger und Frauenverächter zu sein, wandte sich doch die große Mehrheit der Troubadoure der neuen Lebensphilosophie zu. Ihre Quintessenz war, daß die Liebe ein Geheimnis, ja ein Mysterium der Leidenschaft sei und daß der Liebende, um die Zuneigung seiner Dame zu gewinnen, besondere Taten vollbringen und damit die ihr gemachten Versprechungen erfüllen müsse. Die Pflicht der Dame wiederum sei es, ihm, der sie erwählt hat, gnädig und treu zu sein.

Die Troubadoure schrieben in der ›langue d'oc‹, einer von den Dialekten des südwestlichen Frankreich hergeleiteten höfischen und dichterischen Sprache. Als solche hatte sie eine verhältnismäßig kurze Lebensdauer, weil die ›chanson‹ keine bedeutende Versform und daher nicht geeignet war, einer sprachlichen Weiterentwicklung Raum zu geben. Demgegenüber wurde die Musik immer wieder auf verschiedene Texte verwendet und manche Melodien können über drei oder gar vier Jahrhunderte hinweg durch ganz Europa verfolgt werden. Ähnlich wurde auch ein und derselbe Text verschiedenen Melodien unterlegt, so daß es manchmal schwer festzustellen ist, wer eigentlich der Verfasser beziehungsweise Komponist gewesen ist. Man nimmt aber im allgemeinen an, daß die Troubadoure, die ihre Gesänge mit der stolzen Geste eines echten altromanischen Individualismus signierten, Worte *und* Musik geschaffen haben.

Die größten unter ihnen waren Männer wie Bernart von Ventadorn, ein wahres Genie in der Kunst, lyrische Melodik mit feiner Poesie zu verbinden; Guiraut de Borneilh, der durch technisches Geschick wettzumachen verstand, was ihm an Einfall fehlte; Peire Vidal, ein urbaner, weitgereister Parodist, dem der Vers ein durchaus natürliches Ausdrucksmittel war; Bertran de Born, dessen Besuch in England leider eher politischen als musikalischen Charakter hatte; Folquet von Marseille, ein vielseitiger Mann, der eine Universität gründete, einen Kreuzzug organisierte, sich an der Gründung eines geistlichen Ordens beteiligte und schließlich Bischof wurde. Sie alle waren lebensvolle und farbige Persönlichkeiten, deren Lieder zumeist ihre intensive Freude am Leben und ihre Hingabe an eine schwierige Kunst offenbaren.

Ihrem formalen und emotionalen Inhalt nach waren die Gesänge dieser Männer sehr unterschiedlich. Der berühmte ›Lerchengesang‹ des Bernart von Ventadorn handelt von unglücklicher Liebe, – desgleichen *Lanquand li jorn* von Jaufré Rudel, dessen Melodien seinen Versen meist beträchtlich überlegen sind. Arnaut Daniel verbindet in einem virtuosen Gesang – *Chanson do · ill mot* – die letzte Zeile eines jeden Verses mit der ersten des nächstfolgenden sowohl sinngemäß als auch durch das Wort. Manche Melodien sind minutiös durchgestaltet, während andere – wie etwa *Ha ! me non fai chantar* von Albert de Sisteron – sich in einer natürlichen, fast improvisatorischen Manier frei entfalten. Der ›planh‹ – eine Art musikalischer Elegie – kommt in den Werken der Troubadoure häufig vor. In manchen dieser Stücke wird sogar der Name der Person, deren gedacht werden soll, genannt. So in Guiraut Riquiers *Ples de tristor*. Auch das Morgendämmerungslied *Alba* war ungemein populär; denn seine Funktion, den Liebenden als Warnruf zu dienen, machte es zur ›Gebrauchsmusik‹ par excellence. Guiraut de Borneilhs *Reis glorios* ist ein mit Recht berühmtes Musterbeispiel der *Alba* in ihrer feinsten und schönsten Form. In bestimmten Gesängen macht sich der Einfluß des Tanzes stark bemerkbar, und zumindest von einem Beispiel, *Kalenda maya*, von Raïmbaut de Vaqueiras wissen wir, daß ein Tanz die Komposition angeregt hat.

Nicht nur die beste liturgische Musik breitete sich von Limoges nordwärts aus, sondern auch die besten Sangesdichtungen der Troubadoure. Vielleicht sind sie an den nordfranzösichen Höfen von Guillaumes Enkelin, Eleonore von Aquitanien, eingeführt worden, die zahlreiche Troubadoure – darunter Bernart von Ventadorn – gefördert hat. Durch viele Jahre waren die älteren nordfranzösichen Dichter, die in der ›langue d'oïl‹ schrieben, anonym; Ende des 12. Jahrhunderts erwuchs aber eine große, bedeutende Schule von Musikerpoeten, die als Trouvères bekannt wurden. Sie schrieben altfranzösich und schöpften – gleich den Troubadouren – aus inner -und außerkirchlichem melodischen Vorrat, indem sie Grundtypen und -wendungen in bezaubernde Weisen von unübertrefflicher Schönheit und Ebenmäßigkeit umwandelten. An die eintausendvierhundert Trouvères-Melodien sind überliefert und etwa viertausend Gedichte – gegen nur zweihundertsechzig Troubadour-Melodien und zweitausendsechshundert Texte.

Die ersten Trouvères schrieben ihre Gedichte – wie ja nicht anders zu erwarten ist – auf die gleiche Art wie ihre Vorgänger und Zeitgenossen, die Troubadoure. Blondel de Nesle ist jedem Schuljungen durch die schöne Geschichte bekannt, wie er den gefangenen Richard Löwenherz – auch einen Liederdichter – besuchte. Conon de Béthune hatte gleichfalls ein ereignisreiches Dasein; denn er nahm an dem Kreuzzug von 1204 teil und hatte auf dem Gebiet der Politik und der Staatskunst einige Erfolge aufzuweisen. Guy de Coucy war einige Jahre Kastellan des inzwischen zerstörten Schlosses von Coucy und Verfasser einer Reihe von Gesängen in der besten Tradition der ›höfischen Trouvères‹. Der letzte und zweifellos größte aus dieser Gruppe war Thibaut IV., König von Navarra, dessen Gesänge trotz seiner angeblich vorwiegenden Neigung zu weltlichen Dingen von erstaunlich hoher Qualität sind. Eine fast gleichwertige Gruppe bürgerlicher Trouvères umfaßte Colin Muset, Rutebeuf und einen der größten von allen, Adam de la Halle, der zahlreiche mehrstimmige ›rondeaux‹, ›ballades‹ und ›virelais‹ sowie das reizende Schäferspiel *Le Jeu de Robin et Marion* verfaßt hat. Es gab noch viele Nachahmer dieser Kunst, doch wurden ihre Werke allmählich immer gleichförmiger und lehrhafter und daher weniger einfallsreich.

In der Musik der Trouvères finden wir erneut jene Weite des Typen- und Themenbereichs sowohl auf dichterischem wie musikalischem Gebiet, die dem Repertoire so viel Breitenwirkung verschafft hat. Es umfaßt eine Fülle von Liebesliedern: *Cil qui d'amors me conseille* von Gace Brulé kündet in einer entsprechend klagenden Melodie im ersten Modus von einer unglücklichen Liebe; Gautier d'Epinal – einer der frühesten Trouvères – verleiht in seinem Lied *Commencemens de dolce saison bele* dem alten, doch ewig jungen Thema von Frühling und Liebe neue Frische und Kraft. In Thibaut von Navarras *Pour conforter ma pesance* ist in einem Vers der Kreuzfahrer-Fluch »Mort Mahom!« zu hören, der für einen Augenblick wie ein Blitz in die Liebesklage hineinfährt. Die Schönheit der in Moniot d'Arras' *Ce fu en mai* enthaltenen

Melodie wurde von Hindemith erkannt, der sie in seinem Ballett *Nobilissima visione* verwendet hat. Robert de Rains bedient sich in einem reizenden Schäferspiel *Bergier de ville champestre / Pestre ses aigniaus menot*, dessen Text sich eine Echowirkung zunutze macht, einer anderen Formel des ersten Modus. Guillaume d'Amiens dagegen neigt zu Themen mit volksliedhaftem Charakter, die er in seinen pastoralen Rondeaux verwendet.

Man hat auf verschiedene Art versucht, dieses umfangreiche Lied-Repertoire ›einzuteilen‹ – entweder nach der Versform, der mutmaßlichen Herkunft der Struktur oder nach dem textlichen Inhalt. Aber Melodien lassen sich – wie die Dichtung – häufig gar nicht klassifizieren, und es ist nichts Ungewöhnliches, Musikhistoriker bei der Behandlung rhythmischer Probleme oder auch im Akzeptieren oder Verwerfen eines Fachbegriffes im Zusammenhang mit einer mittelalterlichen Liedform vollständige Kehrtwendungen ausführen zu sehen. Hinzu kommt die häufige Erfahrung, daß sich die Sänger aller Länder und Zeiten das Recht vorbehalten haben, Musik jeweils auf ihre eigene Weise zu interpretieren, an einer Stelle etwas langsamer zu werden, um einen hohen Ton stärker anschwellen zu lassen, oder ein anderes Mal schneller zu werden, um die Wirkung einer Verzierung oder eines Laufs zu erhöhen. Es gibt tatsächlich keinen Beweis, daß das ›rubato‹ – das Spielen mit den Zeitmaßen –, das so häufig ausschließlich den Komponisten der Romantik und den Interpreten dieser Richtung zugeschrieben wird, nicht auch im Mittelalter bekannt und gebräuchlich war.

Wie schon die Heirat Eleonores von Aquitanien mit Ludwig VII. die Troubadour-Kunst nordwärts verbreiten half, so diente eine andere Königshochzeit – die zwischen Friedrich Barbarossa und Beatrix von Burgund dem ostwärts – nach Deutschland – gerichteten Vordringen dieses Einflusses. Beatrix band den Trouvère Guyot de Provins an ihren Hof und noch vor Ende des 12. Jahrhunderts hatte ein Dichter namens Friedrich von Husen eine deutsche Fassung der

Guyot'schen Gesänge niedergeschrieben. Zwar ist die Melodie nicht erhalten, doch paßt der deutsche Text so gut auf die Trouvère-Melodik, daß man – unter weiterer Berücksichtigung noch anderer imitierender Versuche von Husens – füglich annehmen kann, er sei der hauptsächliche Übermittler des Trouvère-Einflusses nach Deutschland gewesen. Die Deutschen hatten bereits eine ältere eigene Tradition; aber der Trouvère-Kult sickerte allmählich in musikalische Kreise ein und es mag anfänglich schwer gewesen sein, dieser Verlockung zu widerstehen. Die gleichen Quellen, aus denen das französische Lied gespeist worden war, bildeten auch den Ursprung zur mittelbaren Ausbildung einer spezifisch deutschen Komponistenschule. Choralmelodie und Volksweise spielten dabei ihre traditionelle Rolle und ihr Einfluß ist aus den schönsten ›Minneliedern‹ deutlich herauszuhören.

Als Dichter waren die Deutschen weit mehr verstandesgebunden als die Franzosen – insbesondere hinsichtlich des Gleichgewichts bei der Planung eines längeren Werkes wie eines ›leich‹, grob gesagt des deutschen Gegenstücks zum ›lai‹, das im Aufbau der Sequenz verwandt ist. Ein Leich des großen Dichterkomponisten Walther von der Vogelweide weist sowohl textlich wie musikalisch eine Symmetrie auf, die nicht minder bemerkenswert ist als diejenige einer isorhythmischen Motette. In den Anzahlen von Halbzeilen (der eigentlichen Maßeinheit) sprechen die nachfolgenden Ziffern für sich selbst:

12+8 10+21+10 12+8 8+12+8 10+10 8+25+8 8+12

20 41 20 28 20 41 20

81 . 28 81

190

Das Gemüt des mittelalterlichen Menschen ließ in Zahlen mystische Kräfte verborgen sein, und der Glaube an diese Kräfte ist in zahllosen Formen am Werk, wo immer sich Musik und Dichtung zusammenfinden. Das Beispiel von Walther von der Vogelweide steht durchaus nicht vereinzelt da. Melodisch erscheinen manche dieser deutschen Gesänge köstlich einfach, doch verbirgt sich gerade hinter dieser scheinbaren Einfachheit häufig eine sehr subtile Struktur, die nur dem in dieser Kunst bewanderten Zuhörer offenbar wird. Oft begegnet man in der Durtonart periodischen Bildungen und anderen modern anmutenden Merkmalen.

›Contrafacta‹ von hoher Qualität wurden von Dietmar von Aist, Ulrich von Gutenburg und Bernger von Horheim wie auch von dem bereits erwähnten Friedrich von Husen geschrieben. Neben Walther von der Vogelweide findet man die schöpferischen Geister unter Sängern wie Neidhart von Reuental, dessen melodisch-bewegte *Mayenzeit* mit Recht gepriesen wird, Wolfram von Eschenbach und Heinrich von Meißen, der als ›Frauenlob‹ bekannt ist, weil er dem Begriff ›Weib‹ in galanter Weise das Wort ›Frau‹ entgegenstellte. In gewisser Hinsicht war Heinrich von Meißen eine Übergangserscheinung, ein Minnesänger nach Temperament und Tradition, jedoch schon übergreifend in die Ära der Meistersinger, die genau genommen außerhalb des Bereichs dieser Untersuchung liegt.

Die Kunst der Troubadoure und Trouvères breitete sich aber nicht nur in Deutschland aus, sondern fand ihren Weg auch nach Spanien, und zwar über Compostela, wo die französische Mehrstimmigkeit ihre Spuren auch im Bereich der geistlichen Musik hinterlassen hatte. Es war ein Trouvère – vielleicht geistlichen Standes –, der als erster Melodien übernahm und überarbeitete, indem er ihnen neue, von ihm selbst zu Ehren der Hl. Jungfrau gedichtete Verse unterlegte. Gautier de Coincy gab so den indirekten Anstoß zum Aufkommen der Begeisterung für die Marienverehrung in Spanien und in der Folge für die Sammlung der *Cantigas de Santa Maria*. Diese in der zweiten Hälfte des 13. Jahrhunderts von König Alfons dem Weisen und seinen Musikern geschriebenen Gesänge bedienten sich der melodisch feinen galizischen Sprache als Ausdrucksmittel für ihre Gedanken und Erzählungen. Ihre Melodien sind vermutlich arabischen und hebräischen

Vorbildern verpflichtet, ferner auch Kirchen- und Volksliedern; denn König Alfons' Kreis umschloß die hervorragendsten und berühmtesten Fachleute christlicher, jüdischer und maurischer Abkunft.

Von diesen vielen Liedern – es sind ihrer mehr als vierhundert – ist eines von zehn eine Lobpreisung der Hl. Jungfrau; andere berichten in lebhaften Erzählungen von den ihr zugeschriebenen Wundern, und da die handelnden Personen zumeist Alltagstypen sind, stellen die *Cantigas* in Wahrheit einen musikalischen Mikrokosmos des Mittelalters dar. *A Uirgen sempr'accorrer* erzählt von der Errettung eines Höflings, der das Opfer einer Verleumdung zu werden drohte, durch die Gottesmutter; *Muit'amar deuemos* ist die Geschichte eines glücklich abgewendeten Schiffbruchs nahe der englischen Küste, und *Oraçon com piedade* schildert, wie ein Maurenweib und ihr Kind beim Einsturz eines Turmes vom Tode errettet wurden, weil Christen für sie beteten.

In Italien wurde das französische Kunstlied bewundert und nachgeahmt, doch sind uns nur wenige Spuren erhalten geblieben. Aber wir besitzen die *Laude spirituali*, Hymnen zur Ehre Gottes, die von den das Land durchziehenden Büßergruppen gesungen wurden. Diese Gesänge sind nicht durchweg von so kunstloser Einfachheit, daß sie einer Gruppe wandernder Flagellanten zugemutet werden könnten. Es ist vielmehr äußerst wahrscheinlich, daß sie gesungen wurden, wenn solche Gruppen in einem Dorf oder einer Stadt haltmachten, um ihre bußfertigen Gefühle öffentlich zu demonstrieren. Viele *Laude* kündeten auch das Lob der Mutter Maria, während andere in einfachen Worten und ergreifender Melodik von den großen Festen des christlichen Jahres berichteten – so etwa *Gloria in cielo* im Gedenken an die Weihnachtszeit und *Alta Trinita beata* zu Ehren der Hl. Dreifaltigkeit.

Der Flagellantenkult breitete sich auch nach Deutschland aus, wo seine Anhänger ›Geissler‹ und ihre Lieder ›Geisslerlieder‹ genannt wurden. Anscheinend konnte dieser Kult in

Sommerkanon »Sumer is icumen in« aus dem Kloster Reading (Berkshire) in römischer Quadratnotation. Um 1280. (London, British Museum. Ms. Harley 978, fol. 11 v)

England nicht eindringen, obwohl englische Gesänge aus jener Zeit häufig von Melancholie und Pessimismus erfüllt sind. Eleonore von Aquitanien kam zwar nach der Annullierung ihrer Ehe mit Ludwig VII. als Gattin Heinrichs II. nach England und brachte Bernart von Ventadorn mit, doch scheint der Troubadourgesang dort wenig Eindruck gemacht zu haben. Die Lieder des Einsiedlers St. Godric sind nur insofern weltlich, als ihre Texte englisch und nicht liturgisch sind: ihre Themen und Melodien lassen kirchliche Einflüsse erkennen. Echt weltliche Lyrik ist in Liedern zu finden wie *Mirie it is while sumer ilast* oder *Worldes blis ne last ne throwe*, die wiederum beide Elemente tiefer Traurigkeit enthalten. Leichter in Melodie und Empfindung ist das Liebeslied *Bryd one brere* und der berühmte Kanon *Sumer is icumen in*, der nunmehr auf das Jahr 1280 datiert wird. Hier wird eine einzige melodische Linie mit Könnerschaft in vierstimmige Polyphonie verwandelt, ein Paar sich kreuzender und sich wiederholender Wendungen werden darunter gesetzt, und so entsteht ein großartiger sechsstimmiger Klang, der für sein Alter und seine Herkunft einzigartig ist.

Gilbert Reaney

›Ars nova‹

Historischer und kultureller Hintergrund

Es ist heute zu spät, um die Etiketts noch ändern zu können, die der Musik des 13. und 14. Jahrhunderts anhaften – nämlich ›Ars antiqua‹ und ›Ars nova‹, und in der Tat sind ja diese Bezeichnungen recht bequem, wenn auch nicht ganz so treffend, wie wir das wünschen möchten. Schließlich war ja das Lateinische im Mittelalter allgemein gebräuchlich, und es ist sehr einfach, die beiden hauptsächlichen Stilrichtungen der mittelalterlichen Musik als die ›alte‹ und die ›neue‹ voneinander zu unterscheiden. Aber selbstverständlich war es nicht nur dies. Tatsache ist, daß während des 14. Jahrhunderts offensichtlich eine Änderung eintrat, und zwar sowohl in den Formen als auch im Stil. Dieser Wandel war so deutlich, daß ein berühmter Komponist und Theoretiker, Philippe de Vitry (1291–1361), schon damals in der Lage war, die Regeln der alten und der neuen Kunst in einer kurzen, aber wertvollen Abhandlung zu kodifizieren, die allerdings nur in Form von Notizen der seine Vorlesungen hörenden Studenten überliefert ist. Die klare Einteilung, die Vitry hier in seiner Lehre trifft, ist besonders deutlich aus dem einer Handschrift beigegebenen Titel ersichtlich: *Beide Methoden, Motetten zu mensurieren.* Die ›Ars nova‹ war in erster Linie eine neue Methode der Motetten-Notation, wie sie in eigenen Kompositionen Vitrys praktisch exemplifiziert wurde. Es ist wichtig, daß wir uns über die begrenzte Gültigkeit von Vitrys eigener Definition der ›Ars nova‹ im klaren sind, da heutzutage die gesamte Musik des 14. Jahrhunderts mit Ausnahme derjenigen mit ausgesprochen ›archaischem‹ Charakter als ›Ars nova‹ bezeichnet wird, und das mit Recht, weil sie sich in der Regel von der des vorangegangenen Jahrhunderts recht deutlich unterscheidet. Es ist jedoch das Schicksal aller Stilbezeichnungen wie ›Ars nova‹, Gotik, Barock usw., daß sie sowohl zutreffend als auch widersinnig sind. So wird der mehrstimmige Gesang des 14. Jahrhunderts in Vitrys Abhandlung kaum erwähnt, während die komplizierten Kompositionen des späten 14. Jahrhunderts nur in dem Sinn Werke der ›Ars nova‹ sind, als sie frühere Traditionen der Form und der Genauigkeit in der Notierung weiterentwickeln.

Es erhebt sich die Frage – und sie ist oft gestellt worden –, inwieweit die italienische und die englische Musik als ›Ars nova‹ angesehen werden kann. Die Antwort ist wahrscheinlich einfacher, als die Fachleute uns glauben machen wollten. Offensichtlich bezog sich Philippe de Vitrys Abhandlung *Ars nova* nur auf einen bestimmten Punkt in der Musikgeschichte und auf die französische Musik im besonderen, – auf ihre Geschichte und wie sie um 1320 tatsächlich gepflegt wurde. Immerhin aber haben ihre klaren Notationsgrundsätze und deren Anwendung auf die zeitgenössische Motette die französische Musik im Verlauf des Jahrhunderts entscheidend beeinflußt. Soweit die englische Musik diesen Grundsätzen gefolgt ist und sich französischer Formen der Musik bedient hat, kann sie als ›Ars nova‹ bezeichnet werden; aber die italienische Musik des Trecento geht auf selbständigere Anfänge zurück. Die Bezeichnung ›Ars nova‹ war bei den italienischen Theoretikern des 14. Jahrhunderts nicht gebräuchlich. Die mehrstimmigen Gesänge aber, die seit 1320 in Florenz und Norditalien gepflegt wurden, waren neu, und neu war auch die Notation, der man sich bediente. Es ist recht eigenartig, daß sowohl die französische als auch die italienische Musik ihre damalige Notation aus derjenigen entwickelt hat, die zur Zeit des Vorgängers von Philippe de Vitry, Petrus de Cruce von Amiens, üblich war. In mancher Hinsicht war die italienische Notation besser ausgebildet als die französische; aber ihre Begrenzungen und ihre lediglich lokale Bedeutung führten zu ihrem Niedergang. Dafür war in erster Linie ein Mangel an Genauigkeit verantwortlich, die sich bei der Semibrevis bemerkbar machte –, und das zu einer Zeit, da gerade die Notenformen eigens zu dem Zweck, die Notenwerte absolut klar zu kennzeichnen, vermehrt wurden. Gewiß müssen sich die gleichen Schwierigkeiten um 1300 sowohl in Frankreich und Italien fühlbar gemacht haben; denn die Verlängerung der Notenwerte machte eine Unterscheidung von drei verschiedenen Rhythmen notwendig, die alle durch die Semibrevis – früher der kleinste Notenwert – dargestellt wurden. Nunmehr gab es große, kleine und kleinste Semibreves, und es war dieser kleinste Typ, der schließlich zu einer neuen Note, der Minima (halben Note) wurde: einer Semibrevis mit Aufstrich (siehe Darstellung S. 327). Diese Notenform muß zunächst rein theoretische Bedeutung gehabt haben; denn es heißt, sie sei am Navarra-Collegium in Paris erfunden und von Philippe de Vitry gutgeheißen und angewandt worden. Aber dennoch – wenn wir annehmen, Vitrys *Ars nova* sei um 1316 abge-

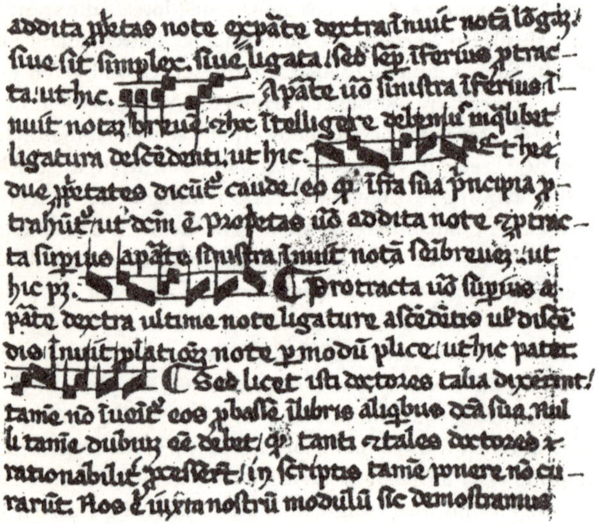

Aus dem Traktat ›Pomerium‹ des Marchettus von Padua, datiert zwischen 1321 und 1326. (Brüssel, Bibliothèque Royale, Ms. II 4144, fol. 46r)

schlossen gewesen, so dauerte es dann nur noch zwei Jahre, bis Marchettus von Padua seine Abhandlung *Pomerium* herausbrachte, in der er die italienische Notation beschreibt – eine umfassende Arbeit mit eigener Notenform für die Minima (Halbenote) zur Kennzeichnung der kleinsten Notenwerte und mit einer vollständigen vergleichenden Gegenüberstellung der französischen und der italienischen Rhythmik. Es kann in der Tat kein Zweifel bestehen, daß das italienische System genauso eine ›Ars nova‹ war wie das französische –, für uns heute vielleicht noch in weiterem Sinne, da wir die italienische ›Ars antiqua‹ nicht in dem Maße zurückverfolgen können wie die französische über Petrus de Cruce bis zu Franko von Köln in der Theorie und durch die Motetten des *Roman de Fauvel* und die *Montpellier-Handschrift* in der Praxis. In dieser Hinsicht ist die unlängst gelungene Entdeckung eini-

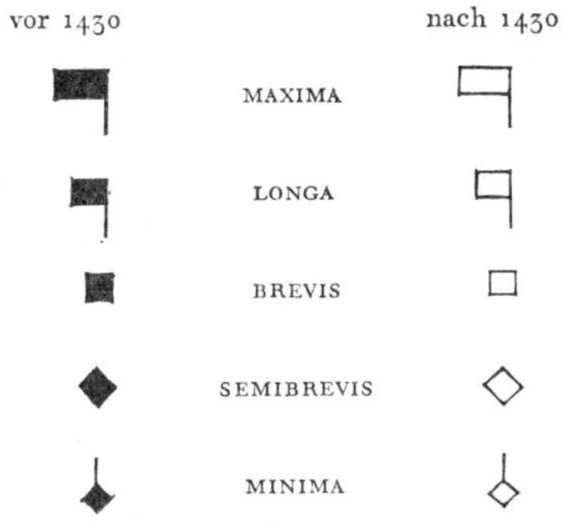

Die aus der Quadratnotation entwickelten Zeichen der Mensuralnotation

ger zweistimmiger Vertonungen für dramatisierte Gottesdienste in Padua aus der Zeit um 1300 von größtem Wert, da wir bisher in unserer Kenntnis einer selbständigen italienischen Mehrstimmigkeit vor Marchettus auf eine einzige zweistimmige, aus derselben Zeit stammende Sequenz angewiesen waren.

In der ersten Hälfte des 14. Jahrhunderts hielt sich Spanien offensichtlich an die französische Musik, wenn man nach dem *Las-Huelgas-Codex* urteilt, und vor allem in der zweiten Hälfte des Jahrhunderts wurde über Avignon und Montpellier eine Unmenge von Musik und Dichtung aus den nordfranzösischen Spielmannsschulen ins Land gebracht. In Deutschland war der Einfluß der französischen ›Ars nova‹ begrenzt – hauptsächlich wegen der Rückständigkeit der Mehrstimmigkeit in Deutschland –, und er beschränkte sich im wesentlichen auf Übersetzungen – mit annähernd der originalen Musik – viel früherer französischer Werke. Die späte ›Ars nova‹ Italiens nahm ihren Weg – in der Hauptsache infolge von Massenwanderungen – durch Süddeutschland nach Polen, ein Vorgang, der allerdings schon mitten in das 15. Jahrhundert fällt. Wenn man diese Randgebiete in Betracht zieht, hat die ›Ars nova‹ von etwa 1310 bis etwa 1435 gedauert. Um diese Zeit geriet die französische Musik entschieden unter englischen Einfluß und die italienische Mehrstimmigkeit kam – soweit das handschriftliche Quellenmaterial in Betracht kommt – praktisch zum Stillstand.

Das 14. Jahrhundert verdankt seine Faszination weitgehend einem Fin de siècle-Aspekt, durch den es als eine romantische, facettenreiche Periode eines durch kulturellen Hochstand verlangsamten Niedergangs erscheint, – einer Blütezeit, von der aus der Blick sowohl vorwärts als auch rückwärts führt und eine Verbindung der unpersönlichen, kosmologischen Strebungen des Mittelalters mit dem subjektiven Humanismus der Renaissance sucht. Historisch gesehen, ist der Verfall der Ideale des Feudalismus nur zu offenkundig, und der katholische Glaube wurde Fürsten und Prälaten oft zum Spiel. Philipp IV. von Frankreich (1285–1314) war ein Tyrann, der seine Herrschaft durch die Heirat mit Johanna von Navarra zweifellos stärken konnte, aber auch ein unermüdlicher Gegner des neuen, starken Papstes Bonifatius VIII., den er schließlich sogar in Rom gefangensetzte. Als Bonifatius starb, ernannte Philipp den neuen Papst und setzte ihn als Clemens V.

in Avignon ein. Damit begann die sogenannte ›Babylonische Gefangenschaft‹, die von 1309 bis 1378 dauerte. Der Entschluß, einen Papst in Rom haben zu wollen, und dagegen die Entschlossenheit der Päpste von Avignon, an der Macht zu bleiben, führte zum Schisma (1378–1417), das erst die Wahl Martins V. (1417–1431) anläßlich des Konzils von Konstanz beendete. Philipp IV. war nicht nur für diese Katastrophe verantwortlich, sondern er belegte auch den Templerorden mit dem Bann und ließ seine Ritter töten. Nach mehrfachem Thronwechsel zwischen 1314 und 1328 gelangte mit diesem Jahr Philipps Bruder, Philipp VI. von Valois, an die Herrschaft und regierte bis 1350, obwohl Eduard III. von England ihm das Recht auf die Krone streitig machte. Der Hundertjährige Krieg, der eine unmittelbare Folge des zwischen England und Frankreich eingetretenen ›Patt‹-Standes war, dauerte mit nur wenigen Unterbrechungen von 1337 bis 1453. In die Regierungszeit Philipps fiel die Zerstörung der französischen Flotte im Jahre 1340, die Niederlage von Crécy im Jahre 1346 und die Pestseuche von 1348, die in Europa wütete. Johann von Frankreich (1350–1364) hielt sich noch an die alten Ritterregeln wurde aber 1356 bei Poitiers unschwer besiegt und gefangengesetzt. Seine Söhne wurden als Geiseln zurückbehalten, als er nach Frankreich zurückkehrte; einer von ihnen wurde jedoch wortbrüchig, Johann kehrte nach England zurück und starb dort 1364. Karl V. lernte aus den Fehlern seines Vaters und eroberte einen Großteil des zuvor verlorengegangenen Bodens zurück. Karl VI., mußte nach der Schlacht bei Azincourt Heinrich V. von England weichen. Erst 1420 konnte die englische Hegemonie durch den Frieden von Troyes gesichert werden. Mit der Thronbesteigung Karls VII. im Jahre 1422 und der Belagerung von Orléans 1429, wobei sich Jeanne d'Arc ruhmreich hervortat, begann die allmähliche Vertreibung der Engländer aus Frankreich, die sich allerdings bis 1453 hinzog. Die Herzöge von Burgund kämpften zwar unentwegt für Rittertum und Ritterlichkeit, waren aber doch so vorsichtig, sich mit den Gewinnern im Streit – den

Engländern – zu verbünden. Ihre Reichtümer verwendeten sie freigebig für die Pflege der Künste.

Die Italiener litten naturgemäß ständig unter den Wirren, die durch den Gegensatz zwischen Kirche und Staat entstanden waren; und infolge der Tatsache, daß das Land in zahlreiche souveräne Staaten aufgeteilt war, die vielfach nicht aus mehr als einer einzigen Stadt bestanden, herrschte allenthalben Parteihader und Uneinigkeit. Es ist jedoch als sicher anzunehmen, daß diese zahlreichen kleinen Herrscher – nicht anders als in anderen Ländern – der Spielmannskunst ungemein zugetan waren und die Musik pflegten. Es wäre möglich, daß Robert von Anjou (1309–1343), König von Neapel und Enkel Ludwigs VIII. von Frankreich, andere italienische Höfe in dieser Richtung beeinflußt hat. Sicher ist, daß Marchettus von Padua das bereits erwähnte *Pomerium* ihm widmete. In der Widmungsvorrede stellt er fest, daß Robert es sehr liebe, eine ganze Schar von Musikern um sich zu haben. Auch Philippe de Vitry hat ihm eine Motette gewidmet. Eigenartigerweise hat der ständige Besitzwechsel so wichtiger Städte wie Padua, Verona oder Florenz für die Musik keine nachteiligen Folgen gehabt. Die größte Macht im nördlichen Italien hatten in der zweiten Hälfte des 14. Jahrhunderts ohne Zweifel die Visconti von Mailand in Händen. Um 1400 beherrschten sie die meisten bedeutenden Städte dieses Gebietes mit Ausnahme von Florenz. Nach dem Tode Gian Galeazzo Viscontis im Jahre 1402 übernahm allerdings Venedig die Führung.

In Spanien waren die Könige von Kastilien ständig in Kämpfe mit den Mauren verwickelt, die erst 1492 endgültig vertrieben wurden. Die Könige von Aragon und Navarra hielten sich aus diesen Streitigkeiten heraus und zogen es vor, sich um gute Beziehungen mit ihren mächtigen englischen Nachbarn zu bemühen. Gaston Phébus, Graf von Foix, war ein tapferer Krieger, aber bestrebt, zwischen den Engländern und den Franzosen, die ihn beide ständig zum Bundesgenossen haben wollten, eine unentschiedene Haltung einzunehmen. In Cypern, das im Besitz des Hauses Lusignan war, seit

Richard Löwenherz die Insel im Jahre 1192 Guido von Lusignan übergeben hatte, war die französische Kultur wie in Aragon und Navarra vorherrschend. Peter I. von Lusignan (1320–1367), der Guillaume de Machauts langes Gedicht *La Prise d'Alexandrie* angeregt hat, befehligte einen Kreuzzug, der jedoch erfolglos blieb. Sein Aussehen war das eines kühnen Abenteurers; aber er hatte einen jämmerlichen Charakter und wurde von seinen eigenen Untertanen ermordet. König Janus (1398–1432) war als Politiker sogar noch weniger erfolgreich und verschuldete die Plünderung von Nicosia durch die Truppen des Sultans von Kairo im Jahre 1426.

Deutschland, Böhmen, Ungarn und Polen waren im 14. Jahrhundert häufig in ein und dieselbe Politik verstrickt, da der deutsche Kaiser sie alle beherrschen wollte. Johann von Luxemburg, ein geborener Kriegsmann, war zwar in seinen Schlachten meist siegreich, aber Guillaume de Machaut, der von 1323–1346 sein Sekretär war, beklagt sich über die von ihm befohlenen Parforce-Märsche und die strenge Kälte in Litauen und Polen. König Wenzel I. (1378–1400) war ein schwacher Herrscher und wurde 1400 abgesetzt. Sein Bruder Sigismund erwies sich als der bessere Thronanwärter. Er war der Anreger des Konzils von Konstanz (1414–1418). In Polen wurde 1370 Ludwig von Ungarn König, alsbald aber von der Dynastie der Jagellonen abgelöst, die von Jagello, dem Herzog von Litauen, abstammten. Dieser wurde nach dem Tode seiner Gattin Hedwig, einer Tochter Ludwigs, König als Wladyslaw Jagello (1386–1434). Einer seiner Söhne wurde im Jahre 1440 nach Sigismunds Tod (1437) König von Ungarn.

Der kulturelle Hintergrund Europas ist so vielfarbig, wie man das von einer Ländergruppe mit so zahlreich wirksamen Strömungen nicht anders erwarten kann. Diese Einflüsse sind wahrlich so mannigfaltig, daß man sehr sorgfältig vorgehen muß, wenn man ihnen auf die Spur kommen will, selbst wenn man sie nur auf allgemeine Charakteristika des Mittelalters und der Renaissance bezieht. Immerhin ist nicht zu bestreiten, daß in Frankreich, dem Zentrum gotischen Geistes, mittelalterliche Tendenzen vorherrschend blieben, während in Italien, der Heimstatt des römischen Altertums, bereits um 1300 die Renaissance klar sichtbar wird. Und ein kurzer Blick auf die gotischen Kathedralen Italiens wird zeigen, wie erdgebunden sie neben den in schwindelnde Höhe aufstrebenden französischen Meisterwerken aussehen: ein lebendiger Beweis für den wesentlich auf den Menschen bezogenen italienischen Geist. Auch in der Skulptur ist ein neuer, naturgebundener Zug in den Gesichtern bestimmter Figuren von Niccolò und Giovanni Pisano erkennbar, so verschieden beider Werk auf den ersten Blick erscheinen mag. Die Malerschule von Siena stand unter unverkennbar byzantinischem Einfluß. In Giottos Schaffen aber – wie zum Beispiel in der Pieta in der Arena-Kapelle zu Padua – spiegelt sich auf vielen Gesichtern bereits klar das persönliche Gefühl. Musikalische Parallelen zu diesen Merkmalen lassen sich in der Tendenz zur vertikalen Harmonie finden, die sich in den harmonisch bedingten Baßlinien der italienischen ›caccia‹ äußert, sowie in der persönlichen Art einzelner Kompositionen, die nicht mehr notwendig auf gregorianischen Motiven aufgebaut sein mußten.

In Frankreich und Burgund ging es konservativer zu. Die Gotik war nach wie vor die vorherrschende Stilrichtung; aber von der klassischen Form wurden romantische Elemente abgeleitet, die sich in der Arbeit am Detail abzeichneten. Die Kathedralen wurden in der Mehrzahl um das Ende des 13. Jahrhunderts erbaut und Neuerungen konzentrierten sich auf Einzelheiten. Die Säulen wurden schlanker und die Blattwerkskulptur üppiger. Die Maler ergingen sich in verschwenderischer Ausschmückung der Handschriften mit Miniaturen, die nicht mehr stereotyp, sondern häufig weitgehend verfeinert und abwechslungsreich gestaltet wurden. Die Neigung zu überladenem Maßwerk in den Kathedralen ist zwar mehr eine Besonderheit des 15. Jahrhunderts, doch macht sie sich in der Musik bereits im 14. Jahrhundert mit einer Fülle von Notenformen und komplizierten Rhythmen bemerkbar. Am besten jedoch ist die Situation wohl in der Literatur ersichtlich. Während die Franzosen fortfuhren, lange ›Versromane‹ zu schreiben, die von den phantastischen Liebesabenteuern ritterlicher Helden handeln, brachten die Italiener Meisterwerke wie Dantes *Divina Comedia*, Boccaccios *Decamerone* und Petrarcas *Canzoniere* hervor. Die Franzosen – mit dem ›Dichtermusiker‹ Guillaume de Machaut an der Spitze – konzentrierten sich auf formale Elemente und die Verstechnik, weniger aber auf das eigentliche Material und die sprachliche Ausformung der Dichtung. Als Grundlage für eine musikalische Auswertung hatten kurze Gedichte in diesem Stil einige Berechtigung – und das wußten die Italiener mit ihren Madrigalen und ›ballate‹. Für ernsthafte Werke von dauerndem Wert jedoch waren sie unbrauchbar. Immerhin begriffen die Italiener, daß die ›canzone‹ für Vertonungen zu subtil war und befreiten sie daher im 14. Jahrhundert von ihren melodischen Fesseln. Die Romandichtungen wurden von den Adligen und Fürsten, für die sie geschrieben waren, eifrig aufgenommen, und wir wissen, daß der berühmte Chronist Froissart aus dem nördlichsten Frankreich in den Süden des Landes reiste, um Gaston Phébus sein überlanges Rittergedicht *Méliador* persönlich vorzulesen. In England war Chaucer offensichtlich ein Bewunderer Machauts und verwendete sogar dessen zehnsilbige Zeile in seinen *Canterbury Tales*.

So wie die lyrische Dichtung Italiens im 14. Jahrhundert von der Kunst der Troubadoure hergeleitet war, ließ sich auch Alfons X. von Kastilien (1221–1284) in seinen Liedern aus der gleichen Quelle inspirieren. Schließlich taten die *Règles de Seconde Rhétorique* von Guillaume de Machaut in der katalanischen Dichtung des 14. Jahrhunderts ihre Wirkung, und Männer wie Andreu Febrer, Jaume Escriva und Luis de Vila Rasa bedienten sich vielfach der Form der Ballade. Auch die französische Sprache wurde häufig verwendet, was allerdings nicht weiter verwunderlich ist, wenn man bedenkt, daß die Musiker des Hauses Aragon vielfach französischer Herkunft waren. König Johann I. war selber Komponist, und es ist nicht zu bezweifeln, daß ein großer Teil des französischen Einflusses auf die Dichtung und die Musik an seinem Hof zu Barcelona auf ihn zurückzuführen ist.

Das sprachliche Moment ist bei der Betrachtung des kulturellen Lebens des 14. Jahrhunderts stets zu berücksichtigen. Früher war das Lateinische von überragender Bedeutung, obwohl in der Monodie die Volkssprache angewandt wurde, was in beschränktem Umfang auch auf längere, für eine größere Zuhörerschaft bestimmte literarische Werke zutreffen mochte. Nunmehr aber begann die lateinische Sprache – vom wissenschaftlichen Schrifttum und dem Umgang innerhalb der geistigen Berufe abgesehen – an Bedeutung zu verlieren. Der bereits erwähnte Zug des Humanismus äußerte sich auch bei der Nennung der Komponistennamen in den Handschriften, obgleich dies bei den Motetten nur selten zutrifft. Für die Franzosen ist es bezeichnend, daß sie ihre Namen in der Dichtung zunächst durch Anagramme verbargen.

Aus allem Gesagten geht hervor, daß das 14. Jahrhundert trotz aufkeimender Renaissance-Elemente vorwiegend mittelalterlich war. Die französische Musik und Kunst fuhren fort, sich in Richtung auf das Detail in der Verzierung – und zwar häufig auf Kosten von Größe und Bedeutung der Werke – zu entwickeln. Die italienische Musik mußte trotz der Blütezeit einer beachtlichen ›Ars nova‹ um 1320 sehr bald französischen Vorbildern und Notationsweisen weichen. Ähnlich verhält es sich mit der italienischen Malerei, in der trotz Giottos Vorbild die byzantinische Tradition bis Masaccio im frühen 15. Jahrhundert vorherrschte. Auch in der Literatur zeigt sich bei den Franzosen ein mittelalterlicher Zug; die frühe Blüte der italienischen lyrischen Dichtung des Trecento und der überwältigende Einfluß der französischen Dichtung in Italien am Ende des 14. Jahrhunderts werden deutlich. Andere Länder waren vielleicht noch empfänglicher für den französischen Einfluß, soweit Sprache und angestammte Traditionen – wie etwa in Spanien – ihm förderlich waren.

Die musikalischen Quellen

In einer Zeit wie dem 14. Jahrhundert sind die noch vorhandenen Handschriften für unsere Vorstellung von der damaligen Musik von besonderer Wichtigkeit, weil ihre Zahl so gering ist. In Frankreich wird die erste Hälfte des Jahrhunderts durch drei Hauptquellen repräsentiert: den *Roman de Fauvel*, die *Machaut-Handschriften* und den *Ivrea-Codex*. Ersterer ist ein allegorischer ›Roman‹, dessen Popularität durch das Vorhandensein von zwölf Handschriften erwiesen scheint. Glücklicherweise enthält eine davon, eine prächtige Folio-Handschrift mit zahlreichen Illustrationen, eine Anthologie von praktisch allen Abarten populärer Musik des frühen 14. Jahrhunderts: ›Motetten‹, ›Conductus‹, ›lais‹, ›ballades‹ und ›rondeaux‹, Refrains und verschiedene Typen Gregorianischer Gesänge. Manche der Motetten und Conductus reichen auf über hundert Jahre vor der Entstehung der Handschrift – der Zeit zwischen 1310 und 1316 – zurück, während eine Anzahl davon als damals moderne Werke, vermutlich Philippe de Vitrys, anzusehen sind. Der *Roman de Fauvel* ist – gleich seinem unmittelbaren Vorbild, dem *Roman de Renart* – eine beißende Kritik an den Lastern der Zeit. Das Roß ›Fauvel‹ personifiziert die in den Buchstaben seines Namens verborgenen Sünden – Schmeichlertum, Geiz, Wucher, Schurkerei, Wankelmut, Neid und Niedrigkeit –, wobei die Anfangsbuchstaben in der Übersetzung naturgemäß nicht mit den Buchstaben des Namens übereinstimmen. Durch seine Listen und Ränke ist ›Fauvel‹ so erfolgreich, daß er sogar Fortuna heimzuführen gedenkt, sie, die beliebteste Personifikation aller mittelalterlichen Dichter, – aber sie fühlt sich abgestoßen und schiebt an ihrer Stelle die Hoffart vor. Die Nachkommenschaft aus der Verbindung ›Fauvels‹ mit der Hoffart wird zu einer Gefahr für

Frankreich. Der ›Roman‹ muß ursprünglich für Philipp IV. geschrieben worden sein und enthält Angriffe gegen die Templer; aber in der Musik werden mehrfach Texte verwendet, die nur ganz allgemeine Attacken gegen die in ›Fauvel‹ verkörperten Sünden zum Inhalt haben – *Je vois douleur/ Fauvel nous a fet present.* In keinem der Stücke wird ein Autoren- oder Komponistenname erwähnt, doch wissen wir, daß Gervais du Bus den ›Roman‹ geschrieben und Chaillou de Pesstain die Musik eingeflochten hat.

Guillaume de Machaut ist die überragende Gestalt in der Geschichte der altfranzösischen Musik. Sein Gesamtwerk ist in nicht weniger als sechs Handschriften enthalten, und die Anordnung der Stücke stammt meist von ihm selbst. Diese reich illustrierten Handschriften waren offensichtlich für bedeutende Gönner bestimmt, und wir wissen, daß eines davon dem Herzog von Berry, ein anderes dem Grafen von Foix gehörte, während Machaut selbst gelegentlich erwähnt, er bereite eine Handschrift für einen seiner Dienstherren vor. Wenn diese Vielzahl von Quellen dazu verleiten könnte, seine Musik bevorzugend zu beurteilen – und es gibt ja sogar noch weitere zahlreiche Handschriften vermischten Inhalts sowie Fragmente mit einzelnen Werken von ihm –, so bringt eine unvoreingenommene Prüfung dennoch die Erkenntnis, daß Machaut ein Meister der musikalischen Zunft und ein flüssig schreibender Dichter war.

Glücklicherweise vermittelt der *Ivrea-Codex* ein gleichmäßigeres Bild des musikalischen ›Normalrepertoires‹ eines bedeutenden religiösen Zentrums aus der Mitte des 14. Jahrhunderts – vermutlich Avignons. Diese für die Praxis hergestellte Handschrift weist Anzeichen häufigen Gebrauchs auf, und die Kompositionen, die sie enthält, gehen auf das frühe 14. Jahrhundert zurück. Diese Handschrift ist die Hauptquelle für die Kompositionen Philippe de Vitrys; denn neun von den vierzehn Motetten, die ihm zugeschrieben werden, sind darin enthalten, – ferner auch anonyme Motetten und eine bedeutende Sammlung einzelner ›Kyrie‹, ›Gloria‹, ›Cre-

(64) Bomharte und Trompeten beim Ausritt des Fürsten. Richental-Chronik, 1464.

(65) Musizierende Damen mit vielen Instrumenten. Obere Reihe: Portativ, Hackbrett, Tenor-Bomhart, Laute, Flöte. Unten: Flöte und Trommel, Busine, Hackbrett. Mitte 15. Jh.

(66) Miniatur aus den ›Poésies‹ des Guillaume de Machaut: Natur führt Rhetorik, Gefühl und Musik zu Machaut – eine symbolische Ehrung seiner Kunst. Um 1370.

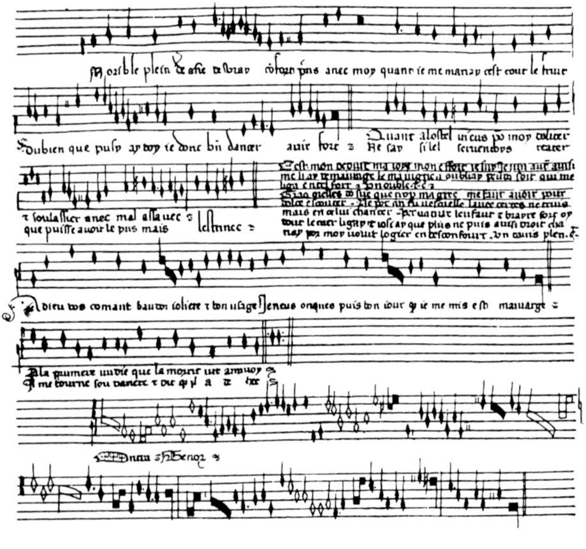

(67) Virelai auf den Tod Machauts (1377). Mensuralnotation, bei der bereits die weiß ausgesparte Notenform auftritt.

(68) Dreistimmige Motette Philippe de Vitrys, aufgezeichnet im ›Roman de Fauvel‹ (um 1316). Die drei Stimmen (Adesto, sancta trinitas – Firmissime fidem teneamus – Alleluja, Benedictus) stehen hinter-, nicht untereinander.

←
(69) Magister Francesco Landini. Portraitminiatur zu Beginn seines Tripelmadrigals ›Musica son ...‹ in der Florentiner Squarcialupi-Handschrift. (Mensuralnotation, Mitte 15. Jh.)

(70) Sänger mit einer Notenrolle. Italien, 14. Jh. Der Gesangmeister gibt mit der linken Hand Zeitzeichen auf die Schulter des vor ihm stehenden Sängers. Die drei anderen Sänger verständigen sich ebenfalls durch Handzeichen.

(71) Ein Sänger und Spielleute (Portativ, Harfe, Rebec, gezupfte Fidel, Leierzither, Schellentamburin).

(72) Drei Sänger, die sich mit guidonischen Handzeichen verständigen, singen ›vom Blatt‹ nach einer Notenrolle mit römischer Mensuralnotation.

Beide Miniaturen aus dem Gorleston-Psalter, Anf. 14. Jh., Ostengland.

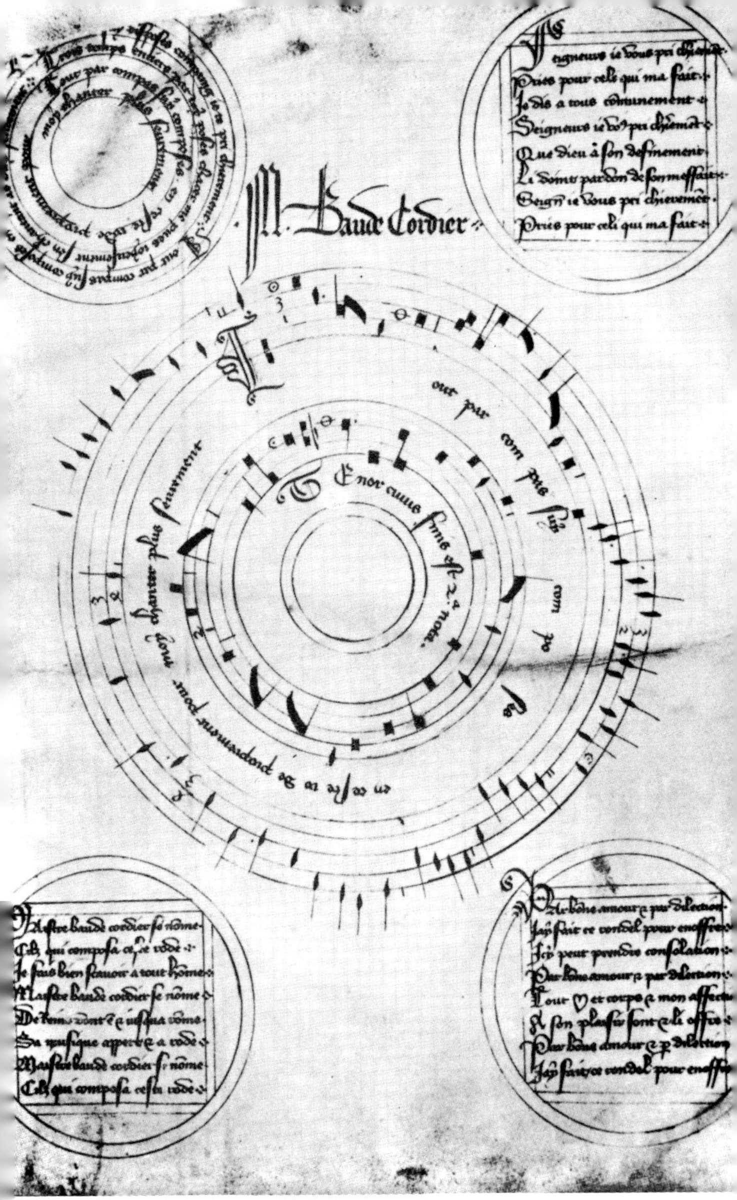

(73) ›Rondeau‹ des Baude Cordier, in Form eines zweistimmigen Rätselkanons, mit dritter Stimme ad libitum. Mensuralnotation des 15. Jhs.

74) *Höfische Musik um 1500: Spiel am Liebesbrunnen (Positiv-Orgel, Laute). Franz. Teppich*

do‹, ›Sanctus‹ und ›Agnus Dei‹. Vier ›Chaces‹ zeugen von einer vollendeten Technik im Kanon-Satz, während weltliche Gesänge nur spärlich vertreten sind.

Die Erhaltung der wichtigsten Werke der französischen ›Ars nova‹ aus der zweitenHälfte des Jahrhunderts verdanken wir einer Anzahl italienischer Quellen. Es sind dies nach wie vor überwiegend Handschriften in Quartformat, doch stößt man gelegentlich auch auf Folio-Formate, wie etwa den berühmten *Chantilly-Codex*, der ein Meisterstück verfeinerter Notation darstellt. Es handelt sich ohne Zweifel um eine italienische Kopie einer französischen Handschrift, denn die gesamte enthaltene Musik ist französisch und besteht hauptsächlich aus mehrstimmigen Chansons. Einige wenige Motetten sind Überbleibsel einer älteren Tradition. Im Charakter ähnlich ist die *Modena-Handschrift*, obgleich sie auch italienische Stücke enthält – insbesondere Werke des Mailänder Sängers Matteo da Perugia, darunter auch einige Messen. Die dritte wichtige Quelle – sie kommt aus Norditalien – enthält wiederum weltliche Stücke französischer Herkunft, obgleich der erste Teil aus italienischen Werken bedeutender Meister des Trecento und der zweite aus Werken der Dufay-Periode zusammengesetzt ist. Eine jetzt in Oxford befindliche Handschrift aus der frühen Dufay-Zeit enthält vorwiegend französische Werke, obgleich sie in Venedig entstanden zu sein scheint. Man trifft darin auf eine Anzahl von Werken der späten französischen ›Ars nova‹ in unmittelbarer Nachbarschaft vereinzelter später Trecento-Stücke. Kirchenmusik findet sich hauptsächlich in einer französischen Handschrift aus Apt, die offensichtlich mit dem Repertoire von Avignon zusammenhängt. Vereinzelte Quellen in Frankreich und Spanien enthalten allerdings auch Vertonungen aus der Messe.

Das vielleicht noch umfangreichere Repertoire der italienischen ›Ars nova‹ mit seinen insgesamt über siebenhundert, auf die verschiedenen Handschriften verteilten Kompositionen ist nicht minder interessant. Die fünf wesentlichsten Handschriften stammen alle etwa vom Ende des Jahrhunderts, und nur ein einziger kleiner Codex stellt die unmittelbare Verbindung zur Epoche des Marchettus her. Alle darin enthaltenen Stücke sind anonym, wogegen im allgemeinen die Quellen des Trecento die Namen der Komponisten angeben. Auf der anderen Seite enthält die umfangreichste Handschrift dieser Gruppe nicht weniger als dreihundertzweiundfünfzig Kompositionen, und alle Anzeichen sprechen dafür, daß sie als mehr oder minder vollständige Sammlung der wichtigsten weltlichen Kompositionen des Trecento geschrieben wurde. Am Anfang der einzelnen Abschnitte erscheint das Portrait des betreffenden Komponisten. Die Handschrift ist möglicherweise als Ganzes für Antonio Squarcialupi, den Florentiner Organisten, geschrieben worden, der 1480 starb. Jedenfalls war sie in seinem Besitz. Die übrigen drei Handschriften sind mehr für die Praxis gedacht und enthalten jeweils zwischen hundertzehn und hundertzwanzig Werke. Eine Ausnahme bildet die Florentiner Handschrift, die hunderteinundfünfzig italienische Kompositionen enthält. Das späte Trecento ist besonders im *Lucca-Codex* vertreten, doch ist die darin enthaltene Anzahl von Stücken infolge des fragmentarischen Zustandes dieser Quelle nicht groß. Italienische Komponisten des frühen 15. Jahrhunderts – wie Matteo da Perugia und Antonio da Civitate – verwendeten vielfach französische Texte. Geistliche Kompositionen wurden in erweitertem Umfang gepflegt. Eine Anzahl dieser Motetten und Messesätze kommen in zwei Bologneser Handschriften des frühen 15. Jahrhunderts vor.

In England war die Lage ganz anders. Die Musik des italienischen Trecento war fast durchweg weltlich, die englische mehrstimmige Musik hingegen vorwiegend geistlich, was sogar für die um 1400 aufgekommene mehrstimmige ›carol‹ zutrifft. Das bedeutet, daß die meisten englischen Handschriften fast ausschließlich Messesätze und Motetten enthalten – ein Beweis dafür, daß zur Zeit der Reformation viele englische Handschriften vernichtet wurden. Es ist jedenfalls Tatsache, daß – abgesehen von vier Carol-Handschriften –

nur eine einzige umfangreichere englische Handschrift aus dem frühen 15. Jahrhundert existiert, während alles übrige lediglich fragmentarisch zu nennen ist. Dies trifft auch auf die aus dem 14. Jahrhundert stammenden sogenannten ›Worcester-Fragmente‹ zu, die früher nur Bestandteil eines großen Handschriftenkonvoluts gewesen waren. Die einzige vollständige Handschrift, die erhalten ist, besteht hauptsächlich aus Meßvertonungen und nur einigen wenigen Motetten. Kontinentale Einflüsse im Sinne der ›Ars nova‹ sind zwar häufig festzustellen, doch herrscht der englische Charakter – mag er auch nur in groben Umrissen feststellbar sein – vor. Offenbar bedeutete die französische Sprache in England ein Hindernis; denn eine Motette, von der man weiß, daß sie von einem Franzosen geschrieben wurde, läßt erkennen, daß das Lateinische dem englischen Ohr vertrauter gewesen sein muß als das französische Original. Eigentlich noch interessanter war die kürzlich gemachte Entdeckung, daß ein bislang anonymes, unvollständiges ›Gloria‹ tatsächlich von dem Italiener Zacharias stammt. Gerade diesem Stück ist die Ehre zuteil geworden, eine der meistverbreiteten mittelalterlichen Kompositionen zu sein; denn es wanderte von Italien nach Süddeutschland und von dort aus weiter nach Polen. Jedenfalls beweisen – was Polen anbelangt – die beiden wichtigsten Handschriften aus der ersten Hälfte des 15. Jahrhunderts, daß der italienische Einfluß zumindest in der geistlichen Musik sehr klar ausgeprägt war; denn man findet dort nicht nur Meßvertonungen von Zacharias, Ciconia, Grossin und Engardus, sondern auch neun Stücke von Nikolaus von Radom, die eindeutig italienischen Kompositionen nachgebildet sind. Sogar noch bedeutender als die polnischen Handschriften ist eine jetzt in Turin befindliche Quelle aus Cypern, die eine sehr umfangreiche Sammlung später ›Ars nova‹-Kompositionen des französischen Typus enthält – darunter einhundertunddrei ›ballades‹, vierundsechzig ›rondeaux‹ und ›virelais‹, einundvierzig Motetten und mehrere Messesätze. In Deutschland blieb die weltliche Musik vorwiegend monodisch. Einige wenige Umformungen französischer ›Ars nova‹-Stücke finden sich in Handschriften von Oswald von Wolkenstein. Die Mehrstimmigkeit hatte in der Regel ausgesprochen archaische Tendenz und daher keinerlei Anspruch auf die Bezeichnung ›Ars nova‹. Wie in England sind die Handschriftenquellen auch hier fragmentarisch, aber umfangreich, und die Notationsart reicht von gotischen Neumen – häufig ohne Liniensystem – bis zur französischen Quadratnotation, im allgemeinen in der Form des 13. Jahrhunderts. Straßburger Handschriften – wie die 1870 vernichtete große Handschrift und der *Prager Codex* – enthielten französische, deutsche, italienische und niederländische Stücke. So natürlich dieses Beieinander auch sein mag, so ist es doch in den Handschriften jener Zeit einmalig, die der jeweils bodenständigen oder der französischen Musik den Vorzug zu geben pflegte.

Die ›Ars nova‹ in Frankreich

Unzweifelhaft war Frankreich wie schon im 12. und 13. Jahrhundert so auch im 14. Jahrhundert das Zentrum der musikalischen Kunst, wenn auch andere Länder die Kunst der Mehrstimmigkeit selbständig weiterentwickelten. Und Philippe de Vitrys in Paris erteilte Unterweisung in der alten und neuen Kunst der Musikausübung war so fruchtbringend, daß sie die Musik in vielen Ländern außerhalb Frankreichs fördern und inspirieren konnte. Aus seinen eigenen Worten geht klar hervor, daß er zwischen der alten Longae- und Breves-Notation und der neuen in kürzeren Werten – den Breves, Semibreves und Minima – unterscheiden wollte. Aber er legte auch die Stellung der langen Note in Gruppen von Semibreves und Minima als die moderne fest – ganz besonders jeweils am Anfang. Hieraus entstanden folgende Rhythmen:

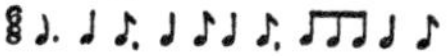

anstelle der alten:  die unserem Ohr sonderbar klingen. Ältere Musiker hatten sich bereits 1279 mit diesem Problem beschäftigt, jedoch mit dem Ergebnis, daß sie beide Methoden für brauchbar bezeichneten. Vitrys dogmatische Feststellung jedoch war für die Motettenschreiber des 14. Jahrhunderts richtungweisend, und das fast völlige Fehlen des alten Rhythmus in diesem Kompositionstypus ist ein praktischer Beweis für seinen Einfluß. Immerhin aber brachte der freie Gebrauch aller Arten von Semibreves- und Minima-Kombinationen in der weltlichen Liedkomposition einen lebhaften Kontrast zum strengen Motettenstil mit sich und führte unzweifelhaft zu den komplizierten Synkopierungen des späten 14. Jahrhunderts.

Eine weitere Konsequenz der Verlängerung der Notenwerte und des Gebrauchs von kurzen Semibreves und Minima war, daß es möglich wurde, eine Anzahl selbständiger Stimmen so zu kombinieren, daß die längeren Noten in den die Choralmelodie tragenden unteren Stimmen und die kurzen in den mit umfangreichen neuen Textierungen ausgestatteten oberen Stimmen geführt wurden. Derartige Motetten waren für rhythmische Lehrschemata ideal geeignet, und obwohl die Oberstimmen anfänglich verhältnismäßig frei behandelt wurden, erwarb der Tenor – und, wenn vorhanden, auch der Contratenor – alsbald die chamäleonähnliche Fähigkeit, von einem rhythmischen Schema in ein anderes hinüberzuwechseln, was praktisch ›color‹ genannt wurde. Der Ausdruck war aus der Rhetorik entlehnt und bedeutete eigentlich Wiederholung. Anfänglich wurde die Choralmelodie lediglich mehrmals im Tenor wiederholt, doch später wurde die Wiederholung verfeinert, so daß, wenn zum Beispiel die Melodie dreimal erklang, sechsmal ein rhythmisches Schema vorgestellt wurde, das heißt also zweimal im Verlauf der jeweiligen Darbietung der Melodie. Diese Praxis führte zu komplizierten Überschneidungen melodischer und rhythmischer Bildungen und sogar zur Wiederholung ganzer derartiger Abschnitte, wobei sämtliche Werte zwei-, drei- und mehrfach untergeteilt wurden. Die rhythmische Identität einzelner Abschnitte war ein alsbald von allen Stimmen einer Komposition eingehaltenes Charakteristikum, und diese ›Isorhythmik‹ – wie die Bezeichnung seit etwa 1900 lautet – wurde beinahe ausnahmslos auf alle seit der Mitte des 14. Jahrhunderts bis etwa 1430 geschriebenen Werke angewendet. Es scheint, als sei diese Technik schon zur Zeit von Vitry üblich gewesen, da eine alte Motette aus dem *Ivrea-Codex* völlig isorhythmisch ist, und ihr Text, der vom Schicksal der Tempelritter handelt, auf ein Entstehungsdatum um 1312 schließen läßt. Dessen ungeachtet kommt die Isorhythmik in der ersten Jahrhunderthälfte nur in Hoquetus-Abschnitten und Passagen mit Pausen vor. Selbstverständlich war der Hoquetus im 13. Jahrhundert eine selbständige Form, und man begegnet dieser Technik auch in primitiven Kulturen; aber im 14. Jahrhundert wurde er vorwiegend am Ende isorhythmischer Abschnitte – besonders solcher in raschem Zeitmaß – verwendet.

Wenn es bei einer derartigen Konzentration auf das Formale den Anschein hat, als müsse es sich eher um Mathematik als um Musik handeln, sollte man nach den Ursachen hierfür fragen. Sie liegen vermutlich in der Tatsache begründet, daß die Musik für den mittelalterlichen Menschen eine der Arithmetik nahe verwandte Wissenschaft war, und man muß auch berücksichtigen, daß die akustischen Grundlagen der Musik auf Zahlenverhältnissen beruhen. Es ist daher nicht verwunderlich, wenn selbst die musikalische Praxis nach mathematischen Grundsätzen geregelt war. Sicherlich wurden die tatsächlichen Notenwerte – von der Minima bis zur Maxima und im dreizeitigen wie im zweizeitigen Takt – von Philippe de Vitrys Zeitgenossen Johannes de Muris (ca. 1290–ca. 1351) mathematisch betrachtet. Er war ein vorbehaltloser Verfechter von Vitrys *Ars nova* und betitelte seine eigene Arbeit über diesen Gegenstand *Ars novae musicae.* Sie ist in einer der Handschriften mit der Jahreszahl 1319 versehen. De Vitry selber war offensichtlich um die mathematischen Grundlagen seiner Prinzipien eifrig bemüht; denn er bat den berühmten jüdischen Mathematiker Gersonides (1288–1344) um die Lösung eines Problems, das mit den zwischen den verschiedenen Notenwerten seines Systems bestehenden Verhältnissen zusammenhing.

Die Einführung der zweizeitigen Mensur war in Vitrys Neuordnung der mensurierten Musik von erstrangiger Bedeutung. Vor dem 14. Jahrhundert waren dreizeitige Rhythmen in der Kunstmusik fast unvermeidlich; aber zu Vitrys Zeiten konnten die Menschen den Grundsatz, daß der zweizeitige Rhythmus etwas Unvollkommenes sei, weil ihm ein Bestandteil der vollkommenen Zahl drei fehle, nicht mehr hinnehmen.

De Vitrys überzeugtes Eintreten für die zweizeitige Mensur gab ihm die Möglichkeit, die Grundmensuren des modernen Taktsystems einzuführen, nämlich $\frac{9}{8}$, $\frac{6}{8}$, $\frac{3}{4}$ und $\frac{2}{4}$. Jedoch, der

$\frac{2}{4}$-Takt wurde im 14. Jahrhundert nie so beliebt wie zu erwarten gewesen wäre. Die wichtigste Taktart war der $\frac{6}{8}$-Takt; der $\frac{3}{4}$-Takt folgte in geringem Abstand. Vitrys Voraussicht ist ferner aus seiner Einführung von Taktzeichen und roten Noten zur Unterscheidung zwischen verschiedenen Mensurtypen erkennbar; denn obgleich diese Neuerungen zunächst nur wenig Verwendung fanden, waren sie doch später von großer Bedeutung. Sogar wir bedienen uns heute noch einer seiner Bezeichnungen – des Buchstabens C = $\frac{4}{4}$ – und unsere schwarzen Notenköpfe sind die Nachfolger seiner roten. Zugegebenermaßen wurden de Vitrys Neuerungen nicht von allen vorbehaltlos gutgeheißen. Jacobus von Lüttich zum Beispiel, der Verfasser der monumentalen Musik-Enzyklopädie *Speculum musicae*, war entschieden für das alte und gegen das neue System. Sogar Papst Johannes XXII. fühlte sich bewogen, eine Bulle zu erlassen – nicht eigentlich gegen die Theorie,

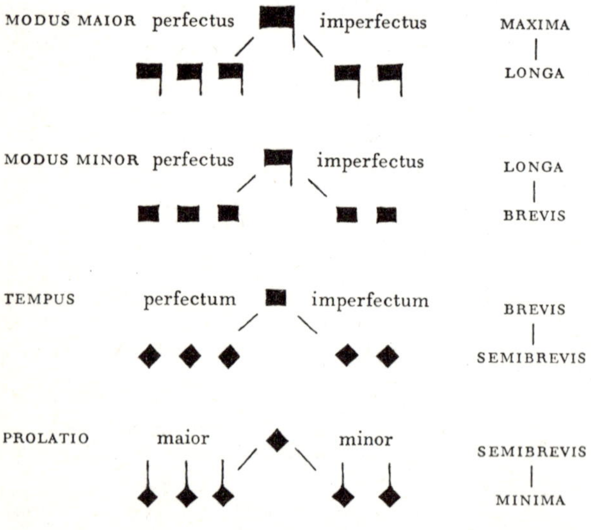

Die rhythmischen Modi der Mensuralnotation. Dreifache (perfekte) und zweifache (imperfekte) Unterteilung der Notenwerte. Rote Noten machten auf vorübergehenden Wechsel der Rhythmen aufmerksam.

sondern vielmehr gegen die praktischen Auswirkungen der neuen Kunst. Es schien ihm hauptsächlich an der Aufrechterhaltung der Würde des Gottesdienstes und der ruhevollen Bewegung des gregorianischen Chorals gelegen zu sein. Tatsächlich haben die neuen Stücke durch die vielen kurzen Noten etwas Aufgeregtes, der Hoquetus zerreißt den ruhigen Fluß, und der Choral wird durch die rhythmische Behandlung, der er unterworfen wird, unkenntlich. Diese Praktiken werden rundheraus verdammt, und die einzig erlaubte Form von Mehrstimmigkeit ist – an Festtagen – die einfache Hinzufügung von Konsonanzen wie der Oktave, der Quint und Quart zur Choralmelodie. Selbstverständlich wurde diese extreme Einfachheit – sogar in der neuen mehrstimmigen Messe – von den Musikern nicht als angemessen empfunden, und einschneidende Änderungen sind nicht einmal in den Motetten erkennbar. Jedenfalls wurde die Bulle im Jahre 1324 erlassen und es hat den Anschein, als sei die ›Ars nova‹ nur in jenem frühen Zeitpunkt als eine ›Gefahr‹ angesehen worden.

Die Motette

Warum gerade die ›Motette‹ das Hauptziel der neuen Kunst Philippe de Vitrys war, erklärt sich aus der Tatsache, daß sie die einzige wirklich bedeutende, mehrstimmige Form im 14. Jahrhundert genannt zu werden verdient. Papst Johannes' Vorwurf, die Choralmelodie werde häufig durch die meist in der Volkssprache textierten Oberstimmen verunklart, wäre auf Motetten des späten 13. Jahrhundert sehr wohl anwendbar gewesen; aber de Vitry hielt sich in der Hauptsache an lateinische Texte, die allerdings nur wenig Zusammenhang mit der Liturgie und häufig mit besonderen Ereignissen zu tun haben. Vitry ist als der Schöpfer des ›freien Kunstwerks‹ bezeichnet worden, und doch sind einige der vierzehn Motetten, die ihm zugeschrieben werden, nichts anderes als Bekenntnisse seines Glaubens – *Adesto sancta Trinitas/Firmissime fidem teneamus*. Hingegen haben drei der im *Roman de Fau-*

vel enthaltenen Motetten politische Inhalte, die sie zu einem engeren Zusammenhang verbinden. Biblische Allegorien wirken wie eine Tarnung des eigentlichen Themas – die Verurteilung der Templer, für die Enguerran de Marigni, der Berater Philipps IV., mitverantwortlich war. Philippe de Vitry hatte eine giftige Zunge und erledigte seine Gegner in seinen Motetten nach besten Kräften – so den noch nicht identifizierten ›Hugo‹ und den armen Jehan de le Mote, den Dichterkomponisten aus dem Hennegau, der seine königliche Gönnerin Philippa von England unglücklicherweise um die Zeit des Ausbruchs des Hundertjährigen Krieges besuchte. Ein anderes Werk ehrt Clemens VI. von Avignon anläßlich seiner Wahl im Jahre 1342. Ein persönlicheres Empfinden äußert sich in Vitrys ablehnender Einstellung zum höfischen Leben. Dennoch war er unfähig, dem geschäftigen Dasein des Beamtentums abzuschwören, und sein Freund Petrarca, den er unzweifelhaft in Avignon kennengelernt hatte, konnte sein Entsetzen nicht zurückhalten, als er erfuhr, daß Vitry im Jahre 1350 Bischof von Meaux geworden war.

Guillaume de Machaut (1300–1377) mag zwar nicht der Erfinder der isorhythmischen Motette gewesen sein; sicherlich aber ist er im 14. Jahrhundert ihr Meister gewesen. Die Mannigfaltigkeit seiner rhythmischen Anordnungen ist heute eine Quelle des Erstaunens, obwohl die Melodik einen Hang zum Konventionellen zeigt. Manche Stücke enthalten Einflüsse der ›Fauvel‹-Motetten, obgleich Machaut in den meisten Werken französische Texte benutzt, den Tenor ausgenommen. In drei Fällen kommen sogar im Tenor weltliche Liedertexte vor, wie dies bei vielen Motetten des späten 13. Jahrhunderts der Fall war. Man hat das Gefühl, daß diese französischen Werke im allgemeinen der experimentellen Periode der ›Ars nova‹-Motette angehören, wogegen vier lateinisch textierte Stücke mit ihrer unstillbaren Friedenssehnsucht aus der Zeit des Hundertjährigen Krieges stammen müssen. Vermutlich beziehen sie sich sogar auf Ereignisse nach 1357; denn die wiederholten Hinweise auf einen Herzog beziehen sich möglicherweise auf den späteren König Karl v., mit dem Machaut zwischen jenem Jahr und 1364 bekannt war. Ein datierbares lateinisches Werk wurde für die Wahl von Guillaume de Trie zum Bischof von Reims im Jahre 1324 geschrieben und offensichtlich in einem älteren Stil gehalten als die soeben erwähnten reifen lateinischen Werke. Ein lateinisches Stück neueren Datums mit einem unverkennbar auf gewissen ›Fauvel‹-Motetten basierenden Text wirkt durch ein nur für die oberste Stimme geschriebenes Präludium moderner. Machaut scheint diesen sogenannten ›Introitus‹ entwickelt zu haben, der für die beiden oberen Stimmen in vierstimmigen Stücken bestimmt war und nicht zum isorhythmischen Schema gehört. Er bildet eine sehr wirkungsvolle Einleitung und ist meist sehr schön. Gleich Vitry bevorzugte auch Machaut für gewöhnlich die dreistimmige Motette – zum Beispiel *Qui es promesses de Fortune se fie / Ha, Fortune* –; er schrieb aber auch einige vierstimmige Stücke. Wiederum auf das 13. Jahrhundert zurückgreifend, komponierte er sogar ein paar Motetten mit einem französischen und einem anderen lateinischen Text. Das Lateinische war – als die Sprache der Gelehrsamkeit – ernsteren und religiösen Texten vorbehalten, während das Französische vor allem die Sprache der höfischen Liebesdichtung war. Das Beispiel Machauts, der in der Hauptsache französische Motetten schrieb, wurde durchaus nicht allgemein nachgeahmt – möglicherweise, weil er selber diese Gewohnheit zugunsten des mehrstimmigen Gesanges aufgegeben zu haben scheint. Im Ivrea-Codex wird der Brauch, bedeutenden Persönlichkeiten Ehrungen zuteil werden zu lassen, mit lateinischen Motetten für Philipp VI. von Valois, Johann II. von Frankreich und Gaston Phébus, den Grafen von Foix, fortgesetzt. Zuletzt entstanden lateinische Motetten fast ausschließlich in Verbindung mit bestimmten Ereignissen, insbesondere öffentlichen Anlässen, doch dienten sie auch noch der Marienverehrung im besonderen. Die in den ›Fauvel‹-Motetten so stark hervortretende moralisierende Tendenz, die zweifellos vom ›Conductus‹ des 13. Jahrhunderts hergeleitet ist, verliert sich allmählich im Laufe der Entwicklung der ›Ars nova‹. Ein interessantes Werk, das wie eine Motette aussieht, ist im Ivrea-Codex enthalten. Die Verwendung selbständiger Texte in jeder Stimme ist irreführend, weil das Werk nicht isorhythmisch ist und nur selten alle drei Stimmen gleichzeitig singen. Es stellt sich heraus, daß wir ein frühes Beispiel eines ›Quodlibet‹ oder ›Potpourri‹ vor uns haben, das eine wertvolle Sammlung von Gassenhauern und Bruchstücke von Volksliedern enthält, von denen einige bereits im späten 13. Jahrhundert als Tenor verwendet wurden.

Während vollkommene Isorhythmik vor der Mitte des Jahrhunderts nur selten in Erscheinung trat, war es später ungewöhnlich, wenn sie bei einer Motette fehlte. In der zweiten Jahrhunderthälfte erlangte der mehrstimmige Gesang die früher der Motette zugekommene Beliebtheit, so daß in den Quellen weit weniger Motetten als weltliche mehrstimmige Gesänge enthalten sind. Tatsächlich müssen manche Motetten, die in späteren Quellen vorkommen, aus der ersten Jahrhunderthälfte stammen, obgleich einige davon durch Hinzufügung einer vierten Stimme und durch die Einführung regelmäßigerer Isorhythmik modernisiert worden sind. Es ist eigenartig, daß nun, da die vierstimmige Motette zur festen Form geworden war, auch noch Versuche gemacht wurden, eine Stimme zu erfinden, die den Tenor und zugleich den Contratenor ersetzen konnte. Das Prinzip hierbei war eine Zusammenziehung der tiefsten Noten beider Stimmen zu einer gesonderten Baßstimme, da sich beide ständig überkreuzten. Anscheinend war es nicht immer leicht, vier passende Stimmen zu finden – oder vier passende Instrumente, nachdem gegen Ende des Jahrhunderts die Zugtrompete populär wurde.

Ein ungewöhnlicher, aber sehr interessanter Motettentyp, der vom frühen 14. Jahrhundert bis in die Zeit von Binchois gepflegt wurde, ist die sogenannte ›Musiker-Motette‹. Sie ist nur in etwa einem halben Dutzend Werken vertreten, die jedoch allesamt Aufzählungen von Komponistennamen aus der

Zeit enthalten. Die beiden frühesten derartigen Motetten, die unzweifelhaft vor 1350 entstanden sind, nennen beinahe durchweg die gleichen Namen – darunter diejenigen so bekannter Musiker wie Johannes de Muris, Philippe de Vitry, Guillaume de Machaut und Egidius de Murino, der eine Abhandlung über die Motettenkomposition verfaßt hat. Nur wenige von den übrigen sind sonst noch bekanntgeworden, obgleich Henricus Helene ein weiterer Musiktheoretiker war. In zwei späteren Motetten aus dem Chantilly-Codex sind die Mitglieder zweier verschiedener Chöre aufgezählt. Das eine (englische) Werk stammt von John Aleyn, einem Mitglied der Chapel Royal von 1364 bis 1373 und Vertrauensmann Eduards III.

Diese Motette, die im Text eine Reihe englischer Musiker aufzählt, ist isorhythmisch, und man hat naheliegenderweise die Vermutung ausgesprochen, daß sie zum Gedenken an die Schlacht von Poitiers (1356) für die Feier Eduards III. im Jahre 1358 geschrieben wurde, bei der der französische König und der Herzog von Burgund anwesend waren. Es ist ein brillantes Stück: die Oberstimme bewegt sich in raschen dreizeitigen Rhythmen, die Mittelstimme ist langsamer mit gelegentlich auftretenden sich überkreuzenden Rhythmen und die Unterstimme hält sich in langen Noten. Das Ganze ist ohne Zweifel von der französischen Musikkultur beeinflußt.

Ende des 14. Jahrhunderts legten sogar die Motettenkomponisten den Brauch der Anonymität ab. Drei Männer sollen um 1400 ganz Paris in Begeisterung versetzt haben, und wir besitzen von jedem mindestens eine Motette. Ihre Namen sind Cesaris, Carmen und Tapissier. In allen diesen Motetten beherrscht die Isorhythmik nach wie vor das Feld, obwohl in der letzten – vermutlich um 1430 von Carmen geschriebenen Motette – die Isorhythmik nicht nur sehr frei gehandhabt, sondern auch den beiden kanonisch im Unisono geführten Oberstimmen ein und derselbe Text unterlegt ist. Die Motette von Tapissier und eine von Carmens isorhythmischen Motetten erflehen das Ende des päpstlichen Schismas und können somit um 1417 datiert werden. Carmen und Tapissier scheinen hauptsächlich als Messe- und Motettenkomponisten tätig gewesen zu sein. Jean Cesaris, der noch 1417 wirkte, ist der Komponist einer vierstimmigen Motette und acht weltlicher Stücke. In der Schule der späten ›Ars nova‹ großgeworden, wie wir aus den Synkopierungen und wechselnden Rhythmen des ›rondeau‹ *Se par plour* ersehen können, bringt er dennoch zarte, gänzlich unkomplizierte Rondeaux wie *A l'Aventure* hervor. Beide Werke sind Produkte eines überlegenen Geistes; denn Cesaris ist zugleich ein Meister der Melodie und der Harmonie. Er liebt Gesangsduette, sei es mit oder ohne Begleitung, doch der Anfang der vierstimmigen Motette *A virtutis / Ergo beata* ist besonders schön. Alles in allem aber war das Motettenschreiben im frühen 15. Jahrhundert sogar noch weniger verbreitet als zuvor, wenn man nach den erhaltenen Handschriften urteilt; denn nur wenige Komponisten haben unter zehn Werken mehr als eine Motette hinterlassen und viele überhaupt keine. Es blieb Guillaume Dufay vorbehalten, die Ära der isorhythmischen Motette mit mehr als einem Dutzend prachtvoller Werke zusammenzufassen.

Ballade, Rondeau und Virelai

Während die Motette trotz ihrer im 14. Jahrhundert veränderten Ästhetik, größeren Länge und erhöhten formalen Differenziertheit eine traditionelle Form war, kann man vom mehrstimmigen Lied füglich als von einem ›Neuankömmling‹ sprechen. Adam de la Halle hatte zwar in der zweiten Hälfte des 13. Jahrhunderts eine Gruppe reizvoller dreistimmiger ›rondeaux‹ geschrieben, die jedoch – abgesehen davon, daß sie im damaligen Gesamtschaffen isoliert dastehen – mit den meisten Rondeaux des 14. Jahrhunderts nur sehr wenig gemein haben. Sie waren im Conductus-Stil ›Note-gegen-Note‹ geschrieben, wobei alle drei Stimmen den gleichen Text sangen. An diese Manier hielt sich auch das einzige mehrstimmige Werk von Jehannot de Lescurel *A vous, douce debonnaire*, das wohl um 1300 geschrieben wurde, da der Komponist, eine Villon-artige Natur, im Jahre 1303 wegen Abtreibung, Raub und anderer Vergehen gehängt wurde. Lescurels vierunddreißig Gesänge sind allesamt in der Fauvel-Handschrift enthalten. Sie umfassen ›ballades‹, ›rondeaux‹ und ›virelais‹ sowie zwei eigenartige Werke, die *Dits* ›übertragen auf Refrains‹ betitelt sind. Es sind dies lange strophische Dichtungen mit je einem eigenen Refrain zu jeder einzelnen Strophe, und nur die Refrains, die teilweise in beiden Werken vorkommen, sind mit Musik versehen. Wenngleich die Musik all dieser Stücke einstimmig gehalten ist – sogar das mehrstimmige Rondeau benutzt die Musik eines der einstimmigen Rondeaux als Mittelstimme –, ist der Stil mit seinen häufigen Semibreves-Gruppen in der Manier von Petrus de Cruce doch recht modern. Vielleicht noch erstaunlicher ist das plötzliche Auftauchen der mehr oder minder ausgereiften literarischen Formen des 14. Jahrhunderts von Ballade, Rondeau und Virelai. Das achtzeilige Rondeau gab es bereits im 13. Jahrhundert, wie zum Beispiel in den Werken von Adam de la Halle.

Ballade und Virelai waren damals formal noch nicht fixiert, wie das beim Rondeau der Fall war, sie kamen jedoch als strophische ›chansons‹ und als Varianten des Rondeau vor. Die Ballade fand im 14. Jahrhundert zu ihrer Standardform mit drei Stanzen und einem wiederkehrenden Refrain.

Für die musikalische Form ist das auffälligste Charakteristikum die Wiederholung der ersten Hälfte des Stücks. Das Virelai hatte bei Lescurel nicht einmal einen Namen, und Guillaume de Machaut nennt es nur Virelai oder ›chanson balladée‹. Im Grunde ist das Virelai ein Rondeau ohne die Wiederholung der ersten Hälfte des Refrains in der Mitte; aber gleich der Ballade bekommt es drei Stanzen und hat eine dem ›lai‹ ähnliche metrische Form. Alle diese lyrischen Formen befassen sich vorwiegend mit der höfischen Liebeskunst. Das Rondeau gibt sich jedoch auch zu allerlei Kunststücken mit Wortspielen und Anagrammen her. Die erste Zeile eines der bekanntesten Rondeaux von Machaut enthält die Zahlen der Buchstaben des Alphabets, aus denen der Name seiner Geliebten zusammengesetzt war: »Dis et sept, V, XIII, XIV, et XV« (renop = Péronne).

Vom musikalischen Standpunkt aus betrachtet, scheint es Vitry gewesen zu sein, der entdeckt hat, wie man Balladen, Virelais und Rondeaux schreibt; aber das mag auch auf einer legendären Überlieferung beruhen, weil ihm nur ein einziges, etwas abseitiges mythologisches Werk in Balladenform zugeschrieben werden kann, das erst nach 1337 entstanden ist. Gleich der in derselben Handschrift enthaltenen Motette ist es ein weiterer Angriff auf Jehan de le Mote und das verhaßte England. Eigenartigerweise hat ein anonymer Komponist aus dem Chantilly-Codex das Metrum modernisiert und den Text dieses Gedichts einer Vertonung in der späten ›Ars nova‹-Manier mit komplizierten Rhythmen und differenzierter Notation angepaßt: *En Albion de fluns environnée.* Abgesehen von etwa einem Dutzend im *Roman de Fauvel* eingestreuter, aber im Stil von Lescurel gehaltener Gesänge, müssen wir leider auf Guillaume de Machaut warten, bis wir weiteren Balladen, Virelais und Rondeaux mit Musik begegnen. Ganz gleich, ob die Balladen in Jehan Acarts *La prise amoureuse* oder jene in Jehan de le Motes *Li Regret Guillaume* (1339) gesungen oder nur rezitiert wurden, sie haben jedenfalls zur Festlegung der Form dieser Gattung im 14. Jahrhundert beigetragen – insbesondere im Hinblick auf die zehnsilbige Zeile und das unveränderliche metrische Schema. Virelai und Lai haben wegen der verschiedenen Länge fast jeder einzelnen Zeile eine traditionsgemäßere Gestalt und eine engere Beziehung mit der Musik.

Wenngleich man Machaut für die meisten dieser Formen nicht gerade als Neuerer bezeichnen kann, so scheint er doch das mehrstimmige Lied zur bedeutendsten musikalischen Kunstform seiner Zeit entwickelt zu haben. Die bloße Tatsache, daß er zunächst die weltliche Motette pflegte, läßt vermuten, daß er nicht von Anfang an die Möglichkeiten des einstimmigen Liedes erkannt hat; aber es mögen immerhin die zweistimmigen Motetten des späten 13. Jahrhunderts, die ja nicht viel mehr sind als einstimmige Lieder über einem Choral-Tenor, gewesen sein, die ihn um die Mitte der dreißiger Jahre anregten, seine frühen zweistimmigen Balladen mit einem einfachen Instrumentaltenor anstatt einem vom Choral hergeleiteten zu schreiben. Bald darauf fügte er dem Tenor noch einen instrumentalen Contratenor hinzu, so daß dreistimmige Stücke bis zum Ende der ›Ars nova‹-Periode, eigentlich bis zur Aufgabe der burgundischen Chanson zu Ende des 15. Jahrhunderts, die Regel wurden. Dies trifft zumindest für Ballade und Rondeau zu, während Virelai und Lai einstimmig blieben – ausgenommen in etwa einem Halbdutzend Werken von Machaut (wie zum Beispiel *De tout sui si confortee* und *Se je souspir*). In der zweiten Jahrhunderthälfte war die Ballade die weitaus populärste Form. Soweit aber das Virelai gepflegt wurde, war es meist für drei Stimmen geschrieben. Vierstimmige Werke blieben eine außerordentliche Leistung, an die man nur selten heranging, obgleich Machaut darin mit zunehmender Reife immer mehr Geschicklichkeit erlangte. Der Einfluß der Motette auf die Entwicklung des mehrstimmigen Gesangs ist aus manchen frühen dreistimmigen Balladen und Rondeaux erkennbar, die aus Triplum, Cantus und Tenor bestanden. Man entdeckte alsbald, daß es weitaus zweckmäßiger war, zwei in mehr oder minder gleichem Abstand gesetzte tiefere Stimmen unter der Singstimme zu haben als eine Instrumentalstimme unter und eine über der Singstimme. Selbstverständlich setzte Machaut gelegentlich in allen Stimmen Sänger ein, in einem Fall als Unisono-Kanon mit verschiedenen Texten in allen Stimmen wie bei einer Motette – *Sans cuer / Amis, dolans / Dame, par vous* –, doch kam dies nur selten vor. Sogar in vierstimmigen Werken gab es gewöhnlich nur eine Singstimme. Allerdings ließ Machaut in einem berühmten Stück die beiden Oberstimmen im Motettenstil verschiedene

Texte singen – *Quant Theseus / Ne quier veoir*. Das mag vielleicht darauf zurückzuführen sein, daß er den ersten Text von einem Freund geschickt bekommen hatte, dem er seine Reverenz erweisen wollte, indem er einen zweiten Text mit gleichem Refrain und Metrum schrieb. Er schrieb auch eine beachtliche vierstimmige Komposition, überließ aber in aller Bescheidenheit seinem Freund das Verdienst, den ursprünglichen Text verfaßt zu haben.

Es ist schwierig, den Eindruck dieser Werke aus dem Notenbild zu vermitteln. Sie sind, wenn man sie mit den farbigen, brillanten Klangfresken der Motetten vergleicht, die durch ihre Virtuosität glänzen, wohl persönlicher, was aber weitgehend auf die Singstimme und nicht auf inhaltliche Elemente zurückzuführen ist. Tatsächlich klingen die langen Vokalisen, die Synkopierungen, die abgehackten Rhythmen und unvermittelten Akzente auf langen Noten für das moderne Ohr recht seltsam, obgleich der Phantasiereichtum und die Ausdrucksfülle der Melodik unzweifelhaft ihren Zauber ausüben. Das Tonartensystem ist weder das unsere noch das des kirchlichen Gesanges. Trotz tonartfremder Tonerniedrigungen und -erhöhungen bleibt immerhin der gewohnte Eindruck von Dur oder Moll – mit Transpositionen in benachbarte Tonarten – bestehen. Das Virelai steht unserer Welt um vieles näher – ganz einfach deshalb, weil es gewöhnlich nur eine oder zwei Noten auf jede Silbe singen läßt und die melodische Schönheit nicht der rhythmischen Abwechslung zum Opfer bringt. Die polyphonen Stücke haben einfache Tenorstimmen, die wir mit der Viole eines Spielmanns in Verbindung bringen können – und vielleicht auch mit den improvisierten Begleitungen zu Gesängen des 13. Jahrhunderts.

Gleich Vitry war Machaut an königlich-üppiges Wohlleben und aufwendigen Prunk gewöhnt, und als Günstling von Königen und Fürsten wie Johann von Luxemburg, Johann von Berry, Karl von Navarra und Karl v. von Frankreich schreckte er nicht davor zurück, seine Modelle der Haupttypen der Lyrik und Musik in einem allegorischen Liebesgedicht unter dem Titel *Le Remède de Fortune* zu veröffentlichen. Es enthielt Beispiele der Ballade, des Rondeau, Virelai, Lai und der ›complainte‹ (*Tels rit au main*) und der ›chanson royale‹. Später, im *Voir Dit* (der wahren Geschichte von Machauts Liebe zu einem jungen Mädchen namens Péronne), in Versen, Briefen und Musik, beschränkte er sich auf Balladen und Rondeaux. Trotz einer weniger lehrhaften Zielsetzung ist er hier aufschlußreicher. Er berichtet uns, daß die Ballade *Plourés, dames* nicht schwer, daß er damit sehr zufrieden und daß *Nes qu'on pourroit* in deutschem Stil gehalten, langsam im Tempo und sehr geeignet sei für den Vortrag auf der Orgel, auf Dudelsäcken oder anderen Instrumenten. Im Gegensatz zu unserem ersten Eindruck ist er der Auffassung, daß Musik persönlich empfunden sein müsse und versichert, daß alle seine Musik tief erfühlt sei. An anderer Stelle bestätigt er den Verdacht, daß nicht nur der Text eines Liedes lange vor der Musik geschrieben wurde, sondern daß auch Tenor und Contratenor lange nach der ursprünglichen Singstimme entstanden seien.

In der zweiten Jahrhunderthälfte ist auf dem Gebiet der mehrstimmigen Liedkomposition kein großer Name zu nennen, der demjenigen Machauts ebenbürtig wäre, doch haben zahlreiche weniger fruchtbare Komponisten Balladen geschrieben, die häufig ungeahnte Höhen rhythmischer Kompliziertheit erreichten. Die Rondeaux waren vielfach isorhythmisch, das heißt, daß die zweite Hälfte des Stückes rhythmisch eine genaue Wiederholung der ersten war. Die Virelais hielten sich im allgemeinen an ein einfacheres Schema und gaben in Vogelrufen – zum Beispiel *Or sus, vous dormés trop* –, Schlachtenlärm und Ähnlichem der Tonmalerei Ausdruck. Die Beliebtheit des mehrstimmigen Gesanges führte zu seiner Verwendung für Dedikationen, wie das bei der Motette der Fall war, und so ist es auch nicht verwunderlich, daß zuweilen lateinische anstelle französischer Texte gebräuchlich waren. F. Andrieu, vermutlich der Magister Franciscus, der Machaut in einer Ballade, die auf einem der Werke des Meisters basierte, geehrt hat, schrieb einen Klagegesang auf Machauts Tod zu einem Text von Eustache Deschamps (ca. 1345 – ca. 1406). Das zweistimmige, von instrumentalen Unterstimmen begleitete Duett macht einen schlichteren Eindruck als viele von Machauts eigenen Balladen. Die Melodie ist flüssiger, der Tenor einfach und die Akkorde zu den Worten »la mort Machaut« folgen einander in ruhiger Bewegung.

Der Kult, der mit komplizierten Synkopierungen und Notationsmethoden getrieben wurde, erreichte seinen Höhepunkt in den Werken der Hofmusiker Johanns I. von Aragon, wie Jacob de Sentluch und Rodericus. Vaillant, Solage (zum Beispiel sein *En l'amoureux vergier*) und Grimace folgten Machauts Spuren auf direkterem Wege, während Suzay, Galiot, Guido und Cuvelier in die gleiche Kategorie fallen wie Sentluch. Jacob de Sentluch – oder Jacomi, wie er am Hofe von Barcelona hieß, oder auch Jacob de Senleches, wie er in der wichtigsten Handschrift seines Musikschaffens genannt wird – hat nur sechs Kompositionen hinterlassen, die jedoch alle sehr schön und in musikalischer Hinsicht äußerst verschiedenartig und abwechslungsreich sind. Das dreistimmige Virelai *En ce gracieux tamps joli* ist ein Frühlingslied mit abwechselnden Kuckucksrufen in den beiden Oberstimmen. Die harmonische Textur ist klar, aber der Cantus ist voller Synkopierungen. In diesem Stück halten sie sich jedoch unter ausreichender Kontrolle und verhelfen der fallenden melodischen Linie zu wirksamem Ausdruck. Die Ballade *En attendant esperance* ist ein wahres Meisterstück; denn die zahlreichen Synkopierungen und variierten Rhythmen gipfeln in einer ausladenden Gesangslinie von leidenschaftlicher Intensität, die durch die gänzlich anderen Rhythmen der tieferen Instrumentalstimmen noch verstärkt wird.

Über das Leben des Jean Galiot, der in der zweiten Hälfte des 14. Jahrhunderts wirkte, ist nichts bekannt. Sein Stil ist demjenigen des Matheus de Sancto Johanne nahe verwandt, obgleich er nur drei Kompositionen, zwei Balladen und ein isorhythmisches Rondeau, hinterlassen hat. Es muß festgehalten werden, daß er sich allzusehr auf Synkopierungen und Gegenrhythmen versteift, um dabei noch Musik hervorbringen zu können, die sowohl ergreifen als auch technisch gewandt wirken könnte. Guido, ein weiterer Komponist aus der französischen Schule des späten 14. Jahrhunderts, erörtert seine musikalischen Methoden in den Texten seiner drei Gesänge. In *Dieux gart*, einem an Synkopierungen überreichen dreistimmigen Rondeau, sagt er: »Gott erhalt' den Mann, der das singen kann.« Die Synkopierung erzielt zumindest längere melodische Phrasen, und es kommt hinzu, daß dieses Stück mit einer lebhaften Melodie ausgestattet ist, die in sehr fröhlicher Weise dahinhüpft. Die weniger synkopierte Ballade *Or voit tout en aventure* hat die gleiche ansprechende Melodie.

Die Komponisten von Cypern nahmen sich für ihre Texte häufig Machaut zum Vorbild, doch erinnert ihre Musik stark an den am Hofe von Barcelona gepflegten Stil. Baude Cordier, der von sich selbst versichert, er sei von Reims bis Rom berühmt gewesen, ist ein interessanter Komponist, der nicht nur im kompliziertesten Stil der späten ›Ars nova‹ zu schreiben verstand, sondern auch unzweifelhaft den Weg zu einem neuen, einfachen Rondeau-Stil bahnen half, der die Ballade aus dem Repertoire der Dufay-Periode gänzlich verdrängte. Cordier ist – wie auch Cesaris – ein Melodiker erster Ordnung, wie wir aus einfach begleiteten Rondeaux nach Art von *Je suy celuy* oder *Tant ay de plaisir* ersehen können, oder auch aus dem besonders reifen *Belle, bonne, sage*, das als Neujahrsangebinde für die Geliebte des Dichters so zart und innig wirkt. Diese Melodik ist es, die das rhythmisch komplizierte Rondeau *Amans, amés* und das für das späte 14. Jahrhundert typische ›Gloria‹ aus den Kompositionen der Zeit hervorragen läßt. Obgleich aber späte ›Ars-nova‹-Werke bei oberflächlicher Betrachtung überspitzt und übertrieben schwierig erscheinen, beweist doch die Aufführung, daß sie außerordentlich schön und tief bewegend sein können.

Da schon primitive Völker sich des Kanons in recht entwikkelten Formen bedienen, überrascht es nicht, daß er auch in der späten mittelalterlichen Musik verwendet wurde. Im Frankreich des 14. Jahrhunderts nahm er die Form der ›chace‹ an. Es war dies ein Unisono-Kanon für drei Stimmen mit an das realistische Virelai erinnernden Texten. Nur vier vollständige Werke sind erhalten, doch sind diese bemerkenswert reif – besonders eines, das eine Jagd bis in Einzelheiten wie das Bellen der Hunde und die Tötung der Jagdbeute schildert – *Se je chant main que ne suel.* Guillaume de Machaut hat die Technik der Chace in einer Ballade und in zwei ›lais‹ angewandt, deren Texte allerdings wie üblich der höfischen Liebe galten. Einige wenige Handschriften schreiben vor, daß die einzige ausgeschriebene Stimme in Form einer Chace auszuführen ist. Es wäre ja auch Verschwendung des kostbaren Pergaments gewesen, mehr als die eine Stimme auszuschreiben.

Das Lai in seiner lyrischen Form wurde schon lange vor dem 14. Jahrhundert gepflegt, und es ist anzunehmen, daß man es früher fallengelassen hätte, wenn nicht im *Roman de Fauvel* vier schöne Stücke dieses Typs enthalten gewesen wären. Diese Kompositionen mögen neu oder alt gewesen sein: vermutlich haben sie Machauts eigene Sammlung von neunzehn Lais bestimmend inspiriert. Sie machen einen überlangen Eindruck auf den heutigen Leser oder Zuhörer, da sie aus nicht weniger als vierundzwanzig Textstrophen bestehen und die Musik nur für eine Singstimme ohne Begleitung geschrieben ist. Immerhin ist die Musik modernen Ohren zugänglicher als jene der Balladen, denn sie ist in erster Linie melodisch, wobei sich der Rhythmus eng an den Text anlehnt. Die übermäßige Länge dieser Stücke bedeutet für die Ausführung, daß viel Abwechslung vonnöten ist, die Machaut dadurch zu erreichen versucht, daß er die Stimme abwechselnd in verschiedenen Oktaven singen läßt. Tatsächlich moduliert er von einer Tonart in die andere, wie wir es nennen würden, und das scheint eine Neuerung gewesen zu sein. Sogar der Takt konnte verändert werden, und in der Dichtung war jeder erdenkliche Zeilentyp innerhalb einer und derselben Stanze möglich, wobei allerdings kurze Zeilen bevorzugt waren.

Die liturgische Musik

Während die meisten großen Komponisten der Klassik auch Messen geschrieben haben, entstanden im Mittelalter mehrstimmige Vertonungen der bekannten Meßtexte ›Kyrie‹, ›Gloria‹, ›Credo‹, ›Sanctus‹ und ›Agnus Dei‹ erst im 14. Jahrhundert. Machaut selbst hat eine vollständige Messe geschrieben, doch muß sie später entstanden sein als die in der *Tournai-Handschrift* erhaltene Messe. Diese scheint ein zusammengestelltes Werk zu sein – wie auch die Messen von Toulouse und Barcelona. Machauts Werk hingegen kommt die Ehre zu, als vollkommene Einheit anerkannt zu werden, obwohl man sich eingesteht, daß dies nicht überall durch die musikalischen Mittel erreicht wurde. Es ist möglich, daß Machaut die *Tournai-Messe* kannte; denn es ist nicht nur sein Gloria und sein Credo den entsprechenden Teilen der *Tournai-Messe* sehr ähnlich, sondern es bilden auch in beiden Werken Kyrie, Sanctus und Agnus Dei eine Einheit, und beide Werke schließen mit einem ›Ite missa est‹. Die Satzweise der Messe von Tournai ist von geradliniger Einfachheit und muß im 14. Jahrhundert für die Komponisten von Messen richtungweisend gewesen sein. Machauts weitaus komplizierteres Werk hingegen bedient sich des gesamten Zubehörs der isorhythmischen Motette und anderer rhythmischer Feinheiten. Ein ›Ite missa est‹ erscheint auch in der Messe von Toulouse, doch wurde dieser Meßteil bald nicht mehr polyphon vertont. Das Vorhandensein eines weltlichen Textes in einer Stimme des ›Ite‹ der *Tournai-Messe* ist ein klarer Beweis dafür, daß die Kritik von Papst Johannes XXII. gerechtfertigt war und solche Texte tatsächlich in der Kirche gesungen wurden. In den frühen Messesätzen herrscht ein Conductus-Stil ›Note-gegen-Note‹ vor, doch bald gewann ein einfacher dreistimmiger Liedstil die Oberhand. Zweizeitige Rhythmen und einfache Begleitstimmen halfen zweifellos, den Text in der Ausführung verständlich zu machen. Vollständige Messen waren im 14. Jahrhundert Ausnahmen. Die Regel waren einzelne Sätze oder gelegentlich Satzpaare wie Gloria und Credo oder Sanctus und Agnus. Das Kyrie wurde nur selten komponiert. Wie auf dem weltlichen Gebiet begegnen wir in der zweiten Jahrhunderthälfte einer wechselvollen Reihe von Komponisten mit jeweils kleiner Werkzahl, die meist mit dem päpstlichen Hof in Avignon verbunden waren. Zu ihnen gehören Depansis, Chipre, Orles, Sert, Loys, Perrinet, Suzay, Tailhandier und – um 1400 – Tapissier, Cordier, Bosquet, Gilet Velut und Cameraco.

Velut, ein französischer Komponist, der in den Anfangsjahren des 15. Jahrhunderts wirkte, hat Beispiele der meisten zu jener Zeit gepflegten Kompositionsformen hinterlassen. Seine drei Balladen sind rhythmisch kompliziert, jedoch sehr ansprechend. *Jusqu'au jour d'uy* enthält die verschiedenartigsten Gegenrhythmen und Synkopierungen, aber auch einige sehr gefällige Folgen im $\frac{3}{4}$-Takt im Gegensatz zum damals vorherrschenden geraden Takt. Das Rondeau *Je voel servir* ist moderner und erinnert an den einfacheren Stil etwa von Cordier. Ein Gloria und Credo hält sich an den Stil von Cordier und Tapissier, während zwei Motetten jeweils den konservativen und den moderneren Zeitstil repräsentieren. Das nicht-isorhythmische *Summe summy / Summa summy* im Dreiertakt hat eine Einleitung mit Echo-Imitation wie *O felix templum jubila* von Ciconia und ist nicht weniger wirksam als dieses Stück. Die neuerdings gemachte Entdeckung, daß Velut im Jahre 1411 nach Cypern kam, dürfte für die richtige Einschätzung der Bedeutung des musikalischen Repertoires des damaligen Cypern von entscheidender Wichtigkeit sein.

Kurz vor dem Entstehen der Frühwerke von Dufay trat ein

Stilwandel ein, obgleich Guillaume Legrand es war, der das Wechselschema ›Solisten-Duett / dreistimmiger Chor‹ in seinem harmonisch konzipierten Gloria und Credo eingeführt hat. Wie Bosquet und Cameraco wurde auch er unmittelbar nach Beendigung des Schismas Mitglied des Päpstlichen Chores. Die Tendenz, jeweils eine Note auf eine Silbe zu schreiben, ist bei den Komponisten jener Generation ganz klar zu erkennen. Sie rührt von dem ständigen Bestreben her, den liturgischen Texten zu deutlicher Aussprache zu verhelfen. Von sogar noch geradlinigerer Einfachheit als die Schreibweise der Messen ist diejenige der mehrstimmigen Hymnen, die erstmalig im *Apt-Codex* in Erscheinung tritt. Während es später der Brauch war, die Choralmelodie in der Oberstimme zu paraphrasieren, beschränken sich diese Werke so gut wie ausschließlich darauf, den gregorianischen Choral in mensurierten Werten zu bringen und von einfachen Tenor- und Contratenorstimmen begleiten zu lassen.

Der ›Hoquetus‹ *David* von Machaut ist ein vereinzelt dastehendes Beispiel für eine um 1300 bereits aus der Mode gekommene Form. Man kann nur vermuten, daß das Stück zu einem besonderen Anlaß geschrieben wurde. Auf jeden Fall ist es eine ganz meisterhafte Komposition. Ob es für eine Aufführung in der Kirche gedacht war, steht nicht fest. Sicher ist, daß es auf dem Choral *David* aus dem *Alleluja Nativitas* basierte. Man hat die durchaus nicht unsinnige Vermutung ausgesprochen, daß es als glanzvoller Abschluß zu Pérotins dreistimmigem ›Organum‹ *Alleluja Nativitas* geschrieben wurde. Hieraus wäre – trotz fehlendem Text – auf eine Aufführung durch Sänger zu schließen, doch ist es üblich, das Stück nur von Bläsern ausführen zu lassen.

Die musikalische Praxis

Die Wiedergabe spätmittelalterlicher Musik ist heute eine Art Buch mit sieben Siegeln, da sie in zeitgenössischen Quellen so gut wie nie in Einzelheiten erwähnt wird. In den Handschriften sind keine Angaben darüber enthalten, welche Instrumente oder gar welche Singstimmen anzuwenden sind. Die große Mannigfaltigkeit der damals benutzten Instrumente legt sogar die Vermutung nahe, daß sie mehr oder minder *nach Belieben* austauschbar waren. Wir müssen uns also aus den Musikergruppen ein Urteil bilden, die so häufig in Handschriften, auf Plastiken, Elfenbeinschnitzereien usw. abgebildet sind. Nur die Sänger haben meist Notenblätter vor sich, und möglicherweise lernten die Instrumentalisten ihre Stimmen auswendig. Frauen scheinen als Ausführende nur eine geringe Rolle gespielt zu haben, sie sangen überhaupt nur bei weltlichen Gesängen. In der Kirchenmusik und zweifellos auch bei der Aufführung von Motetten waren die Oberstimmen Knaben anvertraut, während die Unterstimmen häufig von Instrumenten ausgeführt worden zu sein scheinen. Das Fehlen von Textworten bei den Unterstimmen zwingt uns diese Erklärung geradezu auf, obgleich es immerhin möglich wäre, daß auch die textlosen Teile der Motetten von Sängern ausgeführt wurden, die den jeweils verwendeten Choraltext eben auswendig wußten. Die Fülle der im Spätmittelalter benützten Instrumente ist etwas verwirrend. Einige von ihnen waren allgemein beliebt, andere wurden nur in sehr großen Instrumentalensembles eingesetzt. Jedenfalls konnten sich nur wenige Fürsten mehr als ein halbes Dutzend Spieler leisten oder doch an ihren Hof binden; denn die besten Künstler waren so sehr gefragt, daß sie häufig von dem Hof, zu dem sie gehörten, abwesend waren. Es war erwünscht, jeweils ein Instrument von jeder Gattung zu haben. Keinesfalls kamen größere, aus einer und derselben Instrumentenfamilie gebildete Ensembles in Frage. Einer solchen Gruppierung am nächsten kam das volkstümliche Tanztrio, bestehend aus Schalmei oder Dudelsack, Pommer (großer Oboe) und Zugtrompete. Weitere beliebte Instrumente waren die kleine Harfe mit nur wenigen Saiten, die Portativorgel und die Viole. Naturtrompeten wurden wegen ihres kriegerischen Klangs vom Adel bevorzugt, und je mehr ein Fürst sich davon leisten konnte, desto geachteter war er. In der Kunstmusik waren diese Instrumente weniger gebräuchlich, sondern – neben den bereits genannten – das Kornett, die Blockflöte, die Flöte, die Citola, die Rotta, das Psalterium, die Gitarre und besaitete Tasteninstrumente. Viele dieser Instrumente bewegten sich in der Sopranlage und müssen daher zur Stimmverdopplung benutzt worden sein. Nur die Violen waren für tiefere Stimmen ideal geeignet, obgleich auch der Pommer und die Zugtrompete sie spielen konnten. Das waren aber Ende des Jahrhunderts noch verhältnismäßig neue Instrumente.

Weltliche, an Fürstenhöfen dargebotene Stücke wurden meist nach Festmahlen gespielt oder gesungen. Die Tafeln wurden zum Tanz abgeräumt und jemand sang sodann – in vielen Fällen ohne Begleitung. Häufig mochte ein Ritter auftreten, der von einer singenden Dame mit einer Instrumentalgruppe im Gefolge begleitet wurde. Die Gabe, in Gesellschaft Verse zu dichten, wurde als vornehme Kunstfertigkeit gewertet, wenn auch die Musik dazu einem beliebten Lied aus der Zeit entstammte. Unter diesen Umständen erscheint es wahrscheinlich, daß mehrstimmige Gesänge reine Kunstmusik waren, die mit dem Tanz nichts zu tun hatte und für konzertante Darbietungen geeignet war. Die virtuose Natur vieler Gesänge des späten 14. Jahrhunderts erklärt sich aus dem Interesse der Fürsten an aufwendigen Darbietungen und ihrem Stolz, über die besten Musiker zu verfügen. Das traf zum Beispiel für die neuen besaiteten Tasteninstrumente zu, auf denen man freie ›estampies‹ sowie Arrangements weltlicher Lieder spielen konnte. Die Estampie war ein Tanzstück, das sich für den ›carole‹ benannten Volkstanz eignete und ein- oder mehrstimmig gesetzt sein konnte. Sie wurde in der Regel improvisiert, woraus sich erklärt, daß sie nur selten in Handschriften vorkommt. In der Tanzmusik wurden viele Schlaginstrumente verwendet, doch wurden sie vermutlich für die Musik im Freien mit einer einzigen Viole oder einem Dudelsack bevorzugt, nicht so sehr aber in der verfeinerten Atmosphäre fürstlicher Speisesäle mit ihren Spielmannsgalerien. Jedenfalls ist es offenkundig, daß die Musik im 14. Jahrhundert von vornehmen Gönnern auf sehr hohem Niveau gepflegt wurde und daß die Schlüsselfiguren in dieser Entwicklung Philippe de Vitry und Guillaume de Machaut waren. Ihre Zeitgenossen nannten sie ›Blüte und Juwel unter den Musikern‹ und ›irdischer Gott der Harmonie‹.

Die ›Ars nova‹ in Italien

Das plötzliche Auftauchen einer anscheinend vollentwickelten italienischen ›Ars nova‹ zugleich mit der französischen ist nicht leicht zu erklären, obwohl selbstverständlich die musikalischen Quellen keinen vollständigen Einblick in die Situation gewähren. Nur eine einzige Handschrift datiert aus der ersten Jahrhunderthälfte, und auch sie ist nur sehr kurz. Für Prozessionen geschriebene Werke, die für Darbietungen junger, an den Kathedralen tätigen Kleriker bei geistlichen Spielen an hohen kirchlichen Festtagen gedacht waren, haben mit der weltlichen Musik des Trecento nur wenig gemein und stammen aus der Zeit um 1300. Die Mehrstimmigkeit ist von einfachster Prägung, obgleich sie in ihrem ›Note-gegen-Note‹-Stil vielleicht das frühe italienische Madrigal beeinflußt hat. Jedenfalls ist nicht zu bezweifeln, daß die italienische Notation nicht später als die französische vollständig ausgebildet war, denn Marchettus von Padua hat beide ausführlich beschrieben. Es scheint zulässig anzunehmen, daß Philippe de Vitry in seiner *Ars nova* bis zu einem gewissen Grade die Rolle eines Neuerers gespielt hat, doch beschreibt Marchettus ganz offensichtlich ein bereits traditionelles italienisches Notationssystem. Er bevorzugt sogar gewisse Aspekte des französischen Systems, wie zum Beispiel die Stellung der langen Note am Anfang eines $\frac{6}{8}$-Takts. Andererseits wendeten die Italiener eine größere Vielfalt verschiedener Taktarten an als die Franzosen und wechselten den Takt häufig mehr als einmal im Verlauf eines Stückes. Ihre Notation war auch für die Wiedergabe längerer Reihen kurzer Noten im ›coloratura‹-Stil sehr geeignet – ganz im Gegensatz zu der französischen Schreibweise in ruckartigen Tanzrhythmen, die oftmals von Pausen unterbrochen oder durch Synkopierungen gestört wurden. Sie war behindert durch die Tatsache, daß es normalerweise unmöglich war, die unserem heutigen Taktstrich entsprechende Zäsur zu überbrücken. Nachträglich entsteht der Eindruck, daß die Italiener das Notationssystem des Petrus de Cruce ausgebaut haben, der die Semibrevesgruppen abgrenzte, indem er am Ende jeder Gruppe durch Punktierung Brevesgruppen bildete. Alles, was noch zu tun blieb, war eine Systematisierung des Verfahrens durch Einführung von Sechsergruppen von Semibreves für einen $\frac{6}{8}$-Takt, Neunergruppen für einen $\frac{9}{8}$- und Achtergruppen für einen $\frac{4}{4}$-Takt usw. Die Anfügung von Notenhälsen auf- oder abwärts zur Fixierung einzelner Notenwerte mag von den Franzosen entlehnt gewesen sein, wodurch sich der Einfluß der französischen ›Ars nova‹ zwar als unbestreitbar, doch nicht von fundamentaler Bedeutung erweist.

Madrigal und Caccia

Diese beiden Kompositionsgattungen standen im frühesten Trecento vor allen anderen in Blüte. Von der ›caccia‹ herrscht die Auffassung, sie sei aus der Form des Madrigals hervorgegangen. Zwischen dem Madrigal des 14. und dem des 16. Jahrhunderts besteht praktisch kein Zusammenhang. Die frühere Form ist gewöhnlich für zwei Stimmen geschrieben und weist eine verhältnismäßig festgelegte dichterische Struktur auf – zum Beispiel *Fenice fu* von Jacopo da Bologna. Sie besteht in einer Anzahl kurzer Stanzen – normalerweise zwei- oder dreizeiliger Strophen –, auf die eine abschließende Zeile oder auch zwei Zeilen folgen, die als ›ritornello‹ bekannt sind. Das Ritornell ist meist von dem übrigen Stück durch einen Doppelstrich oder auch häufig durch einen Taktwechsel klar abgesetzt. Im Schaffen eines Komponisten wie Giovanni da Cascia (vergleiche *Nascoso el viso* und *Nel mezo a sei paon*) hat jede Zeile am Anfang und am Ende eine kolorierte Passage, so daß eine dreizeilige Stanze recht lang ausfallen mag. Aus diesem Grunde ist es üblich, auf jede Strophe die gleiche Musik zu singen. Landini allerdings setzt die vokalisierten Koloraturpassagen in seinen dreistimmigen Madrigalen nur an den Anfang und an das Ende jeder Stanze und erzielt dadurch ein durchkomponiertes Stück mit jeweils neuer Musik für jede Stanze. Dreistimmige Madrigale sind allerdings einigermaßen selten; die zweistimmige Form mit Textworten in beiden Stimmen (nach Art des Conductus) bildet die Regel. Daraus ergibt sich, daß zwar Einzelstimmen aus Madrigalen manchmal getrennt aufgeführt wurden, die so entstandenen Stücke jedoch für unvollständig galten, wenn nicht wenigstens zwei klar unterscheidbare Teile vorhanden waren. Jacopo da Bologna hat tatsächlich eine zweiteilige und eine dreiteilige Version desselben Textes hinterlassen – *Uselletto selvaggio* –, der einen der zahlreichen Angriffe auf dilettierende Komponisten und Musiktheoretiker enthält, denen man sowohl in der französischen wie in der italienischen ›Ars nova‹-Musik begegnet. Er sagt darin, die Welt sei voll von kleinformatigen Meisterlein, die ein paar Madrigale oder Motetten schreiben und sich damit bereits für Philippe de Vitry oder Marchettus von Padua halten. Das erste Stück ist ein typisches zweistimmiges Madrigal, beim zweiten sind die beiden Oberstimmen kanonisch geführt, wobei die Unterstimme selbständig begleitet. Das trifft zumindest bis kurz vor dem Ritornell zu, wo dann die beiden Oberstimmen voneinander unabhängig werden. Dieses Stück bezeichnet man gewöhnlich als ›kanonisches Madrigal‹, es ist aber eigentlich eine Caccia. Von Jacopos neunundzwanzig Madrigalen sind einige zweistimmige wie *Quando veggio* etwas wenig ausgereift, aber die besten darunter wie *Non al suo amante* und *Fenice fu* sind wirkungsvoller als irgend etwas aus dem Schaffen von Giovanni oder Piero. Er zeigt viel Sicherheit in der Wahl und Behandlung seiner Melodien, die nicht in kurze Grüppchen konventioneller Motive auseinanderfallen, sondern in beinah modern zu nennendem einheitlichen Bogen fortlaufen. Dreistimmige Stücke im Caccia-Stil sind erfolgreich, wie etwa *Sotto l'imperio*, doch trifft das für die anderen drei dreistimmigen Werke, die dissonanzenreicher sind, nicht immer zu. Die Motette *Lux purpurata / Diligite justitiam* bleibt auf halbem Wege zwischen einem ausgearbeiteten Madrigal und einer dreistimmigen französischen Motette stehen. Sie ist nicht isorhythmisch und entlehnt ihren in langsamer Bewegung gehaltenen Tenor nicht irgendeiner Choralmelodie; sie hat vielmehr rasche Oberstimmen, individuelle Texte und einen einfachen, aber wirkungsvollen Hoquetus am Schluß.

Die Caccia – zum Beispiel Gherardellos *Tosto che l'alba* – ist wie die französische ›chace‹ durchgehend kanonisch, unterscheidet sich jedoch von der französischen Form dadurch, daß nur die beiden Oberstimmen und nicht alle drei Stimmen kanonisch geführt werden. Ihre Texte sind auch den französischen ähnlich und schildern allerlei aufregende Szenen in völlig realistischer Form – so etwa Jagdszenen, Feuersbrünste, Schlachten, ja sogar den Krebsfang. Kürzere Verszeilen wechseln oft mit längeren ab, und alle vorkommenden Geräusche werden nachgeahmt – so das Bellen der Hunde bei der Jagd, Glockenläuten, Hornsignale, das Geschrei bei einem Feuer und Trompetenfanfaren in der Schlacht. Die meisten Komponisten haben nur je eine Caccia geschrieben. Nur Piero macht mit fünf kanonischen Werken von neun erhaltenen Kompositionen eine Ausnahme. Niccolò da Perugia schrieb drei.

Die Caccia hat immerhin manches mit dem Madrigal gemeinsam: sie behält zum Beispiel die Koloraturpassagen und das Ritornell bei und der Kanon ist nicht immer konsequent durchgeführt. Wenn dies der Fall ist, gibt es beim Ritornell einen neuen Anfang. Das Ritornell nämlich kann, wie beim Madrigal, in einer anderen Taktart gehalten sein. Die Versform ist – im Gegensatz zur Strenge des Madrigals, das sich an seine dreizeiligen Stanzen und elfsilbigen Zeilen hält – meist frei. Die Musik weist allerdings für gewöhnlich die gleiche Breite auf, obgleich die schildernden Partien häufig kurze, scharfe Ausrufe und Fanfarenimitationen einführen. Für den Madrigalstil ist es typisch, daß beinahe staccato auszuführende Partien mit je einer Silbe auf eine Note in lebhaftem Kontrast zu Koloraturen gestellt werden und daß – anders als in der französischen ›Ars nova‹-Musik – in Abschnitten mit im wesentlichen zweizeitigem Rhythmus häufig Triolen vorkommen.

Das plötzliche Auftauchen einer vollentwickelten Tradition in der Madrigalkomposition mag mit Recht mit gewissen Höfen und Fürsten Norditaliens in Zusammenhang gebracht werden, und Padua, die Heimatstadt des Marchettus, war auf dem Gebiet der Musik während des ganzen 14. Jahrhunderts von Bedeutung. Im Jahre 1328 ging die Stadt in den Besitz der Scaliger von Verona über und bald darauf (1332) schrieb Antonio da Tempo eine seiner drei wichtigen Abhandlungen über die lyrische Dichtung seiner Zeit und widmete diese Arbeit Alberto della Scala. Dieser Alberto, ein großer Förderer der Künste, und sein Bruder Mastino II. herrschten von 1328 bis 1337 über die beiden Städte. Man hat die Vermutung geäußert, daß die älteste Handschrift aus dem Trecento Musikwerke enthalte, die während jener Zeit in Padua aufgeführt wurden, und gewisse Hinweise bestätigen diese Annahme. So werden die ›iguane‹ – Nymphen, die auf den Hügeln um Padua wohnten – des öfteren in den Texten erwähnt. Alle Stücke sind in der Handschrift ohne Namen aufgeführt; aber einige von den späteren werden andernorts Giovanni da Cascia und Piero zugeschrieben. Zweifellos begannen diese Komponisten ihre Laufbahn in Padua und siedelten von dort nach Verona über; denn die meisten ihrer Kompositionen datieren – wie diejenigen von Jacopo da Bologna – aus den vierziger Jahren des 14. Jahrhunderts. Wir wissen, daß alle drei am Hofe Mastinos II. miteinander wetteiferten, und tatsächlich beweist die Verwendung gleicher oder ähnlicher Texte diese Art ihres Wirkens. Wie an den französischen Höfen war auch hier die Liebe häufig der Inhalt der Kompositionen, und eine Gruppe von Madrigalen, die diese Komponisten vertont haben, befaßt sich mit einer Dame namens Anna, die in einem lieblichen Garten nahe einem Flusse lebt, wo ein Baum mit dem Namen ›perlaro‹ steht.

Giovanni da Cascia, der auch unter dem Namen Johannes de Florentia bekannt ist, hat uns sechzehn Madrigale, durchweg zweistimmige Stücke, und drei Caccie hinterlassen. Die Madrigale sind Musterbeispiele klarer Harmonik und flüssiger Melodik. In ihnen ist nichts von der ruckartigen Holprigkeit, auf die man zum Beispiel in den Balladen von Machaut stößt. In *Appress' un fiume* zum Beispiel trägt die Oberstimme, die reicher ausgeführt ist als die untere, lyrische Koloraturen von großem Zauber über dem stützenden Tenor, der in einfachen Oktaven, Quinten und Einklängen zur Oberstimme geführt ist. Diese langen Gesangslinien leben gleichsam von den abwechslungsreichen Rhythmen, denen sie folgen – zuerst langsamere Noten, dann Sechzehntel, dann Sechzehnteltriolen, während der Text häufig in deutlich kontrastierenden Achtel-Staccati ausgedrückt wird. In den dreistimmigen Caccie sind zwischen den Stimmen in größerem Umfang Pausen eingelegt, häufig um des Kontrastes willen oder, wenn sie in rascher Folge zwischen den Stimmen wechseln, mit dem Ziel, ein Gefühl der Aufregung zu erzeugen, wie zum Beispiel in *Con brachi assai.*

Jacopo arbeitete auch für die Visconti in Mailand; denn vier seiner Werke sind Luchino Visconti gewidmet. Eines ist 1346 datiert, und es ist wahrscheinlich, daß er ungefähr um dieses Jahr in die Dienste dieses Fürsten getreten ist. Luchino starb allerdings schon 1349. Mastino und Alberto starben 1351 – beziehungsweise 1352, und es hat den Anschein, daß jene erste Komponistengeneration mit ihnen ausgestorben sei.

Damit wechselt der Schauplatz in der zweiten Jahrhunderthälfte nach Florenz, und das Interesse konzentriert sich auf das Schaffen von Francesco Landini (gestorben 1397) – teils wegen seiner klar überschaubaren Lebensgeschichte, teils wegen seiner einhundertvierundfünfzig erhaltenen Werke, die alle veröffentlicht wurden. Die anderen Komponisten, die kaum nach 1400 gelebt haben können, sind Schattenfiguren, weil man nur wenig über sie weiß und ihre beträchtliche Werkernte erst kürzlich veröffentlicht wurde. Zu ihnen gehören Bartolino da Padua (ein Benediktinermönch), Lorenzo Masini, Gherardello da Firenze, der Abt Vincenzo da Rimini, Donato da Cascia (auch ein Benediktiner) und Niccolò da Perugia. Niccolò mit seinen einundzwanzig Balladen unter insgesamt einundvierzig Kompositionen scheint einige Zeit in Florenz zugebracht zu haben – vielleicht von 1360 bis 1365 –, da einige seiner Stücke auf Texte von Franco Sacchetti geschrieben sind. Er hat aber auch ein Stück zu Ehren der Mailänder Visconti komponiert. Die häufig eingängige Art seiner Werke macht diese auch für Zuhörer von heute besonders reizvoll. So zum Beispiel bei einem amüsanten Dialog *Donna, posso io sperare*, wo die Oberstimme der Freier und die Unterstimme die unbeugsame Dame ist. Hier singt auch oft nur eine Stimme allein. *Ciascun faccia per se* ist ebenfalls kurz, erinnert aber mehr an den durchgehenden Madrigalstil.

Landini war trotz seiner Blindheit ein Meister auf zahlreichen Instrumenten und scheint die sieben freien Künste, Philosophie und Astrologie studiert zu haben. Er schrieb nur zwölf Madrigale, von denen die zweistimmigen offensichtlich die frühesten sind; denn sie lehnen sich an das Muster der früheren Generation an, bei der Francesco wohl studiert hatte. Die drei dreistimmigen Madrigale sind durchweg reife Werke und Einzelstudien in besonderen Techniken – insbesondere im dreistimmigen Kanon, der Simultankombination verschiedener Texte im Motettenstil und in der Isorhythmik. Die eine Caccia *Così pensoso* handelt vom Fischen und bewegt sich wie viele andere Werke dieser Gattung bis zum Ritornell im $\frac{6}{8}$-Takt. Nach all der quirlenden, flirrenden Aufregung, die durch die Triolen dieses ›französischen‹ Rhythmus heraufbeschworen wurde, schreitet das Ritornell in zweizeitigen Rhythmen fort und ergeht sich in ruhigen Gedanken über eine Gruppe Liebender und ihren Willkommmensgruß für den Komponisten.

Obgleich das Madrigal in der ersten Hälfte des Jahrhunderts so beliebt gewesen war, stand es später nicht mehr so hoch in Gunst. Im weiteren Verlauf des Jahrhunderts wurde der Einfluß der französischen Musik immer stärker und Florenz war ohne Zweifel ein Zentrum dieses Einflusses. Eine kürzlich veröffentlichte Abhandlung, die in italienischer Sprache für ein geistliches Florentiner Mädchenpensionat geschrieben wurde, behandelt ausschließlich französische Notations- und Rhythmisierungs-Methoden, und die darin zitierten Werke sind französischen Ursprungs. Der Chantilly-Codex mit einem Repertoire französischer Musik ist in Italien – und wahrscheinlich sogar in Florenz – geschrieben, da eine um die Mitte des 15. Jahrhunderts datierte Eintragung auf der Titelseite auf einen italienischen Besitzer hinweist, der den Namen einer berühmten Florentiner Familie trug. Überdies wurden manche Stücke offensichtlich direkt aus dem Manuskript in eine der bedeutendsten Handschriftensammlungen des Florentiner Trecento übertragen. Manche Komponisten des damaligen Florenz – wie Gherardello und Donato – scheinen auch weiterhin Madrigale geschrieben zu haben, doch ist es möglich, daß diese Stücke aus den zehn oder zwanzig Jahren nach 1350 stammen. Gherardello jedenfalls starb um 1364, und sein Tod wurde von Franco Sacchetti und Simone Peruzzi beklagt. Gherardello war der Verfasser bedeutender Dichtungen, die von Komponisten des Trecento in Musik gesetzt wurden. Es gibt tatsächlich viele derartige Fälle, in denen Musiker ihre Texte nicht selber schrieben, wenn auch Namen wie Petrarca und Boccaccio in der italienischen Musik jener Zeit nur selten auftauchen. Es gibt Madrigale von Boccaccio, die von Lorenzo und Niccolò vertont wurden, und solche von Petrarca, die Jacopo (*Non al suo amante*), Niccolò und Bartolino in Musik setzten; aber Sacchettis Dichtungen bilden die Grundlage von mindestens zwölf bekannten Kompositionen. Lorenzo muß zusammen mit Gherardello und Donato genannt werden, da er unter etwa siebzehn Stücken zehn Madrigale hinterlassen hat. Bartolino da Padua schrieb ebenfalls zehn

Madrigale; aber Dreiviertel seines Schaffens besteht aus Balladen, und anscheinend war er sogar noch nach 1400 tätig. Während er ein etwas jüngerer Zeitgenosse Landinis war, könnte Niccolò da Perugia ein etwas älterer gewesen sein, da sich unter einundvierzig seiner Kompositionen sechzehn zweistimmige Madrigale und vier Caccie finden. Die Stellung von Johannes Ciconia (etwa 1335–1411) ist erst vor kurzem geklärt worden. Nachdem er schon seit langem als Komponist von Motetten bekannt war, die aus der Zeit um 1400 stammen und Angehörigen des Adels von Padua gewidmet waren, weiß man nunmehr von ihm, daß er bereits viel früher, nämlich zwischen 1358 und 1367, eine Italienreise unternommen und in Lüttich gewirkt hat. Seine Madrigale müssen um 1360 geschrieben worden sein, ebenso seine Kompositionen auf ›caccia‹-artige Texte. Er ist einer der ersten Nordländer, die nach Italien gereist sind, was nach der Rückkehr des Päpstlichen Chores von Avignon nach Rom zur Regel wurde. Bei Ciconia hingegen muß ein früher Erfolg in Lucca dann gegen Ende des Jahrhunderts enge Beziehungen zur Familie der Carrara von Padua, wo er Kanoniker war, und Aufträge aus Venedig (das 1406 Padua eroberte) zur Folge gehabt haben. Seine uns erhaltenen Madrigale umfassen drei zweistimmige Werke und ein dreistimmiges Stück, das dem Gebieter von Lucca gewidmet ist (*Una panthera in Marte*). Der Gebrauch der Imitationstechnik ist auffallend, und Ciconia war in der Entwicklung dieses Verfahrens, das für die Musik der Renaissance größte Bedeutung erlangen sollte, führend. Zwei dieser Werke weisen häufige Veränderungen in der Taktbezeichnung auf – ein Anzeichen für ein frühes Entstehungsdatum, doch ist der Stil nicht durchweg italienisch.

Einige seiner Madrigale und Balladen sind allerdings von Werken italienischer Komponisten nur schwer zu unterscheiden. So zum Beispiel hat das zweistimmige Madrigal *Cacciando un giorno* mit einem Caccia-Text eine lange textlose Einleitung, für sich stehende Viertelnoten für den Text, Imitationen und Wiederholungen kurzer Melodiepartikel. Es ist ein klares, geradliniges Werk, auch für das moderne Ohr gefällig zu hören, wie auch die zu Herzen gehende Ballade *Merce, merce, o morte*, die zwar anonym, aber anderen Werken Ciconias sehr ähnlich und jedenfalls ein kleines Meisterwerk ist. Obgleich Ciconia mehrere sehr schöne isorhythmische Motetten geschrieben hat, sind doch die neuen, nicht isorhythmischen, wie zum Beispiel das brillante *O felix templum jubila*, das voller neuer Züge ist, die interessantesten. Hier gibt ein trompetenartiger Tenor einer in Imitationstechnik gehaltenen Einleitung das Gerüst, wobei die Imitation so angeordnet ist, daß die zweite Stimme erst einfällt, sobald die erste geendet hat. Das Ergebnis ist eine reizvolle Echowirkung. Diese Technik ist im ›Amen‹ besonders ausgeprägt, wo über Fanfaren im Tenor kurze Phrasen in triumphierenden Echo-Wiederholungen durch alle Oberstimmen bis zur Schlußkadenz geführt werden.

Paolo da Firenze – auch ›Tenorista‹ genannt – hat bei einem Gesamtwerk von etwa dreiunddreißig Stücken elf Madrigale geschrieben. Sie sind wahrscheinlich früher als seine Balladen entstanden, die voll komplizierter Rhythmen sind, was auf französische Einflüsse aus dem frühen 15. Jahrhundert schließen läßt. Die Tatsache, daß er Abt von Pozzoveri bei Lucca war, erklärt die Aufnahme einer seiner Kompositionen in den Lucca-Codex, doch scheint er auch zum Gefolge des Kardinals Angelo Acciaiuoli gehört zu haben, mit dem er herumgereist sein muß.

Die Ballata

Nach Paolo kam man vom Madrigal gänzlich ab, und man kann wohl das gleiche von der Caccia sagen, obwohl Zacharias ein Stück mit selbständigem Text im Tenor geschrieben hat, in dem er das turbulente Treiben auf einem Marktplatz schildert. In textlicher Hinsicht wurde der Caccia-Typ auch während des ganzen 15. Jahrhunderts beibehalten, doch von der Kanontechnik getrennt. In dieser Form erinnert er an die Programm-›chansons‹ von Clément Janequin im 16. Jahrhundert. Die

›ballata‹ war eine kleinere Form als das Madrigal oder die Caccia, konnte aber immerhin beträchtliche Länge erreichen und war meist dreistimmig. Ihre Anfänge reichen ins 13. Jahrhundert zurück; obwohl sie zwar von den Komponisten des Trecento niemals ganz vernachlässigt wurde, erlangte sie erst in der zweiten Hälfte des 14. Jahrhunderts auffallende Beliebtheit – dann allerdings in solchem Ausmaß, daß sie bald zur einzigen italienischen Form weltlicher Musik wurde. Anders als das im wesentlichen mehrstimmig gehaltene Madrigal war die Ballade ursprünglich für eine einzige Stimme geschrieben. Die älteste, aus der ersten Jahrhunderthälfte stammende Trecento-Handschrift enthält bei einer Gesamtzahl von neunundzwanzig Kompositionen fünf Stücke dieser Art. Gherardello hat ebenfalls fünf einstimmige Balladen hinterlassen. Desgleichen Lorenzo Masini; aber das Madrigal hatte die Mehrstimmigkeit im 14. Jahrhundert zu sehr zum Allgemeingut werden lassen, als daß sich dieser Zustand hätte halten können. Ähnlich hatte ja in Frankreich das ursprünglich einstimmige Virelai zuerst eine und sodann zwei weitere Stimmen hinzubekommen. Virelai und Ballade haben viele Gemeinsamkeiten: beide beginnen und enden mit der Musik des Refrain, beide haben einen aus zwei gleichen Teilen bestehenden Mittelteil, und beide lassen auf diesen Mittelteil vor dem Refrain eine Schlußpartie folgen, die auf dem Metrum und der eigentlichen Musik des Refrains aufgebaut ist. Es ist sonderbar, daß das Virelai in Frankreich praktisch fallengelassen wurde, während die italienische Ballade solche Beliebtheit erlangen konnte. Die zweistimmigen Balladen sind häufig Madrigalen sehr ähnlich und lassen in beiden Stimmen Texte singen; aber bei der dreistimmigen Form besteht nur ein kleinerer Teil aus Werken mit Text in zwei von insgesamt drei Stimmen (wie in *Gran piant' agli occhi*) als mit Text nur in der Oberstimme wie bei der französischen Ballade und bei dem französischen Rondeau. Das ist nur eines der Anzeichen dafür, daß seit den sechziger Jahren des 14. Jahrhunderts die französische und die italienische Tradition gleich mächtig waren. Auch die Notation läßt den französischen Einfluß erkennen; denn die in der italienischen Notation zweckmäßigerweise zur Taktabgrenzung gesetzten Punkte beginnen zu verschwinden – zweifellos wegen wachsender rhythmischer Schwierigkeiten und besonders der Synkopierungen. Häufiger Wechsel der Taktangaben wird seltener, dagegen der Gebrauch verschieden farbiger und verschieden geformter Noten häufiger. Die italienischen Taktangaben verschwinden schließlich ganz zugunsten der französischen. Bevor aber die französische und die italienische Notation nicht mehr unterscheidbar werden, tritt eine Periode ein, in der sich beide Systeme etwa die Waage halten und die am besten durch die Balladen von Francesco Landini exemplifiziert werden kann.

Von seinen einhundertfünfundfünfzig Kompositionen sind einhunderteinundvierzig Balladen. Die Tatsache, daß zweiundneunzig von diesen für nur zwei Stimmen geschrieben sind, ist für die Übergangsperiode, in welcher Landini wirkte, bezeichnend; denn selbst in Italien hatten Anzahl und Beliebtheit der zweistimmigen Werke gegen Ende des Jahrhunderts abgenommen. Nicht nur die dreistimmige Schreibweise kam in Mode, sondern wo der französische Einfluß vorherrschte, wurde auch die vierstimmige Komposition gepflegt. Immerhin blieben dreistimmige Stücke die Norm, und sogar zweistimmige Kompositionen waren noch bis zum Ende des Trecento beliebt. Während die frühen zweistimmigen Madrigale als Frucht der Traditionen sowohl des ›Organum‹ als auch des ›Conductus‹ anzusehen waren, kann man in der Tat sagen, daß die späten zweistimmigen Balladen des Trecento, wie sie im Schaffen von Männern wie dem Profos von Brescia (Prepositus Brixiensis) und Petrus Rubeus vertreten sind, so wenig selbständige Mehrstimmigkeit aufweisen, daß man sie einfach als Conductus bezeichnen könnte, nicht anders als die frühen Prozessionsmusiken von Padua. Der Profos von Brescia hat vier Balladen hinterlassen, von denen zwei typisch italienische zweistimmige Form mit Text in beiden Stimmen und zwei die dreistimmige französische Form mit Text nur in der Oberstimme haben. Die italienische Neigung, die Unterstimmen zu vereinfachen, führt zu größerem Schwung im Fluß der Oberstimme, wie zum Beispiel in *I occhi d'una ancoletta*. In einem zweistimmigen Werk hingegen – wie etwa *O spirito gentil* – bewegen sich die Stimmen gleichmäßiger; aber dem Zauber wiederholter Motive innerhalb eines Dialogs – zum Beispiel bei den Worten »tu m'ay percosso« – kann man sich kaum entziehen.

Bei Landini tritt der französische Einfluß in besonders fruchtbarer Weise in Erscheinung (wie in *Amar si li alti tuo gentil costumi*). Das angeborene Nationaltalent wird nicht französisiert, doch der italienisch bleibende Stil verleibt sich, wo es wünschenswert erscheint, französische Elemente ein. So ist der $\frac{6}{8}$- und $\frac{9}{8}$-Takt bei weitem nicht so häufig, wie man erwarten möchte, der $\frac{4}{4}$-Takt dagegen besonders gebräuchlich. Die Verwendung französischer Texte und Formen ist äußerst selten: nur ein einziges Stück hat französischen Text und eines eine Form, die die balladenartige Wiederholung der ersten Hälfte des Stückes einarbeitet. Man muß allerdings zugeben, daß sich die französische Gewohnheit, die melodische Linie durch Pausen zu unterbrechen, bei Landini bemerkbar macht – ferner auch eine gewisse Einbuße an Breite. Dennoch sind seine Werke von einer reinen, wohl klassisch zu nennenden Melodik erfüllt, deren Zauber durch die einfachen Begleitstimmen nur noch erhöht und hervorgehoben wird. Die Texte sind denjenigen etwa eines Machaut sehr ähnlich, das heißt mit anderen Worten, auch sie haben die höfische Liebe zum Thema. Es ist nichts Ungewöhnliches, daß alle drei Stimmen einer dreistimmigen Ballade mit Text versehen sind – wie zum Beispiel in *Nessun ponga sperança* –, während dieses Verfahren in der französischen Musik nur ganz ausnahmsweise anzutreffen ist. Immerhin muß die Frage, welche Stimmen gesungen wurden, sehr flexibel behandelt worden sein, da eine, zwei oder alle drei Stimmen mit Text versehen sein konnten, und wir überdies wissen, daß auch häufig Instrumente verwendet wurden.

Niccolò da Perugia hat insgesamt einundvierzig Kompositionen hinterlassen, von denen einundzwanzig Balladen sind, und es ist verblüffend festzustellen, daß sich – ein einstimmiges Stück ausgenommen – nicht eine darunter findet, die nicht zweistimmig wäre. Manche davon sind verhältnismäßig kurz und einfach, während andere sich an Florentiner Vorbilder anlehnen. Bartolino da Padua schrieb ebenfalls hauptsächlich zweistimmige Balladen, hinterließ aber auch fünf dreistimmige Beispiele. Der französische Einfluß tritt in den abgehackten Melodielinien, den Synkopierungen und wechselnden Rhythmen deutlich in Erscheinung. Andrea de' Servi, der in den Aufzeichnungen der Kathedrale von Pistoia aus den Jahren 1366 und 1380–1389 erwähnt wird, ist als Komponist von dreißig Balladen und vielleicht einer einzigen französischen Ballade bekannt. Andrea hat praktisch nur Balladen hinterlassen, Paolo dagegen bildet eine Ausnahme durch die Fülle seiner dreistimmigen Werke, es sind praktisch dreimal soviel als seine zweistimmigen Balladen. Das Dutzend Balladen, das Ciconia hinterlassen hat, enthält auch ein dem 1393 verstorbenen Francesco Carrara von Padua gewidmetes Stück und Meisterwerke wie *Lisadra donna* und *O rosa bella*. Es ist nicht abwegig, Ciconia nachzurühmen, daß er in diesen Stücken Wegbereiter moderner Methoden der motivischen Entwicklung gewesen ist. Wir finden nicht nur Wiederholungen eines Motivs in veränderter Lage innerhalb einer und derselben Stimme, sondern es kommt auch vor, daß ein Melodiepartikel innerhalb eines Dialogs zwischen zwei Stimmen hin- und hergeschoben wird, wodurch die Barrieren geöffnet wurden, die in der mittelalterlichen Musik zwischen den einzelnen Stimmen aufgerichtet waren. Zugegebenermaßen weisen die ›Organa‹ von Notre-Dame ähnliche Wechselbeziehungen auf, die von zeitgenössischen Musikwissenschaftlern als ›color‹ bezeichnet wurden. Hier hatte es sich aber weitgehend um Stimmkreuzungen gehandelt, während Ciconia dieses ›Wandern‹ der Stimmen noch besonders unterstreicht, indem er jeweils vor und nach dem Auftreten des Motivs Pausen setzt.

Man muß zwischen Zacharias, Nicolaus Zacharie und Antonio Zachara da Teramo unterscheiden, obgleich es zweifellos in den Handschriften einiges Durcheinander um diese Namen gibt. Bei Zacharias sind besonders seine einfachen zweistimmigen Balladen anziehend – wie etwa *Benche lontan mi trovo* oder *Gia per gran nobelta*. Er ist aber auch einer viel raffinierteren Schreibweise fähig. So in seiner Motette *Letetur plebs / Pastor*, die im neuen imitatorischen Stil – ohne Isorhythmik – gehalten ist. In seinem berühmten ›Gloria‹ mit dem Tropus *Gloria, laus et honor* in der Mittelstimme zeigt er sich im Satz unabhängiger Stimmen gewandter als viele Franzosen, denen er zugleich in seiner wirkungsvollen und dabei unaufdringlichen Handhabung der Rhythmik überlegen ist.

Nicolaus scheint etwas jünger als Zacharias gewesen zu sein; dieser wird in einer Quelle als päpstlicher Sänger bezeichnet, während Nicolaus selbst eine Martin V. gewidmete ›ballata‹ geschrieben hat. Es könnte sich also um ein und dieselbe Person handeln. Jedenfalls müssen alle drei um 1400 gewirkt haben, und in diesem Zusammenhang ist der zweistimmige Balladen-Stil des Zacharias besonders bezeichnend. Die wenigen weltlichen Kompositionen von Antonio Zachara sind nicht so leicht einzuordnen; aber es ist wahrscheinlich, daß seine auf diesen Stücken basierenden Messesätze nach 1400 geschrieben wurden. Ein in seinen Werken vorkommender sehr moderner Zug ist die häufige Wiederholung von Textwörtern oder kurzen Phrasen. So gebräuchlich dies auch in der heutigen Vokalmusik ist, so wurden derartige Wiederholungen im Mittelalter doch im allgemeinen vermieden, und ihre Einführung muß daher als Neuerung betrachtet werden. Trotz häufiger Verwendung des lebhaften französischen $\frac{6}{8}$-Takts ist die italienische Herkunft des Komponisten in der empfindungsreicheren melodischen Linie erkennbar. Die Harmonik klingt moderner als diejenige von Komponisten wie Jacopo da Bologna und Giovanni da Cascia. Antonello da Caserta hat auch ein halbes Dutzend Balladen geschrieben, von denen alle bis auf eine zweistimmig sind, doch ist er heute – wie auch Phillipotus da Caserta vor allem wegen seiner dreistimmigen Stücke auf französische Texte bekannt. Diese Kompositionen sind rhythmisch nicht weniger kompliziert als Werke gebürtiger Franzosen und weisen ausgedehnte Synkopierungen, die Kombination verschiedener Metren in allen drei Stimmen, tatsächlich also alle Eigenschaften der späten französischen ›Ars nova‹-Musik in ihren extremsten Formen auf. Stellenweise war es sogar notwendig, schriftliche Anweisungen unter die Noten zu setzen, um deutlich zu machen, wie sie zu lesen waren. Auch Antonio da Civitate bevorzugte französische Texte und scheint Machauts poetischen Stil kopiert zu haben. In einem von ihm stammenden Virelai wendet er die Technik der Caccia an, und der charakteristische italienische Elfsilber wird in den französischen zehnsilbigen Vers eingeschmuggelt. Bartolomeo da Bologna, ein Prior, schrieb weltliche Kompositionen sowohl in französischer als auch in italienischer Manier, doch sind keine mit französischen Texten erhalten. Eine seiner italienischen Balladen beginnt wie ein Rondeau von Binchois, und dieses Stück sowie ein weiteres bilden die Grundlage für zwei seiner Messesätze, ein ›Gloria‹ und ein ›Credo‹. Matteo da Perugia, ein Sänger am Mailänder Dom in den Anfangsjahren des 15. Jahrhunderts, hat eine im Vergleich mit anderen Komponisten jener Zeit umfangreiche Sammlung von Stükken hinterlassen, und auch hier sind zweiundzwanzig von insgesamt dreißig Kompositionen französische Gesänge.

Er ist ein Meister der flexiblen Rhythmen und Synkopierungen der späten ›Ars nova‹ – wie zum Beispiel in der Ballade *Le greygnour bien* –, aber auch viele einfachere Stücke haben großen melodischen Reiz – so die Virelais *Dame souvrayne* und *Belle sans per*. Sogar der Kanon *Andray soulet* ist voller Fröhlichkeit und auch für moderne Ohren angenehm zu hören. Das kann von den beiden italienischen Balladen nicht behauptet werden, die den Eindruck des Experimentierens hinterlassen, sich in tiefen Registern bewegen und melodisch wenig ansprechend sind. Es sind die ›Gloria‹-Vertonungen, in denen der ausgesprochen melodische Charakter des Schaffens dieses Komponisten besonders deutlich hervortritt – vor allem in Partien, in denen eine Stimme die andere imitiert. Seine begleiteten Vokalduette sind das Beste, was er geschaffen hat. Sie vereinigen alles, was an der späten ›Ars nova‹-Technik gut ist, mit italienischer Melodik und handwerklicher Meisterschaft. In einer beträchtlichen Anzahl von Fällen komponierte er zu zweistimmigen Stücken Contratenorstimmen hinzu, was auch bei Werken von Machaut, Ciconia und Grenon vorkam.

Messe und Motette

Im Hinblick auf die große Anzahl erhalten gebliebener weltlicher Stücke ist die geistliche Musik in den Handschriften des Trecento vergleichsweise nur spärlich vertreten. Gratiosus da Padua ist uns nur durch zwei Meßvertonungen und eine ›lauda‹, das geistliche Gegenstück zur ›ballata‹, bekannt. Diese Werke mögen um 1400 entstanden sein, während eigentliche Messesätze aus dem Trecento nur in einem ›Gloria‹ von Gherardello, einem ›Credo‹ von Bartolo, einem ›Sanctus‹ von Lorenzo und einem ›Agnus‹ von Gherardello erhalten sind. Diese Kompositionen sind zwar in einer Handschrift zusammengefaßt, doch ist anzunehmen, daß sie – wie vollständige französische Vertonungen ähnlichen Charakters – nicht als Zyklus geschrieben wurden. Dies scheint aus einem abschließenden dreiteiligen *Benedicamus Domino* von Paolo hervorzugehen. Die übrigen vier Teile jedenfalls sind alle in unserem heutigen d-moll und in zweistimmigem Madrigalstil mit mehrfachem Taktwechsel geschrieben, und es hat den Anschein, als habe Paolo sein Stück eigens als Abschluß des Zyklus geschrieben. Ein Fachmann ist der Meinung, jener Bartolo sei gar nicht Bartolino da Padua, sondern Bartolo da Firenze, ein sonst unbekannter Komponist, der jedoch nach Angabe des Historikers Villani ein ›Credo‹ geschrieben haben soll. Auch Gherardello scheint ein ›Credo‹ und ein ›Hosanna‹ geschrieben zu haben, die jedoch nicht erhalten sind.

Um die Jahrhundertwende sind dreistimmige Werke sowohl in der geistlichen wie in der weltlichen Musik die Regel, wobei der französische Einfluß zwar stark genug ist, der Messe den Stil des solistischen Liedes mit textlosen Unterstimmen aufzuzwingen, Männer wie Engardus und Zacharias aber immerhin fortfahren, allen drei Stimmen Texte zu unterlegen. Der Einfluß der Caccia ist in einem ›Gloria‹ von Matteo da Perugia erkennbar, einem Stück, dessen komplizierter ›Ars nova‹-Spätstil ausdrucksstark und erregend ist. In zwei vierstimmigen Werken lehnt er sich an den Motettenstil an. Obwohl zahlreiche weniger bekannte Namen wie Barbitonsoris und Mediolani auftauchen, bleibt doch Ciconia der bedeutendste Messe- und Motettenkomponist Italiens im frühen 15. Jahrhundert. Es ist nicht ganz klar, welche Neuerungen von ihm und welche von anderen Komponisten stammen. Der Wechsel zwischen Solistenduetten und dreistimmigen Chor-Abschnitten kommt sowohl in seinen wie in Guillaume Legrands Gloria- und Credo-Vertonungen vor. Diese Praxis könnte englischen Ursprungs sein, wogegen die Verwendung eines vollständigen Textes in allen drei Stimmen der Chorteile, wie sie in gewissen Messesätzen auftritt, auf Ciconia selbst oder aber auf die Komponistengruppe zurückzuführen ist, zu der Engardus und Zacharias gehören. Ciconia hatte zweifellos eine Vorliebe für thematische Beziehungen zwischen den einzelnen Stimmen – des öfteren mit Hilfe der Imitation – aber auch diese Eigenheit findet sich beispielsweise bei Matteo da Perugia.

Es ist erwiesen, daß die ›Motette‹ im 14. Jahrhundert in Italien in einem Ausmaß gepflegt wurde, von dem man sich aus den erhaltenen Handschriften keine auch nur entfernte Vorstellung machen kann. Jacopo da Bologna war bisher der einzige italienische Komponist vor Ciconia, dem man eine Motette zugeschrieben hatte (*Lux purpurata radiis / Diligite iustitiam*). Wie andere seiner Werke ist sie zu Ehren von Luchino Visconti geschrieben und muß daher vor 1349 entstanden sein. Das Stück ist nicht isorhythmisch gehalten, wie ja die Italiener dieser Technik überhaupt nicht sehr zugetan waren; aber den beiden Oberstimmen sind – wie in französischen Werken dieser Art – verschiedene Texte unterlegt. Vor kurzem wurde eine Motette entdeckt, deren eine Stimme ein Akrostichon auf den Namen Luchinus enthält, und es ist wahrscheinlich, daß es sich um ein weiteres Werk von Jacopo handelt. In der gleichen Handschrift wurde eine andere Einzelstimme gefunden, in deren Text der große venezianische Doge Andrea Contarini angeredet wird. Das Werk muß daher zwischen 1368 und 1382 entstanden sein. Der Komponist nennt sich im Text Franciscus, und es ist daher mehr als wahrscheinlich, daß es sich um Francesco Landini handelt, von dem wir wissen, daß er im Jahre 1379 ein Honorar für fünf Motetten erhalten hat. Im übrigen soll ihm König Peter II. von Cypern 1364 in Venedig vor allem Volk einen Lorbeerkranz auf das Haupt gedrückt haben als äußeres Zeichen seiner Leistungen auf den Gebieten der Musik und der Literatur. Von den drei im Modena-Codex enthaltenen Motetten stammt eine von Engardus, die beiden anderen sind anonym. Der Stil der isorhythmischen Motette wird darin mit so komplizierten Techniken wie rückläufig wiederholten Tenormelodien oder Wiederholungen in verkleinerten Notenwerten gepflegt.

Die bereits erwähnten wertvollen Fragmente enthalten eine im zweistimmigen Madrigalstil gehaltene Motette zu Ehren Johannes des Täufers, wobei das Amen den Platz des Ritornell einnimmt. Ciconia scheint sich für derartige Werke interessiert zu haben; denn er ist mit zwei zweistimmigen Motetten vertreten, deren eine in das Jahr 1363 datiert wurde. Der Tenor dieses Stückes ist ein frühes Beispiel für den fanfarenähnlichen Tenor, der allmählich sowohl in Meß- wie auch in Motettenkompositionen immer mehr vorherrscht und auf den Gebrauch von Zugtrompeten schließen läßt. Im Verein mit einer zweiten, ähnlichen Stimme als Contratenor läßt sich ein sehr festes harmonisches Fundament erzielen, wie man es in Ciconias Motetten zu Ehren des Bischofs Albano

Michiel von Padua (1406) und des hl. Nikolaus findet. Obgleich Ciconia häufig einen isorhythmischen Rahmen beibehält, war er doch so sehr von italienischen Gewohnheiten beeinflußt, daß er zwei Motetten mit gleichem Text in beiden Oberstimmen schrieb, wobei letztere thematisch verbunden sind, der Tenor aber frei geführt ist. Keines dieser Elemente entging dem zusammenfassenden Geist Guillaume Dufays, der den Spuren Ciconias mit einer Motette auf den hl. Antonius von Padua folgte.

Antonio da Civitate war einer der wenigen Komponisten des späten Trecento, der im Stil der isorhythmischen Motette schrieb – so etwa in einem Stück zu Ehren des Giorgio Ordelaffi, des Gebieters von Forlì, und seiner Gemahlin. Antonius Romanus schrieb Motetten für zwei Dogen und Giovanni Francesco Gonzaga von Mantua. Es handelt sich um vierstimmige Stücke, deren eines isorhythmisch ist. Komponisten, die wie Bartolomeo da Bologna, Corrado da Pistoia und Zacharias unter französischem Einfluß standen, schrieben nicht nur lieber im Balladenstil, sondern sogar auf lateinische Texte, als daß sie sich der hoheitsvollen Würde der Motette zugewandt hätten. Allerdings mag diese Tatsache darauf zurückzuführen sein, daß die Ballade des späten 14. Jahrhunderts besser geeignet war, rhythmische Feinheiten und virtuoses Können hervorzuheben; denn beide Stücke waren eigens für einen der Päpste des Schismas geschrieben. Es hat den Anschein, als hätten die italienischen Komponisten auf die Dauer mit denen nördlicher Herkunft nicht Schritt halten können; denn sie haben diese bloß noch nachgeahmt, und während isorhythmische Motetten weiterhin von Männern wie Guillaume Dufay für Italien geschrieben wurden, machten Dunstable und die Engländer die freie liturgische Motette mit ihrer melodischen und klanglichen Neuartigkeit populär.

Die Instrumentalmusik

Während Frankreich auf dem Gebiet der Instrumentalmusik gar nichts und England nur einige wenige Arrangements von Motetten und eine oder zwei ›estampies‹ für ein Tasteninstrument hinterlassen haben, sind der Nachwelt aus dem Italien des Trecento immerhin eine Anzahl Tänze für ein Solo-Instrument aus der Streicher- oder der Holzbläserfamilie sowie eine umfangreiche Sammlung von Musik für Tasteninstrumente – vorwiegend Arrangements von Vokalmusik – erhalten geblieben. Die monodischen Stücke bestehen aus acht ›estampies‹, vier ›saltarelli‹, einem ›trotto‹ und zwei weiteren Stücken, die *Lamento di Tristano* und *La Manfredina* benannt sind. Die Estampies sind länger als die Saltarelli und der Trotto, zeigen jedoch die gleiche Bauart. Die Saltarelli müssen in manchen Fällen sehr schnell gespielt worden sein, und der häufige Gebrauch fanfarenartiger Motive läßt auf die Verwendung eines Saiteninstrumentes wie der Viole schließen.

Die Handschrift mit Stücken für Tasteninstrumente enthält nicht weniger als vierzig Kompositionen, deren genaue Anzahl erst nach Veröffentlichung der vollständigen Sammlung angegeben werden kann. Das ist auf das Fehlen von Titeln bei vielen der Stücke zurückzuführen. Nur neunundzwanzig von ihnen haben Überschriften. Der äußere Eindruck der einzelnen Werke entspricht dem Bild eines modernen Klaviersatzes: mehr oder minder lange Noten in der Unterstimme und schnelle Sechzehntel in der Oberstimme. Die Handschrift ist vermutlich um 1400 zu datieren und die Mehrzahl der darin enthaltenen Werke scheint Arrangements vokaler Stücke aus dem französischen und italienischen Repertoire des mehrstimmigen Gesanges zu umfassen. Die in der Sammlung vertretenen Komponisten sind Guillaume de Machaut, Pierre des Molins, Jacopo da Bologna, Bartolino da Padua, Francesco Landini und Antonio Zachara da Teramo. Diese Vertonungen sind meist in der Oberstimme im Vergleich mit dem vokalen Original reich ausgeziert, aber ungeachtet der

Anzahl der Stimmen des Originals in keinem Falle für mehr als zwei Stimmen gesetzt. Eine wichtige Entdeckung war, daß die Handschrift fünf Arrangements – vermutlich für Orgel – von Stücken aus der Messe enthielt, die dazu bestimmt waren, mit den einzelnen gesungenen Choralabschnitten abzuwechseln wie die späteren Orgelmessen des 15. und 16. Jahrhunderts. Interessant ist, daß alle fünf Stücke – drei ›Kyrie‹ und zwei ›Gloria‹ – auf der Musik zur VII. Vatikanischen Messe aufgebaut sind. Mit anderen Worten: die Noten des gregorianischen Chorals sind im Tenor ausgesetzt – meist je eine Note auf einen Takt mit kleinen Abweichungen und Wiederholungen.

Die musikalische Praxis

Über die musikalische Aufführungspraxis im 14. Jahrhundert ist vielleicht aus Italien mehr zu erfahren als aus Frankreich; in jedem Falle jedoch sind die Quellen für ihre Kenntnis spärlich. Bemerkungen über Zahlungen an Spielleute sind gewiß nicht uninteressant, führen aber nicht zu einer besseren Kenntnis der Musik an sich. Eines allerdings ist klar: Blasinstrumente waren ungemein beliebt – ganz gleich, ob in Form von Trompeten, Pfeifen oder Schalmeien. Ebenso kann als sicher gelten, daß große Gruppen von Sängern oder Instrumentalisten äußerst selten waren. Tatsache ist, daß kaum jemals mehr als zwei, drei Ausführende erwähnt werden. Der Mailänder Dom war im Jahre 1407 auf die Dienste eines einzigen Sängers angewiesen: Matteo da Perugia. Erst später finden wir drei Musiker erwähnt, die als Sopran, Tenor und Contratenor fungierten – ein klarer Hinweis also auf die Wiedergabe dreistimmiger Kompositionen.

Drei literarische Werke geben detaillierte Schilderungen der im Trecento in Italien üblichen Formen musikalischer Aufführungspraxis. Es sind dies Boccaccios *Decamerone*, Giovanni da Pratos *Il Paradiso degli Alberti* und Simone Prodenzanis *Il Saporetto* mit den Entstehungsjahren 1353, 1389 und etwa 1400. Während im *Decamerone* jeder Tag mit Musik beginnt und endet, sind die beiden anderen Werke interessanter hinsichtlich ihrer Aussage über die eigentliche musikalische Wiedergabe. Giovanni da Prato behandelt die Zusammenkünfte einer Gruppe Florentiner ›Intellektueller‹ in der Villa ›Paradiso‹ der Familie Alberti, wo man über philosophische Themen diskutiert und Geschichten erzählt. Dieser erdachte Kreis zeitgenössischer Berühmtheiten schließt auch Francesco Landini ein, der die Geschichte eines Musikers erzählt, dessen Serenade einen Fürsten dieser Gegend so bezaubert, daß er jenen in seine Dienste nimmt. Bei einer anderen Gelegenheit läßt der Dichter zwei Mädchen eine von Landinis Balladen singen, von denen alle Anwesenden begeistert sind, ja selbst die Vögel sind so bewegt, daß sie zuerst schweigen, um sodann mit verdoppelter Inbrunst zu singen, wobei sich zuletzt eine Nachtigall auf einem Zweig unmittelbar über Francescos Haupt niederläßt. In *Il Saporetto* ist der Held ein Virtuose namens Sollazzo, ein Sänger, der auch alle erdenklichen Instrumente zu spielen versteht. Die von ihm gespielten Stücke werden oft beim Namen genannt und stammen aus dem französischen, italienischen, deutschen und spanischen Repertoire der geistlichen und der weltlichen Musik. Es ist interessant zu erfahren, daß Madrigale auf der Harfe gespielt werden konnten, was zweifellos ein eigens geschaffenes Arrangement für die Besonderheiten des Instruments notwendig gemacht hat. Auch das Singen zur Begleitung einer Laute oder Viole wird in der Literatur des Trecento erwähnt, und ein zeitgenössisches italienisches Bilderwerk zeigt einen Sänger mit Tragorgel und Viole.

Eine allgemeine Beschreibung der damaligen italienischen Aufführungspraxis fällt nicht weiter schwer; will man aber in Einzelheiten vordringen, wird die Aufgabe schon schwieriger. Zweistimmige Madrigale mögen von Singstimmen allein – vielleicht mit ganz diskreter Instrumentalbegleitung – oder auch von Instrumenten allein dargeboten worden sein. Offensichtlich waren Singstimmen und Instrumente vielfach alternativ möglich. Aber es erscheint als sicher, daß zweistimmige

Madrigale und die Musik der Messen für gewöhnlich von Singstimmen ausgeführt wurden. Für dreistimmige Werke mit textlosen Unterstimmen dürften Instrumente wie die Viole erwünschter gewesen sein, obwohl die Möglichkeit besteht, daß auch textlose Unterstimmen gesungen wurden, indem man einfach den Text der Oberstimme benutzte. Das scheint auf italienische Werke zuzutreffen, in denen die eine oder die andere Stimme in der einen Handschrift mit, in einer anderen ohne Text wiedergegeben ist. Wie in Frankreich wurde Tanzmusik meist improvisiert und muß wohl häufig dreistimmig gewesen sein, wenn man bedenkt, wie beliebt Bläser-Ensembles aus Schalmei, Dudelsack und Trompete waren. Die Italiener scheinen mehr solistische Darbietungen bevorzugt zu haben als die Franzosen, daher ist es wahrscheinlich, daß sie stärker dazu neigten, ein einzelnes Instrument wie die Harfe, die Laute oder eine kleine Orgel für selbständige Wiedergaben mehrstimmiger Lieder zu verwenden. Schwieriger ist es, die Rolle derartiger Instrumente bei der Begleitung der Oberstimme eines dreistimmigen Stückes zu rekonstruieren. Sie können – wie in den vorhandenen Arrangements für Tasteninstrumente üblich – reiche Verzierungen eingeflochten oder auch lediglich die Verdoppelung und gelegentlich auch den Ersatz der Singstimme geboten haben. Künftige Forschungen werden vermutlich einige Antworten zu diesen Problemen finden.

Die ›Ars nova‹ in England

In der Musik des 13. und 14. Jahrhunderts erscheinen viele Werke englischer Herkunft im Vergleich mit zeitgenössischen französischen Kompositionen ›konservativ‹, doch erweist sich dieser Eindruck als nicht ganz zutreffend. Im Mittelalter war der französische Einfluß in der Musik – ebenso wie auf anderen künstlerischen Gebieten – außerordentlich stark; aber das insulare England hatte seine kraft- und klangvolle Kirchenmusik und einen gesunden Sinn für den lyrischen Gesang. Französischer Einfluß trat besonders in den östlichen Grafschaften in Erscheinung. Sein wichtigstes Zentrum war die Abtei St. Edmund in Bury. Dort wurde im 14. Jahrhundert schon sehr bald ›Ars nova‹-Musik in Form der Motette gepflegt, wie eine in Oxford befindliche Handschrift aus Bury, die zumindest zwei französische Motetten enthält, beweist. Die französische Sprache wurde meist durch die lateinische ersetzt, eine Tatsache, auf die das gänzliche Fehlen mehrstimmiger französischer Gesänge im England des 14. Jahrhunderts zurückzuführen sein dürfte, obwohl Chaucer zwei von Machauts lyrischen Gedichten ins Englische übersetzte und offensichtlich über das Schaffen des Franzosen gut Bescheid wußte. Jedenfalls kann man sagen, daß die ›Ars nova‹-Notation zwar allmählich auch in England zur Regel wurde, jedoch erst in der zweiten Hälfte des Jahrhunderts. In Bury aber war um diese Zeit nicht nur das von Paris inspirierte Werk *Four Principles of Music* sehr gut bekannt, sondern auch Egidius de Murinos kurzgefaßter Führer durch die komplizierte Notation der späten ›Ars nova‹.

Die Schwierigkeit liegt in der Häufung sehr verschiedenartiger Fragmente, die aus jener Zeit erhalten sind. Oft sind es nur einzelne Seiten oder gar nur Teile von Seiten, die aus nahezu allen Teilen Englands zusammengeholt wurden. Der bloße Zufall hat es gefügt, daß ein wichtiger Stoß unzusammenhängender Seiten aus Worcester aufbewahrt wurde, wo im 14. Jahrhundert ein zwar konservatives, aber zugleich sehr aktives Zentrum der musikalischen Komposition bestanden hat. Diese Stücke stammen im allgemeinen vom Anfang des Jahrhunderts und bestehen hauptsächlich aus Motetten (zum Beispiel *Alleluja psallat/Alleluja concitet*). In den Meßvertonungen finden sich meist eingeschobene Tropentexte. Aus der zweiten Jahrhunderthälfte datierende Handschriften enthalten mehrstimmige Sequenzen, Antiphonen und Motetten in fortschrittlicherem englischen Stil. Voll ausgebildete ›Ars nova‹-Notation herrscht vor. Eine Handschrift des Britischen Museums – vermutlich aus Tattershall in Lincolnshire stammend – sowie eine aus der Kathedrale von Durham sind Beweise für die allmähliche Verbreitung von Meßvertonungen. Das Kyrie erfreute sich sogar allgemeiner Vorliebe, was allerdings dann später – im 15. und 16. Jahrhundert – nicht mehr der Fall war. Das Repertoire der Chapel Royal, die den König auf seinen Reisen begleitete und nicht in London stationiert war, scheint um das Jahr 1400 fast ausschließlich aus Messesätzen im Conductus- und Motettenstil bestanden zu haben, wenn auch gerade hier viel eher als anderswo der französische mehrstimmige Vokalstil allmählich Eingang fand. Im erwähnten Repertoire ist der französische Einfluß besonders auffällig durch die sowohl in Messen als auch in Motetten auftretende Isorhythmik und die komplizierten rhythmischen Gepflogenheiten der späten ›Ars nova‹.

Das weltliche Lied war nicht ganz so ohne Einfluß, wie die Handschriften vermuten lassen. Schließlich war ja die französische Sprache am Hofe nicht weniger beliebt als die englische, was ja auch aus der Anwesenheit französischer Dichter wie Jehan de le Mote und Oton de Granson hervorgeht. So ist auch das Fehlen englischer Lieder in den Handschriften nicht weiter verwunderlich, wobei noch zu berücksichtigen bleibt, daß die Musik zu vielen Gedichten nicht erhalten ist. Die überlieferten Musikstücke weisen beachtliche Frische und Einfachheit auf – sehr im Gegensatz zum L'art-pour-l'art-Aspekt der zeitgenössischen französischen Musik. Aus den Archivbeständen von Durham geht hervor, daß weltliche Musik zu besonderen Gelegenheiten auch in Klöstern willkommen war – so am St. Cuthbert-Tag, zu dessen Anlaß ein noch erhaltenes dreistimmiges Kyrie geschrieben und von Spielleuten aufgeführt wurde. Sogar weltliche Gesänge neigten zur Mehrstimmigkeit. Ein Beispiel aus dem frühen 14. Jahrhundert – *Bryd one brere* – ist trotz der fehlenden zweiten Stimme in diesem Zusammenhang interessant, weil es ein weiteres Beweisstück für die Tatsache bildet, daß auch weltliche Gesänge kirchlichen Zwecken dienten; denn es ist auf die Rückseite einer Päpstlichen Bulle aus dem 12. Jahrhundert geschrieben. Ein kurzes Wiegenlied – *Dou way, Robin* –, das als Tenor einer Motette verwendet wurde, stammt gleichfalls vom Beginn des 14. Jahrhunderts.

Um jene Zeit gewann das zwar nicht liturgische, aber religiöse oder moralisierende Lied auf Kosten der einfachen, der Naturschilderung dienenden Weise an Boden. *Angelus ad virginem* war ein sehr bekanntes Beispiel hierfür, das Chaucer in seinen *Canterbury Tales* erwähnt. Die Melodie geht auf das 13. Jahrhundert zurück, ist aber im üblichen mehrstimmigen Stil des 14. Jahrhunderts mit der originalen Melodie als Mittelstimme des dreistimmigen Satzes gesetzt. Eine englische Übersetzung ist bekannt – ein weiteres Beispiel für die Auswechselbarkeit der beiden Sprachen, die bis weit in das 15. Jahrhundert andauerte. Die ›carol‹, die sich aus diesem Liedtypus entwickelt hat, konnte in beiden Sprachen textiert sein und war auch nicht nur ein auf Weihnachten beschränktes Stück wie die heutige *Christmas Carol*. Aus dem 14. Jahrhundert sind nur wenige Überreste erhalten und notierte Musik ist ausschließlich in Handschriften des 15. Jahrhunderts anzutreffen. Ursprünglich muß es sich um ein Tanzlied mit einer Singstimme und etwa der Form eines französischen Virelai gehandelt haben. Die meisten überlieferten Stücke sind jedoch mehrstimmig, und es herrscht die weitverbreitete Tendenz, zweistimmige Solo-Verse einem dreistimmigen Chor für den Refrain gegenüberzustellen. Eine der bekanntesten Carols ist der sogenannte ›Agincourt-Song‹ *Deo gratias Anglia*, eine mit Stolz dargebrachte Danksagung für den bei Azincourt errungenen Sieg des Königs und des Landes über die Franzosen. Die meisten Carols aber waren einfache Lobgesänge auf Gott oder die Jungfrau Maria.

Man kann nicht sagen, daß die ›Ars nova‹ die Carol oder das weltliche Lied vor 1400 wesentlich beeinflußt hätte, doch gibt es nach diesem Zeitpunkt einzelne Stücke in englischer Sprache, die im kontinentalen Liedstil gehalten sind. Andere weltliche Stücke jedoch – wie gerade die Carol – erinnern an den Conductus wegen ihres ›Note-gegen-Note‹-Satzes, ihrer häufig sehr primitiven Harmonik und textlosen Passagen zwischen den Textteilen. In einer Carol-Sammlung begegnet man einem Trinklied aus den *Carmina Burana*, das als dreistimmige isorhythmische Motette gesetzt ist, aber für diesen Kompositionstyp sonderbar einfältig anmutet. Ein Faktor, der sowohl die Carol als auch vieles in der kontinentalen Musik des 15. Jahrhunderts beeinflußt hat, war die typisch englische Form der Harmonik mit ihren Ketten von Terzen und Sexten. Auf der Erweiterung einer primitiv-improvisierten zweistimmigen Harmonik fußend, tritt dieser sogenannte ›Englische Diskant‹ zuerst in Handschriften mit dreistimmigen Stücken vom Ende des 13. Jahrhunderts in Erscheinung. Im 14. Jahrhundert wurde er allgemein gebräuchlich und ist sogleich daran zu erkennen, daß alle drei Stimmen in Partitur notiert sind wie beim alten Conductus. In Fountains Abbey wurde die gewöhnlich in der Mittelstimme liegende Choralmelodie von den übrigen Stimmen durch rote Schrift unterschieden – eine von Philippe de Vitry in seiner Abhandlung *Ars nova* erwähnte, jedoch im Frankreich des 14. Jahrhunderts sonst nicht bekannte Besonderheit. Durch das gesamte 14. Jahrhundert blieb der improvisatorische Charakter der englischen Klanglichkeit unverändert bestehen. Ihre Weiterentwicklung beginnt erst mit Dunstable und seinen Zeitgenossen, denen es gelang, die süßen Konsonanzen dieses Stils in die anerkannte traditionelle Harmonik des Mittelalters einzugliedern. So kam es auch, daß neben den Meßvertonungen, Antiphonen und Sequenzen im ›Englischen Diskant‹-Stil der Motettenstil für anspruchsvollere Stücke beibehalten wurde.

Obgleich die Isorhythmik schließlich auch von den englischen Komponisten übernommen wurde, zeigte die englische Motette die Tendenz, bestimmte Charakteristika ganz allgemein zu bewahren, die sie konservativ erscheinen ließen. Der Gebrauch ähnlicher oder gleichlautender Texte für die beiden Oberstimmen einer dreistimmigen Motette war allgemein verbreitet, während man in Frankreich verschiedene Texte bevorzugte. Einige wenige Anfangsworte oder die erste Zeile des Textes mochten in den Oberstimmen englischer Motetten identisch sein, während die Fortsetzung dann jeweils ganz verschieden lautete. Bevor die Isorhythmik sich durchgesetzt hatte, bediente man sich häufig der Stimmkreuzung, um die musikalische Struktur zusammenzuhalten. Im Grunde war das nichts anderes, als daß alle paar Takte die eine Stimme die Melodie von der anderen übernahm und umgekehrt; aber die Technik, mit der das geschah, war sehr fein ausgeklügelt. Von den gegen Ende jener Epoche wirkenden Komponisten wurde auch häufig der Kanon verwendet, eine Tatsache, in der man unvermeidlich den Einfluß halb laienhafter Stücke erkennen muß, wie etwa von *Sumer is icumen in* und von den sogenannten ›rotundelli‹ oder ›Runden‹. *Sumer is icumen in* konnte sogar sechsstimmig gesungen werden, und die Engländer liebten den vollen Klang. Viele Stücke aus dem 14. Jahrhundert sind vierstimmig, in der Old-Hall-Handschrift trifft man sogar fünfstimmigen Satz an; in Frankreich dagegen gibt es vor Dufay keine fünfstimmigen Werke. Pycard erzielt Fünfstimmigkeit, indem er in einem Gloria gleichzeitig zwei Kanons verwendet. Mayshuets Motette hat fünf deutlich verschiedene Stimmen.

Erst im 15. Jahrhundert findet man in englischen Handschriften die eigenhändigen Namenszüge der Komponisten. So enthält die Old-Hall-Handschrift Namen wie Aleyn, Cooke, Burell, Damett, König Heinrich, Byttering, Tyes, Excetre, Leonel Power, Pycard, Rowland, Queldryk, Jervays, Oliver, Chyrbury, Typp, Swynford, Pennard, Lambe und den des Franzosen Mayshuet de Joan (Matheus de Sancto Johanne).

Matheus de Sancto Johanne (Mayshuet de Joan), Komponist von drei Balladen, zwei Rondeaux und einer fünfstimmigen Motette, war 1378 Kaplan und Sekretär bei Herzog Ludwig von Anjou. Verbindungen zum päpstlichen Hof zu Avignon gehen aus einer in lateinischer Sprache gehaltenen Ballade zu Ehren Clemens VII. hervor. Mayshuets weltliche Kompositionen neigen zum komplizierteren Stil des späten 14. Jahrhunderts, wo ausgedehnte Synkopierungen und Gegenrhythmen zuweilen das A und O der ganzen Schreibweise sind (vergleiche *Fortune fausse*). Immerhin vermeidet Matheus gewöhnlich die Extreme dieses Stils, und wenn seine Melodien auch meist nicht so fesselnd sind wie jene von Trebor oder Senleches, so ist er doch einer der ersten im Gebrauch der melodischen Sequenzen, die vielen Liedern aus dem späten 14. Jahrhundert einen moderneren Zug geben – wie zum Beispiel in *Inclite flos*. Byttering, ein englischer Komponist aus dem frühen 15. Jahrhundert, war fähig, komplizierte isorhythmische Motetten und kanonische Gloria-Vertonungen zu schreiben, die trotzdem ihren unmittelbaren Reiz haben und nicht zum leeren Formenspiel werden. Hingegen könnte es kaum etwas Einfacheres und Gefälligeres geben als das *Nesciens mater* mit seinem modernen Dreiertakt und der aufpolierten englischen Klanglichkeit. Und dennoch ist auch dieses harmlose Sätzchen mittels des Chorals, der sich in alle drei Stimmen einschleicht, zusammengehalten.

›Gloria‹ und ›Sanctus‹ von einem König Heinrich sind in zwei ganz verschiedenen Stilen gehalten. Der altertümliche Stil des ›Sanctus‹ läßt auf Heinrich IV. als Urheber schließen, von dem man weiß, daß er Blockflöte gespielt hat. Es erinnert auch an Aleyns ›Gloria‹, obwohl im ›Benedictus‹ der Takt kurz von $\frac{6}{8}$ auf $\frac{3}{4}$ wechselt. Immerhin herrscht der akkordliche Stil vor und ist – trotz etwas plumper melodischer Sprünge – musikalisch annehmbar. Das ebenfalls dreistimmige ›Gloria‹, bei dem aber – wie im weltlichen französischen Lied – nur die Oberstimme textiert ist, mutet interessanter an. In der zweiten Hälfte des Stückes wechselt der Takt von $\frac{6}{8}$- auf Zweiertakt und erreicht einen Höhepunkt mit Triolen, Synkopierungen und einem ›Amen‹, das zweimal zum oberen F führt. Burell, Cooke, Damett, Sturgeon, Chyrbury und Excetre werden alle in Dokumenten aus der Regierungszeit Heinrichs V. als Mitglieder der Chapel Royal erwähnt. Excetre war auch unter Heinrich IV. und Richard II. in dieser Funktion tätig, während John Aleyn im Jahre 1373 – also zur Regierungszeit Eduards III. – starb. Verschiedene Vorkommnisse unter der Herrschaft Heinrichs V. sind in Motetten und in Messeteilen erwähnt oder angedeutet – so zum Beispiel der Sieg bei Azincourt, Heinrichs Heirat mit Katharina von Valois und der Friede von Troyes. Bei Heinrichs Hochzeitsfeier wirkten nicht weniger als achtunddreißig Geistliche und sechzehn Sänger mit.

Die ›Ars nova‹ in anderen Ländern

Deutschland bildet im 14. Jahrhundert einen völligen Gegensatz zu England; denn nicht nur stand der ›Minnesang‹ weiter in Blüte, sondern wo immer auch die Mehrstimmigkeit gepflegt wurde, geschah das nur in der primitivsten und beschränktesten Form. Man begnügte sich häufig mit nur zwei Stimmen und einem vorwiegend in Quinten und Oktaven verlaufenden Satz, soweit nicht französische Einflüsse einsickerten. Und selbst wo dies der Fall war, wurden französische Werke im Stil des 13. Jahrhunderts nachgeahmt. Zwei Gesänge des ›Münchs von Salzburg‹ sind nicht untypisch für die Rückständigkeit der deutschen Mehrstimmigkeit zu jener Zeit. Beide sind zweistimmig und die Unterstimmen sind entweder tatsächlich instrumental oder aber der instrumentalen Schreibweise nachempfunden. Die eine ist für Trompete, die andere für den Pommer geschrieben und beide sind simple Fanfaren. Wenn in deutschen Handschriften nur vereinzelte mehrstimmige Stücke enthalten sind, bedeutet das nicht, daß es sich in jedem Falle um fragmentarische Handschriften handelt. Häufig mag ein umfangreiches Manuskript nur eine Handvoll polyphoner Werke enthalten, weil eben die Mehrstimmigkeit vernachlässigt wurde. So verhält es sich im Falle des Mosburger Graduale, das eine sehr umfangreiche Sammlung einstimmiger Gesänge aller Art enthält, die im Jahre 1360 aufgeschrieben wurden. Ein dreistimmiger Kanon für den hl. Martin existiert in Wien, doch ist auch er, verglichen mit französischen ›chaces‹ verhältnismäßig primitiv, und in jedem Falle sind kanonische Stücke nicht im gleichen Sinne mehrstimmige Musik wie polyphone Lieder und Motetten, da sie ihrem Wesen nach lediglich Wiederholungen der gleichen Musik sind.

Graf Hugo von Montfort (1357–1423) ist ein Beispiel für die Troubadour-Tradition, nach welcher die Dichtungen zu den Gesängen vom Adel geschrieben werden konnten, während die Musik selbst von Spielleuten – in diesem Falle von Burk Mangolt – komponiert wurde. Keines seiner Stücke ist mehrstimmig, was aber nicht weiter überrascht, wenn man bedenkt, daß die Meistersinger die einstimmige Schreibweise bis ins 16. Jahrhundert beibehalten haben. Oswald von Wolkenstein (1377–1445) ist schon weit wichtiger. Mit etwa einhundertfünfundzwanzig Stücken, von denen etwa ein Viertel mehrstimmig ist, weist sein Schaffen gewisse Einflüsse der ›Ars nova‹ auf. Die beiden Handschriften, in denen sein Gesamtwerk zwischen 1425 und 1432 aufgezeichnet wurde, lassen erkennen, daß seine frühesten Werke aus der Zeit um 1400 stammen. Er ist im Gefolge Kaiser Sigismunds zwischen 1415 und 1437 viel gereist und muß 1417 anläßlich des Konzils von Konstanz besonders stark von französischer und 1432 von italienischer Musik beeinflußt gewesen sein. Frankreich und Spanien waren nur zwei der zahlreichen Länder, die er bereiste, doch sind nichtsdestoweniger alle seine Werke auf deutsche Texte geschrieben. Seine mehrstimmigen Kompositionen sind äußerst verschiedenartig und reichen von der bereits erwähnten primitiven Klanglichkeit bis zu komplizierten Arrangements ursprünglich französischer Stücke. Sechs von ihnen konnten bereits identifiziert werden, und sie sind es auch, die jene erwähnten komplizierteren Rhythmen in Erscheinung treten lassen.

Seine stilistisch altertümlichsten Lieder sind *Des himels trone* und *Mein herz jüngt sich*, die bereits in einstimmiger Fassung vorlagen. Somit könnte man Wolkensteins Schwierigkeiten mit denen eines Komponisten vergleichen, der zu einer Volksweise die Begleitung zu schreiben hat. Das Ergebnis wäre als Organum zu bezeichnen. Wie der ›Münch von Salzburg‹ in einigen seiner Stücke, so ahmt auch Wolkenstein in zwei ›Tageliedern‹ den Hornruf eines Türmers nach. Die Anwendung französischer Methoden brachte nicht unbedingt gute Ergebnisse. Immerhin ist der Kanon *Gar wunnichleich* angenehm anzuhören, und *Wach auff, mein hort* mit seinem volksliedhaften Beiklang eigenartig rührend. In mancherlei Hinsicht folgt Wolkenstein geradewegs den Minnesängern mit seinen vierschrötigen Melodien und häufigen Sprüngen – eine Eigenart, die zugleich eine Einschränkung und eine Quelle der Kraft bedeutet.

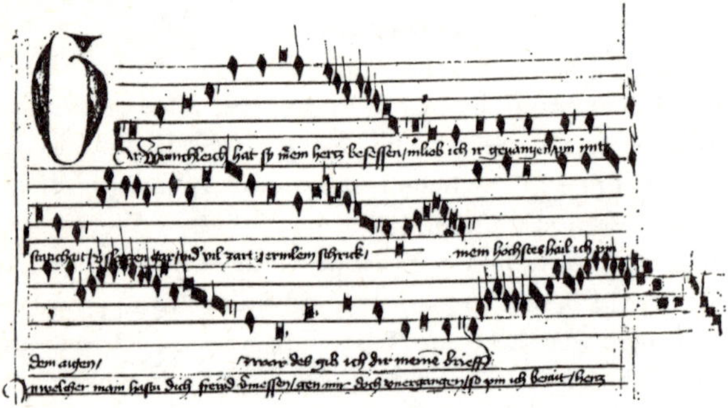

»Gar wunnichleich hat sie mein hertz besessen«, Lied Oswalds von Wolkenstein, 1425. Wien, Nationalbibl., Hs. 2777, fol. 25 a

Zehn Stücke des Wolkensteiners sind dreistimmig, eines von ihnen ist ein Kanon und vier sind Arrangements französischer oder italienischer Kompositionen (so zum Beispiel *Der may*, der im wesentlichen mit Vaillants *Par maintes fois* identisch ist). Es ist nicht zu bestreiten, daß Wolkenstein auch in den übrigen fünf Stücken, von denen eines vielleicht gar nicht von ihm stammt, im dreistimmigen Satz nicht zu Hause ist. Immerhin muß zugegeben werden, daß seine Gesänge sehr verschiedenartige Beispiele der meisten Typen des zeitgenössischen deutschen Liedes darstellen und überdies eine beneidenswerte Kenntnis einer Fülle ausländischer Musik verraten, obgleich die französischen Kompositionen fünfzig Jahre alt waren.

Es ist gewiß amüsant, sich vorzustellen, daß Wolkenstein

italienische Musik in Polen bekanntmachen half, doch erscheint tatsächlich ein Stück, das er aus Italien mitgebracht haben soll, in einer polnischen Handschrift aus dem frühen 15. Jahrhundert. Andere Stücke kamen über das Benediktinerkloster St. Emmeran bei Regensburg dahin, wenn man nach dem Auftauchen identischer Werke in einem Regensburger und einem polnischen Quellenwerk urteilen will. Ein Loblied auf Krakau ist im Stil sehr italienisch, und Nikolaus von Radom mag von den Italienern gelernt haben, wie man imitatorischen Kontrapunkt schreibt. Der Humanist Gregorius von Sanok ist als der erste bezeichnet worden, der den italienischen Einfluß in Polen fühlbar werden ließ, als er 1439 aus Italien zurückkehrte; doch die zu Ehren des Jagellonenkönigs Wladyslaw geschriebenen Werke, die in der erwähnten Handschrift enthalten sind, deuten auf eine Entstehungszeit um 1425, und die Handschrift selber mag um 1430 angefertigt worden sein. Eine jetzt in Posen befindliche Parallelquelle enthält sieben der in der Warschauer Handschrift zusammengefaßten Werke, und alles in allem zeugen einige fünfzig Kompositionen in den verschiedenen Quellen aus jener Zeit für einen bedeutenden Einfluß der späten italienischen ›Ars nova‹ auf die polnische Musik im frühen 15. Jahrhundert. Es handelt sich um lateinische Messesätze und Motetten, die zwar die rhythmischen Exzesse der späten ›Ars nova‹ meiden, jedoch häufig den Stil des mehrstimmigen Liedes anwenden.

Straßburg scheint um 1400 ein Sammelpunkt der französischen, italienischen, deutschen und niederländischen Musik gewesen zu sein. Hier traf der ›Ars nova‹-Einfluß auf die konservative deutsche Mehrstimmigkeit. So kann man in den Messekompositionen von Zeltenpferd und anderen lokalen Komponisten wie Heinrich Hessmann und Heinrich Louffenberg eine eigenartige Wechselwirkung beobachten. Die Werke der Niederländer waren nur selten für mehr als zwei Stimmen geschrieben. Die französischen und italienischen Stücke wurden häufig mit Texten versehen und als geistliche

Kompositionen verwendet. Von Louffenberg stammt ein Stück mit zwei Trompetenstimmen, und ein ursprünglich französisches Werk von dem Komponisten Pierre des Molins wird in Straßburg zu einem deskriptiven Werk mit dem Titel *Die molen van Pariis* umgemodelt, wobei die Oberstimme anmutig ausgeziert erscheint.

Die nördlichen Königreiche Spaniens, Aragon und Navarra, standen unter unverkennbar französischem Einfluß, während Kastilien anscheinend weniger fortschrittlich war; denn König Johann I. von Aragon warf dem dortigen Hof Rückständigkeit in der Musik vor. König Johann selbst war bekanntlich Komponist und entsandte ständig seine Spielleute nach Nordfrankreich, wo sie in den dortigen Schulen neue Stücke lernen sollten. Offenbar waren sie in den komplizierten Balladen, Rondeaux und Virelais der späten ›Ars nova‹ bewandert, denn der König bevorzugte diese Musik. Einheimische Komponisten wie Trebol und Rodericus studierten den französischen Stil, und obgleich Rodericus nur ein einziges Werk hinterlassen hat, handelt es sich immerhin um eine der kompliziertesten Balladen, die es gibt. Dieser Komponist mag mit Rodriguet de la Guitarra identisch sein, der in Diensten Alfons V. von Aragon (1416–1458) stand. Trebor könnte eine Umkehrung von Robert oder auch eine Verschreibung des Namens Trebol sein. Trebol gehörte noch 1409 der Hofkapelle von Barcelona an, während die sechs Trebor zugeschriebenen Balladen aus den achtziger Jahren des vorangegangenen Jahrhunderts stammen. In der gleichen Handschrift allerdings, in welchem die sechs Stücke von Trebor enthalten sind, ist auch ein Borlet (Anagramm von Trebol) vertreten, und zwar mit einem Virelai auf die Nachtigall, das kaum später als 1380 datiert werden kann. Es ist ein reizendes Werk, dessen drei Oberstimmen mehrmals den Gesang der Nachtigall imitieren, während der Tenor ein in langen Noten gesetztes Volkslied singt. Trebor arbeitete für die Herrscher von Aragon; denn zwei seiner Balladen sind Gaston Phébus, dem Grafen von Foix, und zwei Johann I., König von Aragon, gewidmet. Er liebt die Synkope; Pausen unterbrechen häufig die melodische Linie. Trotzdem ist die Wirkung meist erregend und nachhaltig.

Die Brillanz der ›Ars nova‹-Schule auf Cypern ist in ihrer ganzen Fülle in dem einen Codex vertreten, der der Zerstörung von Nicosia entging und anscheinend von Anna von Lusignan als Brautgeschenk für Ludwig von Savoyen, den sie 1434 heiratete, nach Italien gebracht wurde. Ein zeitgenössischer Chronist berichtet von der allzu starken Vorliebe Ludwigs für frivole Lieder und Balladen. Die musikalischen Neigungen des Herzogs werden auch durch seine Verbindung zu Dufay bestätigt, der die Musik zu seiner Hochzeit beizusteuern hatte. Die Handschrift muß für König Janus von Lusignan angefertigt worden sein; denn einige darin enthaltene Motetten sind ihm gewidmet, und ein Gottesdienst für den hl. Hilarion, den er 1413 abhalten ließ, kommt vollständig vor, mit der dabei gelesenen Messe. Ein Gottesdienst zu Ehren der hl. Anna in der gleichen Handschrift war zweifellos im Hinblick auf die Tochter des Königs Janus geschrieben worden. Obgleich die Musik größtenteils unveröffentlicht geblieben ist, scheint sie doch in enger Anlehnung an französische Kompositionen von Machaut, Vitry und deren Nachfolger konzipiert worden zu sein. Das geht allein schon aus den Texten hervor, und die wenigen veröffentlichten oder überlieferten Balladen (*Le point agu poignant a desmesure*) zeigen, daß der von den Komponisten des Chantilly-Codex gepflegte ›Ars nova‹-Stil auch in Cypern beliebt war.

Der abschließende Eindruck, den die Musik des 14. Jahrhunderts hinterläßt, ist unvermeidlich von einer Vorherrschaft der Franzosen bestimmt. Erst die jugendliche Kraft der italienischen Musik erwies die Nachteile der erprobten Könnerschaft der französischen ›Ars nova‹, die auf der hundertjährigen Kompositionsweise im Stil der ›Ars antiqua‹ beruhte. Der Bund der Musik mit der Mathematik fand seine vollkommene Frucht in der isorhythmischen Motette, die ihrerseits zur Anwendung mathematisch inspirierter Unterteilungen und Proportionen des Rhythmus im mehrstimmigen Gesang führte. Eine derartig esoterische Kunst war für die kunstliebenden Fürsten des ausgehenden Mittelalters hervorragend geeignet, zugleich aber auch – so wie die Höfe dieser Adelsherren – Anzeichen einer Endzeit. Die rein technische Leistung der französischen Schule war den Errungenschaften der meisten anderen so weit voraus, daß ihr Erfolg eine Selbstverständlichkeit war. Nur in den germanischen Ländern, wo die Mehrstimmigkeit immer noch in den Kinderschuhen steckte, war der Einfluß der ›Ars nova‹ nicht so stark ausgeprägt.

Anhang

Literaturhinweise

Abgekürzt aufgeführt sind: SIMG ›Sammelbände der Internationalen Musikgesellschaft‹, hrsg. v. Max Seiffert, Leipzig 1899–1914 und MGG ›Die Musik in Geschichte und Gegenwart‹, Bärenreiter-Verlag, Kassel. Die Fachbeiträge dieser Enzyklopädie erscheinen seit 1949 in Lieferungen. Bd. A bis Sym (Juni 1965) liegen vor.

Außereuropäische, nicht-abendländische Musik

Gesamtdarstellungen

BOSE, F., Musikalische Völkerkunde. Freiburg i. Brsg. 1953

KUNST, J., Ethno-Musicology. Amsterdam 1955

LACHMANN, R., Die Musik der außereuropäischen Natur- und Kulturvölker. Handbuch der Musikwissenschaft, hrsg. von Ernst Bücken. Potsdam 1929

SACHS, C., Vergleichende Musikwissenschaft. Leipzig 1930

Alt-Mesopotamien

GALPIN, F. W., The Music of the Sumerians and Their Immediate Successors, the Babylonians and Assyrians. Cambridge 1937

Alt-Ägypten

HICKMANN, H., Ägyptische Musik. MGG I, Kassel 1949–51

– Musique et vie musicale sous les Pharaons, 3 Bde. Paris 1956

SACHS, C., Die Musikinstrumente des alten Ägypten. Berlin 1921

SCHARFF, A., Die Frühkulturen Ägyptens und Mesopotamiens. Leipzig 1941

Indien

BRELOER, B., Die Grundelemente der altindischen Musik nach dem Bhāratīya-nātyasāstra. Dissertation. Bonn 1922

LACHMANN, R., Musik des Orients. (Jedermanns Bücherei) Breslau 1929

SACHS, C., Die Musikinstrumente Indiens und Indonesiens. Berlin 1923

China

CROSSLEY-HOLLAND, P., Chinese Music. Grove's Dictionary of Music and Musicians. London 1954

FISCHER, E., Beiträge zur Erforschung der chinesischen Musik. SIMG XII, 1911

JASSER, J., Die rhythmische Struktur der chinesischen Melodie. In: Die Musik, 1924

LACH, R., Die Musik der Natur- und orientalischen Kulturvölker. Handbuch der Musikgeschichte, hrsg. von Guido Adler. Frankfurt 1930

TREFZGER, H., Die Musik in China. In: Sinica, 1936

WANG KWANG-KI, Musikalische Beziehungen zwischen China und dem Westen im Laufe der Jahrtausende. Leiden 1935

Japan

HORNBOSTEL, E. M. VON, Studien über das Tonsystem und die Musik der Japaner. SIMG IV, 1902–03

TAKANO, K., Beiträge zur Geschichte der japanischen Musik. In: Archiv für Musikforschung II, 1937

TANABE, H., Japanese Music (trans. Shigeyoshi Sakabe). Tokio 1936

Tibet

CROSSLEY-HOLLAND, P., Tibetan Music. Grove's Dictionary of Music and Musicians. London 1954

Südostasien

DANIÉLOU, A., La Musique de Cambodge et du Laos. Pondichéry 1957

KNOSP, G., Histoire de la musique dans l'Indochine. Encyclopédie de la Musique. Bd. 1, Paris 1922

REINHARD, K., Die Musik Birmas. Dissertation. München 1935

SACHS, C., Die Musikinstrumente Indiens und Indonesiens. Berlin 1923

STUMPF, C., Tonsystem und Musik der Siamesen. 1901. Wiederabgedruckt in: Sammelbände der vergleichenden Musikwissenschaft, Bd. 1. München 1922

Griechische Antike

ABEST, H., Die Lehre vom Ethos in der griechischen Musik. Leipzig 1899

GEORGIADES, TH., Musik und Rhythmus bei den Griechen. Hamburg 1958

SACHS, C., Die Musik der Antike. Handbuch der Musikwissenschaft. hrsg. von Ernst Bücken. Potsdam 1928

WEGNER, M., Das Musikleben der Griechen. Berlin 1949

WESTPHAL, R., Die Musik des griechischen Altertums. Leipzig 1883

Die Musik Israels und der Juden

GRADENWITZ, P., Die Musikgeschichte Israels. Tel Aviv 1961

IDELSOHN, A. Z., Hebräisch-orientalischer Melodienschatz, 10 Bde. Leipzig, Jerusalem, Berlin, Wien 1914–32

ROTHMÜLLER, A. M., Die Musik der Juden. Zürich 1951

Der arabische Kulturkreis

BERNER, A., Studien zur arabischen Musik auf Grund der gegenwärtigen Theorie und Praxis in Ägypten. Leipzig 1937
FARMER, H. G., A History of Arabian Music to the XIIIth Century. London 1929
– The Sources of Arabian Music. Bearsden 1940
IDELSOHN, A. Z., Die Maqamen der arabischen Musik. SIMG XV, 1913
LACHMANN, R., Musik des Orients. Breslau 1926
RIBERA, J., Music in Ancient Arabia and Spain. London 1929
YEKTA BEY, R., La Musique turque. Encyclopédie de la Musique. Bd. 1. Paris 1922

Liturgische Einstimmigkeit des Mittelalters

ABERT, H., Die Musikanschauung des Mittelalters und ihre Grundlagen. Leipzig 1905
APEL, W., Gregorian Chant. London 1958
HALBIG, H., Kleine gregorianische Formenlehre. Berlin 1930
JOHNER, P. D., Der gregorianische Choral. Stuttgart 1924
– Wort und Ton im gregorianischen Choral. Ein Beitrag zur Ästhetik des gregorianischen Gesanges. Leipzig 1953
JUNGMANN, J. A., Missarum Sollemnia, 2 Bde. Wien 1962
KUNZ, L., Aus der Formenwelt des gregorianischen Chorals, 4 Bde. Münster 1946–50
REESE, G., Music in the Middle Ages. Dent 1941
RIEMANN, H., Studien zur byzantinischen Musik. Leipzig 1915
ROBERTSON, A., The Interpretation of Plainchant. London 1937
STEUART, D. B., The Development of Christian Worship. London 1953
URSPRUNG, O., Katholische Kirchenmusik. Handbuch der Musikwissenschaft, hrsg. von Ernst Bücken. Potsdam 1931
WACHSMANN, K., Untersuchungen zum vorgregorianischen Gesang. Regensburg 1935
WAGNER, P., Einführung in die gregorianischen Melodien, 3 Bde. Leipzig 1911–21
WELLESZ, E., Byzantinische Musik. Breslau 1927
– A history of Byzantine Music and Hymnography. Oxford 1961

Meßbücher

Römisch: Liber usualis; Graduale; Antiphonale; Missale Romanum
Ambrosianisch: Antiphonale Missarum

›Ars antiqua‹

APEL, W., Die Notation der polyphonen Musik, 900–1600. Leipzig 1962
BESSELER, H., Die Musik des Mittelalters und der Renaissance. Handbuch der Musikwissenschaft, hrsg. von Ernst Bücken. Potsdam 1931–34
FICKER, R. VON, Musik der Gotik. Perotinus' Organum quadruplum ›Sederunt principes‹. Wien 1930
HANDSCHIN, J., Musikgeschichte. Luzern 1948
HUGHES, D. A., (Hrsg.) New Oxford History of Music, Bd. 2. London 1954
PARRISH, C., The Notation of Mediaeval Music. London 1958
REESE, G., Music in the Middle Ages. Dent 1941
SASSE, G. D., Die Mehrstimmigkeit der Ars antiqua in Theorie und Praxis. Dissertation. Berlin 1940
WOLF, J., Handbuch der Notationskunde, 2 Bde. Leipzig 1913–19

›Ars nova‹

BESSELER, H., Die Musik des Mittelalters und der Renaissance. Handbuch der Musikwissenschaft, hrsg. von Ernst Bücken. Potsdam 1931–34
GENNRICH, F., Grundriß einer Formenlehre des mittelalterlichen Liedes. Halle 1932
LUDWIG, F., Die mehrstimmige Musik des 14. Jahrhunderts. SIMG IV, 1902–03
REESE, G., Music in the Middle Ages. Dent 1941
– Music in the Renaissance. Dent 1954
SCHERING, A., Studien zur Musikgeschichte der Frührenaissance. Leipzig 1914
SCHNEIDER, M., Die Ars Nova des 14. Jahrhunderts in Frankreich und Italien. Leipzig 1914
STEVENS, D. (Hrsg.), A History of Song. London 1960
STRUNK, O., Source Readings in Music History. London 1952

Bildwerke zur Musikgeschichte

Der Verlag dankt den Bildkommentaren dieser Werke manche wertvolle Auskunft für die Bilderläuterungen des vorliegenden Bandes

COLLAER, P. u. a., Bildatlas der Musikgeschichte. Gütersloh 1965
HICKMANN, H., Musikgeschichte in Bildern, Lfg I, Ägypten. Leipzig 1961

KINSKY, G., Geschichte der Musik in Bildern. Leipzig 1929
KOMMA, K. M., Musikgeschichte in Bildern. Stuttgart 1961
PINCHERLE, M., Histoire illustrée de la musique. Paris 1959
WEGNER, M., Musikgeschichte in Bildern, Lfg IV, Griechenland. Leipzig 1963

Diskographie

Der Musikliebhaber sei auf den halbjährlich erscheinenden ›Bielefelder Katalog‹ (Katalog der Schallplatten klassischer Musik, Bielefelder Verlagsanstalt) hingewiesen. Zahlreiche Neuerscheinungen der Musikforschung und -praxis über außereuropäische und europäische frühe Musik sind dort verzeichnet.
In der nachfolgenden Diskographie werden Hinweise auf besonders charakteristische beziehungsweise nicht allgemein bekannte Schallplattenbeispiele zu den behandelten Gebieten gegeben.

Außereuropäische, nicht-abendländische Musik

Aufschlüsselung der abgekürzten Schallplattenfirmen:

ARGO: Argo Record Company (England)
BAM: Boite à Musique (Frankreich)
BM: Bärenreiter Musicaphon
CDM: Chant du Monde (Frankreich)
CND: Club National du Disque (Frankreich)
COL.: Columbia (England)
COL. FR.: Columbia (Frankreich)
COL. (USA): Columbia (USA)
CONT.: Contrepoint (Frankreich)
COOK: Cook Laboratories, Inc. (USA)
DECCA: Decca Record Company (England)
DTL: Ducretet Thomson (England)
EFL: Ethnic Folkways Library (Folkways Record & Service Corporation) (USA)
HMV: His Master's Voice (England)
LYR.: Lyrichord (USA)
PARL.: Parlophone (England)
PHIL.: Philips (Frankreich)
RCA: Radio Corporation of America (England & Frankreich)
REC. SOC.: The Record Society (England)
RR: Ryugaisha Records (Japan)
SUPR.: Supraphon (Tschechoslowakei)
WESTM.: Westminster (USA)

Ausgewählte Beispiele der afrikanischen und orientalischen Musik bringen die UNESCO-Reihen ›Musik Afrikas‹ und ›Musik des Orients‹ (BM.).

Indien

ARGO: RG 61; RG 62
BAM: LD 014; LD 015; LD 310
CDM: LDY 4050; LDY 4092
COL.: GE 6875; 33 SK 115
COL. (USA): KL 215
CONT.: MC. 20.110
DTL: 93111–3
EFL: P. 409; P. 425; P. 431; FE 4447
HMV: ALPC 2; ALPC 7; ALP 1665; 7 EPE 57–60
HMV: HLP 2
REC. SOC.: RSX 7
WESTM.: WF 12016–7

China

CDM: 4039 (Mongolei und Sin-Kiang); 4040; 4041; LDY-M-8099
COL.: 33. CCX3
COL. FR.: ESBF 125A
EFL: FP 12, FP 804
HMV: HLP 1, Seite 1
LYR.: LL 172
PHIL.: 427 011 NE
SUPR.: LP M188

Japan

COL. (USA): ML 4925
COOK: LP 1132
EFL: P. 429; P. 449
HMV: HLP 2
RCA: F 130.032
RR: 5 LP., Musik ausgeführt von der Kapelle des japanischen Kaiserhofes

Tibet

HMV: HLP I, Seite 2
CONT.: MC. 20. 119 (Tibetanische Musik von Sikkim)

Südostasien

BURMA

EFL: P. 423; P. 436

INDOCHINA

BAM: LD 326
CDM: LDY 4046

EFL: P. 406; P. 423; P. 460
HMV: HLP 1

INDONESIEN

ARGO: RG 1; RG 2
CONT.: MC. 20.112; MC. 20.113
EFL: P. 406
HMV: HLP 1
PHIL.: N. 00165 L

THAILAND

EFL: P. 423

Griechische Antike

HMV: HLP 2, Seite 4
PARL.: R 1016

Musik der Juden

BAM: LD 356
EFL: P. 408; FP 841
HMV: HLP 2
PARL.: R 1016

Arabien, Türkei und Persien

CND.: 92. V (Türkei)
CONT.: EXTP 1033–4 (Persien)
EFL: FE 4480 (Araber und Drusen); P. 404 (Türkei); P. 421 (Südarabien); P. 469 (Kurdistan); FP 80/1 (Türkei)
HMV: HLP 2, Seite 4 (Nahost), 7–8 (Irak), 9–11 (Maghrib)
PHIL.: N. 76.048 R.
WESTM.: WL 5332–4

Zu erwähnen sind noch die wichtigen Aufnahmen der Parlophone-Serie ›Music of the Orient‹ (M. o. 100–111, 10 inch, 78 rpm), obwohl sie heute nur noch in wenigen Exemplaren in Bibliotheken vorhanden sind.

Einen Schallplattennachweis zur orientalischen Musik veröffentlichte Peter Crossley-Holland in ›The Journal of the British Institute of Recorded Sound‹, Bd 10–11, 1963.

Liturgische Einstimmigkeit

Zahlreiche Aufnahmen in der Reihe ›Das Alte Werk‹, ausgeführt von den Mönchen der Benediktiner-Abtei Saint-Pierre in Solesmes. Ltg. Dom Joseph Gajard O.S.B. Telefunken-Decca.

Bisher 11 Folgen in der Reihe ›Hymnodia‹, ausgeführt von den Benediktiner-Mönchen der Abtei Saint-Maurice und Saint-Maur, Clervaux (Luxemburg). Philips.

›Gregorianik‹ – aus dem Officium, der Messe, den Exequien und Varia. Ausführende: die Mönche der Benediktiner-Erzabtei St. Martin, Beuron, Ltg. P. Dr. Maurus Pfaff O.S.B.
I. Forschungsbereich, Serie A-D des Musikhistorischen Studios der Deutschen Grammophon Gesellschaft. Archiv-Produktion.

Missa in Festo Assumptionis B.M.V. Chor der Benediktinerinnen-Abtei Unserer Lieben Frau, Varensell. Archiv-Produktion, DGA 198046 SAPM, DGA 14164 APM.

Missa in Festo Pentecostes. Chor der Benediktinerinnen-Abtei von Varensell. Archiv-Produktion, DGA 198303 SAPM, DGA 14303 APM.

Einen Schallplattennachweis veröffentlichte Dom Anselm Hughes in ›The History of Music in Sound‹ Bd. 2 (byzantinische, ambrosianische, mozarabische, vorgregorianische und gregorianische Beispiele und liturgisches Drama).

Musik der Ostkirche

Byzantinische, russische, armenische, altslavische Schallplattenbeispiele bei den Firmen: Harmonia mundi (Vox), Contrepoint (Deutsche Vogue GmbH), Christophorus (Herder), Musica sacra (Schwann).

›Ars antiqua‹ und ›Ars nova‹

Schallplattenbeispiele zu den Gebieten: Troubadoure, Trouvères, Minnesänger – Musik der Spielleute – Frühe Mehrstimmigkeit bis 1300 – ›Ars nova‹ in Frankreich – Der florentinische Stilkreis – Von Oswald von Wolkenstein zum Locheimer Liederbuch. II. Forschungsbereich, Serie A–D; III. Forschungsbereich, Serie A und B des Musikhistorischen Studios der Deutschen Grammophon Gesellschaft. Archiv-Produktion

Two Medieval Masses. Ambrosian Singers. Denis Stevens. Hayward Recordings, New York, HCR 5263.

Music of Medieval France. Concentus Musicus, Wien. Vanguard BG 656.

Frühe Musik in England, Flandern, Deutschland und Spanien. Studio der frühen Musik, München. Telefunken SAWT 9432-B.

Spanish Medieval Music. Pro Musica, New York, Noah Greenberg. American Decca DL 9416.

Music of the Middle Ages, Bd. I–V, VII (Various Ensembles): EA 0012, 0021, 0023, 0024, 0029, 0035. (Erhältlich nur bei Experience Anonyme, 141 Perry Street, New York 14, USA.)

14th and early 15th Century English Polyphony. (Oberlin, Bressler, Myers, Wolfe): EA 0031. (Erhältlich nur bei Experience Anonyme, 141 Perry Street, New York 14, USA.)

Erklärung einiger Begriffe

Cheironomische Neumen (griech.: χεις = Hand)
Von der Cheironomie (Andeutung der melodischen Bewegung durch Handzeichen) abgeleitete und schriftlich festgehaltene Zeichen zur anschaulichen Fixierung des melodischen Ablaufs.

Diastematische Neumen (griech.: διάστημα = Intervall)
legen nicht nur die melodische Bewegung, sondern auch die Intervalle anschaulich fest.

Ekphonetische Zeichen
Späte Bezeichnung (19. Jh.) für die byzantinischen Lektionszeichen, d. h. den Sprachakzenten ähnliche Zeichen, die den musikalischen Vortrag der Lesung regeln. Sie bestehen weitgehend unabhängig von der byzantinischen Intervallschrift und treten im 9. Jh. auf.

Hoquetus (wohl arab.: Iquâ ât = Rhythmus)
Eine in den Motetten der ›Ars antiqua‹ auftretende Satzart, in der die melodische Linie durch regelmäßig in kurzen Abständen wiederkehrende Pausen in allen Stimmen gebrochen wird, wobei die Stimmen gegeneinander versetzt sind.

Isorhythmie
Mehrmalige Abfolge eines rhythmischen Schemas in allen Stimmen bei melodischer Verschiedenheit; typisch für die Motette des 14. Jhs. (›isorhythmische Motetten‹).

Erläuterungen zu den Tafeln

1 Leierspiel bei den Sumerern. Der große Resonanzkasten des vielsaitigen Instruments war mit plastischen Tierdarstellungen verziert, die an den Gebrauch im kultischen Bereich denken lassen. Flachrelief aus dem Königspalast von Tell-Loh (unterer Tigris). Um 2400 v. Chr. Paris, Louvre.

2 Ägyptische Riesenleier, meist von zwei Männern geschlagen, mußte auf Tischchen abgesetzt werden. Ausschnitt aus einer Musikszene im Tempel von Philae. 2. Jh. v. Chr.

3 Leier aus einem Königsgrab in Ur am Euphrat. Um 2650 v. Chr. Bagdad, Iraq Museum. (Foto Hirmer)

4 Sumerischer Musikant. Ausschnitt aus der Friedensseite der sog. ›Standarte‹, einem mosaikverzierten Holzkasten, gefunden auf dem Königsfriedhof in Ur. 1. H. 3. Jt. London, Brit. Mus., Nr. 121 201. (Foto Hirmer)

5, 6, 8 Drei altorientalische Harfenformen. Kleine reliefierte Tontäfelchen aus Eschnunna (Babylonien). Anf. 2. Jt. v. Chr. Paris, Louvre, Nr. AO 12453–5.

7 Musikkapelle König Assurbanipals. Ausschnitt aus einem Flachrelief am königlichen Palast in Ninive. 7. Jh. v. Chr. Paris, Louvre. (Bärenreiter Bildarchiv)

9 Ägyptische Flachbogenharfe. Reliefausschnitt aus dem Grabe des Seschemnofer in der Nekropole von Gizeh. Um 2500 v. Chr.

10 Der Musikzug des Königs Te'umman von Elam. Ausschnitt aus einem Flachrelief. London, Brit. Mus., Nr. 124802.

11 Ägyptische Musikszene. Bemaltes Flachrelief aus dem Grabe Nenchefkas in der Nekropole von Saqqârah. Um 2500 v. Chr.

12 Ägyptische Musikantinnen. Aus einer Wandmalerei im Grabe der Rechmirê. Nekropole von Theben. Um 1500 v. Chr. (Foto Hirmer)

13 Musizierende Mädchen. Aus einer Wandmalerei in der Nekropole von Theben. XVIII. Dynastie (zw. 1580–1320). London, Brit. Mus., Nr. 37984.

14 Vishnu mit dem Muschelhorn, einem Instrument, das bei primitiven Völkern als ›Regenrufer‹ galt und bis in unsere Tage den Fischern südlicher Küsten als Signalhorn dient. Prä-Khmer-Zeit. Zürich, Museum Rietberg.

15 Adoranten und Musikanten bei Buddhas Eingehen ins Nirvana. Steinrelief am nördlichen Tor des großen Stupa (buddhistischer Kultbau) in Sanchi (Zentralindien). 1. Jh. n. Chr. (Aus: H. Zimmer, The Art of Indian Asia, New York, 1960.)

16 Tempelmusik mit Vina, Laute und Flöte. Die Vina, der hinduistischen Mythologie zufolge, vom Gott Narada erfunden. Unter einem Bambusgriffbrett mit beweglichen Stegen verstärken zwei Flaschenkürbisse den Klang der gezupften Metallsaiten. Steinrelief an dem von wandernden Hindus in Borobudur auf Java erbauten Tempel. 800 n. Chr. (Aus: A. de Silvia-Vigier, Das Leben Buddhas. London 1956.)

17 Gartenfest beim ersten Großmogulkaiser Babur (1526–30). Indische Miniatur um 1580/90. Heidelberg, v. Portheim-Stiftung.

18 Der Flöte blasende Gott Krishna (Name des indischen Gottes Vishnu während seiner achten Inkarnation). Gelbguß-Statuette aus Nepal. 18. Jh. (?). Mannheim, Reiss-Museum.

schem Schlag zum Klingen gebracht wurden. Es fand in minoischer Zeit Eingang auf Kreta. Reliefdarstellung auf einem Steatitgefäß aus Hagia Triada. Um 1500 v. Chr. (Foto Hirmer)

30 Phorminxspiel beim Reigentanz. Ilias und Odyssee überliefern uns den Namen des Instrumentes. Homer bezeichnet mit ›kitharis‹ fast ausschließlich die Tätigkeit des Saitenspiels, nicht das Instrument. Kantharos des späten 8. Jh. v. Chr. der Staatl. Kunstsammlungen Dresden (Albertinum Nr. 1699). (Foto Museum f. Abgüsse klassischer Bildwerke, München.)

31 Die sieben-saitige Leier. Detail von einer Amphora aus Melos, auf der Apollon, von Artemis erwartet, feierlichen Einzug auf Delos hält. Spätes 7. Jh., Athen, Nationalmuseum. (Foto Hirmer)

32 Der Doppelaulos, bestehend aus zwei Rohren (zylindrisch oder schwach konisch), in deren kunstvoll gedrechselten Ansatz je ein Doppelrohrblatt-Mundstück eingesetzt wurde. Der Auloide trägt eine Mundbinde, »um die Backenmuskeln für gleichmäßigen Atemdruck zu stützen« (M. Wegner). Detail von einer attischen rotfigurigen Strickhenkelamphora des Kleophrades-Malers. Um 480 v. Chr. London, Brit. Mus., Nr. E 270.

33 Barbiton, Krotala, Tympanon und Auloi sind die Instrumente des Dionysos, seiner ekstatischen Begleiter und des Kultes zu seinen Ehren. Attische rotfigurige Schale des Brygos-Malers. Paris, Bibliothèque Nationale, Nr. 576.

34 Doppelaulos, Wiegenkithara, Winkelharfe und Lyra. In eines der beiden Rohre des Doppelaulos (links, ein Oboen-Instrument) wird das Mundstück eingesetzt. Die griechische Art der Winkelharfe (Mitte). Zwischen beiden eine kleine Kithara, wegen ihres halbmondförmigen Klangkörpers ›Wiegenkithara‹ genannt. Das Leierinstrument (rechts), die Lyra, hat einen kleinen Schallkörper und stark gebogene Arme. Durch Beischrift sind die Musikanten als die beiden Musen Meloussa und Terpsychore und (rechts) als Musaios gekennzeichnet. Sein Instrument, die Lyra, hat dem Mythos zufolge Hermes erfunden, der über einen Schildkrötenpanzer eine Kuhhaut spannte und Ziegenhörner als Saitenträger daransetzte. Orpheus galt als Meister dieses Instrumentes, mit dem er die Welt verzauberte. Attische rotfigurige Strickhenkelamphora. Um 440 v. Chr. London, Brit. Mus., Nr. E 271.

35 Ausschnitt aus einer Hymne auf Apollon. Inschrift am Schatzhaus der Athener in Delphi. 2. Jh. v. Chr.

47 Troparium aus der Stiftsbibliothek St. Gallen, Cod. 484, fol. 87 r. Um 1000.

48 König David, Psalmen diktierend. Miniatur aus dem Psalterium Ambrosianum. Norditalien. Ende 10. Jh. München, Bayerische Staatsbibl., Cod. lat. 343, fol. 12v. (Foto Hirmer)

49 König David und Instrumentalisten. Miniatur aus dem St. Albanspsalter. Englisch, Anf. 12. Jh. Hildesheim, St. Godehard. (Foto Wehmeyer)

50 Guido von Arezzo am Monochord. Lavierte Federzeichnung, 12. Jh. Wien, Nationalbibl., Cod. 51, fol. 35v.

51 ›Guidonische Hand‹. Federzeichnung, 12. Jh. Wien, Nationalbibl., Cod. 51, fol. 2v.

52 Musik und Pythagoras. Die Frauengestalt ein Glockenspiel schlagend (darunter aufgehängt die Achtformfidel), das Psalterium auf den Knien. Ihr zu Füßen Pythagoras, der antike Mathematiker und Denker, der »die Beziehungen von Saitenlänge und Saitenklang erforschte, und dessen Lehre den Glauben an die Harmonie der Sphären, die Musica mundana« (K.M. Komma) begründete. Chartres, 12. Jh. (Foto Roubier)

53 Zwei Fabelwesen mit Rebec und Bomhart. Normannische Plastik an einem Krypta-Kapitell der Kathedrale von Canterbury. 12. Jh. (Foto Roubier) *Bild unten.*

54 Saiteninstrumente in Händen der apokalyptischen Könige, die das Lamm mit Musik und Weihrauchduft verehrten (Offenbarung Johannis 5, 8). Skulpturen über dem Marmorportal der Marienkirche zu Oloron. 12. Jh. (Foto Roubier) *Bild oben.*

55 König David mit der Rebec. Kapitell in der Kathedrale von Vienne (Isère). (Foto Roubier)

56–61 Einige der dreißig dargestellten Instrumentarten aus den ›Cantigas de Santa Maria‹, Mariengesängen des in Poesie wie Liedform der Troubadourzeit gleichermaßen bewanderten Alfonso x. el Sabio (des Weisen) von Kastilien (1252–1284). Madrid, Bibl. des Escorial, Ms. b 1–2. 13. Jh.

62 Spielleute und Jongleure. Miniatur aus dem Werdener Psalter, Ms. theol. lat., fol. 358. (Foto Rheinisches Bildarchiv)

63 König David an der Orgel, dem seit dem 10. Jh. besonders in England entwickelten Instrument, hier ohne Pedale, doch mit großen konischen Pfeifen für die tiefen, langaushaltenden Töne (dem späteren [Pedal-] Orgelpunkt). Miniatur aus dem Edmund-Psalter. Um 1250. Belvoir Castle, Bibl. des Duke of Rutland.

Register